农作物秸秆饲料化技术研究与应用

曹 阳　张爱忠　潘春媛　著

哈尔滨工业大学出版社
HARBIN INSTITUTE OF TECHNOLOGY PRESS

内 容 简 介

安全生态优质粗饲料加工技术可以有效利用农作物秸秆等非粮饲料资源,是降低草食家畜饲养成本、提高生产效率、增加养殖收入、促进种养结合资源循环型牛羊产业可持续健康发展的重要环节。本书主要内容包括农作物秸秆种类及利用现状、农作物秸秆类粗饲料营养价值评定、农作物秸秆物理加工技术及应用、农作物秸秆的化学处理技术及应用、农作物秸秆的生物处理技术及应用、农作物秸秆的青贮加工技术及其应用、玉米秸秆黄贮发酵品质及饲料特性、利用玉米秸秆调制发酵全混合日粮及其饲喂效果、秸秆型TMR对肉牛生产性能的影响、玉米秸秆全混合颗粒日粮的研究、秸秆的真菌处理及利用、菌酶制剂发酵秸秆及其对绵羊瘤胃降解率的影响。本书密切结合农作物秸秆等粗饲料资源的优质饲料加工与牛羊饲养管理实际,具有科学性、系统性、实用性和先进性等特色。

本书可供牛羊养殖人员、基层农业技术推广人员、科研院所及高等院校的相关专业科研人员和师生阅读参考。

图书在版编目(CIP)数据

农作物秸秆饲料化技术研究与应用/曹阳,张爱忠,潘春媛著. —哈尔滨:哈尔滨工业大学出版社,2021.8
ISBN 978-7-5603-9660-6

Ⅰ.①农… Ⅱ.①曹… ②张… ③潘… Ⅲ.①秸秆饲料-饲料加工-研究 Ⅳ.①S816.534

中国版本图书馆CIP数据核字(2021)第176106号

策划编辑	闻 竹
责任编辑	张 颖
出版发行	哈尔滨工业大学出版社
社 址	哈尔滨市南岗区复华四道街10号 邮编150006
传 真	0451-86414749
网 址	http://hitpress.hit.edu.cn
印 刷	哈尔滨市工大节能印刷厂
开 本	787mm×1092mm 1/16 印张19 字数474千字
版 次	2021年8月第1版 2024年6月第2次印刷
书 号	ISBN 978-7-5603-9660-6
定 价	129.00元

(如因印装质量问题影响阅读,我社负责调换)

前　言

我国农作物秸秆资源丰富,目前平均每年的秸秆总产量为 6 亿~8 亿 t。然而,农作物秸秆作为草食家畜饲料利用率不足 20%。随着人们生活水平的提高,对畜产品的需求量逐渐增加,对肉、奶的消费量也逐年增加。当前我国肉牛和奶牛存栏数分别约为 9 865 万头和 1 363 万头,绵羊和山羊的存栏数分别约为 1.72 亿只和 1.97 亿只,平均每年草食家畜养殖业对牧草等粗饲料的需要量约为 4.5 亿 t。预测 2030 年和 2040 年国内饲料生产总量分别为 2.73 亿 t 和 3.53 亿 t,为保障草食家畜养殖业对粗饲料需求,我国政府发展规划也明确提出要推进农作物秸秆养畜,改善农作物秸秆收贮设备设施条件,培育农作物秸秆商业化饲料处理利用模式,提高农作物副产物使用量和饲用效率,建立并推广示范农作物秸秆高品质饲料化技术,促进种养结合资源循环型生态农业的发展。

本书共 12 章,包括农作物秸秆种类及利用现状、农作物秸秆类粗饲料营养价值评定、农作物秸秆物理加工技术及应用、农作物秸秆的化学处理技术及应用、农作物秸秆的生物处理技术及应用、农作物秸秆的青贮加工技术及应用、玉米秸秆黄贮发酵品质及饲料特性、利用玉米秸秆调制发酵全混合日粮技术及其饲喂效果、秸秆型 TMR 对肉牛生产性能的影响、玉米秸秆全混合颗粒日粮的研究、秸秆的真菌处理及利用、菌酶制剂发酵秸秆及其对绵羊瘤胃降解率的影响。本书从农作物秸秆种类及利用现状和粗饲料营养价值评定入手,详细阐述了对农作物秸秆进行物理、化学、生物处理及裹包发酵 TMR 和 TMR 颗粒调制技术,以期为广大养殖人员、技术人员提供系统、有效、先进的实用技术。

本书得到了粮食副产物加工与利用教育部工程研究中心和黑龙江八一农垦大学动物科技学院畜牧学科的资助。具体分工:曹阳撰写第 5~7 章,共计 18.8 万字;张爱忠撰写第 8~12 章,共计 16.0 万字;潘春媛、张颖撰写第 1~4 章,共计 12.6 万字。此外,特别感谢参与并完成研究工作的研究生,他们是蒋再慧、韩雅慧、谢华德、李苗苗、靳思玉、王立超、周昕、黄秋连、张嘉宾、王健、吴庆宇、孙芸、杨晶晶、杨丹。

由于涉及内容较广及作者水平有限,书中疏漏和不足之处在所难免,敬请读者批评指正。

作者
黑龙江八一农垦大学
2020 年 11 月

目　　录

第一章　农作物秸秆种类及利用现状 … 1
第一节　农作物秸秆种类与营养特性 … 1
第二节　影响农作物秸秆消化利用的因素 … 16
第三节　农作物秸秆的营养特点及利用现状 … 18

第二章　农作物秸秆类粗饲料营养价值评定 … 19
第一节　农作物秸秆类粗饲料营养价值评定 … 19
第二节　农作物秸秆类粗饲料营养价值评定体系与评定方法 … 24
第三节　农作物秸秆类粗饲料有效能值的预测 … 28

第三章　农作物秸秆物理加工技术及应用 … 31
第一节　农作物秸秆的物理处理 … 31
第二节　农作物秸秆的颗粒加工 … 41
第三节　农作物秸秆的压块饲料加工 … 52

第四章　农作物秸秆的化学处理技术及应用 … 63
第一节　农作物秸秆碱化技术及应用 … 63
第二节　农作物秸秆氨化技术及其应用 … 70

第五章　农作物秸秆的生物处理技术及应用 … 82
第一节　农作物秸秆的生物处理用制剂 … 82
第二节　农作物秸秆的生物处理方法 … 84
第三节　农作物秸秆的生物处理及在养殖中的应用 … 93

第六章　农作物秸秆的青贮加工技术及应用 … 101
第一节　农作物秸秆青贮发酵原理 … 101
第二节　农作物秸秆青贮质量评定 … 107
第三节　农作物秸秆青贮的使用 … 115

第七章　玉米秸秆黄贮发酵品质及饲料特性 … 119
第一节　影响玉米秸秆黄贮品质的因素 … 119
第二节　低温对玉米秸秆黄贮发酵特性及有氧稳定性的影响 … 122
第三节　乳酸菌制剂对玉米秸秆黄贮发酵特性及有氧稳定性的影响 … 137
第四节　乳酸菌对玉米秸秆黄贮体外消失率及瘤胃液发酵特性的影响 … 163

第五节　添加糖蜜对玉米秸秆黄贮发酵品质及体外干物质消失率和瘤胃甲烷生成的影响 …………………………………………………………………… 169
   第六节　不同水分对玉米秸秆黄贮发酵品质和体外干物质消化率的影响 ………… 174
   第七节　酸处理对玉米秸秆黄贮发酵品质及甲烷生成的影响 …………………… 178

第八章　利用玉米秸秆调制发酵全混合日粮及其饲喂效果 ……………………………… 185
   第一节　全混合日粮的概念 ……………………………………………………… 185
   第二节　切断长度对秸秆型发酵TMR营养成分及发酵品质的影响 ……………… 187
   第三节　不同长度秸秆型发酵TMR对绵羊表观消化率及氮代谢的影响 ………… 192
   第四节　不同长度秸秆型发酵TMR对绵羊瘤胃发酵参数的影响 ………………… 195
   第五节　不同长度秸秆型发酵TMR对绵羊采食嗜好性的影响 …………………… 197

第九章　秸秆型TMR对肉牛生产性能的影响 …………………………………………… 199
   第一节　不同秸秆比例TMR添加LCI对肉牛表观消化率、氮代谢的影响 ……… 199
   第二节　不同秸秆比例TMR添加LCI对肉牛瘤胃内环境的影响 ………………… 203
   第三节　不同秸秆比例TMR添加LCI对肉牛适口性的影响 ……………………… 205
   第四节　不同秸秆比例TMR添加LCI对肉牛血液生化指标的影响 ……………… 207
   第五节　秸秆型TMR添加LCI对肉牛生长性能的影响 …………………………… 208
   第六节　不同秸秆比例TMR添加LCI对肉牛产肉性能的影响 …………………… 211
   第七节　不同秸秆比例TMR添加LCI对肉牛肉质性状的影响 …………………… 213

第十章　玉米秸秆全混合颗粒日粮的研究 ………………………………………………… 216
   第一节　全混合颗粒日粮在反刍动物生产中的应用 ……………………………… 216
   第二节　玉米秸秆黄贮与苜蓿、羊草青贮饲料品质及营养特性的比较 ………… 218
   第三节　不同秸秆比例全混合颗粒日粮对肉羊消化代谢的影响 ………………… 220
   第四节　不同秸秆比例全混合颗粒日粮对肉羊适口性的影响 …………………… 225
   第五节　不同玉米秸秆比例全混合颗粒日粮对肉羊瘤胃内环境的影响 ………… 226
   第六节　不同玉米秸秆比例全混合颗粒日粮对肉羊生长性能的影响 …………… 230
   第七节　不同秸秆比例全混合颗粒日粮对肉羊产肉性能的影响 ………………… 232
   第八节　不同秸秆比例全混合颗粒日粮对肉羊肉质性状的影响 ………………… 235

第十一章　秸秆的真菌处理及利用 ………………………………………………………… 240
   第一节　混合真菌发酵对玉米秸秆纤维素与木质素降解效果的研究 …………… 240
   第二节　混合真菌发酵秸秆的批量制备及对体外瘤胃发酵参数的影响 ………… 252
   第三节　混合真菌发酵玉米秸秆对绵羊营养物质表观消化率及血液生化指标的影响 … 257
   第四节　混合真菌发酵秸秆对绵羊瘤胃发酵参数的影响 ………………………… 262

第十二章　菌酶制剂发酵秸秆及其对绵羊瘤胃降解率的影响 ……………………………… 271
 第一节　菌酶复合制剂发酵玉米秸秆的筛选 …………………………………………… 272
 第二节　菌酶复合发酵对体外瘤胃发酵的影响 ………………………………………… 277
 第三节　菌酶复合发酵对绵羊瘤胃降解率的影响 ……………………………………… 283
参考文献 …………………………………………………………………………………………… 288

第一章 农作物秸秆种类及利用现状

第一节 农作物秸秆种类与营养特性

一、禾本科农作物秸秆

禾本科农作物秸秆包括大麦秸秆、燕麦秸秆、小麦秸秆、黑麦秸秆、水稻秸秆、高粱秸秆、玉米秸秆及薯类藤蔓等。

(一) 玉米秸秆

稻谷、玉米和小麦并称为我国三大主要粮食作物,据统计,2012 年我国玉米产量超过稻谷,我国玉米种植面积和总产仅次于美国,并且主要集中在东北、华北和西南地区,而东北地区是我国玉米的主要产区。

随着我国畜牧业的迅速发展,玉米已不仅是人类的口粮,玉米及其副产品已经成为重要的畜禽饲料和工业生产原料。作为玉米的主要副产品——玉米秸秆的产量十分巨大。我国常年种植玉米 3 334 万 hm^2,秸秆产量按 6~7.5 t/hm^2 计算,每年可生产秸秆 2 亿~2.5 亿 t。据统计,2012 年我国玉米总产量约为 2.08 亿 t,若按照玉米秸秆与玉米籽实的比值(草谷比)为 1.2~2 计算,玉米秸秆总产量可达 2.5 亿~4.16 亿 t。玉米主要产区秸秆产量估计值见表 1-1。

表 1-1 玉米主要产区秸秆产量估计值　　　　万 t

主要产区	玉米总产量	秸秆产量 (按谷草比 1.2~2 计算)
河北省	1 508.7	1 810~3 017
内蒙古自治区	1 465.7	1 759~2 931
辽宁省	1 150.5	1 381~2 301
吉林省	2 004.0	2 405~4 008
黑龙江省	2 324.4	2 789~4 649
山东省	1 932.1	2 319~3 864
河南省	1 634.8	1 962~3 270

《中国农业年鉴》(2011 年)

玉米秸秆产量如此巨大，使其在养牛生产中作为饲料资源利用具有巨大的潜力。与小麦秸秆、水稻秸秆等农作物秸秆相比，玉米秸秆的粗蛋白（CP）和无氮浸出物（NFE）含量更高，粗纤维（CF）含量更低，因此，作为家畜饲料的营养价值高于其他秸秆。但其营养成分也因多种因素的不同而有所差异。

1. 玉米品种对玉米秸秆营养成分的影响

目前，玉米品种主要包括普通玉米、饲用玉米（高油玉米、高蛋白玉米、分蘖玉米）等。饲用玉米主要包括青贮专用型、粮饲专用型、粮饲通用型等。

高油玉米是指含油（粗脂肪，EE）量超过5%的玉米。我国高油玉米品种，如高油115、高油298、高油647等，其产量已与大田推广的普通玉米持平，最高含油量达10%以上，个别群体含油量有望超过25%。高油玉米的含油量、总能量水平和蛋白质含量[①]均高于常规玉米（表1-2），并且含有较高的粗蛋白、维生素A、维生素E。除此之外，该品种还具有秸秆优质的特征，在籽实生理成熟时，其茎、叶、秸秆仍然保持碧绿多汁，粗蛋白及其他营养成分含量较高，可作为青饲或青贮，是草食动物的优质饲料。

表1-2 高油玉米秸秆与普通玉米秸秆的营养成分比较　　　　%

组别	水分	粗蛋白	粗脂肪	粗纤维	粗灰分	无氮浸出物	钙	磷
普通玉米组	10	5.9	0.9	24.9	8.1	50.2	—	—
高油玉米组	10.03	9.4	1.75	26.53	6.82	45.51	0.71	0.11

《肉牛饲养标准》（2004年版）

高蛋白玉米约含有40%的极易消化的谷蛋白及均衡比例的亮氨酸、异亮氨酸、赖氨酸等必需氨基酸，其可食用氨基酸的含量接近普通玉米的2倍，秸秆含粗蛋白7.8%~10.54%，比普通玉米秸秆（3.0%~5.9%）高3.3%~6.2%，秸秆含脂肪1.49%，粗纤维22.3%~31.9%，总碳水化合物15%左右。

2. 秸秆组成对玉米秸秆营养成分的影响

玉米秸秆主要包括茎秆、叶、芯、苞叶等形态部位，各部位的营养物质组成和消化率差异很大。从化学成分来看，茎秆部分的粗蛋白含量较低，粗纤维和粗灰分（Ash）的含量较高，因此叶片的营养价值高于鞘和茎秆。经测定，玉米秸秆各部位的干物质消化率中，茎为53.8%，叶为56.7%，芯为55.8%，苞叶为66.5%，全株为56.6%。因此，叶片较多的玉米秸秆营养价值较高，而含茎秆和玉米籽粒较多的秸秆则营养价值较低。

3. 收获期对玉米秸秆营养成分的影响

玉米在不同成熟期刈割，其秸秆的营养成分差别较大。从乳熟期到完熟期，秸秆不断发生老化，表现为干物质和难以消化的粗纤维含量增加，而蛋白质成分减少（表1-3），其他如碳水化合物、淀粉、维生素等可消化成分的含量不断减少，尤其是收穗后的秸秆，适口性、消化率和营养价值更低。

---

① 本书含量、营养成分除特别说明外均指质量分数。

表1-3 收获期对青贮玉米秸秆营养成分的影响　　　　　　　　　　%

收获期	初水分	干物质	粗蛋白	酸性洗涤纤维	中性洗涤纤维
蜡熟期	74.11±0.14	25.86±0.72	4.58±0.41	18.86±0.26	55.31±0.14
完熟期	64.73±0.77	33.34±0.71	3.07±0.25	23.86±0.27	62.13±0.36

(蔡元等,2011)

玉米秸秆总体利用价值体现在秸秆产量和质量同时达到最佳。玉米籽粒在乳熟期(2/4乳线期)至蜡熟期(4/4乳线期)时,玉米秸秆的含水量为60%~69%,为制作青贮的最佳水分含量,并且此时干物质含量亦较高,可作为饲用玉米秸秆的最佳刈割时间。

4. 加工方式对玉米秸秆营养成分的影响

长期以来,玉米秸秆是家畜的主要粗饲料之一,特别是经青贮、黄贮、氧化及糖化等处理后,可提高利用率,效益更加可观。玉米秸秆中所含有的消化能为2 235.8 kJ/kg,且营养丰富,总能量与牧草相当。

对玉米秸秆进行加工处理制成高营养饲料,不仅有利于发展畜牧业,而且通过秸秆过腹还田,更具有良好的生态效益和经济效益。几种主要秸秆处理方法对秸秆营养成分的影响如下。

(1)青贮。

青贮是目前加工玉米秸秆常用的方法之一。青贮可以不添加其他物质,加工过程简单、成本低廉,并且能提高玉米秸秆的适口性、营养价值和保存时间。青贮使玉米秸秆柔软多汁、酸香可口,并且可以提高秸秆纤维的消化率,提高粗蛋白含量。青贮对玉米秸秆营养成分的影响见表1-4。

表1-4 青贮对玉米秸秆营养成分的影响　　　　　　　　　　%

组别	干物质	粗蛋白	粗脂肪	粗纤维	无氮浸出物	粗灰分
玉米秸秆组	90.5	8.13	6.41	49.55	25.82	10.09
专用玉米青贮饲料组	25.8	16.07	7.80	39.37	26.63	10.13

(2)添加剂青贮。

青贮过程中可以使用添加剂,添加剂包括微生物制剂、酶制剂和酸化剂等。微贮是采用微生物降解秸秆饲料纤维类物质,生成糖类并最终转化为有机酸等物质的方法。在微生物的发酵作用下,玉米秸秆的柔软性和膨胀度增加,具有酸香味,适口性高,粗蛋白等营养物质含量增加,饲喂价值明显提高。常用的微贮菌种包括乳酸菌、纤维分解菌、酵母菌、芽孢杆菌等。微贮与青贮的区别在于青贮原料比较宽泛,可以是干秸秆,通常需要添加菌种和辅助物质。

酶制剂是指从生物中提取的具有催化化学反应特性的高效生物活性物质,处理秸秆的酶制剂通常包括纤维素酶、半纤维素酶、木聚糖酶和β-葡聚糖酶等,能把饲料中大分子的纤维素、半纤维素等分解成易消化吸收的低分子化合物和葡萄糖,提高蛋白质含量,降低粗纤维含量(表1-5),从而提高饲料利用率,改善饲料品质。

表1-5　添加纤维素酶对玉米秸秆营养成分的影响　　　　　　　　　　%

组别	粗蛋白	粗纤维	粗脂肪	粗灰分	无氮浸出物	磷	钙
对照组	6.57	35.34	1.93	7.32	48.84	0.13	0.49
纤维素酶组	8.45	32.19	1.63	7.96	49.77	0.16	0.86

添加酸化剂制成的酸贮玉米秸秆营养价值丰富,气味酸香,适口性强,质地柔嫩,易于消化。酸贮玉米秸秆水分含量低,适口性好,牛的干物质采食量大,总体营养水平显著高于风干的玉米秸秆(表1-6)。酸化剂为应用于饲料的有机酸和无机酸及其复合产物等,可以降低pH、氨态氮含量,提高乳酸含量和青贮品质。

表1-6　酸贮对玉米秸秆营养成分的影响

组别	水分/%	粗蛋白/%	氨态氮/$(mg \cdot g^{-1})$	粗灰分/%	钙/%	磷/%	中性洗涤纤维/%	酸性洗涤纤维/%
风干玉米秸秆组	23.1	4.9	—	5.1	0.35	0.11	77.3	47.1
酸贮玉米秸秆组	67.1	6.1	5.3	7.1	0.63	0.17	71.8	44.5

(张若寒等,2005)

(3)氨化。

一般在秸秆原料中加入秸秆干物质3%~4%的含氮物质(尿素),厌氧发酵后可以提高玉米秸秆的粗蛋白含量,降低纤维物质的含量(表1-7),并提高粗纤维的消化率,促进牛瘤胃微生物蛋白的合成。氨化所用秸秆的品质越差,氨化后的营养价值提高的幅度越大,而品质较好的秸秆可以不进行处理。

表1-7　氨化处理对玉米秸秆营养成分的影响　　　　　　　　　　%

组别	干物质	粗蛋白	中性洗涤纤维	酸性洗涤纤维
对照组	19.62	10.12	54.00	31.53
氨化组	20.75	13.89	53.01	28.76

(臧艳运等,2012)

(4)碱化。

碱化处理是指在秸秆原料中添加一定量的碱进行处理。一般常用氢氧化钠、氢氧化钾、氢氧化钙等,其中以氢氧化钠效果最好。秸秆在碱的作用下,可以使纤维素与木质素之间发生断裂、膨胀,溶解一部分半纤维素,使纤维素膨胀(表1-8),为瘤胃微生物接近和分解纤维素创造条件。此外,碱的氢氧根有利于瘤胃对纤维素酶的分解,所以能够提高牛对秸秆的消化率。

表1-8 碱化处理对玉米秸秆营养成分的影响   %

处理	中性洗涤纤维	酸性洗涤纤维
原玉米秸秆	74±0.4	36±1.8
2%氢氧化钙	56±0.3	33±1.1
3%氢氧化钙	55±0.5	32±0.4
4%氢氧化钙	49±1.1	30±0.8

(孙国强,2012)

(5)热喷和膨化。

热喷即罐式膨化,可将玉米秸秆粗纤维含量由32.68%降低到30.06%(表1-9),秸秆消化率由处理前的52%提高到64%左右。但其设备复杂、占地面积大、所需费用高,未能广泛应用。而挤压膨化相比较则适合进行秸秆饲料的处理。

表1-9 膨化对玉米秸秆营养成分的影响   %

组别	水分	灰分	粗蛋白	粗纤维	无氮浸出物	粗脂肪	酸性洗涤纤维
未膨化玉米组	8.42	9.47	5.45	32.68	47.20	0.76	46.85
膨化玉米组	8.07	8.17	5.26	30.06	51.84	0.78	45.27

(王宏力等,2007)

(6)生物技术。

近年来,为了更好地利用秸秆饲料,提高其营养利用率,各种生物技术也逐步应用于秸秆处理中,比较突出的是利用真菌分解秸秆中纤维类物质的方法。秸秆中很难消化的木质素与纤维素间形成的坚固酯键,阻碍了瘤胃微生物对纤维素的降解,而白腐真菌具有降解木质素和纤维素的能力,使秸秆饲料变得香甜可口,易于消化吸收。表1-10中列出了白腐真菌处理50 d后玉米秸秆纤维类物质的相对降解率,不同属菌种的纤维素、半纤维素和木质素上的作用各有侧重,但会提高秸秆的粗蛋白含量(表1-11)。

此外,土壤、气候、水源和施肥等因素对玉米秸秆营养成分也有不同程度的影响。

表1-10 白腐真菌处理50 d后玉米秸秆纤维类物质的相对降解率   %

菌种	纤维素	半纤维素	木质素
侧耳属	19.1	32.1	33.9
多孔菌属	13.3	39.2	55.4
香菇属	18.0	44.9	34.8

(王宏勋等,2006)

表 1-11　白腐真菌对玉米秸秆粗纤维和粗蛋白含量的影响　　　　%

组别	处理时间/d	粗纤维	粗蛋白
对照组	12	34.9	5.8
	17	29.9	11.7
白腐真菌组	12	34.2	9.3
	17	32.5	11.8

（张爱武等，2012）

（二）麦类秸秆

麦类秸秆是麦子收获后，脱去麦粒剩余的根、茎、叶、谷壳部分，也称麦根、麦草等。麦类收获时，其秸秆处于成熟阶段，细胞壁木质化程度很高，牛瘤胃难以消化的木质素含量高达31%~45%，木质素、纤维素和半纤维素紧密结合，降低了麦类秸秆的消化率。因此，麦类秸秆越老，成熟度越高，消化率越低，一般牛的消化率均不超过50%，饲料消化能在7.7~10.5 MJ/kg。几种不同麦类秸秆的主要化学成分见表1-12。

表 1-12　几种不同麦类秸秆的主要化学成分　　　　%

秸秆种类	干物质	粗蛋白	纤维成分			灰分	钙	磷
			纤维素	半纤维素	木质素			
小麦秸秆	91.0	2.6	43.2	22.4	9.5	7.2	0.16	0.08
大麦秸秆	89.4	2.9	40.7	23.8	8.0	6.9	0.35	0.10
燕麦秸秆	89.2	4.1	44.0	25.2	11.2	7.6	0.27	0.10

与玉米秸秆相比，麦类秸秆的粗纤维含量更高，约为玉米秸秆的1.5倍，粗蛋白含量更低，约为玉米秸秆的1/3，因此，其营养价值低于玉米秸秆，是质量较差的一类粗饲料，但在每年6月份以后，农户贮藏的玉米秸秆逐渐用完，粗饲料短缺，而夏季收获的大量麦类秸秆资源丰富，在进行适宜的加工处理后，可以作为粗饲料进行利用。与玉米秸秆一样，麦类秸秆的处理方法也包括物理法、化学法和生物法等。

1. 小麦秸秆

小麦是我国三大粮食作物之一，2012年我国小麦产量约为1.2亿t，按照草谷比为0.6~1.2计算，我国2012年小麦秸秆产量为0.72亿~1.44亿t。因此，小麦秸秆（图1-1）的数量在麦类秸秆中最多，资源最丰富，利用潜力也最大，收割后可打捆贮藏和运输（图1-2和图1-3）。但是，麦类秸秆的营养价值普遍较低，小麦秸秆的营养物质中，干物质约占95%、粗蛋白约占3.6%、粗脂肪约占1.8%、粗纤维约占41.2%、无氮浸出物约占40.9%、灰分约占7.5%，木质素约占5.3%~7.4%，纤维类物质约占73.2%~79.4%。

（1）品种对小麦秸秆营养成分的影响。

小麦按插种季节可分为冬小麦和春小麦两种，我国以冬小麦为主，主要分布在华北及以南的温暖地区，一般是秋种春末收或冬种夏收，播种面积占90%以上。春小麦主要分布

图1-1　小麦秸秆

图1-2　小麦秸秆收割　　　　　　　图1-3　小麦秸秆打捆

在我国北方地区,一般是春播秋收,播种面积不到10%。春小麦比冬小麦秸秆粗纤维含量低,可利用营养物质含量稍高,因而营养价值优于冬小麦(表1-13)。利用小麦秸秆饲喂牛时,还应考虑小麦的收获季节。

表1-13　春小麦和冬小麦秸秆营养成分比较　　　　　　　　　　　　　%

秸秆种类	粗蛋白	粗脂肪	粗纤维	无氮浸出物	钙	磷
春小麦秸秆	4.4	1.5	34.2	38.9	0.32	0.08
冬小麦秸秆	4.5	1.6	36.7	36.8	0.27	0.08

(2)不同部位对小麦秸秆营养成分的影响。

小麦秸秆主要包括茎、叶、穗、节等形态部位,各部位的组成成分大不相同(表1-14)。小麦秸秆穗部的木质素和半纤维素含量较高,木质素是秸秆中难以消化利用的成分,因此麦穗的营养价值最低;茎秆和麦节部分的纤维素含量较高,其消化率相应较低;小麦的叶片部分纤维类物质含量最低,消化率和营养价值相对较高。经测定,小麦叶的消化率约为70%,麦节为53%,麦壳为42%,茎为40%,从化学成分来看,叶片的营养价值高于鞘和茎秆,但小麦秸秆的茎秆占全植株的50%以上,而叶片和叶鞘各占1/4左右,因此,小麦秸秆的营养价值更多地取决于茎秆。

表 1-14 小麦秸秆不同部位的营养成分比较   %

采样部位	水分	粗灰分	木质素	半纤维素	纤维素
小麦节	10.59	5.69	21.52	22.83	44.13
小麦秆	9.64	2.76	21.21	23.69	51.16
小麦叶	10.34	7.52	19.43	24.22	39.94
小麦穗	10.54	5.68	23.89	28.41	40.58

（赵蒙蒙等，2011）

（3）加工方式对小麦秸秆营养成分的影响。

与大麦和燕麦秸秆相比，小麦秸秆的粗纤维含量较高，粗蛋白、钙、磷含量较低，因而饲喂价值较低，用小麦秸秆饲喂牛时必须经过适当加工。小麦秸秆的处理方法包括氨化、碱化、氨碱复合处理（碱化+氨化）、黄贮、白腐真菌处理等。

①氨化。小麦秸秆含氮量低，粗蛋白含量只有3%~5%，氨化处理可使秸秆含氮量增加1~1.5倍，粗蛋白含量达到6%~9%以上（表1-15），提高饲喂效果。同时，氨可以破坏小麦秸秆的纤维结构，从而使粗纤维含量降低10%左右，提高牛的采食量和消化率20%左右。另外，氨化处理使秸秆中的纤维物质膨胀，空隙度增大，渗透性提高；因此，氨化后的小麦秸秆质地柔软、蓬松，颜色有所加深，具有糊香味，适口性提高。此外，氨化后小麦秸秆的脆性增加，秸秆易消化、易碎，有利于动物对秸秆的物理性消化，因而可以提高秸秆的采食量和消化率。氨化秸秆方法简便、成本低，适于对小麦秸秆进行加工，但氨化小麦秸秆单独饲喂仍不能满足动物的营养需要，需要搭配精料（玉米、麸皮、糟渣、饼粕等）饲喂。

表 1-15 氨化对小麦秸秆营养成分的影响   %

组别	有机物	粗蛋白	半纤维素	纤维素
对照组	89.5	3.17	23.04	39.33
氨化组	90.9	6.87	19.91	37.03

②碱化。小麦秸秆中木质素和硅酸盐的含量占有机物的30%以上，碱化处理可以有效破坏植物的细胞壁成分，提高木质素等纤维类物质的消化率，饲喂效果可以提高1倍。

③氨碱复合处理。小麦秸秆碱化所用的强碱如氢氧化钠价格较高、污染较大，目前常用生石灰和石灰水等替代，同时结合尿素氨化和添加食盐等进行复合处理，效果更好。氨化和碱化复合处理小麦秸秆可以提高小麦秸秆的粗蛋白含量，降低纤维物质尤其是木质素含量（表1-16），提高小麦秸秆的消化率和营养价值，降低成本，减少环境污染，处理后的小麦秸秆柔软，具有酸香味，适口性提高。

表 1-16 氢氧化钙复合处理对小麦秸秆营养成分的影响   %

组别	粗蛋白	中性洗涤纤维	酸性洗涤纤维	半纤维素	木质素	纤维素	粗纤维
对照组	4.4±0.6	69.1±0.8	54.9±0.9	23.8±0.6	7.9±0.6	32.9±0.7	40.1±1.0
复合处理组	9.9±1.3	63.8±1.7	50.8±2.6	18.8±1.8	3.6±1.1	31.4±1.3	38.9±1.7

（孟庆翔等，1999）

④黄贮。小麦秸秆收获时茎秆干黄,含水量低,不适合进行青贮,但可以进行黄贮。小麦秸秆黄贮时加入的添加剂如益生菌(微贮)、酶制剂和酸化剂等,可以提高黄贮效果和小麦秸秆的适口性,降低小麦秸秆中纤维类物质尤其是半纤维素的含量,提高粗蛋白含量和营养价值。表1-17列出的是孟庆翔等测定的微贮后小麦秸秆营养成分的变化。添加纤维素酶后小麦秸秆营养成分的变化见表1-18。

表1-17 微贮后小麦秸秆营养成分的变化　　　　　　　　　　　　　　　　　　　%

组别	粗蛋白	酸性洗涤纤维	中性洗涤纤维	纤维素	半纤维素	木质素	灰分
对照组	5.3±0.05	59.9±0.32	83.1±0.05	45.4±0.23	23.1±0.27	14.6±0.54	7.5±0.46
微贮组	5.9±0.17	57.2±0.74	79.1±0.74	42.8±0.12	21.9±0.92	14.4±0.86	7.6±1.23

(孟庆翔等,1999)

表1-18 添加纤维素酶后小麦秸秆营养成分的变化　　　　　　　　　　　　　　　%

组别	干物质	水溶性碳水化合物	粗蛋白	中性洗涤纤维	酸性洗涤纤维
对照组	56.38	0.58	5.33	71.06	42.81
纤维素酶组	50.75	1.17	6.33	66.70	35.73

(孙娟娟等,2007)

⑤白腐真菌处理。采用生物技术手段加工小麦秸秆也是近年来研究的趋势之一,目前研究较多的是采用白腐真菌分解小麦秸秆纤维的方法,不同品种的白腐真菌对小麦秸秆营养成分的改善效果也不同。

2. 大麦秸秆

大麦在我国的分布很广,栽培面积仅次于水稻、小麦和玉米,占谷类作物的第四位。大麦为禾本科一年生草本作物,一般分为春大麦和冬大麦两类,按稃皮有无分为皮大麦和裸大麦(青稞)。我国大麦分布广泛,但主要产区相对集中,包括北方春大麦区、青藏高原裸大麦区和黄、淮以南秋播大麦区等。大麦秸秆是收获大麦籽粒的副产品,其营养价值虽低于大麦干草、大麦籽粒、大麦芽,但仍高于一般谷类作物的秸秆。大麦麦秆柔软且适口性好,是草食家畜的良好饲料,长期饲喂可提高乳脂,增加胴体中的硬脂肪含量。大麦秸秆未经处理时消化率一般低于50%,经过碱化、氨化和微生物处理后,消化率可达70%左右。

(1)品种对大麦秸秆营养成分的影响。

不同大麦品种的秸秆营养成分有所不同(表1-19),一般春大麦的消化率高于冬大麦。裸大麦是我国西藏地区的青稞,其秸秆是良好的饲草,茎秆质地柔软、富含营养、适口性好,是高原地区家畜冬季的主要饲草,青稞秸秆约含水分5.87%、粗蛋白4%、粗纤维72.12%、纤维素40.11%、木质素14.12%、粗灰分10.34%。

表1-19　几个大麦品种秸秆的营养成分及代谢能

大麦品种	CP/%	EE/%	Ash/%	NDF/%	ADF/%	木质素/%	纤维素/%	半纤维素/%	代谢能/(MJ·kg^{-1})
Georgi	5.1	1.2	5.0	84.4	52.4	8.9	43.5	32.0	5.6
Athos	4.6	1.2	4.1	85.8	52.5	7.5	45.0	33.3	6.4
Igri	3.5	1.2	5.5	78.8	53.2	7.5	45.7	25.6	5.9
Aramir	5.2	0.8	7.0	82.0	55.5	7.0	48.5	26.5	5.4

注：CP，粗蛋白；EE，粗脂肪；Ash，粗灰分；NDF，中性洗涤纤维；ADF，酸性洗涤纤维，下表同。

（张英来等，1999）

(2)加工方式对大麦秸秆营养成分的影响。

由于大麦青割鲜喂时间性强，一般从盛花期至灌浆期青割利用仅为8~14 d，因此适时收割制成干草或进行青贮处理，可以延长大麦秸秆的利用时间。我国西藏地区海拔高、气温低，天然青稞牧草生长期短，仅能利用1个月左右，而通过青贮、氨化、碱化等处理可以提高青稞秸秆的质量(表1-20)和解决牧草短缺的问题。

表1-20　不同化学处理青稞秸秆的化学成分　　　　　　　　%

组别	CP	NDF	ADF	木质素	Ash
对照组	3.2±0.3	71.4±2.3	52.8±0.9	8.2±0.7	7.6±0.9
3%尿素组	7.8±0.6	70.8±1.9	51.1±2.2	7.1±1.1	7.5±0.6
6%氢氧化钙组	3.3±0.2	69.0±2.5	49.4±1.5	7.6±0.9	8.9±1.2
2%尿素+3%氢氧化钙组	7.1±0.4	67.5±2.1	18.3±1.2	7.1±1.2	8.4±0.7
1.5%秸秆发酵剂(微贮)组	3.7±0.4	65.8±1.7	43.8±1.8	6.0±1.0	7.4±0.6

（李瑜鑫等，2009）

①青贮。大麦可以在灌浆期收割切段青贮，在乳熟期青贮时加入乳酸菌进行微贮，或添加甲酸、纤维素酶或可溶性糖等可在一定程度上提高青贮效果。

②氨化。氨化处理可以将大麦秸秆的氮含量提高10%左右，并提高消化率。

③碱化。碱化处理对大麦秸秆细胞壁具有裂解作用，使秸秆膨胀，脆性增加，有利于瘤胃的消化。氢氧化钠处理大麦秸秆后，中性洗涤纤维和半纤维素含量分别下降29.77%和15.89%，体外消化率增加50%以上，而氨化或碱化单一处理的效果在降低纤维含量和提高粗蛋白含量方面均不如氨化+碱化复合处理。

④真菌处理。将大麦秸秆粉碎后先用真菌处理，然后以秸秆干物质10%的氢氧化钠混合处理，可以将秸秆的有机物消化率从46%增加到80%，提高幅度优于单一的氢氧化钠处理。

3. 燕麦秸秆

燕麦为禾本科燕麦属一年生植物,按其外科性状可分为带稃型和裸粒型两大类,是重要的牧草、饲料和粮食作物,也是我国高寒地区家畜的主要饲草之一,长期以来受传统种植方式的影响,燕麦生产中存在着生产水平较低、品种混杂退化、种植技术落后等问题。燕麦秸秆的营养价值亦优于其他农作物秸秆,总可消化物质含量为50%,粗蛋白含量为4.4%,高于大麦秸秆(49%、4.3%)、稻草(41%、4.2%)和小麦秸秆(44%、3.6%)。

(1)品种对燕麦秸秆营养成分的影响。

不同品种间营养物质含量有一定的差异。例如,表1-21的5个燕麦品种中,燕麦巴彦三号的粗蛋白、粗脂肪含量都较低,而燕麦4632的粗蛋白含量最高。

表1-21　5个燕麦品种秸秆的营养成分　　　　　　　　　　　　%

燕麦品种	水分	粗灰分	粗蛋白	粗脂肪	粗纤维
燕麦4617	7.3±0.08	4.6±0.16	8.5±0.18	4.9±0.23	29.39±0.70
燕麦青永12	7.1±0.23	3.62±0.36	4.6±0.12	1.25±0.13	31.80±0.51
燕麦4632	7.92±0.25	5.23±0.11	9.13±0.22	2.30±0.23	29.81±0.38
燕麦巴彦三号	5.75±0.13	4.67±0.20	4.38±0.09	1.46±0.08	34.7±1.8
燕麦87-6-21	5.02±0.24	5.56±0.49	8.38±0.18	1.27±0.04	32.47±0.18

(王桃等,2011)

(2)生长期对燕麦秸秆消化率的影响。

收割时期应在燕麦乳熟期至蜡熟期收割,其营养价值最高,如果收割时间过晚,纤维素含量增加,则此时产量虽高,但质量变差。不同品种、不同生长期燕麦秸秆的体外消化率见表1-22。

表1-22　不同品种、不同生长期燕麦秸秆的体外消化率　　　　　　　　%

生长期	丹麦444	白燕5号	Ronald
拔节期	76.7	70.3	73.1
开花期	65.1	55.1	58.3
灌浆期	52.3	43.4	49.8
完熟期	40.0	34.1	37.8

(王辉辉等,2008)

(3)加工方式对燕麦秸秆营养成分的影响。

燕麦秸秆与玉米秸秆相比,碳水化合物、蛋白质、水分含量均较低,而粗纤维含量较高,占干物质含量的45%,燕麦质地粗硬,不利于细胞液渗出、乳酸菌大量快速繁殖和多糖与粗纤维的转化,从而影响青贮饲料的质量。因此青贮燕麦秸秆时应根据其特性适当加入添加剂进行调节,如添加糖分可以在乳酸菌的作用下产生乳酸和乙醇,具有浓厚的酒酸味和芳香气味;添加食盐可以促进细胞液渗出,有利于乳酸菌发酵,从而提高青贮秸秆的适口性、利用率和营养价值;添加尿素可以增加青贮料的粗蛋白含量。

①青贮。青贮可以提高燕麦秸秆粗蛋白含量,降低粗纤维含量(表1-23),提高消化率和营养价值。燕麦秸秆收割时也可采用牧草捆裹青贮,该方法是用拉伸膜将牧草捆裹成厌氧环境而进行青贮,采用捆裹青贮技术成本较高,但加工速度快,可提高草捆的使用时间,当地区间出现饲草余缺情况时可以商品草的形式快速运输。

表1-23 青贮对燕麦秸秆营养成分的影响　　　　　　　　　　　　　　%

加工方式	粗蛋白	粗纤维	粗脂肪	粗灰分	无氮浸出物
干草	10.6±1.61	31.2±3.62	3.10±0.74	9.28±1.23	45.70±5.82
青贮	12.27±1.35	29.10±3.36	3.36±0.82	10.76±2.01	44.32±5.91

(张越利等,2012)

②氨化。燕麦秸秆的粗蛋白和粗纤维含量分别为2.9%和41.9%,氨化后二者含量分别为8.0%和42.1%,经氨化处理后可达中等质量干草的水平,有机物消化率也有所提高。

③酶制剂。酶制剂处理燕麦秸秆可打破植物细胞壁,降解植物纤维,释放内含的营养物质。在纤维素复合酶制剂处理10 d和15 d时,燕麦秸秆的粗蛋白含量与未处理时相比分别提高2%和10%,粗纤维含量分别降低36%和35%。

4. 其他麦类秸秆

(1)黑麦草。

黑麦草已成为我国南方农区种植最广、播种面积最大的牧草,是牛的粗饲料来源之一。饲用黑麦秸秆营养丰富,适口性好,叶量大,质地柔软,草质优良,牛喜食,秸秆中约含粗蛋白4.61%、粗脂肪2.24%、粗纤维33.46%、无氮浸出物42.5%、钙0.37%、磷0.1%,营养价值高于小麦和燕麦,蛋白质和碳水化合物含量高于小麦和燕麦。

黑麦产草季节性强,一般需要进行青贮等处理后保存。青贮时,收割期以乳熟期或灌浆期为宜,黑麦秸秆经40 d活秆菌微贮后,采样分析各营养成分含量为粗蛋白4.5%、粗脂肪3.38%、粗纤维35.09%、无氮浸出物43.33%、钙0.41%、磷0.09%。微贮秸秆色泽金黄,果香气味,手感松散,质地柔软湿润,pH为4.5,适口性较好,黑麦青贮一般比玉米青贮提前2个月左右,可以缓解冬季青贮的不足。

(2)荞麦。

荞麦分为甜荞麦和苦荞麦。苦荞麦秸秆含有0.09%的淀粉,且主茎秆淀粉含量大于分支茎秆,粗脂肪含量约为1.14%,粗蛋白含量约为3.14%,稍高于一般谷物秸秆,其适口性和营养价值比其他麦类秸秆好。

(三)水稻秸秆

水稻是我国三大粮食作物之一,水稻秸秆资源丰富,但目前仅有15%作为饲料利用。水稻按播种收获期通常分为早、中、晚稻,据统计,我国稻谷年产量约为2亿t,按稻谷的草谷比为1计算,我国的水稻秸秆年总产量约为2亿t。水稻秸秆约含水分69%、粗蛋白4.58%、中性洗涤纤维64.70%、酸性洗涤纤维33.66%、水溶性碳水化合物3.95%,不同部位间营养成分有所不同,其中不易消化的木质素在水稻穗中含量最高(表1-24)。

表 1-24　水稻秸秆不同部位的营养成分比较　　　　　　　　　　　　　　　%

水稻部位	水分	粗灰分	木质素	半纤维素	纤维素
水稻节	11.81	14.83	17.11	21.16	32.21
水稻秆	12.53	13.92	16.48	19.75	39.69
水稻叶	11.85	16.79	16.68	20.45	34.14
水稻穗	11.19	14.72	25.22	24.81	31.74

（赵蒙蒙等，2011）

将水稻秸秆切短后青贮可以有效保存秸秆中的营养成分，提高饲用价值，但水稻秸秆干物质含量高而含糖量较低，单独青贮难以达到良好效果，采用适宜的添加剂对完熟期收获的水稻秸秆进行处理，可以提高其切短或整株青贮的效果。表1-25~1-27分别列出了氨化复合处理、碱化（氢氧化钠）处理、青贮和微贮对水稻秸秆营养成分的影响。

表 1-25　氨化复合处理对稻秸秆营养成分的影响　　　　　　　　　　　　%

组别	CP	NDF	ADF	CF	半纤维素	木质素	纤维素
对照组	4.8±0.5	67.2±0.9	46.3±1.0	33.1±0.9	20.9±0.8	5.2±0.8	19.0±0.8
氨化组	8.8±0.9	63.3±1.8	42.2±2.7	32.5±1.3	20.8±1.1	3.5±1.1	17.0±2.2

注：CF，粗纤维。

（孟庆翔等，1999）

表 1-26　碱化（氢氧化钠）处理对水稻秸秆营养成分的影响　　　　　　　%

组别	干物质	粗蛋白	中性洗涤纤维	酸性洗涤纤维	粗灰分	钙
对照组	94.82	4.95	72.04	43.11	10.31	0.34
碱化组	92.41	4.98	64.14	37.43	12.65	2.40

（张文举等，2014）

表 1-27　青贮和微贮对水稻秸秆营养成分的影响　　　　　　　　　　　　%

组别	DM	CP	NDF	ADF	EE	Ash	WSC	木质素	钙	磷
对照组	89.25	3.65	67.78	38.44	1.18	12.31	2.03	7.08	0.41	0.17
青贮组	24.41	3.84	66.89	38.40	1.17	10.49	2.01	6.09	0.38	0.09
微贮组	25.89	3.92	65.77	37.93	1.16	9.62	1.37	5.53	0.41	0.12

注：WSC，水溶性碳水化合物。

（四）其他秸秆

1. 棉花秸秆

我国是世界重要的棉花产区，新疆的棉花种植面积约占全国的1/3，2007年我国棉花秸秆产量约为1 792万t。棉花收获后的秸秆全株含粗蛋白9.96%、粗脂肪3.65%、粗纤维32.15%、无氮浸出物45.31%、灰分8.06%、钙2.18%、磷0.12%、总能(GE)1 740 kJ,具有一定的饲用价值。同样,棉花秸秆不同部位的营养成分含量也有差异(表1-28)。棉花秸秆木质素和粗纤维含量高,干物质降解率和代谢能(ME)较低,并且含有棉酚等抗营养因子,需要加工处理后饲喂。棉花秸秆的处理方法包括微贮、氨化、碱化、机械揉搓、盐化、压块制粒等。有研究证实,棉秆经过微化处理后,其蛋白质含量可达12%,比麦草和稻草的蛋白质高5~6倍,纤维素降解6.8%,并且棉酚含量降低到312 mg/kg以下,具有较高的营养价值和利用价值,可作为牛的饲料利用。表1-29和表1-30列出不同化学或生物处理对棉花秸秆营养成分、纤维成分的影响。

表1-28 棉花秸秆不同部位营养成分比较 %

部位	有机物	粗蛋白	纤维素	半纤维素	酸性洗涤木质素	钙	磷	游离棉酚
棉花秆主茎	91.8	5.7	45.8	11.5	15.9	0.63	0.08	0.03
棉花秆细茎	88.0	6.8	35.2	6.5	13.3	0.72	0.09	0.03
棉花壳	85.6	5.5	33.5	9.8	7.8	0.44	0.16	0.06
棉籽壳	92.2	7.5	37.5	16.8	17.5	0.09	0.10	0.06

(魏敏等,2003)

表1-29 不同化学处理对棉花秸秆营养成分的影响 %

组别	粗蛋白	中性洗涤纤维	酸性洗涤纤维	半纤维素
对照组	5.88	78.6	70.26	7.34
氢氧化钙处理组	6.66	76.27	67.81	8.46
尿素处理组	8.70	78.59	70.35	9.25
氢氧化钙+尿素复合处理组	8.97	73.44	67.77	5.67

表1-30 不同处理对棉花秸秆纤维成分的影响 %

纤维成分	对照组	氨化组	3%尿素+3%氢氧化钙+1%食盐组	1%过氧化氢浸泡组	微贮组	0.1%过氧化氢喷洒组
半纤维素	8.13	9.71	9.01	6.10	8.14	8.11
纤维素	48.11	50.04	48.49	46.12	48.03	47.68
木质素	17.97	17.06	18.12	12.11	17.76	17.50

(方雷,2010)

2. 豆科秸秆

豆科秸秆种类较多,主要有黄豆秸秆、蚕豆秸秆、豌豆秸秆、花生秧等,豆科作物成熟收获后的秸秆,叶子大部分已凋落,维生素已分解,蛋白质成分减少,茎多木质化,质地坚硬,营养价值较低。但与禾本科秸秆相比,豆科秸秆蛋白质含量较高。豆科秸秆中以蚕豆秧苗为最好,粗蛋白含量为14.6%,其次为花生秧、豌豆秧、黄豆秸秆等(表1-31)。豆科秸秆共同的营养特点是粗蛋白和粗脂肪含量高,粗纤维含量低,钙、磷等矿物质含量较高。

表1-31 几种豆科秸秆的营养成分

名称	干物质/%	总能/(MJ·kg^{-1})	粗蛋白/%	粗纤维/%	钙/%	磷/%
大豆秸秆	93.2	15.86	8.9	39.8	0.87	0.05
绿豆秸秆	86.5	14.81	5.9	39.1	—	—
红小豆秸秆	90.5	15.6	3.0	45.1	0.08	0.06
豇豆秸秆	25.0	4.35	4.0	5.6	—	—
蚕豆秸秆	86.5	15.06	6.5	40.6	0.75	0.8
豌豆秸秆	29.8	5.23	4.3	9.0		

在用蚕豆秧和花生秧作为饲料时,应注意将秸秆上带有的地膜和泥沙清除干净,否则被动物食入后易引起消化道疾病。黄豆秸秆质地粗硬,适口性差,在饲喂之前应进行适当加工处理,如切短、压碎等,否则利用率很低。膨化对黄豆秸秆营养成分的影响见表1-32,经膨化后黄豆秸秆的粗纤维和酸性洗涤纤维含量大大降低。

表1-32 膨化对黄豆秸秆营养成分的影响   %

处理	水分	灰分	粗蛋白	粗脂肪	粗纤维	无氮浸出物	酸性洗涤纤维
未膨化	10.51	4.52	4.80	0.46	52.23	30.72	65.23
膨化	10.40	5.07	4.87	0.45	43.00	40.41	59.23

3. 藤蔓类秸秆

藤蔓类秸秆主要包括甘薯藤、冬瓜藤、南瓜藤、西瓜藤、黄瓜藤等藤蔓类植物的茎叶。其营养特点是质地较柔软,水分含量高,一般为80%以上,干物质含量较少;干物质中蛋白质含量在20%左右,其中大部分为非蛋白氮化合物。甘薯藤是常用的藤蔓类饲料,营养价值相对较高。

第二节 影响农作物秸秆消化利用的因素

一、木质素

木质素是植物细胞壁成分之一,与纤维素和半纤维素不同,木质素属于非碳水化合物,木质素结构复杂、多样,并可以与半纤维素形成结构稳定的化学键而降低植物细胞壁成分的溶解性和降解率,难以被动物消化利用,是粗饲料中的主要抗营养因子,在高粱、玉米和小麦秸秆中分别占17%、14.9%和20.5%左右。从20世纪开始,国内外学者一直在寻找降解木质素的有效方法,目前认为主要包括物理法、化学法、物理化学法和生物降解法等,木质素的降解方法见表1-33。

表1-33 木质素的降解方法

名称	方法
物理法	辐射、声波、粉碎、蒸汽爆破
化学法	无机酸(硫酸、盐酸等)、碱(氢氧化钠、氨水等)和有机溶剂(甲醇、乙醇)等
物理化学法	物理法+化学法
生物降解法	微生物(真菌、细菌等)

物理法和化学法可在一定程度上降解秸秆中的木质纤维素,但都存在条件苛刻、设备要求高的特点,并且污染严重。生物降解法利用某些微生物在培养过程中产生分解木质素的酶类降解木质素,此法具有作用条件温和、专一性强、无环境污染、处理成本低等优点。目前研究较多的菌种是白腐真菌,白腐真菌的菌丝可以穿入木质素,侵入木质细胞腔内,释放降解木质素的酶,从而分解木质素。

二、单宁

(一)分布及种类

单宁又称单宁酸或鞣酸,是一类水溶性酚类化合物。单宁在植物界中广泛分布,是一种重要的次级代谢产物,也是除木质素以外含量最多的一类植物酚类物质。单宁主要存在于植物界的高等植物,特别是双子叶植物,如豆科、桃金娘科等的树皮、叶子、木质部、果实及种子等各个组织器官中。

单宁是多酚中高度聚合的化合物,能与蛋白质和消化酶形成难溶于水的复合物,影响饲料的消化吸收。单宁可分为水解单宁和缩合单宁,二者常共存,后者也称原花青素,全谷、豆类中的单宁含量较多。单宁的主要种类及来源见表1-34。

表1-34 单宁的主要种类及来源

种类	水解单宁	儿茶酚单宁	缩合单宁
来源	①没食子单宁:水解产生没食子单宁、没食子酸和葡萄糖。来源于塔拉豆荚、栎树和漆树等的五倍子科植物。②鞣花单宁:水解产生鞣花酸和葡萄糖。来源于橡树的木质部、板栗等	水解产生儿茶酚、表儿茶酚,具有水解单宁和缩合单宁的共性。来源于热带豆科灌木、茶叶等	又称原花色素,水解产生类黄酮单体,如黄烷3,4-二醇或黄烷3-醇。来源于葡萄、苹果、橄榄、豆类、高粱、咖啡等的果实或种子,以及某些植物的树皮与木质部中

(艾庆辉等,2011)

(二)抗营养作用

单宁因具有苦涩味道,并能和蛋白质、碳水化合物、金属离子等结合而成为难以消化吸收的复合物,因此会降低动物的采食量及饲料中某些营养元素的生物利用率。加上单宁本身和其代谢产物往往能对动物产生毒害作用,因此被认为是抗营养因子。单宁可以降低饲料的采食量、消化率,甚至直接对动物产生毒害作用,具有较强的抗营养作用,因此,在动物饲料中应慎重添加富含单宁的植物性饲料原料或进行脱毒处理。

(三)降解方法

降解单宁的方法主要包括溶液浸提、干燥、脱壳、挤压、碱、聚乙二醇及射线处理、微生物降解等。目前已有大量关于微生物降解单宁的研究报道。微生物不仅可以显著降解植物性饲料原料中的单宁,还可以同时降解其他多种抗营养因子并提高其营养物质含量,改善消化率。单宁降解菌以青霉属和曲霉属种类居多。

三、其他抗营养物质

秸秆中还含有其他抗营养因子,包括植酸盐和非淀粉多糖等,非淀粉多糖主要包括纤维素、果胶、β-葡萄糖、阿拉伯木聚糖等。

(一)植酸盐

植物性饲料中的磷大部分以植酸磷的形式存在,而且植酸盐中的磷通过螯合作用会降低动物对锌、锰、钙、铜、铁、镁等微量元素的利用,以及通过与蛋白质结合,形成复合体而降低对蛋白质的消化吸收。

(二)非淀粉多糖

植物性原料的细胞壁通常含有纤维素、果胶、木聚糖等物质,蛋白质等营养物质包裹在纤维素和果胶等成分中,而纤维素和果胶在动物消化道中较难被动物消化,因而阻碍了秸秆类物质的消化。

第三节 农作物秸秆的营养特点及利用现状

一、营养特点

农作物秸秆的营养特点是粗纤维和粗灰分含量偏高,粗蛋白含量较低。其中,粗纤维包括纤维素、半纤维素、木质素等成分。纤维素是聚葡萄糖类同质多糖,在秸秆中的含量较高,其结晶程度是影响秸秆消化的重要因素;半纤维素是由两种或几种单糖聚成的短链多糖,主要包括聚木糖类、聚葡萄糖甘露糖类和聚半乳糖葡萄糖甘露糖类;木质素属于芳香族化合物,与糖一起作为植物的支持物存在,是饲料消化率及适口性的主要影响因素。

二、利用现状

随着我国乃至全球人口的增多,人类生存和畜牧业生产过程中赖以生存的粮食需求量也越来越高,粮食生产的过程中农业副产物的数量也随之增多。2016年我国主要农作物秸秆生产总量约达到9.84亿t,其中玉米、水稻和小麦三大类作物秸秆产量达到8.22亿t,占秸秆总量的83.51%。由于农业生产的现代化、农村人口逐渐城镇化、能源消费结构升级和各类替代原料的应用,因此秸秆利用的方式和途径发生了很多变化,地方性、季节性及结构性过剩现象不断凸显,露天焚烧现象屡禁不止,秸秆资源化利用面临严峻挑战。对于秸秆合理利用的问题,在肥料化、饲料化、能源化、基料化和原料化等方面均需要加大研究力度。秸秆有效利用的一个途径是将其合理、科学地加工调制成家畜饲料。同时,随着我国畜牧业的快速发展,粗饲料的数量也处于相对紧缺的状态,为了促进可持续农业的发展,将大量的农业副产品资源有效地利用到畜牧业饲料中,不仅可以降低养殖成本、提高经济效益,也可以解决牧草资源不足的问题,对我国畜牧业长期持续发展有着重要意义。

第二章 农作物秸秆类粗饲料营养价值评定

在畜牧业生产中,制订饲料配方和配制畜禽日粮时,必须有两个参数:一是不同种类饲料能为动物提供的有效营养物质的量,即饲料的营养价值;二是动物对营养物质的需要量,即饲养标准,而营养评定体系就是表征动物营养需要量和评定饲料营养价值的指标体系。营养评定指标直接决定饲料营养价值测定的准确度,以及动物对营养物质的需要量,影响饲料配方制订及日粮配制的合理性与准确度,因此关于动物营养评定体系的研究一直是动物营养与饲料科学研究的核心内容。另外,由于反刍动物生理的复杂性,因此其营养评定体系比单胃家畜复杂得多。

第一节 农作物秸秆类粗饲料营养价值评定

一、营养价值及其评定意义

(一)营养价值

粗饲料的营养价值评定指标包括常规营养成分、采食量、消化率和利用率等。常规营养成分在家畜体内或提供能量或参与代谢调控,甚至作为动物机体的组织成分直接参与肉、乳、皮、毛、骨和组织器官的构成,作用极为重要。因此,各种营养素的含量成为评定粗饲料品质最基本的指标。常规营养成分分析能说明粗饲料自身的质量,即其营养素的含量。无论对于精饲料还是粗饲料,常规营养成分都是体现饲料营养价值的重要指标,但是对于反刍动物来说,只用常规营养成分来评价饲料的饲用价值是远远不够的。英国农业和食品研究委员会(Agriculture and Food Research Council,AFRC)认为低质粗饲料中所含的蛋白质有一部分属于酸性洗涤不溶氮,而酸性洗涤不溶氮不能被小肠消化,动物机体难以利用。因此,仅从概略营养成分含量的角度来考虑并不能最终判断粗饲料饲用价值的优劣。在粗饲料营养价值评定中,最为关键的是动物对粗饲料的采食和利用状况的评定,饲料的消化率是饲料营养价值评定的关键指标。因为即使一种饲料的蛋白质含量很高,但在动物体内的干物质降解率太低,利用率不高,也不能视其为一种好饲料。饲料所含的营养物质能被动物消化、吸收的程度不同,可消化程度越高,吸收越多,对动物的营养价值越大。因此,不仅要进行营养成分的化学分析,还要结合动物的实际消化情况来测定各营养成分的消化率。对于反刍动物来说,纤维物质的消化情况尤为重要。对于不同品种及种类的粗饲料来说,中性洗涤纤维及木质素的消化程度不同。分析中性洗涤纤维的成分可知,其包含全部的纤维素、不可溶的半纤维素和全部的木质素,中性洗涤纤维的组成会影响其消化率。从理论上说,纤维素和半纤维素是可以完全被反刍动物消化的,但是由于木质素和半纤维素形成的酯键将纤维素包裹在其中,影响反刍动物瘤胃微生物对纤维素和半纤维素的消化利用,而木质素又不能完全被微生物利用,因此日粮纤维中的纤维素和半纤维素并不能全部被微生物发酵利用,其消化率取决于木质素的含量,尤其是中性洗涤纤维中木质素所占的比例,从而揭示日粮纤维的品质。因此,在饲养实践中,可以通过测定粗饲料的木质素的含量或测定 NDF 的消化率等方法对粗饲料营养价值进行更科学的评定。6 种不同种类粗饲料的常规营养成分见表 2-1。

表 2-1 6 种不同种类粗饲料的常规营养成分

指标	苜蓿	无芒雀麦	小叶樟	玉米秸秆	稻草	豆秸
DM/%	93.15	91.3	92.88	95.18	91.19	91.66
CP/DM/%	15.41	7.21	7.19	6.10	4.72	6.10
EE/DM/%	2.02	0.99	1.37	0.89	0.71	0.29
NDF/DM/%	56.32	74.22	71.83	67.86	64.31	76.56
ADF/DM/%	36.31	43.37	42.67	43.44	42.68	58.78
Ash/DM/%	6.77	7.32	6.46	9.18	13.27	4.36
GE/(MJ·kg^{-1})	17.73	17.15	17.29	16.55	15.31	17.16

注:DM,干物质;CP,粗蛋白;EE,粗脂肪;NDF,中性洗涤纤维;ADF,酸性洗涤纤维;Ash,粗灰分;GE,总能。

豆科牧草苜蓿与 3 种秸秆和两种禾本科牧草的主要区别在于其较高的 CP 含量及较低的纤维含量,而禾本科牧草(无芒雀麦与小叶樟)的 CP 含量介于苜蓿与秸秆之间。若以 CP 的含量进行粗饲料的品质比较,其顺序为苜蓿 > 无芒雀麦 > 小叶樟 > 玉米秸秆 = 豆秸 > 稻草;而以中性洗涤纤维含量来看,由高到低,顺序为豆秸 > 无芒雀麦 > 小叶樟 > 玉米秸秆 > 稻草 > 苜蓿;以酸性洗涤纤维百分含量来看,由高到低,顺序为豆秸 > 玉米秸秆 > 无芒雀麦 > 稻草 > 小叶樟 > 苜蓿。

(二)营养价值的评定意义

(1)通过对饲料营养价值的评定来了解各种饲料的营养价值与营养特性,以指导人们在动物生产中尽可能利用各种饲料资源和开发新的饲料资源。

(2)通过评定可以了解影响饲料营养价值的因素,这对选择合理的加工措施、合理利用饲料、提高饲料的利用率具有指导意义。

(3)通过评定可以了解和掌握各种动物对饲料养分的利用情况、需要量及其变化规律,为科学饲养奠定理论基础。

二、评定指标

营养价值是多种因素的综合反映,因此评定粗饲料(或牧草)品质不能单靠某个指标,而应使用多项综合指标。为此,各国学者纷纷提出了评定粗饲料品质的综合指数。

评定粗饲料品质有多种指数,如营养值指数(Nutritive Value Index,NVT)、可消化能进食量(Digestible Energy Intake,DEI)、饲料相对值(Relative Feed Value,RFV)、质量指数(Quality Index,QI)、粗饲料相对质量(Relative Forage Quality,RFQ),每种指数都是由粗饲料作为唯一能量和蛋白质来源时的粗饲料随意采食量,以及任意一种形式的粗饲料可利用能构成的。

（一）饲料相对值（RFV）

RFV 在 1978 年被提出，由美国国家牧草检测协会（National Forage Test Association，NFTA）发布，在美国被广泛应用于粗饲料的生产、管理、流通及交易等领域，且被很多国家采用。RFV 的基础是可消化干物质（Digestible Dry Matter，DDM）的随意采食量（Dry Matter Intake，DMI）。DDM 和 DMI 分别由粗饲料的 NDF 和 ADF 预测得到。RFV 的预测模型以盛花期苜蓿为例，其关系式为

$$RFV = DMI \times DDM / 1.29$$

$$DMI(\%BW) = 120 / NDF(\%DM)$$

$$DDM(\%DM) = 88.9 - 0.779 \times ADF(\%DM)$$

式中，%BW 为占体重的百分比；1.29 为盛花期苜蓿的 DMI×DDM，其目的是使盛花期的苜蓿 RFV 为 100。RFV 大于 100 的粗饲料表明相对于基数 100，整体上质量较好。

RFV 的应用特点如下。

（1）RFV 考虑了反刍动物对粗饲料 DDM 的 DMI 对粗饲料品质的影响，采用了数学回归的方法。粗饲料的 DDM 和 DMI 可分别由 NDF 和 ADF 预测得到。通过分析粗饲料的 NDF 和 ADF 含量即可评定其品质，而 NDF 和 ADF 的测定一般在实验室即可完成，这使 RFV 便于标准化。

（2）RFV 未考虑粗饲料的粗蛋白含量，且在功能上是以苜蓿盛花期为 100 作为参照值而计算得到的相对值，反映的是饲料能量的相对值，这决定了 RFV 仅能用于不同粗饲料之间品质优劣的比较，而无法用于粗饲料的科学搭配。

（3）RFV 预测的准确性依赖于 NDF 对 DMI、ADF 对 DDM 预测的准确性，而研究表明，NDF、ADF 仅分别各占 DMI、DDM 变异度的 58%、56%。在预测粗饲料消化率的失误中，有一半以上是因为使用了不正确的由 ADF 判定的预测方程。实际上，同样 ADF 含量的牧草消化率有很大差别，ADF 不能说明同样纤维含量的牧草哪个消化率较高。分别单喂禾本科牧草和豆科牧草，其 NDF 采食量不相同。因此，RFV 中用 NDF 预测 DMI 的模型尚需完善。

（4）对很多禾本科牧草评定结果不准确，许多禾本科牧草 ADF 和 NDF 含量较高，导致计算出的 DMI 较低，RFV 就是低估了 DMI 从而造成对禾本科牧草的评定较低。

（二）质量指数（QI）

Moore 等（1984）提出了 QI 和总可消化养分（Total Digestible Nutrient，TDN），并将 QI 定义为 TDN 随意采食量相对 TDN 维持需要的倍数。由于大多数粗饲料中可消化的 EE 可忽略不计，因此可以假定粗饲料中的 TDN 等同于其可消化有机物质（DOM）。绵羊的 QI 计算模型为

$$QI = TDN 采食量(g/MW)/29$$

$$TDN 采食量(g/MW) = DMI(g/MW) \times TDN(\%DM)/100$$

$$TDN(\%DM) = OM(\%DM) \times OMD(\%)/100$$

式中，MW 为 1 kg 代谢体重；除数 29 是绵羊的 TDN 维持需要量（29 g/MW）；OM 为粗饲料有机物质；OMD 为粗饲料有机物质消化率。

QI 以动物对能量的需求为 TDN 的维持需要作为参照点，其基数设为 1.0。当 QI < 1.0

时,粗饲料属于低质量,单独饲喂该粗饲料,动物会失重;当 QI=1.0 时,动物既不增重,也不失重;当 QI=1.8 时,粗饲料属于中等质量。假设泌乳母羊体重不变时,预期产奶量为 10 kg/d,生长羊的预期增重为 0.6 kg/d。由于 QI 用 TDN 描述可利用能,因此其不仅可以对粗饲料的品质进行评定,还可在计算机模型中预测动物生产性能。

(三)粗饲料相对质量(RFQ)

Moore 和 Undersander(2002)提出了 RFQ,并建议用 RFQ 来取代 RFV 和 QI 作为粗饲料营养价值评定的总指数。与 RFV 和 QI 一样,RFQ 也是当粗饲料作为反刍动物唯一能量和蛋白质来源时,对可利用能随意采食量的估测。RFQ 与 RFV 的概念和表达式的相同点是都采用 DMI,用占体重的百分数表示,不同点是 RFQ 的可利用能用的是 TDN,而 RFV 用的是 DDM。

RFQ 的预测模型为

$$RFQ = DMI(\%BW) \times TDN(\%DM)/1.23$$
$$DMI(\%BW) = 120/NDF(\%DM)$$
$$TDN(\%DM) = OM(\%DM) \times OMD(\%)/100$$

式中,除数 1.23 是为了将各种粗饲料 RFQ 的平均值及其范围调整到与 RFV 相似。

1. RFQ 的优点

由于 RFQ 中可利用能及 DMI 的预测模型分别使用可消化营养素与中性洗涤纤维消化率(Neutral Detergent Fiber Digestibility,NDFD)作为预测因子,因此 RFQ 能更准确地对禾本科牧草进行分级。这是 RFQ 比 RFV 完善的地方,因为 RFV 在评定高质量的禾本科牧草时,往往会低估 DMI 而将其评为低质。禾本科牧草的 ADF 和 NDF 都较高,所以会导致 RFV 偏低,但这并不代表这种牧草的营养价值低,因为它没有考虑到粗蛋白和 NDF 消化率这两个重要指标。导致 NDFD 变化的因素包括植物的种类、收获的成熟阶段、气候条件等。NDFD 不同的主要根源是木质素,特别是对于成熟植物来说,纤维中含有更多难于消化的木质素。另外,潮湿、热损害和其他因素同样影响木质素含量。木质素的含量及其与 NDF 的比例决定了 NDF 的消化率,以前人们通过计算木质素与 NDF 的比例来估测 NDF 消化率,但此法与体内实际的 NDFD 相关性较差,目前还可以直接测定 NDF 48 h 体外降解率。美国的威斯康星大学已开始应用湿化学法直接测定 NDFD,英格兰及希腊的有关分析也应用了此法。另外,近红外光谱法用于干草和青贮的 NDFD 批量测定也是简单易行的,只是对于某些样品,如青贮样品的测定结果不是很准确,还有待进一步改善。虽然 NDFD 的测定处于早期发展阶段,但可以肯定 RFQ 将纤维消化率这个重要指标引入到对粗饲料的评定中更科学、更精确。

此外,RFV 只有一个方程去预测 DMI,而 RFQ 针对不同类型的牧草有各自的预测方程,一个是对豆科牧草或豆科 - 禾本科混合牧草的,另一个是对禾本科牧草的,这较 RFV 更准确。

2. RFQ 的不足

RFQ 中的 TDN 预测模型涉及多项营养指标的测定,一是耗时耗力,二是难以保证其准确度。牧草中叶片的纤维含量低且消化率高,收获损失对 RFQ 的影响较 RFV 大。热损害会降低 RFQ,而 RFV 则不受影响。此外,RFV 已经在生产中运用多年,以上这些是 RFQ 至今还未能取代 RFV 在生产中推广的原因。

（四）粗饲料分级指数

由于粗饲料品质受品种、种类、生长阶段、季节、收获期及其他多种因素的影响，因此粗饲料营养素含量变化很大，尤其是牧草。每种粗饲料营养价值、品质各不相同。从营养价值方面可以大略区分粗饲料的品质，但同等营养价值的粗饲料消化率也不尽相同。科学有效地评定各种粗饲料的品质是粗饲料科学利用的基础。粗饲料能满足动物理想水平生产性能的综合能力是由粗饲料的营养价值和随意采食量大小决定的，仅从营养价值方面判断一种粗饲料的优劣是不科学的。因此，需要一个全面评价粗饲料品质的综合指数。

卢德勋（2001）在继承 RFV 合理内涵的基础上，提出了适合我国国情的全新的粗饲料评定指数——粗饲料分级指数（GI）。GI 除引入能量参数外，还引入了粗蛋白与粗饲料干物质随意采食量等参数，首次将它们统一考虑，使其更具有科学的生物学意义。GI 理论自提出至今，有了很大的发展。

1. GI 的定义及表达式

GI 的表达式为

$$GI(MJ) = ME(MJ/kg) \times DMI(kg/d) \times CP(\%DM)/NDF(或 ADL)(\%DM)$$

$$豆科牧草：DMI = 51.26/NDF，标准差 S_豆 = 2.03$$

$$禾本科牧草：DMI = 45.00/NDF，标准差 S_禾 = 1.47$$

$$秸秆类：DMI = 29.75/NDF，标准差 S_秸 = 1.02$$

式中，GI 为粗饲料分级指数，单位为 MJ；ME 为粗饲料代谢能，单位为 MJ/kg，在奶牛上使用产奶净能（Net Energy Lactation，NEL）较多；DMI 为粗饲料干物质随意采食量，单位为 kg/d；CP 为粗蛋白（%DM）；NDF 为中性洗涤纤维（%DM）；ADL 为酸性洗涤木质素（%DM）。

2. GI 的应用特点

（1）GI 不仅将粗饲料中的可利用能和蛋白质指标联系起来，而且将粗饲料中难消化的反映粗饲料物理性质的成分 ADL 包括在内，对粗饲料品质进行综合评定，较为客观地反映了反刍家畜营养利用的规律与粗饲料的营养价值，具有更加科学的生物学意义。

（2）GI 使用的是 NEL 或 ME，因此 GI 反映了饲料中可为反刍动物采食和利用的有效能，从而使 GI 充分利用粗饲料间的组合效应，以实现粗饲料搭配的最优化。

（3）GI 不仅反映的是粗饲料中可为家畜采食的有效能值，而且它是一个绝对值，因而可用于指导牧草的种植，确定牧草的最佳刈割期。

（4）应用粗饲料分级指数的目的是有效地指导一个国家或地区各种粗饲料的评定工作，因此要力求简明、易懂，既要合理、有效、可行，又要方便实用，容易推广。GI 使用了现在通用的净能或代谢能用于描述粗饲料能值，通俗易懂，便于推广。GI 不预先设置诸如 NDF 采食量为体重的 1.2% 之类的条件，而是使用 DMI，计算单位为 kg/d，较通俗，在生产实践中易被接受。

（5）GI 采用干物质体外消化率（In Vitro Dry Matter Digestibility，IVDMD）来预测粗饲料能值，而 IVDMD 的测定需要试验动物，这使得粗饲料 GI 的测定需要一定的实验室条件才能完成。

(五)碳水化合物平衡指数

反刍动物日粮中物理有效中性洗涤纤维(Physically Effective Neutral Detergent Fiber, peNDF)与瘤胃降解淀粉(Rumen Degradation Starch, RDS)的比值为反刍动物瘤胃健康指数(碳水化合物平衡指数,Carbohydrate Balance Index, CBI),CBI = peNDF/RDS。CBI 的理论依据是反刍动物日粮中的 peNDF 和 RDS 与瘤胃 pH 的影响有关,且二者之间的关系并非是固定不变的,需根据对方的含量来调节。而 peNDF 和 RDS 对瘤胃 pH 有相反的影响效果,由此可见,二者的关系为相除或相减的形式。

当前的反刍动物能量体系主要基于饲料的全消化道消化率,而不包含淀粉降解部位对能量利用效率的影响,以及未考虑瘤胃内环境对饲料养分瘤胃降解率的影响,特别是纤维的瘤胃降解率对瘤胃内环境的变化尤其敏感。而 CBI 则综合了纤维性碳水化合物(Fibre Carbohydrate, FC)和非纤维性碳水化合物(Non-Fibre Carbohydrate, NFC)在影响瘤胃内环境方面的信息,可同时定量衡量 FC 和 NFC 对瘤胃 pH 的影响,比饲粮精粗比、粗饲料来源 NDF(Forage Neutral Detergent Fiber, FNDF)和 NFC 含量能更加准确地反映瘤胃 pH 的变化。饲粮 CBI 的调节可通过调节 peNDF 和 RDS 来完成。

第二节 农作物秸秆类粗饲料营养价值评定体系与评定方法

一、营养价值评定体系

(一)Weende 系统分析法

Weende 系统分析法是德国 Hennebery 和 Stohmann 于 1862 年提出的概略养分分析方法。Weende 体系将饲料分为水分、粗蛋白、粗脂肪、粗纤维、粗灰分和无氮浸出物(NFE)六大营养成分。由于除水分外的其他五大营养成分组成结构较复杂,为笼统的各类物质而非化学上某种确定的化合物,且它们并非动物完全可以利用的物质,因此被称为"粗养分"。

Weende 系统分析法建立以来,在饲料营养价值评定中起着非常重要的作用,一度成为饲料营养价值评定的基础方法。然而,该方法在无氮浸出物和粗纤维的测定中有一定程度的弊端,测出的粗纤维在化学成分上并非同一种物质,而是多种物质的混合物。测定的粗纤维中的纤维素具有营养价值,而半纤维素和木质素并不能被动物利用。部分半纤维素和木质素还会在测定过程中因为溶解被划归为无氮浸出物一类,造成无氮浸出物含量估测值偏高。

(二)Van Soest 分析法

Van Soest 分析法即范氏洗涤纤维分析法,是 Van Soest 于 1964 年以 Weende 系统分析法为基础建立的饲料营养价值分析方法。此法修正并重新划分了粗纤维和无氮浸出物这两个指标。该方法在营养成分分析中,将粗饲料中可以被动物利用的成分与不可被动物利用的成分区分开,使得营养成分划分更合理、更科学。Van Soest 对饲料营养价值评价和含纤维性营养成分研究的发展与进步做出了巨大贡献。

虽然 Van Soest 分析法在 Weende 系统分析法的基础上进行了改进，但是动物消化是一个复杂的生理过程，仅根据化学分析方法并不能完全反映饲料的消化和利用情况，不能理想地反映饲料的营养价值，使用中具有一定的局限性。康奈尔净碳水化合物-蛋白质体系（Cornell Net Carbohydrate and Protein System，CNCPS）的建立在一定程度上弥补了 Van Soest 分析法的不足。

（三）CNCPS

美国康奈尔大学的科学家在 Weende 体系和 Van Soest 体系的基础上，考虑了反刍动物瘤胃微生物的特殊消化过程，更细致地划分了粗蛋白和碳水化合物，能够更好、更客观地反映饲料中碳水化合物和蛋白质这两大重要营养成分在瘤胃中的消化率、降解率、外流速率及能量、蛋白质的吸收率等情况。CNCPS 体现的是以动态的观点来评定饲料营养物质，而且将营养物质评定与计算机技术很好地结合在一起，是饲料评定体系中一次质的飞跃。

在 CNCPS 之前，以往的评定体系都是静止地分析饲料成分或动物对营养物质的利用，而 CNCPS 首先打破这一局面，把饲料的化学营养组成成分指标与植物的细胞组成成分结合反刍动物消化利用率一起分析，这种动态的分析结果更加科学。CNCPS 应用计算机为分析工具，体现了动物营养与饲料科学发展的趋势，既具有理论价值，又具有实际的生产价值。

根据反刍动物瘤胃微生物对氮和能量的消化利用情况，可将瘤胃内微生物划分为两类：一类是发酵非结构性碳水化合物（Non-Structural Carbohydrate，NSC）；另一类是发酵结构性碳水化合物（Structural Carbohydrate，SC）。这种划分反映了瘤胃微生物对饲料中营养物质的利用，将瘤胃微生物的划分简单化、明了化。

CNCPS 将饲料中的粗蛋白分为 5 种：PA 为非蛋白氮，PB1 为可溶解的真蛋白，PB2 为中速降解的真蛋白，PB3 为慢速降解真蛋白，PC 为与木质素结合的蛋白质。其中，PA 和 PB1 可以在缓冲液中溶解；PC 在酸性洗涤剂中不能溶解，瘤胃微生物也不能将其降解，在消化道后端也不能消化，最终随粪便排出体外；PB3 与细胞壁紧密结合，在瘤胃中只能被缓慢降解；大部分进入肠道后段，除去缓冲液中溶解的蛋白质剩余部分为 PB2，PB2 一部分被瘤胃微生物发酵，剩余部分进入消化道后段。CNCPS 将饲料中的碳水化合物分为 4 个组分：快速降解部分（CA）、中速降解部分（CB1）、慢速降解部分（CB2）和不可利用的细胞壁（CC）。

CNCPS 首次根据瘤胃对饲料的降解率及小肠的消化吸收率，对饲料中的粗蛋白进行了细致划分，使得分类更加具体、科学。CNCPS 建立了饲料可供小肠利用氨基酸的数量及动物从中吸收的动态模型。CNCPS 对饲料中的碳水化合物进行了细致的划分，使其可通过有效碳水化合物来估算瘤胃中微生物的产量。CNCPS 更加科学、准确地估计瘤胃微生物蛋白，将瘤胃微生物划分为发酵结构性碳水化合物和发酵非结构性碳水化合物两个类别。

二、粗饲料营养价值评定方法

常用的粗饲料营养价值评定方法主要有 18 世纪中后期发展起来的概略养分分析法、范氏洗涤纤维分析法和现代仪器分析法、活体内法；20 世纪 30 年代提出的半体内法，主要指尼龙袋法；20 世纪 50 年代以来建立的体外法（in vivo）；Raab 等（1983）和德国霍恩海姆大学动物营养研究所（1979 年）建立发展的产气法（The Gas Production Method）；20 世纪 70 年代以来发展起来的人工瘤胃持续发酵(Rustitec)系统;20世纪80年代末趋于应用的近红外反射光谱(Near Infrared Reflectance Spectroscopy,NIRS)技术;还有酶解法、溶解度法(用于评定蛋白质降解率)等。与体内法和尼龙袋法相比较,体外法具有操作简便、容易标准化、重复性好等优点,逐渐成为普遍采用的方法。

(一)体内法

体内法主要测定饲料养分经过动物消化道后的消化率,包括全收粪法和指示剂法两种。全收粪法根据其收粪部位可分为肛门收粪法和回肠末端收粪法。指示剂法根据指示剂的来源分为外源指示剂法和内源指示剂法。体内法的优点是测定结果较准确,接近真实值;缺点是依赖试验动物,试验成本较高。

(二)半体内法(尼龙袋法)

尼龙袋法在20世纪30年代被提出,主要用于反刍动物瘤胃养分降解率的试验。此法是将饲料样品放入特制的尼龙袋中,经瘤胃瘘管投入瘤胃内,在一定时间内取出,经冲洗、烘干等处理,测定瘤胃残渣各养分含量,与投袋前的饲料样品中养分含量比较,计算养分降解率。尼龙袋法的优点是操作简单、试验周期短、重现性好、便于大批样品的研究,缺点是影响瘤胃发酵的因素复杂烦琐,此法的测定结果与实际值相比有一定的误差。

(三)体外法

体外法是当前国内外应用最广泛的反刍动物日粮营养价值评定方法之一。体外法的原理是消化率不同的饲料在相同时间内产气量与产气率不同。体外法应用广泛,该方法可以比较准确地估测饲料在瘤胃中的有机物消化率和干物质采食量;估计单一饲料或混合料的代谢能值;测定添加剂和瘤胃调控作用效果;评定瘤胃中各种微生物区系对饲料发酵降解的相对作用;预测动物代谢过程中产生的有害气体数量等。与体内法相比,该方法的优点是不需要饲养大量的试验动物,其测定结果与尼龙袋法高度正相关。因此,体外法的优点是简单、便捷、重复性好、成本低。

体外酶解法是利用体外连续培养系统,模拟动物消化道酶和水解条件,在体外测定饲料消化率的方法。早期提出的两步法是将饲料和瘤胃液在试管中培养48 h,之后再用胃蛋白酶在强酸性环境(pH约为2)下培养48 h,使用此法模拟瘤胃和一部分小肠的消化过程。收集和分离培养两步法的缺点是不能测定饲料动态消化率和不符合反刍动物瘤胃食糜外排的生理特性,使结果稳定性和准确性受到影响。后来在两步法基础上创新提出了三步法,用以测定饲料非降解部分在动物小肠中的消化率,过程是先将待测定饲料经过瘤胃滞留16 h,再用盐酸-胃蛋白酶消化,最后再通过缓冲液磷酸盐-胰酶消化24 h。为避免试验中应用的三氯乙酸的腐蚀性和毒性对试验者及环境的损害,可采用体外模仿培养箱放置尼龙袋来测定蛋白质在小肠中的消化率。该方法在克服三氯乙酸限制性的同时,减少了劳动量也降低了试验成本。应用酶解法测定饲料消化率时,不同来源的瘤胃液是测定值发生变化的重要原因。

体外连续培养系统的产生,弥补了产气法和酶解法分批次不能够持续较长时间的缺点,与批次培养相比,连续培养系统能比较真实地反映饲料在反刍动物体内瘤胃发酵的情况。体外连续培养系统包括单外流和双外流培养系统。单外流系统的优点是简单、方便、能收集发酵产生的气体;缺点是不能区分发酵流出液的液相和固相组分。双外流系统模拟活体瘤胃发酵情况,对瘤胃液和消化糜固相外流速度分别加以控制,更接近反刍动物瘤胃内发酵的实际情况。

(四)人工瘤胃持续发酵法

人工瘤胃持续发酵法起始于20世纪70年代,与体外产气法相比,其能更准确地模拟瘤胃环境和瘤胃发酵过程,此法的核心是人工瘤胃持续发酵系统装置。比较成功的人工瘤胃持续发酵系统装置有明尼苏达大学与西弗吉尼亚大学联合设计的体外连续培养系统。在国内,王加启和冯仰廉(1995)在国际瘤胃模拟系统技术的基础上,研制出瘤胃模拟持续装置,使瘤胃模拟技术达到了新的水平。人工瘤胃持续发酵法的优点是较接近真实的瘤胃发酵过程;缺点是操作较复杂,工作量较大。

(五)酶解法

20世纪80年代以来,国内外越来越重视利用酶解法来评定蛋白质降解率的研究。酶解法是一种用酶溶液来代替瘤胃液对饲料营养价值进行评定的方法。通常用商业生物酶制剂(胃蛋白酶、纤维素酶等)与饲料样品一起培养来评定饲料有机物或蛋白质的降解率。酶解法包括单-胃蛋白酶酶解法、单-纤维素酶酶解法及蛋白酶-纤维素酶复合酶酶解法。

酶解法的优点是易标准化、稳定性高、效率高、成本低、结果较接近实际值;缺点是只测定了某一时间点的降解率,而不能测定动态降解率,而且由于酶自身的特异性,因此单一酶或复合酶难以模拟瘤胃中微生物对有机物复杂的发酵过程,且其测定的重复性较差。

(六)粪液法

粪液法是一种用人工唾液稀释的反刍动物粪液来代替瘤胃液对饲料营养价值进行评定的方法,其理论依据是瘤胃微生物和粪便微生物在一定程度上具有同源性。粪液法不使用瘘管动物即可快速测定饲料养分消化率,目前该方法已经被用来评定反刍动物饲料的营养价值。粪液法的优点是操作简单、准确、重复性好、可批量样品测量等;缺点是不适合测定低质粗饲料,如作物秸秆的营养价值。

(七)近红外反射光谱(NIRS)技术

NIRS在20世纪70年代后期开始被应用于对饲料成分与营养价值的测定。NIRS的理论依据是在$0.7 \sim 2.5 \mu m$波长的近红外光谱区内,饲料各有机成分对近红外光均有吸收,且有各自的特征频率和特征吸收谱带;而同一成分其特征吸收谱带的强度与有机成分含量成正比,因此可根据饲料各有机成分对近红外光的特征吸收,利用回归分析的原理建立光谱值与各有机成分之间的相关关系。近年来,NIRS不仅用于饲料中常规营养成分(CP、EE、NDF、ADF等)和微量成分(氨基酸和维生素)的分析,也被用于预测动物的采食量、营养消化代谢、十二指肠微生物蛋白含量和日粮营养水平评价等。

NIRS方法的优点是速度快、操作简单、污染小;缺点是NIRS分析估计饲料营养物质消化率必须建立在大量准确的原始数据之上,否则估测值将与实测值差距很大。通过常规法分析得到的参考值的准确性对NIRS的预测结果起决定性作用。

总之,粗饲料营养价值的评价方法较多,各有优缺点,可根据需要有选择地使用。今后反刍动物饲料的评价除了考虑消化后的终产物的评定与动物生产成绩之间的相互关系,注意新的研究进展外,还要考虑微生物、饲料成分和影响饲料利用的各种因素来选择适宜的体外操作法。另外,饲料营养价值评定应主要针对反刍动物来研究,具体可采取实验室和动物试验相结合的方法,在实验室方法上主要采用我国使用较多的湿法化学分析,兼顾NIRS的应用;在饲养试验上,要结合我国的饲料资源状况和国外反刍动物营养新技术,研究我国以粗饲料为基础的日粮饲养效果,以便准确地评定粗饲料的营养价值。

第三节 农作物秸秆类粗饲料有效能值的预测

一、化学成分预测

用饲料化学成分预测饲料有效能值(Bioavailable Energy,BE)始于20世纪30年代。Van Soest(1967)提出了ADF、NDF的纤维分析方案后,不少学者在用CF结合其他化学成分预测饲料有效能值的基础上,引入ADF和NDF,至今已有了大量的研究。然而,这些方法只适用于配合型饲料,不适宜单个饲料能值的预测。按饲料分类建立预测模型有利于提高预测准确性。

二、预测途径

预测饲料的有效能值,一种途径是有效成分相加,另一种途径是能量总贡献扣除无效成分。

1. 有效成分相加

有效成分相加,可消化养分所建的预测模型准确性较高,但仍需要进行动物消化试验。20世纪50—80年代,科学家对有效成分相加建立预测模型进行了大量的研究,但是模型中一般需要引入多个变量,实验室分析较为烦琐。

2. 能量总贡献扣除无效成分

大量研究表明,用能量总贡献扣除灰分和纤维建立回归模型,不但提高了预测效果,而且简化了方程。如果在扣除无效成分的基础上,再用EE、CP等进行校正,可进一步提高模型的准确性。一般扣除的纤维成分是CF或ADF和NDF,对于不同的饲料,选择的纤维因子也有所不同,并且相应的校正因子也不尽相同。

三、预测因子的选择

用纤维素评定饲料的有效能始于20世纪40年代。早期的研究主要集中在CF对猪饲料能量消化率的影响方面,科学家发现饲料的粗纤维与其代谢能值呈高度的负相关,且单独用纤维指标可较准确地估测其BE。但是大量研究表明,由于Weende粗纤维测定方法中,粗纤维不能包含全部的半纤维素、纤维素和木质素,以粗纤维作为预测因子仍有不足之处,因此预测模型中不断引入 NDF、ADF。

目前认为,除纤维以外的最佳预测因子是饲料 Ash 或 GE。Ash 和 GE 常作为第二预测因子引入方程。大量试验结果证明,饲料有效能与日粮矿物质有显著的负效应。当日粮中矿物质含量较高时,降低了一些营养素的消化率(如脂肪),可能会增加内源性能量的损失。此外,Ash 还作为能量的"稀释剂",降低了饲料能值。饲料或日粮中的粗蛋白也是较好的预测因子之一,是仅次于纤维、Ash 和 GE 后的第四预测因子。此外,CP 含量不同的饲料应该有其单独的预测方程,即按饲料 CP 水平分类评定其有效能效果会更好。

四、预测因子的最优组合和因子数量的确定

大量研究表明,把粗纤维、NDF 和 ADF 与其他因子相结合所建立预测模型比单独建立的预测模型效果好。全面考虑简便、快速、经济、准确等因素,回归变量的引入不宜太多,而且引入的因子与所建模型的相关性要高。纤维指标引入后,再引入的指标取决于饲料的种类,原因是不同种类饲料的营养素含量不一。在预测消化能模型中引入粗纤维、粗蛋白、粗脂肪、无氮浸出物,不同类型的饲料选用不同的因子,可提高模型的准确性。由于粗脂肪、粗蛋白、无氮浸出物、水溶性碳水化合物都是能量的贡献者,因此,GE 常常作为第二预测因子引入预测方程。研究发现,把 GE 引入以 NDF 建立的一元方程后,明显改善了预测方程的准确性。Batterham 等(1980)将 CF 或 ADF 与 GE 结合后,预测小麦、高粱、大麦的 DE 时,其预测模型的准确性优于以 CF 或 ADF 单独建立的预测模型。Morgan 等(1987)在 NDF 的基础上将 EE、CP、Ash 作为第二预测因子引入方程,发现 GE 与 NDF 结合可明显提高预测方程的准确性,而 NDF 与 EE 和 CP 结合效果相似。Noblet 和 Perez(1993)报道,NDF 与 Ash 和 GE 结合建立的预测 DE 方程相对标准偏差(Relative Standard Deviation,RSD)和决定系数(R^2)只略低于 NDF 与 CP、EE、Ash 结合的方程。Ewan 等(1989)认为 DE 与 Ash 明显负相关,作用机制与纤维有些类似,主要影响脂肪的消化,从而降低饲料的有效能。因此,在模型中引入纤维的基础上,再引入 Ash 能够提高预测的准确性。许多学者在 DE 的预测模型中也引入了 Ash。

大量研究结果表明,预测因子的最优组合及预测因子个数的确定,以粗纤维、NDF 和 ADF 为主要因子再结合其他因子建立的预测方程效果更好。综合考虑简便、快速、经济、准确等因素,引入何种因子、因子个数、实验室条件及分析程序的难易程度都要考虑。此外,纤维指标与哪些指标结合更合适取决于饲料种类。已建立的大量预测方程均表明,三元方程优于二元方程,二元方程优于一元方程,但三元方程与四元方程则差异不大。

五、饲料种类对有效能值预测模型的影响

在评定饲料能值时,饲料类型对预测准确度的影响也非常重要。不同种类的饲料,其 CP、EE、NFE 等营养成分的含量各不相同,其纤维组成和含量存在差异,畜禽对各种饲料化学成分的利用也不同,这会直接影响用纤维指标预测能值的准确性。从理论上讲,饲料分类后建立的模型因饲料化学成分的一致性提高,模型的选用指标也提高,最终使预测模型的准确性提高。大量的试验结果证明,将饲料分类后建立预测模型能够提高预测模型的准确性。Just 等(1984)得出,动物、植物饲料分开建立预测模型可提高预测的准确性。Morgan

(1975)试验结果表明,将蛋白质类与能量类饲料分开建立预测模型可改进预测的效果。

饲料分类时,分类条件要严格合理,各种饲料营养成分的相关性要强、同质性要高,这样预测值易于接近该类饲料的群体特征,预测结果的可靠性也更好。

六、农作物秸秆类粗饲料代谢能的预测

代谢能的预测可通过 ME/DE 的值来获得,或通过饲料化学成分预测模型来获得。研究结果表明,用饲料化学成分预测 ME,其模型与用相同饲料化学成分预测 DE 的模型相似(除 CP 外)。在 DE 预测模型的基础上,用 CP 来校正得出的 ME 预测模型的预测效果优于用饲料化学成分建立的最佳模型,结构更简单。

七、农作物秸秆类粗饲料净能的预测

消化能和代谢能是广泛使用的能量体系,它们只考虑了体内消化过程和代谢过程中的能量损失,却没有考虑体内完成这些过程而消耗的能量。一般来说,消化能和代谢能得到的高纤维与高蛋白质饲料的能量值都偏高,而高淀粉和高脂肪饲料的能量值则偏低。结构性碳水化合物如纤维素,其消化和代谢所需要的能量较多。蛋白质需要的能量虽然比纤维素少,但却比淀粉和糖需要的能量多,油脂在消化代谢过程中产生的热增耗最少。高淀粉或高脂肪饲料以热的形式丧失的代谢能比纤维素含量高或蛋白质含量高的饲料丧失的少。因此,与代谢能比较,净能可以更准确地估计饲料中的可利用能量,考虑饲料养分在利用过程中的热增耗,从而体现饲料的真实值。

从理论上说,净能体系是目前最理想的能量体系。净能考虑了代谢能同代谢率之间的差异,是反映饲料真实能值的最佳表示方式。然而,净能体系也有其自身不足,在不同生产目的、不同生产条件下,代谢能转化为净能的效率不同。同时,它是由生产净能和维持净能两部分组成的,用于维持的部分也会受到各种因素的影响。

第三章 农作物秸秆物理加工技术及应用

第一节 农作物秸秆的物理处理

一、农作物秸秆的加工及特点

(一)机械加工

机械加工是利用机械将秸秆铡碎、粉碎或揉碎,这是秸秆利用最简便而又常用的方法。尤其是秸秆饲料比较粗硬,加工后得以软化,便于动物咀嚼,减少能耗,提高采食量,并减少饲喂过程中的饲料浪费。机械加工在使用中也存在缺点和不足。主要机械加工方法及优点如下。

1. 切短和粉碎

切短和粉碎是利用铡草机将秸秆切短成小段,秸秆铡短的程度应视动物的品种、生理阶段及秸秆本身质地的不同而定,一般柔软、疏松的秸秆如稻草、谷草可稍长一些,以3~4 cm为宜,而质地粗硬、坚韧的玉米秸秆、高粱秸秆、大豆秸秆则应短一些,以1.5~3.0 cm为宜。饲喂犊牛、母牛及老弱牛时则应更短一些。其加工处理的优点如下。

(1)减少能耗。

各种秸秆经切短或粉碎处理后,便于牛咀嚼,减少咀嚼产生的能耗,可将采食的能量更多地用于产肉和产奶中。

(2)改善秸秆品质,提高采食量。

改善秸秆品质可以避免牛在采食过程中将粗饲料茎秆部分挑拣出去,减少饲喂过程中的饲料浪费。秸秆经粉碎、铡短处理后体积变小,便于采食和咀嚼,增加了与瘤胃微生物的接触面积,可提高过瘤胃速度,增加采食量。由于秸秆粉碎、铡短后在瘤胃中停留时间缩短,因此养分来不及充分降解发酵便进入真胃和小肠,虽然消化率并不能得到改进或提高,但消化吸收的总养分增加,不仅减少了秸秆的浪费,而且在低精料饲养条件下,饲喂肉牛的效果更为明显。秸秆经切短或粉碎后喂牛,采食量可增加20%~30%,日增重可提高20%左右。生产实践证明,未经切短的秸秆肉牛只能采食70%~80%,而经切碎的秸秆几乎可以全部利用。研究表明,秸秆粉碎的细度以0.7 cm效果最好,如用这样的粉料饲喂育肥小阉牛,并代替日粮中30%的未切短秸秆,每日采食量可由7.1 kg增加到8.9 kg,日增重由21.09 kg增加到21.14 kg,每千克增重所需要精料由6.5 kg减少到5.49 kg,降低了15.53%。

(3)提高秸秆饲料的利用率和吸收率。

使用秸秆粉碎机将秸秆粉碎,虽不能提高秸秆的营养价值,但可增加秸秆的比表面积,使瘤胃微生物及其所分泌的酶容易与之接触,活体外培养一般均表现为提高有机物或干物质的消失率与消失速度。长时间的球磨、研磨可以将秸秆的消化率提高到70%~80%。实际工作中可行的是锤片粉碎机细粉碎,筛孔直径以 6~12 mm 为宜,秸秆越干,效率越高,不仅提高了适口性,也提高了饲料利用率,而且切得越细,其消化率越高(表 3-1)。但也有试验表明,细粉碎主要表现为降低消化率,这主要是因为饲料在消化道内的流通速度提高,减少了饲料在瘤胃内停留、消化的时间,而饲料只有在瘤胃内才能有效地被消化利用。另外,由于细粉碎饲料在瘤胃内消化速度较快,挥发性脂肪酸生成的速度快,加之反刍减少,唾液分泌量相对减少,瘤胃 pH 较低,瘤胃发酵生成丙酸或乙酸比例提高,甲烷生成减少,因此消化能的利用率较高,可以抵消消化率降低的不利作用。由于细粉碎的粗饲料在消化道内流通速度的提高,因此动物的进食量大大提高,产生的净效果是有效能的进食量显著提高。

(4)易于和其他饲料进行配合。

秸秆切短和粉碎后可以和牧草、精料补充料充分混合,制成全混合日粮,提高牛的采食量和生产性能。

表 3-1 不同长度秸秆对牛消化率的影响 %

处理秸秆	有机物	酸性洗涤纤维	氮
粉碎 7 cm	76.1	53.5	81.8
切短 25 cm	71.9	41.4	78.8
整秸秆	70.6	40.0	76.5

2. 揉碎

揉碎机械是近年来推出的新产品,为适应动物对粗饲料利用的特点,将秸秆饲料揉搓成丝条状,尤其适于玉米秸秆的揉碎。秸秆揉碎不仅可提高适口性,也可提高饲料利用率,是当前秸秆饲料利用比较理想的加工方法。在生产中,一般与粗饲料压捆机联合使用,生产出以农作物秸秆为主的秸秆捆饲料,图 3-1 所示为秸秆揉搓捆饲料。将收获后的农作物秸秆经饲草秸秆揉搓机处理,一次性破坏秸秆粗硬的外皮和硬质茎节,揉搓成无硬节、较柔软的丝状散碎饲草料,经自然晾晒变干达到安全储存水分后,再用打捆机压制成 30 cm×30 cm×(60~80) cm 的秸秆捆,或用饲草液压打包机打包压缩成 60 cm×40 cm×20 cm 左右的大截面秸秆块。该饲料产品的优点:①秸秆经打捆后,产品密度可达到 300~400 kg/m³,可以规则地码垛贮藏,与自然堆放的草料相比缩小储运体积 5~7 成,便于长期

图 3-1 秸秆揉搓捆饲料

储存和长途运输,可作为秸秆类产品销往异地,大幅度降低运输费用,作为商品进行长距离运输比较经济,还能作为牧区抗灾保畜急需的饲料;②节省仓储空间,饲喂方便,可降低饲养成本,采食利用率高,浪费少,适用于集约化程度较高的舍饲养殖,饲料营养损耗少,基本上能保持原有的色泽和营养,且具有明显的草香味,饲喂效果好;③提高采食量,秸秆在揉搓机的作用下揉碎成丝状,茎节被完全破坏,使其适口性大为改善,特别是秸秆,经过揉搓,全株采食率可由未加工前的45%提高到90%以上;④加工工艺简单,成本较低,饲喂效果较好。

(二)热加工

热加工主要指蒸煮、膨化、热喷。下面分别进行介绍。

1. 蒸煮

蒸煮是将切碎的粗饲料放在容器内加水蒸煮,以提高秸秆饲料的适口性和消化率。据报道,在压力为 2.07×10^5 Pa 下处理稻草 1.5 min 可获得较好的效果。如压力为 $(7.8 \sim 8.8) \times 10^5$ Pa,需处理 30 ~ 60 min。蒸煮使秸秆变软,使细胞壁的复杂结构发生某些改变而提高秸秆的消化率(表 3 - 2)。

表 3 - 2 不同物理处理对秸秆消化率的影响 %

秸秆处理方法	谷物类秸秆	甘蔗秆
不处理	37	27
粉碎为 1 mm	42	32
粉碎为 2 mm	33	29
粉碎为 3 mm	34	26
粉碎为 4 mm	29	25
蒸煮(120 ℃,90 min)	40	38
蒸煮(140 ℃,90 min)	48	46
蒸煮(170 ℃,60 min)	59	52
蒸煮(170 ℃,90 min)	57	49

(刑庭铣,2008)

2. 膨化

膨化加工农作物秸秆能改变秸秆的理化性状,提高秸秆饲料的适口性、采食率和消化率。膨化后秸秆外观改变明显,堆放体积缩小,梗状物减少,大部分都变成絮状物且蓬松柔软,并伴有籽实的糊香味。利用电子显微镜观察秸秆膨化前后的微观结构,发现膨化前秸秆细胞排列整齐,细胞结构完整,细胞壁(主要成分为纤维素)包裹着细胞内容物。膨化后的秸秆细胞结构被破坏,细胞壁撕裂变为絮状纤维,细胞间距拉大,轮廓模糊,细胞内容物游离出来,使秸秆在牛消化道内与消化酶的接触面扩大,为被瘤胃微生物最大程度地降解创造了条件。

膨化加工对秸秆的粗蛋白和粗脂肪等成分的含量基本上没有影响,这种高温、高压、短时膨化农作物秸秆的加工方法基本上不损失秸秆的粗蛋白和粗脂肪成分,而影响动物对其消化吸收的粗纤维和酸性洗涤纤维含量都不同程度地下降,容易吸收的无氮浸出物含量体高。研究表明,膨化玉米秸秆较未膨化玉米秸秆,粗纤维降低了8.02%,酸性洗涤纤维降低了3.37%,无氮浸出物增加了9.83%;膨化大豆秸秆较对照未膨化大豆秸秆,粗纤维降低了17.67%,酸性洗涤纤维降低了9.20%,无氮浸出物增加了31.54%(表3-3)。

表3-3 膨化和未膨化大豆秸秆、玉米秸秆营养成分分析结果　　%

品名	水分	Ash	CP	EE	CF	NFE	ADF
未膨化玉米秸秆	8.42	9.47	5.45	0.76	32.68	47.20	46.85
膨化玉米秸秆	8.07	8.17	5.26	0.78	30.06	51.84	45.27
未膨化大豆秸秆	10.10	4.52	4.80	0.46	52.23	30.72	65.23
膨化大豆秸秆	10.40	5.07	4.87	0.45	43.00	40.41	59.23

(张祖立,2001)

3. 热喷

热喷技术是近年来采用的一项新技术,是一种热力效应和机械效应相结合的物理处理方法,主要设备为压力罐,基本工艺程序是将秸秆送入压力罐内,通过饱和蒸汽,在一定压力下维持一段时间,然后突然降压喷爆。由于受热效应和机械效应的作用,因此秸秆被"撕"成乱麻状,秸秆结构重新分布,从而对粗纤维有降解作用。热喷技术的工作原理:秸秆在水蒸气的高温高压下,6.5%~12%的木质素熔化,纤维素分子断裂、降解,当秸秆排入大气中时,造成突然卸压产生内摩擦力喷爆,进一步使纤维素细胞撕裂,细胞壁疏松,从而改变了秸秆中粗纤维的整体结构和分子链的结构。秸秆经过热喷处理后,质地柔软,味道芳香,营养价值和利用价值大大提高,全株采食率可由50%提高到90%,消化率提高50%以上,能使小麦秸秆、玉米秸秆和高粱秸秆的体外消化率明显提高(表3-4)。

表3-4 热喷处理前后秸秆消化率　　%

秸秆种类	处理前	处理后
小麦秸秆	38.46	55.46
玉米秸秆	52.09	64.81
高粱秸秆	54.04	60.03

(秦海生,2003)

(三)盐化

盐化是指铡碎或粉碎的秸秆饲料,用1%的食盐水与等质量的秸秆充分搅拌后,放入容器内或在水泥地面上堆放,用塑料薄膜覆盖,放置 12~24 h,使其自然软化,可明显提高适口性和采食量。秸秆经过盐化后可提高适口性,增加采食量,减少秸秆的浪费。盐化玉米秸秆可代替部分饲草饲料,其粗蛋白、粗脂肪、无氮浸出物等指标高出干草 10% 以上,并且含糖量高,动物,增重快、产奶多。据报道,用玉米秸秆盐化饲料饲喂动物,采食速度可提高 20%,采食量提高 7% 左右。饲喂盐化玉米秸秆奶牛比不饲喂盐化玉米秸秆奶牛每日可多产 1 kg 奶,饲喂盐化玉米秸秆育肥牛日增重可提高 40% 以上,经济效益显著。

盐化秸秆的制作方法如下。

第一步,选好玉米秸秆,先将其铡短至 2~3 cm 长或粉碎。

第二步,每 100 kg 玉米秸秆,用食盐 0.5 kg 加 60 kg 水制成溶液,均匀地喷洒在玉米秸秆上,同时加入 1% 尿素效果较好。

第三步,在事先砌好的水泥池、大缸、塑料袋中,把喷洒好的玉米秸秆原料分层踩好、压实装入,上面用塑料袋盖上封严,塑料袋把口扎严达到不透气为止。水泥池一般深 1 m 左右,宽 2 m,长度可根据动物数量而定。也可使用塑料袋,内层为纤维袋,外层为塑料袋,这样能增加饲料营养价值和采食量,增加动物的适口性,增加动物的食欲,更重要的是用玉米秸秆盐化较稻草盐化可降低约 3 倍成本。

(四)碾青处理

首先将秸秆铺在地面上,厚度为 30~40 cm,然后上面铺同样高度的青饲料,最上面再铺秸秆,最后用磙碾压。青饲料留出的汁液被上、下两层秸秆吸收,在南方有些地区处理麦秸时一般使用此种方法。经过此种处理,可缩短青饲料晒制的时间,并提高麦秸饲料的适口性和营养价值。在石碾或机械的碾压作用下,麦秸茎秆破裂、折断,体积进一步缩小。

麦秸中加入一定比例的苜蓿,苜蓿富含蛋白质、维生素、矿物质等营养,水分含量较高,碾压作用使苜蓿液汁和营养物质渗入麦秸中,因而麦秸的适口性和营养价值可得到明显提高。饲喂单一的麦秸不仅不能满足牛生长繁殖的需要,而且容易引起营养缺乏性疾病,造成蛋白质的浪费,增加饲养成本。应用碾青麦秸,既能发挥麦秸填充消化道和维持饲养的作用,又可使苜蓿和麦秸的营养物质达到互补作用,在能量、粗蛋白、矿物质、维生素等方面能够达到生长、繁殖的需求,明显地改善牛的营养状况和生产水平。

饲喂碾青麦秸,牛的干物质采食量比单独饲喂麦秸和鲜苜蓿高 10%~15%。单独饲喂麦秸适口性差、体积大,饲喂苜蓿则因水分含量较高而使干物质采食量降低。应用碾青麦秸饲喂晋南牛,由于日采食量增加,比单独饲喂麦秸的肉牛日增重提高 0.3 kg 左右,比单独饲喂鲜苜蓿的肉牛头日增重也有明显提高,日增重达 0.4~0.5 kg。饲喂碾青麦秸后,肉牛增重速度加快,饲料利用率提高,育肥期缩短,单位增重消耗的饲草降低,平均每头肉牛的育肥收入比单纯饲喂碾青麦秸增加 50~70 元。

(五)其他

除上述 4 种途径外,还可采用射线照射处理,该方法是利用 γ 射线等照射低质秸秆,以增加饲料的水溶性部分,提高其饲用价值,一般可提高体外消化率和瘤胃挥发性脂肪酸的产量,在一定辐射剂量条件下,用射线辐射再经 1% 氨 +5% 氢氧化钙处理的秸秆,大大提高消化率。虽然用 γ 射线对低质饲料进行照射有一定的效果,但尚处于试验阶段。

二、农作物秸秆型日粮的配制

将秸秆直接饲喂动物时的消化率和采食量都很低,这种饲喂方式很不合理。为了提高农作物秸秆的利用率,发展节粮型畜牧业,秸秆在饲喂前一般需要经过预处理,并做到秸秆与其他饲料的合理搭配。

(一)日粮配比应遵循的原则

1. 根据动物不同生物学时期的饲养标准来配制

进行日粮配制时,首先要以动物不同生理时期的饲养标准为依据,并参照选用饲料的营养成分与营养价值表,根据当地的饲养实践灵活应用。

2. 尽量选用营养丰富、价格低廉、容易获得的饲料原料

配制日粮时,尽可能以最少的饲料获得最多的畜产品。故应因地制宜,选用当地容易得到、价廉物美的饲料原料作为主要成分,认真地进行成本核算来设计可行的饲料配方。

3. 考虑动物的消化生理特点,选用适宜的饲料

秸秆饲料比例一定要适宜,以符合动物的生理消化特点。同时,应注意玉米等谷类饲料不能粉碎得太细,否则会影响动物的消化机能。颗粒饲料是饲喂奶牛较好的饲料之一。

4. 饲料的品质和适口性要好

含毒原料要在脱毒后使用,或控制一定的用量。饲料的水分也不能太多,否则往往因水分过高而影响配合饲料的质量。有些饲料所含营养很丰富,但有异味,动物不爱吃,即使有营养也不能利用。

5. 配方要及时变动

由于饲料来源的变化和价格的变动,因此饲料配方需要经常变化。每变化一次,均需经过计算,以求配方合理,成本低廉,效果良好。

(二)秸秆饲料的补饲原理

1. 各种营养成分的相对重要性

为了提高动物对秸秆的利用效率,补充秸秆相对缺少的各种营养物质是十分必要的。首先必须认识到,动物在不同生产状态下的生理与生化过程是不一样的,对各种营养成分的相对需要程度也是不同的。

例如:维持状态下的牛(不增重、不产奶、不妊娠、不劳役),仅需要少量的能源,对合成氨基酸的需要程度相对较低;使役牛主要需要氧化能,并需要少量的生糖物质和氨基酸,生糖物质几乎全用于三羧酸循环,而氨基酸则用于修补体组织等;妊娠期和生长后期的牛,对合成能量需要量变化不大,氨基酸需要量可稍微增加;生长前期牛与高产的奶牛,不但需要大量的可消化能,还需要大量氨基酸与合成能;低产牛则不需要太多的养分。

2. 营养性补充料的选择

根据上述原理,可以按动物的生产力设计出不同的日粮,即进行合理的日粮配方设计。为了有效地利用秸秆及其他农副产品,尽可能发挥动物的生产性能,应着重考虑使用营养补充料。使用时需要遵循几个主要原则:一是使廉价可利用的发酵性碳水化合物的采食量达到最大值;二是添补非蛋白氮(尿素或氨)使基础日粮的发酵性氮含量达到可消化干物质的3%;三是补充相当于日粮干物质10%~20%的优质鲜草,最好是豆科牧草;四是补充相当于日粮干物质10%~20%的可消化性过瘤胃养分,最好是饼粕类饲料,具体添加量依据饲料的价格和效果而定。

以秸秆为基础日粮时,添补各种无机盐能提高瘤胃微生物的活力,促进养分消化,满足对无机盐的需要,有利于提高动物的生产性能。例如,用占精饲料1%的矿物质维生素饲料增效剂饲喂肉牛,平均日增重达0.7~0.8 kg,经济效益提高6.6%。饲喂舔砖后,黄牛平均日增重提高81%,同时补饲无机盐的牛比未补饲的对照组毛色光润、膘情良好、体质健壮。

(三)秸秆饲料配方举例

以下是可供参考的肉牛饲料配方(表3-5~3-11)和奶牛饲料配方(表3-12和表3-13)。

表3-5 不同体重肉牛以玉米秸秆为主的日粮配方

牛体重/kg	玉米秸秆/kg	配合精料					
		玉米/kg	豆粕/kg	食盐/g	尿素/g	添加剂/g	合计/kg
150	3.0	1.6	0.76	20	30	20	2.43
200	4.0	2.2	0.56	20	60	25	2.87
250	5.0	2.6	0.36	30	70	30	3.09
300	6.0	3.0	0.26	30	90	35	3.42
350	7.0	3.5	0.17	40	100	40	3.85
400	7.0	4.0	0.17	40	100	40	4.35
450	7.0	4.5	—	40	100	40	4.68

表3-6 不同体重肉牛以玉米秸秆和青贮为主的日粮配方

牛体重/kg	玉米秸秆/kg	青贮/kg	配合精料					
			玉米/kg	豆粕/kg	食盐/g	尿素/g	添加剂/g	合计/kg
150	3.0	5.0	1.6	0.76	20	30	20	2.43
200	4.0	7.0	2.2	0.56	20	60	25	2.87
250	5.0	9.0	2.6	0.36	30	70	30	3.09
300	6.0	11.0	3.0	0.26	30	90	35	3.42
350	7.0	13.0	3.5	0.17	40	100	40	3.85
400	7.0	13.0	4.0	0.17	40	100	40	4.35
450	7.0	13.0	4.5	—	40	100	40	4.68

表3-7 不同体重肉牛以玉米秸秆和酒糟为主的日粮配方

牛体重/kg	玉米秸秆/kg	酒糟/kg	配合精料				
			玉米/kg	豆粕/kg	食盐/g	添加剂/g	合计/kg
150	2.0	7.5	1.5	0.5	20	20	2.04
200	2.0	10.0	1.7	0.3	20	25	2.05
250	2.5	12.5	2.0	—	30	30	2.06
300	3.0	15.0	2.0	—	30	35	2.07
350	3.5	17.5	2.25	—	40	40	2.33
400	3.5	20.0	2.5	—	40	40	2.58
450	3.5	22.5	3.0	—	40	40	3.08

表3-8 架子牛育肥日粮配方

配方	月龄	玉米秸秆/kg	酒糟/kg	配合精料/kg				
				玉米	豆粕	食盐	尿素	添加剂
一	1	3.0	15.0	1.5	0.5	0.05	—	0.1
	2	3.0	17.5	2.0	0.5	0.05	—	0.1
	3	3.0	20.0	2.5	0.5	0.05	—	0.1
二	1	3.0	15.0	2.0	—	0.05	0.09	—
	2	3.0	17.5	2.5	—	0.05	0.09	—
	3	3.0	20.0	3.0	—	0.05	0.09	—
三	1	3.0	15.0	2.0	—	0.05	0.09	0.1
	2	3.0	17.5	2.5	—	0.05	0.09	0.1
	3	3.0	20.0	3.0	—	0.05	0.09	0.1

表3-9 适合规模肉牛育肥的日粮配方

牛体重300 kg以下		牛体重300 kg以上	
原料	饲喂量/kg	原料	饲喂量/kg
玉米	61	玉米	71
麸皮	15	麸皮	13
棉(杂)粕	23	棉(杂)粕	15
食盐	1	食盐	1
合计	100	合计	100
每头牛每天100 g预混料;用精料2 kg,用粗饲料喂饱		每头牛每天100 g预混料;用精料3~3.5 kg,用粗饲料喂饱	

表3-10 玉米秸秆青贮饲养育肥牛的日粮配方　　　　　　　　　　　　　　　kg

日粮组成	第一阶段(30 d)	第二阶段(30 d)	第三阶段(30 d)
玉米秸秆青贮	30.00	30.00	25.00
干草	5.00	5.00	5.00
混合精料	0.50	1.00	2.00
食盐	0.03	0.03	0.03
无机盐	0.04	0.04	0.04

(刑庭铣,2008)

表3-11 玉米秸秆青贮加干草和麦秸饲养育肥牛的日粮配方　　　　　　　　kg

日粮组成	第一阶段	第二阶段	第三阶段
玉米秸秆青贮	45.00	40.00	40.00
干草	4.00	4.00	4.00
麦秸	4.00	4.00	4.00
混合精料	—	1.50	2.00
食盐	0.04	0.04	0.04
无机盐	0.05	0.05	0.05

(刑庭铣,2008)

表3-12 围生期奶牛各阶段日粮组成　　　　　　　　　　　　　　　　　　kg

日粮组成	干奶期	围生期		
		产前15 d	产后0~5 d	产后6~20 d
精料	4.5	6	6.3~6.5	6.5
添加料	—	—	0~1	2.0~2.5
玉米青贮	17	15	13	15
苜蓿干草	3~4	4~5	5~6	5~6
糟粕	1			
青绿饲料	6~8	—	—	—
合计	31.5~34.5	25~26	24.3~26.5	28.5~30.0

(陈幼春,2009)

表3-13 产犊后母牛1~2周的日粮配方

日粮组成	产后0~6 d	产后7~15 d
玉米青贮/kg	10	15
苜蓿干草/kg	2	3
玉米/kg	4.5	5.0
豆粕/kg	2.5	3.0
碳酸钙/kg	0.15	0.2

(陈幼春,2009)

(四)秸秆饲料日粮的饲喂量

用秸秆饲喂动物时,一定要充分了解秸秆饲料的补饲原理和方法,以及全价秸秆日粮的制备方法。根据饲喂对象及其生产状态,秸秆可以作为唯一的粗饲料,也可以作为粗饲料的一部分。从生产角度来看,将肉牛与奶牛分开考虑。在奶牛日粮干物质中,粗饲料含量必须达到30%以上,才能保证奶牛正常的反刍活动,在粗饲料为主的日粮条件下,有利于乳脂率的提高。牛以秸秆为基础饲料时需要补饲以增加总食入量,改进消化率,达到提高生产性能的目的。补饲的种类有混合料、能量饲料、蛋白质补料、青饲料等。现介绍混合料及青饲料对秸秆的补饲,同时研究每个补饲水平对食入量、消化率和生产性能的影响,从而找出合适的补饲水平。

不同畜种或不同生产需要,所需精料(即能量和蛋白质补充料)添加量不同。当用高精料(占日粮的80%)饲喂肉牛时,每千克增重需精料5.7 kg;当低精料(占日粮的10%)添补时,每千克增重所需的精料不到高精料的1/4。在我国目前情况下,多数地区宜采用低精料添补法。在采用较少的精料饲喂量的情况下,如果以氨化秸秆为基础饲料,完全可以进行肉牛育肥,适宜的精料补充量以每天每头1~2 kg为宜。当然,在某些精饲料充足的地方,也不妨采用高精料的育肥方式,生产少量供出口、国内高档饭店或宾馆及高消费阶层所需的优质牛肉或高档牛肉。

我国农村散户饲养奶牛,一般应当每产3~5 kg奶饲喂1 kg精料,精粗料比应为40:60左右,蛋白质占日粮干物质的2%~16%,粗纤维占日粮的20%左右;食盐和无机盐饲料占3%左右,钙磷比为(1.3~2)。一头平均日产5 kg的泌乳牛,每日供给精料3~5 kg,青贮料20~25 kg。因而,饲养一头成年奶牛,每年应至少准备玉米秸秆青贮饲料8 000 kg,氨化秸秆或青干草800 kg,精料500 kg。奶牛日粮的饲喂量见表3-14。

表3-14 奶牛日粮的喂量　　　　　　　　　　　　　　　　　kg

生理阶段	精粗比	产奶量	精料饲喂量	青贮料饲喂量
干奶期	2:8 或 3:7	—	—	
临产前2周	4:6 或 5:5	—	—	
泌乳高峰期	3:7	10	4.0	—
	3:7	15	5.6	—
	4:6	20	7.6	—
	5.5:4.5	25	9.0	—
	6:4	30	13.2	—
泌乳末期		15	补饲糖蜜4 kg,玉米粉3 kg,尿素0.1 kg,无机盐0.1 kg等	15(氨化秸秆自由采食)

(刑庭铣,2008)

(五)秸秆饲喂应注意的问题

秸秆饲料中蛋白质及维生素含量低于其他饲料,钙磷比例也不适宜,因此在以秸秆为主的牛日粮中,必须补充植物蛋白质或非蛋白氮物质及青绿饲料、矿物质添加剂,以保证饲料有较齐全的营养成分,尽可能地满足动物生长发育及生产的需要。

奶牛秸秆饲料饲喂量不宜过大,以避免日粮纤维含量过高,能量和蛋白质不足而限制产奶潜力的发挥。一般奶牛日粮中粗饲料应占50%~65%,粗纤维在饲料干物质中的含量应控制在15%~20%。但是,应避免粗纤维含量太低而引起胃肠蠕动迟缓、消化不良或酸中毒等疾病。

碱化、氨化、青贮处理的秸秆饲喂动物时,应有一个逐渐适应的过渡时期,开始饲喂时,由少到多,经10 d左右逐渐达到正常用量。在停喂时,应有一个由多到少的过渡阶段,避免因牛瘤胃等消化器官对饲料大幅度变化不适应而引起的消化机能紊乱,造成拒食、腹泻甚至酸碱中毒等现象的发生。

秸秆粉碎时,应注意颗粒大小必须适中,一般应以0.7~1.2 cm为宜。过细会造成采食时咀嚼不全,唾液不能充分混匀,反刍次数减少,饲料通过瘤胃速度加快,发酵不全面而降低秸秆消化率甚至引起疾病,还有可能使采食时粉料吸入呼吸系统。

氨化饲料从刚打开的氨化池取出后,有较强的刺激性氨味,应摊开晾晒半天到1 d,待氨味挥发后再饲喂,以避免氨对眼睛、呼吸道的不良刺激,引起炎症,进而影响生产。

用青贮和氨化饲料喂牛时,应注意对犊牛和妊娠母牛限制饲喂量。犊牛的瘤胃发育不全,不能利用非蛋白氮物质,且消化粗纤维能力较差。青贮饲料具轻泻性,能刺激胃肠蠕动,使血中氨含量过高,造成母牛流产,因此母牛妊娠后期应少喂,产前15 d停喂。

青贮饲料酸度过大时,应减少喂量。可以用5%~10%的石灰水中和后再饲喂,以增加饲料中的含钙量;也可以在混合精料中添加12%的碳酸氢钠,以降低瘤胃中的酸度,有利于微生物的活动及其对粗纤维消化能力的提高。

第二节　农作物秸秆的颗粒加工

玉米秸秆的商品化,首先要解决秸秆体积大、无法进行长距离运输的问题。秸秆与精料混合造粒(对玉米秸秆进行加工并补充营养),制成玉米秸秆精粗颗粒饲料产品,可提高密度,方便贮藏和远距离运输。颗粒化处理,是将秸秆粉碎后再加入少量黏合剂而制成的颗粒饲料,使得经粉碎的粗饲料通过消化道的速度减慢,防止消化率下降。

一、农作物秸秆颗粒加工的优点

秸秆的颗粒化技术是将秸秆经粉碎揉搓之后,根据不同种类及不同阶段家畜的营养需要设计配方,与其他农副产品及饲料添加剂搭配、混匀,用颗粒机械制成颗粒饲料。该技术操作容易、实用性强、饲喂效果明显、一次性投资少,是一项值得推广的实用技术。其优点主要如下。

(一)营养均衡,防止动物挑食

将秸秆制成颗粒可以减少粉尘,压缩体积,使质地硬脆,颗粒大小适中,利于咀嚼,并很容易将维生素、微量元素、非蛋白氮、添加剂等成分强化进颗粒饲料中,提高营养物质的含量,使饲料达到各种营养元素的平衡,保持混合饲料中各组成部分的均质性,防止动物挑食等,从而有效地减少饲料的损失和浪费。与散状秸秆饲料相比,颗粒化秸秆具有更广泛的优势,如能满足牛不同生长发育阶段的营养需要,同时可有效开发和利用农副产品和工业副产品等饲料资源,有利于进行大规模的工业化生产,减少饲喂过程中的饲草浪费。挤压成型后的颗粒饲料与大豆秸秆原料相比,粗纤维含量下降了23.05%,粗脂肪含量提高了0.173%。

(二)采食量与生产性能提高

秸秆或牧草通过高温高压由生变熟,细胞组织被打破,释放出草香味和微甜味,通过高温高压处理粗纤维得以细化,粗蛋白含量提高6%,木质素糊化,水溶性糖类增加,易于消化吸收。比如玉米秸秆制成颗粒后,其消化率提高25%,比铡切后直接饲喂的适口性更好,可有效地防止动物的挑食,采食率为100%,节约了饲草,提高了动物的干物质采食量,增加日增重。采食颗粒化全价秸秆日粮后,牛瘤胃内可利用碳水化合物与蛋白质分解利用更趋于同步,同时可以防止在短时间内因过量采食精料而引起瘤胃pH的突然下降,并维持瘤胃微生物(细菌与纤毛虫)的数量、活力及瘤胃内环境的相对稳定,减少真胃移位、酮血症等疾病发生的可能性。加拿大萨斯喀彻温省立大学的肉牛试验结果表明,秸秆全价颗粒饲料能使饲料有机物和纤维素的消化率分别提高4%和13%。大多数人认为,饲喂颗粒化全价秸秆饲料,牛日增重的增加与日粮适口性的改善、采食量的增加及日粮养分转化率的提高有关。

(三)安全无菌,消化率与日增重提高

秸秆或牧草通过高温高压,杀毒杀菌,产品没有任何危害性物质,具有无毒、无病源菌、水分低、不发生霉变等特点,降低了引发疾病的一些不安全因素。将分散的秸秆变成牛、羊等动物的"压缩饼干",可直接饲喂,也可提前10 min喷水,待膨胀散开后再进行饲喂。在秸秆颗粒饲料加工过程中可以产生70 ℃的温度,这样可以防止病虫害的侵入,生产中也无"三废"排放。

农作物秸秆的颗粒化技术包含了物理法破坏植物细胞壁,同时增加了瘤胃微生物侵入植物细胞的过程,提高了营养物质的消化率。张永根等人曾经用颗粒化全价饲料饲喂肉牛,结果日增重比对照组提高了0.12 kg,料重比降低了0.73,消化率提高了25%,适口性提高了34%。

(四)易于贮藏,方便运输

秸秆颗粒饲料密度显著增加,可将散装秸秆的密度从20~100 kg/m³增至800 kg/m³以上。也有研究表明,玉米秸秆精粗颗粒的密度比玉米秸秆粉增加10倍以上,体积减小(表3-15),便于包装和贮运,还可提高稳定性,减少损失,降低储存空间,运输十分方便,并具有防火等特点,减少了管理费用,降低了运输成本。秸秆颗粒是秸秆捆体积的1/3,铁路运输和水上运输可比草捆降低2/3运费。氨化和青贮只能在农区就地取材,就地利用,不能远距离运输,且秸秆捆的体积较大,运输费用高,而秸秆颗粒饲料的最大优势是运费低。我国北方广大牧区,每年冬季都有不同程度的大风雪发生,被广大农牧民称为"白灾",而颗粒饲料以上的特点,对抗灾的饲料补给十分有利,可作为抗灾自救的"突击队"。秸秆颗粒饲料具有压缩比例大、制作周期短(1~3 d)的优点,既可充分利用夏秋季节丰富的青绿饲料资源,又可解决圈养地区冬春季节饲料短缺的现状,而且克服了青贮、氨化等不宜储存和运

输的缺点。更值得一提的是,它完全可以根据不同畜种、不同生长期、不同饲养要求,按科学配方生产不同的饲料,完全或者部分替代粮食饲料,降低饲料成本。

表3-15 玉米秸秆精粗颗粒饲料及其原料的密度比较

项目	饲料种类			
	玉米秸秆	玉米秸秆颗粒	精粗饲料颗粒	混合精料
密度/(g·m^{-3})	0.091	1.277	1.117	1.342

(莫放,2006)

(五)降低养殖成本

秸秆颗粒饲料实现了草业史上的一次革命,为养殖业可持续发展提供了充足的饲草保证;为"闭牧舍饲"和"抗灾保畜"提供主要的饲草料来源,减少了精饲料用量;确保科学管理、科学养殖(定时、定草、定料),减少用工,降低了养殖成本。将秸秆加工成颗粒,不但可以充分利用秸秆资源,形成规模化和商品化,而且可以节约饲养成本。秸秆颗粒粗饲料实现了牛、羊粗饲料的工业化生产,改变几千年一贯的露天保管仓储模式,可在各种地理环境中使用并长期储存,而且秸秆颗粒饲料符合粗饲料的特点,因此被誉为牛的"压缩饼干"。

二、农作物秸秆的颗粒加工工艺和设备

农作物秸秆颗粒饲料加工是将秸秆粉碎或揉搓丝化后,根据一定的配方,与其他农副产品及饲料添加剂混合搭配,再制成颗粒状的混合饲料。秸秆颗粒饲料加工可将维生素、微量元素、非蛋白氮、添加剂等成分强化进饲料中,达到营养元素的平衡。受高温、高压作用,通过造粒机挤压,生产出来的颗粒增加了适口性。牛用粒料直径为6~8 mm,颗粒大小取决于模具孔的大小,根据需要选择模具,将秸秆饲料加入进料斗,即可生产出颗粒饲料。生产出的颗粒饲料要及时晾干、装袋,放在阴凉、干燥处备用。

(一)秸秆颗粒饲料的制作要点

1. 挑选原料

各种农作物收获后的秸秆或田间牧草(黄、绿色均可),选取沿根部向上20 cm以上无霉变、无黑瘤的秸秆,保持通风,以防发热变质。

2. 机械粉碎

机械粉碎选用普通的秸秆粉碎机即可,如采用的原料水分含量较大,粉碎后为浆状;如采用的原料水分含量较低,则为粉状。

3. 加入添加剂及多功能生物转化酶

粉碎后的原料要根据不同的营养配方,加入所需营养型或保健型添加剂(如大蒜等),充分搅拌(机械或人工),然后将多功能生物转化酶溶解于水,加入原料中,充分搅拌均匀。

4. 烘干制粒

将搅拌好的原料送入秸秆烘干造粒机,直接烘干造粒,即生产出成秸秆颗粒饲料。

5. 冷却包装

将加工成型的秸秆颗粒饲料进行冷却处理,随后进行包装储存。

(二)工作原理

用工业化学处理法和物理处理法,使玉米或其他农作物秸秆经粉碎,在高温、高压状态下利用高科技的化学处理法将木质素彻底变性,并通过多功能生物转化酶的作用,将其中的纤维素、半纤维素、木质素和硅酸盐转化分解,使粗蛋白和纤维素含量迅速提高,同时又加入铁、铜、锌等微量元素和钙、磷等生命必需元素,最后经过烘干造粒制成秸秆颗粒饲料。这样制成的秸秆颗粒饲料,不仅牛等草食动物能充分消化,而且还能增强动物体的免疫功能,改善秸秆饲料的适口性。

(三)工作过程

秸秆草捆由输送机输入,在切碎机内切成秸秆,进入粉碎机粉碎,粉碎的同时通入热空气加热干燥。粉碎机的粉碎加工起调制作用,有利于干燥和降低锤式粉碎机的动力消耗。粉碎后的秸秆进入颗粒压制机前,需先在混合机内与添加的维生素、黏结剂及其他添加剂混合,同时喷洒质量分数为4%~6%的氢氧化钠溶液。在制粒机中,由于压力和温度的作用,因此能有效地将氢氧化钠溶液扩散均匀,增加溶液对纤维素的浸透、溶解作用,为进一步与细胞壁木质素组织反应、破坏木质素组织提供了条件。这样加工的秸秆颗粒饲料有利于反刍动物瘤胃发酵,提高消化率或利用率。

(四)加工工艺流程

图3-2所示为秸秆颗粒饲料生产工艺流程。秸秆颗粒加工大致分为选料、铡短及粉碎、添加发酵剂、加水、装容器发酵、综合配料、制粒及散热、晾干、装袋、储存等步骤。

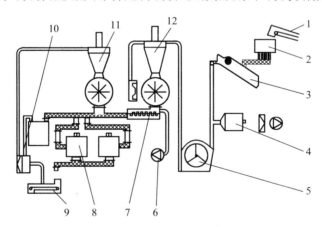

图3-2 秸秆颗粒饲料生产工艺流程(引自裴进灵,2004)
1—草捆输送机;2—切碎机;3—输送机;4—热空气;5—粉碎机;6—碱溶液;
7—混合机;8—制粒机;9—皮带秤;10—冷却器;11—冷却集尘器;12—气流输送器

(1)选料。

大多数农作物秸秆都可作为颗粒饲料的原料,所选秸秆要确保无腐烂、无石块等杂质,同时确保秸秆原料的匀质性,即质量均匀。

(2)铡短、粉碎。

先用铡刀将秸秆铡至 3~5 cm 长,并分别用粉碎机粉碎成玉米粒大小的碎粒,压制直径为 10 mm 的秸秆颗粒时,粉碎的秸秆长度应不超过 5 mm,粉碎机筛片直径以 5~10 mm 为宜,将碎粒摊晾,散去热气、水分,分别装袋堆放于干燥处备用。

(3)掺拌发酵剂。

以使用中曲发酵为例。根据各种秸秆粉的多少,分别用秤称取一定量的秸秆粉,堆放在干净的水泥地面上,使其各种成分尽量均衡。以每 100 kg 秸秆粉加 3~4 kg 中曲粉的比例加入中曲,用木锹反复翻拌,使尽量混合均匀。若选用其他发酵剂,可采用其包装上标注的使用比例与秸秆粉配合,方法同上。

(4)掺水。

取干净的井水或自来水,加温到不致烫手为止。以 100 kg 上述混合料加 85~100 kg 温水的比例,逐渐将温水加入混合料中,边加边用木锹翻拌,使混合料完全湿润,以加水至用手将料握成团不散且不滴水为好。应特别注意,水分过少则发酵不透,过多则料中空气少,不利于菌种繁殖,并易引起厌氧丁酸发酵,降低饲料的品质。

(5)装容器发酵。

将拌好的原料装入水泥池、陶瓷缸、塑料袋等容器中,踩实或压实,然后密封发酵。

(6)综合配料。

对于普通牛,发酵料内的营养成分已可满足其需要,若用于架子牛短期育肥,仅靠发酵料中的营养成分尚不能满足需要,应在发酵料内适量加入玉米粉、豆粉、菜籽饼粉等精料,使其有足够营养,能在较短时间内达到育肥的目的,也可以在饲喂过程中单独加精料。

(7)制粒。

密封发酵 1 d 以上,即可把原料取出用于制粒。通过制粒机挤压,生产出来的颗粒增加了适口性,同时,这种颗粒能在温水中浸泡 2~3 h 不碎,因此,特别适合反刍需要。牛用颗粒料直径为 6~8 mm,颗粒大小取决于模具孔的大小,根据需要选择模具,开动机器,将料加入料斗,即可生产出颗粒饲料。

(8)散热、晾干、装袋、储存。

及时将颗粒饲料晾干、装袋,放在阴凉、干燥处以备使用。

(五)制粒设备

整套制粒设备包括压粒机、蒸汽锅炉、油脂和糖蜜添加装置、冷却装置、碎粒去除和筛分装置。制粒机主要类型有平模压粒机和环模压粒机两种。

(1)平模压粒机。

平模压粒机由螺旋送料机、变速箱、搅拌机和压力器等组成,图 3-3 所示为平模压粒机结构示意图。螺旋送料器主要用来控制喂料量,其转速可调。搅拌器位于送料器下方,在其侧壁上开有小孔,以便把蒸汽导入,使粉状饲料加热、熟化,然后送入压力器。压力器内装 2~4 个压辊和一个多孔平模板。工作时平模板以 210 r/min 的速度旋转。熟化后的粉料落入压力器内,即被匀料刮板铺平在平模板上,然后受到压辊的挤压作用,穿过模板上的圆孔,形成圆柱形,再被平板下的切刀切成长为 10~20 mm 的颗粒。平模压粒机有动膜式、动辊式和膜辊式 3 种。平模板孔径有 6 mm、8 mm 等几种规格,压辊直径为 160~180 mm。

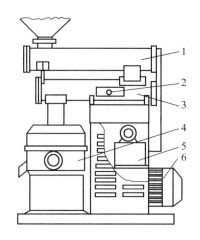

图3-3 平模压粒机结构示意图(引自冀一伦,1997)
1—螺旋送料机;2—蒸汽接管口;3—搅拌器;
4—压粒器;5—涡轮箱;6—电机

(2)环模压粒机。

环模压粒机产量高,加工的颗粒质量好,因而是生产中应用最广泛的机型,它由螺旋送料器、搅拌器、压粒器和传动机构等组成。

螺旋送料器用来控制进入压粒机的粉料量,其供料数量应能随压粒机负荷进行调节,一般多采用无级变速,调节范围为 0~150 r/min。搅拌室的侧壁开有蒸汽导入口,粉料进到搅拌室后,与高压过饱和蒸汽混合,有时还加入一些油脂、糖蜜和其他添加剂。在条件不允许时也可以用水来代替蒸汽,但效果较差、产量下降、耗能和摩擦增大。搅拌后的粉料随即进入压力器中,压力器由环模和压辊组成。作业时环模转动,带动压辊旋转,于是压辊不断将粉料挤入环模的模孔中,压实成圆柱形,从孔内挤出后随环模旋转,与切断刀相遇时,即被切断成颗粒。模孔的孔径越大,产量越高,功率消耗越小。孔径大小由动物的需要而定。

(3)平模压粒机与环模压粒机的区别。

①喂料方式。环模压粒机采用机械强迫式进料,高速旋转离心分布进入制粒室,利用刮刀来分布物料;平模压粒机是靠物料自身质量垂直进入压制室。

②压力。环模压粒机由于其结构限制,压力不可调,平模压粒机结构简便,压力可调。

③出料方式。环模压料机属于高转速;平模压料机属于低转速。

④产量。平模压粒机产量较小;环模压粒机产量较大。

三、农作物秸秆的颗粒强化制剂

(一)强化剂的概述

单独用秸秆饲料饲喂动物,不能满足其生长发育和生产的需要。所以在用秸秆饲料制作颗粒饲料饲喂动物时,必须进行合理的营养补充,可在秸秆饲料中适量添加一些营养物质,这样能起到更好的饲喂效果。在秸秆颗粒饲料成型工艺中,为了压制出质量好的秸秆颗粒饲料,一般要在制粒之前增加快速发酵工序,然后按不同配比要求,将发酵好的饲料喂入调试好的颗粒挤压机中进行挤压颗粒生产(如将占颗粒总量10%的玉米面用开水冲熟,呈浆糊状,掺入饲料中搅拌均匀,既能起到黏合作用,又能提高一部分饲料的营养成分)。例如,饲喂颗粒化全价日粮,牛的采食、反刍、瘤胃消化蠕动所消耗的能量减少,饲料净能增加,代谢能利用率提高,从而增加了肉牛和奶牛有效能的摄入量和能量转化效率。

由于秸秆属于劣质粗饲料,所以加工成颗粒饲料时,必须加入适量的补充营养物质,才能提高其利用价值,提高动物的产出量,达到合理利用的目的。具体做法如下。

(1)补充能量。

秸秆类饲料的代谢能一般不超过 8~37 MJ/kg,净能则相对更低,只能维持牛一般的生长发育需要,如需产奶和增重,必须补充能量。补充能量时通常通过添加精料(如谷物、饼粕类)、糖蜜和优质干草、农副产品等进行,一般精料补充量应在20%~60%。

(2)补充氮素。

农作物秸秆的粗蛋白含量一般在3%~4%,只能维持牛通常生长发育所需。由于牛瘤胃内存在大量的微生物,能利用饲料中的非蛋白氮合成菌体蛋白,因此在饲喂秸秆饲料时可适当添加尿素等非蛋白氮物质。蛋白质则最好以经过热处理或甲醛处理的过瘤胃蛋白的形式来补充。

(3)补充维生素和矿物质。

秸秆的磷含量一般为0.02%~0.16%,而牛的正常生长和繁殖则需要0.3%左右。因此,如以秸秆饲料为主喂牛,则需补充磷、钙及其他一些微量元素,如锌、硒等。维生素的补充一般以维生素A或胡萝卜素最为重要。对此,可通过饲喂青饲料或合成维生素A进行解决。其他物质应根据秸秆的具体含量而适量补充,以满足牛生长发育的需要。

玉米秸秆精粗颗粒饲料是以玉米秸秆为主要原料,通过机械加工揉搓粉碎后与精料混合,搅拌均匀后制粒而成的。结合牛等反刍动物的营养特点及生产水平的实际要求,在充分利用玉米秸秆的前提下,可添加30%~60%的混合精料。不同精粗料比例影响精粗颗粒饲料的成型率(表3-16)。经颗粒饲料机压制而成的圆柱形颗粒(直径 10 mm,长 15~25 mm)色泽草黄,气味糊香。

表3-16 不同精粗料比例对产品成型率和秸秆利用率的影响 %

精料的比例	成型率	秸秆利用率	精料的比例	成型率	秸秆利用率
70	80.5	30	40	93.7	60
60	84.1	40	30	95.2	70
50	90.8	50			

(莫放,2006)

根据现有条件和现有设备,从提高秸秆营养价值方面考虑,提出将粉碎后的秸秆进行碱化处理,然后通过挤压成型机将其挤压制成颗粒。图3-4所示为秸秆复合化学处理压粒工作示意图。秸秆经15 mm筛孔粉碎后,按秸秆比例加入尿素和氢氧化钙,同时加入水通过输送机送入搅拌机,搅拌均匀后压成32 mm直径的颗粒,颗粒出机后温度在80~90 ℃。

(二)营养强化颗粒饲料的生产工艺

用氢氧化钠处理秸秆,可以促使秸秆中的纤维素和半纤维素与木质素分离,使细胞结

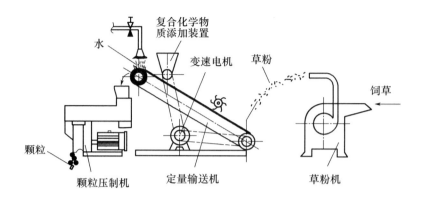

图 3-4　秸秆复合化学处理压粒工作示意图（引自毛华明，1999）

构变得疏松，同时分解纤维素的酶能够渗透到内部，并提高秸秆中的含氮物质和潜在碱度，从而提高了秸秆的营养价值及饲用效果。图 3-5 所示为营养强化的秸秆颗粒饲料生产过程示意图。

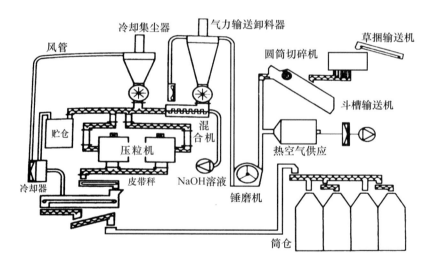

图 3-5　营养强化的秸秆颗粒饲料生产过程示意图（引自王加锌，1989）

强化处理工艺：秸秆的选择→秸秆的粉碎→秸秆的碱化→调节水分→制粒→冷却。

(1) 秸秆的选择。严格控制所选秸秆的质量，应选择质优无霉变的秸秆作为制粒原料。

(2) 秸秆的粉碎。可部分破坏秸秆粗纤维晶体结构，削弱纤维素、半纤维素和木质素之间的结合，同时增加秸秆与碱液的接触面积，从而加速碱化进程。

(3) 秸秆的碱化。取秸秆干物质量 6% 的氢氧化钠倒入 1.5 L 水中，配制成溶液，放入秸秆，浸泡 60 min 后取出秸秆沥掉多余液体，密封在塑料袋内熟化 4 d，取出风干。

(4) 调节水分。对经过碱化处理的风干后秸秆饲料，测出其含水率（基本与粉碎后的相同），再根据试验需要，对原料进行适当的人工调质，以达到试验要求。

(5)制粒。将适当粒度、适当水分的秸秆粉料送入螺旋挤压制粒机,加工出颗粒饲料。

(6)冷却。制粒过程中机温比较高,刚加工出的颗粒饲料温度也比较高,必须经过适当冷却后,方可进行包装处理等工序。

强化处理工艺采用氢氧化钠处理粉碎后的秸秆,氢氧化钠可以促使秸秆中的纤维素和半纤维素与木质素分离,细胞结构变得疏松,使得分解纤维素的酶能够渗透到内部,并提高秸秆中的含氮物质和潜在碱度,从而提高秸秆的营养价值及饲用效果。秸秆物料可以通过单螺杆挤压成型为颗粒饲料。加工前对不同粒度的秸秆物料进行碱化处理,能明显降低粗纤维含量,进而有利于采食率、消化率的提高(表3-17)。

表3-17 豆秸原料和颗粒饲料的营养成分测试　　　　　　　　　　　　　　　％

饲料	水分	灰分	粗蛋白	粗脂肪	粗纤维	无氮浸出物
豆秸原料	10.29	2.87	7.32	0.43	71.12	18.27
豆秸颗粒饲料	8.73	3.66	5.17	0.60	48.07	42.50
豆秸氢氧化钠颗粒饲料	9.84	9.01	8.26	0.58	45.10	37.05

(崔玉洁,2001)

(三)块状营养强化剂

舔砖是一种简单、有效的为满足动物补充盐、矿物质和维生素等的需要按一定的比例将以上营养成分混合配制而成的新型产品,可以放在有水源的地方或食槽边供动物自由舔食,是秸秆饲料的营养强化剂。应用舔砖的目的是,在放牧和舍饲过程中给动物额外补充矿物质元素、非蛋白氮、维生素等养分,以提高动物的采食量和饲料利用率,促进生长,提高经济效益。特别是在冬春枯草季节,给动物饲喂农作物秸秆和青贮料等粗饲料的情况下,补饲舔砖显得尤为重要。例如,奶牛用复合矿物质舔砖含有奶牛泌乳期所必需的矿物质元素、维生素、未知增奶因子、瘤胃调控剂等,采用均性混合技术加工而成,对于改善瘤胃环境、提高奶牛的抗热应激能力、增加产奶量、改善乳成分,特别是预防奶牛疾病的发生、减少肢蹄病发病率等有显著的效果。

奶牛固型添加剂营养砖,是根据奶牛生活习性及营养需要研制而成的固型物,其主要原料以食盐为载体,配制和掺入适量的常量、微量元素和特种添加剂,再加入黏结剂灌注而成,将它放到运动场上,让牛只自由舔食,以增加营养成分。

四、农作物秸秆颗粒在牛养殖中的应用

农作物秸秆颗粒饲料在养牛生产实际中的应用取得了较好的效果,提高了饲料中的蛋白质含量,降低了难消化的纤维成分(表3-18),因而可以提高采食量(表3-19),进而提高日增重。

表 3-18 玉米秸秆复合颗粒饲料与羊草化学组成比较　　　　　　%

化学组成	羊草	玉米秸秆复合颗粒饲料 I	玉米秸秆复合颗粒饲料 II
干物质	89.9	90.5	89.8
粗蛋白	4.7	5.2	15.6
中性洗涤纤维	63.8	59.3	64.6
酸性洗涤纤维	42.8	33.4	37.1
木质素	4.9	5.8	5.9

（蒋林树,2004）

表 3-19 试验牛对玉米秸秆颗粒饲料的采食量　　kg/(头·d)

日期	5.14	5.19	5.24	5.29	6.3	6.8	6.13	6.18	6.23	平均采食量
秸秆块 I 组	0.7	0.9	0.9	1.1	1.6	2.1	2.4	3.1	3.5	1.8
秸秆块 II 组	0.9	0.7	1.1	1.4	1.8	2.0	2.0	3.0	2.9	1.7

（蒋林树,2004）

试验牛对玉米秸秆颗粒的采食量增加,接近羊草的水平,并可完全替代羊草饲喂育成牛,日增重提高幅度分别为 4.9%、2.3%(图 3-6)。因为玉米秸秆颗粒饲料的成本比羊草低 30%,故用玉米秸秆复合颗粒饲料替代羊草,不仅可以促进育成牛的生产和节约饲料成本,更重要的是为我国秸秆资源的利用开辟了新的利用方式和利用途径。

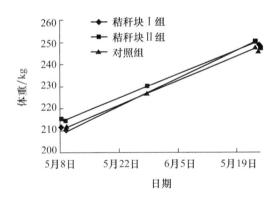

图 3-6 试验牛的生长性能(引自蒋林树,2004)

夏季炎热季节,用精粗配合颗粒饲料可明显提高奶牛对干物质的采食量,缓解热应激对奶牛采食量影响的不良作用。采用精粗配合颗粒饲料,奶牛的饲料鲜样采食量比饲喂混合精料组高出 7.3%,但干物质采食量高出 34%(表 3-20),这对高产奶牛尤为重要。同时,饲喂颗粒饲料对反刍次数和产奶量无不良影响(表 3-21、表 3-22)。玉米秸秆精粗颗粒饲料的最主要特点是精粗一体,有利于大规模工业化生产,为国内饲料市场增加了新的品种。直接饲喂会造成浪费,如果加工成颗粒饲料,便于贮藏和运输,可以提高经济效益。

表 3-20 不同日粮处理组奶牛饲料进食量和营养成分摄入量   kg

组别	配合颗粒饲料	日粮鲜样	风干进食量	干物质	CP	NDF	ADF
对照组	0	35.19	16.48	15.38	2.62	5.82	3.43
混合精料组	0	34.19	16.16	15.01	2.63	5.76	3.08
颗粒饲料组	15	36.69	22.11	20.12	3.03	8.52	5.21

(莫放,2006)

表 3-21 不同日粮处理组奶牛每一食团咀嚼次数(反刍次数)比较

组别	咀嚼次数/次
对照组	50 ± 7
混合精料组	45 ± 3
颗粒饲料组	48 ± 9

(莫放,2006)

表 3-22 不同日粮处理组奶牛平均产奶量测定结果   kg

组别	试验前	试验中期	试验末期
对照组	18.54	17.85	20.18
混合精料组	16.16	17.08	16.73
颗粒饲料组	19.18	17.45	19.67

(莫放,2006)

供试肉牛对玉米秸秆颗粒的各种营养物质平均采食量显著高于铡切玉米秸秆(表3-23)。采食量的变化说明玉米秸秆颗粒饲料经高温、高压熟化加工后适口性好,因此肉牛喜食,采食量明显提高(表3-24)。

表 3-23 玉米秸秆颗粒与铡切玉米秸秆各种营养物质采食量   kg

项目	干物质	有机物	粗蛋白	粗脂肪	粗纤维	无氮浸出物
铡切玉米秸秆	3.59	3.00	0.20	0.05	1.14	1.62
玉米秸秆颗粒	5.96	4.86	0.36	0.08	1.80	2.62

表 3-24 玉米秸秆颗粒与铡切玉米秸秆各种营养物质表观消化率   %

项目	干物质	有机物	粗蛋白	粗脂肪	粗纤维	无氮浸出物
铡切玉米秸秆	44.56	49.68	44.83	42.92	50.18	50.13
玉米秸秆颗粒	37.12	40.04	40.56	37.75	34.93	43.54

肉牛对玉米秸秆颗粒饲料的各种营养物质的表观消化率均比铡切玉米秸秆明显降低，这主要是因为玉米秸秆颗粒的粉碎程度高，颗粒较小，致使玉米秸秆颗粒过瘤胃速度加快，反刍受阻，从而导致其消化率降低。

肉牛对玉米秸秆颗粒饲料的各种营养物质的绝对消化量比铡切玉米秸秆有明显提高，按表3-25中营养物质排列顺序，干物质、有机物、粗蛋白、粗脂肪、粗纤维和无氮浸出物的绝对消化量，玉米秸秆颗粒比铡切玉米秸秆依次高出38.13%、30.87%、66.67%、50%、10.53%和40.74%。可见，虽然肉牛对玉米秸秆颗粒各种营养物质的表观消化率均较铡切玉米秸秆偏低，但牛对玉米秸秆颗粒具有很高的采食量，这恰恰弥补了其消化率的不足，实际上在营养物质的绝对消化利用上其明显高于对照组。玉米秸秆经制粒处理后，肉牛的采食量显著提高，很好地解决了铡切玉米秸秆的适口性差、采食量低的问题。因此，对于秸秆颗粒饲料，在生产中应设法提高制粒玉米秸秆的粉碎长度，或者在饲喂过程中混合一定量的铡切玉米秸秆，以进一步提高其消化率。

表3-25　玉米秸秆颗粒与铡切玉米秸秆各种营养物质绝对消化量　　　　kg

项目	干物质	有机物	粗蛋白	粗脂肪	粗纤维	无氮浸出物
铡切玉米秸秆	1.60	1.49	0.09	0.02	0.57	0.81
玉米秸秆颗粒	2.21	1.95	0.15	0.03	0.63	1.14

下面列举两种制作尿素秸秆颗粒饲料的方法。

第一种，以尿素5%、秸秆粉70%、谷物粉12%、糖用甜菜干粉13%，另加矿物盐、维生素适量，混合均匀。使每千克混合料含150g可消化粗蛋白。如果没有颗粒机，也可将粉料与铡短的干草拌匀后饲喂，最好加入纤维素分解酶类，可以进一步提高对粗纤维的消化率。

第二种，将尿素2%、小麦秸秆98%做成颗粒料喂。在压制颗粒时温度上升到150℃，使尿素分解并释放出氨作用于秸秆，从而提高秸秆的消化率和氮的含量。尿素与腐植酸钠一起饲喂肉牛，能促进牛的瘤胃发酵作用，控制非蛋白氮分解成氨的速度，避免血氨过高引起危害，并能提高非蛋白氮转化为蛋白质的效率。用腐植酸钠饲喂肉牛，每头每天饲喂100g，50d内当地杂种阉牛，的日增重可达1.52kg，比原来提高36.9%；饲喂青年阉牛日增重可达1.46kg，比原来提高64%。

第三节　农作物秸秆的压块饲料加工

一、农作物秸秆的压块饲料加工工艺

将秸秆压块，能最大限度地保存秸秆的营养成分，减少养分损失。秸秆经压块处理后密度很高，体积缩小，不仅便于储存运输，使运输成本降低70%，而且饲喂方便，便于机械化操作。秸秆经高温高压挤压成型，使秸秆的纤维结构遭到破坏，粗纤维的消化率可提高25%。在秸秆压块的同时可以添加复合化学处理剂（如尿素、石灰、膨润土等），制成的复合化学处理压块，可使粗蛋白含量提高到8%~12%，使秸秆消化率提高到60%。秸秆压块采

用工艺的设备、厂房投资较大,生产率高,不适宜个体养殖户采用,适于产业化生产。

为了使玉米秸秆变成牛适口性好、营养成分高、质地柔软、有益健康和便于商品化流通的粗饲料,秸秆压块加工的工艺条件应满足以下几点:①秸秆原料加工时其湿度应在20%以内,16%~18%为最佳;②秸秆应在20~30 t/cm^2 的瞬时高压下加工;③加工中物料瞬间温度应达到90~130 ℃,并在高温高压条件下滞留12~15 s;④加工时还应备有必要的营养添加系统,以保证秸秆饲料有必需的营养成分。

1. 秸秆压块饲料加工工作原理及技术要求

(1)玉米秸秆的储存、切碎与回性。

对玉米秸秆储存过程有以下几个要求:一是玉米秸秆在收获时应采用秸秆收割机或人工收获,其割茬应控制在10~15 cm,切忌连根拔起,否则会增加原料中的土和杂质;二是玉米秸秆收割后,有条件时应在田间吹晒2~5 d,使其剩余水分在50%以内时再行捡拾;三是秸秆打捆可采用捡拾打捆机或人工打捆,打捆时应用麻绳或草绳打捆;四是秸秆的存放可采取集中或分散存放相结合的方法,并尽量使其通风。立式码垛,垛两侧留有通风道,垛中留有通风孔,切忌堆放,在储存期间要定期翻垛,防止秸秆受潮发热霉变,同时还要注意防火;五是质量上要求秸秆应保持茎叶完整,呈黄绿色,无发霉变质现象,其含水量控制在30%左右即可进行切碎。

玉米秸秆在切碎时,应首先检查有无杂物和发霉变质的秸秆,如有应及时清除。切碎时应按照切碎机的操作规程进行操作,喂料要均匀,送料速度要稳定。切碎长度应控制在30~50 cm。切碎后的秸秆不要直接进行压块,而应根据秸秆的干湿程度进行晾晒。切碎的秸秆含水量控制在18%以下,然后将切碎的秸秆堆放12~24 h,以使切碎的秸秆原料各部分湿度均匀。

要求切碎的秸秆原料堆放应有一定高度,料堆质量应能至少满足一个班次生产用料以上。堆放的秸秆在回性过程中,应及时掌握秸秆原料中含水量的变化,含水量较低时,应适当喷洒一些水补充水分,确保原料回性后含水量均匀,湿度在18%左右。

(2)输送到搅拌机。

输送机将切碎的秸秆散料均匀地输送到搅拌混料机内,这时可对秸秆原料进行振动除尘,减少原料中的杂质,以保证主机正常工作。

(3)去除杂质。

用除铁器将散料中的铁杂质除去,以保证主机的正常工作。

(4)添加精饲料和添加剂。

根据用户或加工配方的要求,按比例添加精饲料、微量元素添加剂等。

(5)搅拌。

一般采用人工或机械进行搅拌。目前,机械搅拌通常采用双螺旋翅片式结构,两轴异向转动,将输送机送来的散料和添加机送来的添加料经过搅拌轴异向转动,一方面使散料和添加剂充分混合均匀,另一方面也使秸秆茎叶间搅拌均匀,而茎叶之间相互揉搓、摩擦变软,使其松散地被送进轧块机口内。

(6)轧块。

轧块机是秸秆压块饲料的核心部分。目前国内轧块机的主要工作原理是内腔有螺旋槽,主轴带有推进螺旋片,通过主轴的旋转,由内外螺旋片将散料推进模块槽中,中轴的一端设有轧轮,通过主轴带动轧轮在模块槽内频繁轧压,产生高压和高温,使物料熟化,并经周围分布的模口强行挤出,生成秸秆压块饲料。由于产生高压、高温,因此秸秆原料中的淀粉及纤维发生了变化。淀粉一般在 50~60 ℃开始膨胀,并失去晶体结构,随着温度的提高,淀粉的颗粒持续膨胀直到爆裂,使淀粉发生凝聚反应(即淀粉的糊化)。糊化促进了淀粉在肠道中的酶解,也更易于消化。同时,由于高压、高温,撕裂了物料胶质层表面组织和部分纤维组织,因此物料中的木质素结构发生变化,纤维素同木质素的联系被切断,破坏了胞间木质素的障碍作用,也扩大了物料的表面积,给瘤胃微生物的附着和繁殖创造了良好条件,使物料更加柔软,提高了适口性。

(7)输出。

风冷机将轧块机模口轧出的秸秆饲料块用风冷的方法迅速冷却和降低饲料中水的含量。

(8)晾晒。

为了保证成品质量,必须对成品进行晾晒,使成品水分含量低于14%,这样才便于长期储存。

(9)包装。

产品包装是生产的最后一道工序,将秸秆产品按照包装要求进行入库,便可直接销售。

2. 秸秆压块饲料的加工工艺

(1)秸秆压块饲料加工工艺的基本条件。

秸秆压块工程中的工艺条件直接影响压块饲料的质量、成本、储存和运输性能,确定合理适宜的工艺条件是十分必要的。

①原料的长度。原料在压制前必须切碎到一定长度,一般为 30~50 mm,以适应反刍动物的消化生理特点,利于秸秆被充分地消化。

②原料的含水量。秸秆压块前必须保持一定的含水量,以保证秸秆的压制成型,含水量一般应控制在 20% 以内,最适为 16%~18%,含水量过高或过低均影响压块成型。

③机器的压力和温度。为了确保秸秆原料相互黏结在一起,在压制时应满足 20~30 t/cm² 的瞬间压力;通过摩擦挤压在模腔内原料温度达到 90~130 ℃;为达到秸秆成型的稳定性和较适宜的密度,原料必须在模腔内滞留 12~15 s。

④化学添加剂装置和精料添加剂装置。为保证秸秆饲料块产品的营养质量,要具备准确计量、均匀供给的化学添加剂和精料添加剂系统。

⑤冷却和干燥。刚压制的秸秆饲料块出口温度一般为 45~60 ℃,含水量略低于原料湿度,为确保产品含水量在 14% 以下,必须迅速使产品冷却降温。

(2)工艺流程简图。

稻草、小麦秸秆、玉米秸秆、芦苇、葵花秸秆等,经人工喂入粉碎机,粉碎到适当的粒度,粒度大小由改变筛孔大小来实现。粉碎后的物料以风送至沙克龙,经沙克龙集料至缓冲仓,缓冲仓内的物料由螺旋输送机排至定量输送机,由定量输送机、化学剂添加装置和精料添加装置完成配料作业,主料由定量输送机输送。按一定配方要求配成的复合化学处理剂由复合化学剂添加装置输送,精料由精料输送装置输送,二者间配比的调节,是在机器开动后同时接取各自的输送物料,使其质量达到配方要求而完成的。配合后的物料进入连续混合机,同时加入适量的水和蒸汽,混合均匀后进入压块机压成块,通过倾斜输送机将草块提升至卧式冷却器内,冷却后进行包装。93KCT-1000 型粗饲料压块成套设备工艺流程如图 3-7 所示。

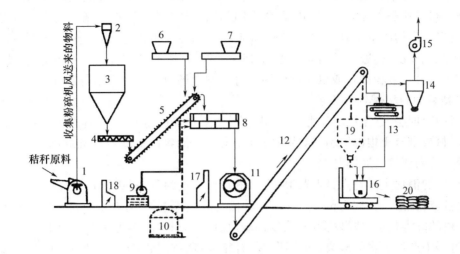

图 3-7 93KCT-1000 型粗饲料压块成套设备工艺流程（引自郭庭双，1996）
1—粉碎机；2—粉碎后的物料风送至沙克龙；3—缓冲仓（储存粉碎后的物料）；
4—双螺旋输送机；5—定量输送机；6—化学添加剂装置；7—精料添加装置；8—混合机；
9—加水装置；10—锅炉（0.2 t 用户自备炉）；11—粗饲料压块机；12—倾斜输送机；13—卧式冷却机；
14—沙克龙；15—风机；16—包装机；17—电器控制柜；18—粉碎机控制柜；19—成品仓；20—成品

(3) 秸秆原料的收贮和调制。

秸秆原料收割后含水量过大，不能使用，必须先进行青干调制，使水分含量达到 20% 以下方能使用。机械处理时用人工喂入切碎机中，切碎后抛送到缓冲仓或适当的硬化场地堆积暂存回性 24~48 h。回性好的原料用上料机均匀定量地送到混料机。营养和非营养添加剂通过定量给料器送到混料机中。压块原料收贮数量和收贮质量直接影响压块饲料的生产效果和产品质量，是块状粗饲料生产的关键环节，所以必须认真做好原料的收割、调制和储存工作。

适时收割可保持原料营养成分处于最佳状态。在不影响籽粒产量的前提下，对秸秆适时提前收割或者至少在收获籽粒后尽快收割，这样有利于改善秸秆的消化率和营养成分。如玉米植株在成熟期中，全株茎叶的体外消化率每周递减 15%~20%，正常收割的小麦秸秆粗蛋白含量为 4.4%，而延后一周收割的小麦秸秆粗蛋白含量则为 3.6%。

同时，要使秸秆水分快速蒸发，促进植物细胞及早衰亡，防止秸秆老化。将秸秆割倒后在原地摊开平铺晾晒 1~3 d，使其水分含量降到 40%~50% 便可打捆。秸秆收割和原地平铺晾晒可采用秸秆割晒机一次性完成，其割茬高 10~15 cm 可确保秸秆不带根土。

晾晒后饲喂玉米秸秆可打成直径 40 cm 的捆，运到储存地点码垛，实施青干处理。码垛时将秸秆捆横竖交叉一层一层垛起来，捆和捆之间留 15~20 cm 的通风洞，长方向通风洞应对齐，垛 15~50 m。垛顶上盖一些玉米秸秆以防晒、防雨、防雪，使其自然风干，一般 2 个半月后含水量可降到 20% 左右，不会发霉，叶子颜色青绿，即可供压块使用。如在田间垛晾，应选择地势较高、地面平坦、易通风的地点。大面积存放时，各垛之间要留 60~80 cm 的通行和通风间距。

秸秆干燥时间的长短主要取决于其茎秆干燥所需要的时间。当叶片水分干燥到 5%~20% 时，茎秆的水分含量仍在 35%~50%。因此，只有把秸秆的茎秆压裂或纵向挤丝、揉搓切碎后,才能消除茎秆角质层和纤维素对水分蒸发的阻碍,加快水分蒸发速度,缩短干燥时间。同时,可减少植株的呼吸作用、光合作用和酶的活动时间,从而减少秸秆的营养损失。其方法是将压裂切碎的秸秆抛送到晾晒场地均匀平铺在地面上,厚度10 cm左右,进行晾晒。每天翻倒2次,一般每天可除去水分15%~20%,晾晒48 h后,水分含量达到20%左右时,就可以进行堆积储存或供生产使用。每平方米场地可晾收干秸秆10 kg。

(4)秸秆原料机械处理要求。

原料中有时会夹杂土或石块、金属物、麻绳、塑料制品等有害物质,也会存在个别发霉变质的原料或带有土根的原料,这些有害物质会危害动物的健康。在切碎前必须认真检查清理,避免混入切好的原料之中。

根据牛的消化生理特点,饲喂的粗饲料的纤维长度为20~30 mm。因此,用压块机组所压制的粗饲料截面尺寸在3 mm左右。在压制过程中,若原料切得太短,其尺寸小于截面尺寸,则草块的纤维长度、成型率及坚实度都会急剧下降;相反,若原料尺寸太长,也会使物料在压制过程中产生更多的破裂,减少所需的纤维长度,同时也增加压制过程中的能量损耗,影响产量。因此,原料的切碎长度以控制在30~50 cm为宜。

原料虽然经过干燥,但其表里的干湿程度并不相同,必须进入缓冲仓或地面堆积暂存回性24~48 h,让水分挥发渗透到秸秆的各个部位,使原料湿度均匀一致,回性后的原料含水量应在16%~18%。若原料含水量过低,可适当喷洒补充水分。

(5)原料混合调质的基本要求。

混合调质是压块生产中非常重要的工艺环节,它关系到压块饲料质量的稳定性、均匀性、压制过程中的能量损耗及压模的磨损,同时还可以改善饲料的性能,提高秸秆的成型率和生产效率。

原料喂料时应保持充足均匀,同时防止有害物质混入料中。一般草块饲料通常由单一物料压制而成,但是单一的粗饲料往往营养不均衡。如秸秆饲料养分含量低,特别是含氮量不足。因此,为了提高块状粗饲料的营养价值和利用率,需要补充一些必要的养分。加入一定的营养和非营养添加剂,可进一步提高压块饲料的适口性和可消化吸收性,改善饲料营养品质。对禾本科牧草或秸秆调制草块时,可加入一些豆科牧草,这样能明显改善草块的营养品质和压块性能。此外,科学合理地设计秸秆饲料配方,补充适宜比例的青绿饲料、能量饲料、矿物质饲料、微量元素,以及维生素添加剂、非营养性添加剂和黏合剂,是十分必要的。对碱化、氨化和黏合剂的添加可用定量给料器加入,也可在秸秆上料时和原料混合在一起加入,其添加量一般不超过5%。精料补充料添加用定量给料器计量加入,定量给料器由计算机控制,需按配方输入程序。各种添加物使用前应进行破碎、筛分,以防止颗粒过大影响产品质量。

压块前对物料的充分搅拌也是重要的工艺环节。水是秸秆草块压制过程中唯一的"黏合剂",进入混合机的原料各有不同的尺寸、粒度、湿度,搅拌混合均匀,显得更为重要,它关系到秸秆饲料块的质量稳定性和均匀性,否则,压制秸秆块的质量难以保证。原料在混合机中的充满程度,以物料料面不低于主轴中心线平面,不高于外螺旋带外径的最高平面为宜。

原料调质过程通常包括物料加水、搅拌和导入蒸汽熟化等工艺。为降低成本,秸秆压块生产一般采用冷水调质工艺,即将1%~3%的水以雾状喷洒到混合料上,通过连续搅拌,使原料湿度均匀、质地柔软,黏结力增强。有热源条件的可加入2%~4%的蒸汽,温度为

110~130 ℃,压力为 1~3 kgf/cm²(1 kgf/cm²≈9.8 N/cm²)。

(6)压制成型的基本要求。

开机后应先少量均匀给料,通过调节上料机速度来控制给料量。在模孔全部出料时,再逐步加大上料机速度,增加给料量,使产量达到 15~20 t/h。生产过程中,应避免频繁启动或过载运行;应随时观察压块机运转时的电流、电压情况;应定期检查清除机器上的吸附物。

此外,秸秆饲料块的表面要光滑、平整,无大于 5 mm 的裂痕,以保证在装运过程中能保持形状;整体尺寸比例合适,以保证其具有一定的强度;纤维长度适宜。单体密度为 500~1 000 kg/cm³,堆积密度为 400~700 kg/cm³。

(7)冷却和干燥的基本要求。

压制成型的秸秆饲料块通过冷却机时,可达到降温除湿的目的,它是一个控制草块表里温度和湿度的过程。因此,应尽可能增加草块在冷却输送机中的停留时间,使其温度降低到室温以下,含水量在 14% 以下。冷却除湿后的产品需进一步干燥,烘干法效果好、成本高,自然干燥法成本低、时间长,也可在室内阴干,切忌暴晒。

(8)压块饲料储存的基本要求。

秸秆饲料块产品应储存在仓库内,以防不良天气造成的损失。仓库要选择地势平坦、干燥易排水的较高地点,应铺垫石块或木条、秸秆,防止产品底层受潮。产品码垛时,要与顶棚、墙边有一定距离,以便通风散热。

二、农作物秸秆压块饲料的配制方法

1. 块状秸秆饲料的种类及营养成分

块状秸秆饲料按原料组成可分为全秸秆饲料块、含有精料的全价秸秆饲料块、秸秆苜蓿混合块、经过微生物处理的生物秸秆饲料块,按形状可分为圆柱形秸秆饲料块(即饲料块大棒)、长方形秸秆饲料块。玉米秸秆饲料块主要营养成分见表 3-26。

表 3-26 玉米秸秆饲料块主要营养成分 %

产品名称	干物质	CP	EE	CF	Ash	NFE	Ca	P
全玉米秸秆饲料块Ⅰ型	86.65	5.89	2.52	31.00	5.79	41.45	0.38	0.11
全玉米秸秆饲料块Ⅱ型	86.00	5.85	2.49	31.02	5.88	40.76	0.42	0.10
玉米秸秆配合饲料	87.10	12.00	3.90	20.60	5.85	44.73	0.78	0.32
玉米秸秆生物饲料块	27.03	2.04	0.24	8.00	2.38	14.37	0.13	0.04

由于秸秆属于粗饲料范畴,即纤维性饲料,因此其消化特性主要体现在纤维上。玉米秸秆产品的各种纤维组成均表现出了与瘤胃降解率正好相反的趋势,即玉米秸秆生物饲料块<玉米秸穰饲料块<全玉米秸秆饲料块Ⅰ型<全玉米秸秆饲料块Ⅱ型<粉碎玉米秸秆<玉米秸秆硬皮(表 3-27)。其中,木质素是影响纤维素消化特性的决定性因子,因为在牛瘤胃液中,微生物自身不能合成分解木质素的酶类,但由于通过机械不同程度的高温及强力挤压等物理作用下,其纤维素、半纤维素及木质素间的镶嵌结构部分被破坏,降低了木

质素的抑制作用,改善了秸秆的纤维结构,因此提高了其可消化养分含量,这也正是粉碎玉米秸秆和玉米秸秆饲料块虽然在粗纤维和木质素含量上接近,而瘤胃降解率却表现出两种玉米秸秆饲料块比粉碎玉米秸秆稍高的直接原因。而玉米秸秆生物饲料块、玉米秸穰饲料块的瘤胃降解率高也同样是木质素含量远低于粉碎玉米秸秆引起的。

表3-27 不同玉米秸秆产品的纤维组分 %

饲料类型	CF	NDF	ADF	木质素	细胞壁物质	低消化性纤维
全玉米秸秆饲料Ⅰ块	35.78	69.76	40.54	9.02	77.54	70.95
全玉米秸秆饲料块Ⅱ型	36.07	69.85	40.67	9.23	78.31	71.55
玉米秸穰饲料块	30.17	66.60	34.38	5.63	70.97	63.61
玉米秸秆生物饲料块	29.61	62.04	32.54	5.59	63.46	58.93
粉碎玉米秸秆	37.97	70.88	42.09	9.72	80.07	72.59
玉米秸秆硬皮	42.09	79.54	44.52	13.00	80.64	78.39

2. 肉牛玉米秸秆块日粮的配制

日粮组合具有很强的技术性,要根据所确定的日粮营养水平科学合理地进行组合。首先要根据生长速度和所具备的饲料原料种类,确定每头牛每天采食多少配合精料、多少干草、多少青贮或酒糟等,然后决定玉米秸秆饲料块的用量。肉牛育肥阶段日粮的精粗比例一般为:前期粗料为55%~65%,精料为45%~35%;中期粗料为45%,精料为55%;后期粗料为15%~25%,精料为75%~85%。在实际生产中,要根据不同种类、不同质量的原料来确定玉米秸秆饲料块的比例。表3-28~3-32是根据生产中常用的饲料原料制订的4种不同类型的日粮结构模式,供读者参考。在实际生产中,根据各种原料的价格和肉牛的市场行情,可以适当调整,但干物质总量、蛋白质和能量水平要尽量保证肉牛的营养需要。

表3-28 肉牛配合精料+酒糟+玉米秸秆饲料块型日粮

体重/kg	混合精料/[kg·(头·d)$^{-1}$]	酒糟/[kg·(头·d)$^{-1}$]	玉米秸秆饲料块/[kg·(头·d)$^{-1}$]
200~300	2.0~2.5	4.0~7.5	3.0~4.0
300~400	2.5~4.0	7.5~8.5	4.0~4.5
400~500	4.0~4.5	8.5~10.0	4.0左右

表3-29 肉牛配合精料+全株青贮玉米+玉米秸秆饲料块型日粮

体重/kg	混合精料/[kg·(头·d)$^{-1}$]	全株青贮/[kg·(头·d)$^{-1}$]	玉米秸秆饲料块/[kg·(头·d)$^{-1}$]
200~300	1.0~2.0	7.5~10.0	3.0~3.5
300~400	2.0~3.0	10.0~12.5	3.5~4.0
400~500	3.0~4.0	12.5左右	4.0左右

表 3-30　肉牛配合精料 + 青贮玉米秸秆 + 玉米秸饲料块型日粮

体重/kg	混合精料/[kg·(头·d)$^{-1}$]	青贮玉米秸秆/[kg·(头·d)$^{-1}$]	玉米秸秆饲料块/[kg·(头·d)$^{-1}$]
200~300	2.25~2.75	6.0~8.0	2.5~3.5
300~400	2.75~4.5	8.0~9.0	3.5 左右
400~500	4.5~5.55	9.0 左右	3.0 左右

表 3-31　肉牛配合精料 + 干草 + 玉米秸秆饲料块型日粮

体重/kg	混合精料/[kg·(头·d)$^{-1}$]	干草/[kg·(头·d)$^{-1}$]	玉米秸秆饲料块/[kg·(头·d)$^{-1}$]
200~300	2.5~3.5	2.0	2.0~3.5
300~400	3.5~5.0	2.0	3.5 左右
400~500	5.0~6.0	2.0	3.0 左右

表 3-32　肉牛配合精料 + 玉米秸秆饲料块型日粮

体重/kg	混合精料/[kg·(头·d)$^{-1}$]	玉米秸秆饲料块/[kg·(头·d)$^{-1}$]
200~300	2.5~3.5	4.0~5.5
300~400	3.5~5.0	5.5 左右
400~500	5.0~6.0	5.0 左右

三、农作物秸秆压块饲料的应用

1. 在肉牛生产中的应用效果

秸秆饲料块经过高温高压处理后,在肉牛生产中具有较好的饲喂效果,提高了秸秆的利用率。

首先,秸秆饲料块提高了肉牛的采食量和采食速度,在精料给量相同的情况下,肉牛对玉米秸秆饲料块的采食量显著高于铡切后未经其他处理的干玉米秸秆,前者为 8 kg/(头·d),后者 5.77 kg/(头·d),前者比后者提高了 38.65%(表 3-33)。肉牛对玉米秸秆饲料块的平均采食量为 4.32 kg,对铡切玉米秸秆的平均采食量则为 3.16 kg,前者较后者高出 36.70%(表 3-34)。而在自由采食的情况下,与饲喂粉碎的干玉米秸秆相比,肉牛对玉米秸秆生物饲料块的采食速度与比粉碎的干玉米秸秆高 40%~90%(表 3-35)。玉米秸生物饲料块具有糊香味,增加了适口性,导致采食量的提高。

表 3-33 玉米秸秆饲料块加工前后肉牛采食量与消化率

组别	试验牛头数/头	试验牛体重/kg	玉米面采食量/kg	秸秆采食量/kg	秸秆干物质消化率/%
玉米秸秆块组	6	530	4	8.00	44.66
玉米秸秆组	6	534	4	5.77	42.59

其次,提高了日粮的消化率。表 3-33 的饲养实践证明,肉牛对玉米秸秆饲料块的干物质消化率为 44.66%,对未加工成块的玉米秸秆的干物质消化率为 42.59%,说明采食玉米秸秆饲料块不但没有影响牛的反刍,而且消化率略有提高,采食量有所提高(表 3-34)。这主要是因为秸秆经二次粉碎、高温高压处理后,可以有效破坏秸秆细胞壁中纤维素、半纤维素与木质素的嵌合程度,使其熟化,变得柔软,提高了消化率。

表 3-34 供试牛日粮采食量　　　　　　　　　　　　　　　　kg

组别	混合精料	玉米酒糟	玉米秸秆饲料块	铡切玉米秸秆
玉米秸秆块组	3	15	4.32	—
铡切玉米秸秆组	3	15	—	3.16

相比于粉碎的干秸秆,秸秆饲料块在提高肉牛采食量(表 3-35)、消化率的同时,提高了日增重(表 3-36),在 100 d 的饲养过程中,饲喂生物饲料块的牛日增重为 1 136 g,而饲喂粉碎干秸秆的牛日增重为 1 066 g,前者比后者提高 6.57%。饲喂全价压块饲料,育肥牛的日增重有更显著的提高(表 3-37)。

表 3-35 肉牛对不同方法处理的玉米秸秆的采食量(风干物质)　　　　　g

时间	饲料种类	时间						比粉碎干秸秆提高/%
		08:40	09:00	09:20	09:50	11:00	13:00	
第1天	生物饲料块	0	342	600	1 014	1 284	1 572	51.88
	粉碎干饲料	0	263	512	634	924	1 035	
第2天	生物饲料块	0	365	732	895	1313	1 578	74.17
	粉碎干饲料	0	304	432	735	798	906	
第3天	生物饲料块	0	439	654	1 013	1 425	1 684	72.19
	粉碎干饲料	0	434	568	804	906	978	
第4天	生物饲料块	0	536	758	1 134	1456	1 568	71.93
	粉碎干饲料	0	235	485	704	856	912	
第5天	生物饲料块	0	324	658	1 124	1 356	1 631	90.09
	粉碎干饲料	0	336	403	652	684	858	

表 3-36 供试牛日增重比较

组别	平均始重/kg	平均末重/kg	全程增重/kg	平均日增重/g
生物饲料块组	405.8	519.4	113.6	1 136
粉碎干秸秆组	418.2	524.8	106.6	1 066

表 3-37 全价日粮压块饲料育肥肉牛增重比较

项目	玉米秸秆复合压块饲料	稻草秸秆复合压块饲料	玉米秸秆青贮、黄贮+稻草+蛋白补充料+精补料	玉米秸秆青贮、黄贮+稻草+精补料
试验初重/kg	229.0	227.0	228.0	224.2
试验末重/kg	331.0	329.0	269.0	250.0
日增重/g	1 259.3	1 259.3	506.2	318.9

(李聚才,2006)

秸秆饲料块日粮降低了养殖成本。表 3-38 的饲养试验中,试验组的牛每千克增重对混合精料及玉米酒糟消耗量要明显比对照组低,虽然试验组的牛每千克增重对秸秆的消耗量要明显比对照组高一些,但总体上试验组比对照组在生产成本上要低得多。

表 3-38 每千克增重饲料消耗量

组别	平均始重/kg	平均末重/kg	全程增重/kg	平均日增重/kg
试验组	2.64	13.20	3.80	—
对照组	2.81	14.07	—	2.96

2. 在奶牛生产中的应用效果

秸秆饲料块产品可提高奶牛的采食量和产奶量。分别用铡碎玉米秸秆、揉搓玉米、玉米秸秆饲料块、玉米秸秆苜蓿混合块饲喂奶牛后可以发现,铡碎玉米秸秆组精饲料给量最低,按营养需要计算,当羊草和青贮采食量与其他各组人为控制相同的情况下,允许自由采食的铡碎玉米秸秆采食量应该超过其他各组。但铡碎玉米秸秆适口性差,导致该组采食量最低;揉搓玉米秸秆采食量好于铡碎玉米秸秆,因为秸秆经过揉搓,茎节基本都被打开,变得比较柔软,适口性相对提高,因此揉搓玉米秸秆组在精料给量比铡碎玉米秸组高的情况下,秸秆采食量仍然高于铡碎玉米秸秆组;玉米秸秆块、玉米秸秆颗粒、苜蓿玉米秸秆混合块 3 个粗饲料产品,由于在加工过程中经过高温高压处理,提高了适口性,因此采食量明显增加,并提高了产奶量(表 3-39)。

表3-39 供试牛产奶量和乳脂率测试结果

组别	饲料	精料采食量/(kg·头$^{-1}$)	秸秆采食量/(kg·头$^{-1}$)	日产奶量/(kg·头$^{-1}$)	乳脂率/%
1组	铡碎玉米秸秆	6.85	3.96	15.84	3.65
2组	揉碎玉米秸秆	7.48	4.21	17.42	3.71
3组	玉米秸秆块	8.56	4.82	20.95	3.65
4组	苜蓿玉米秸秆混合块	8.88	5.15	22.65	3.65

注：每头牛每日精料给量(kg)=2.25+产奶量/2.8，风干羊草3 kg，青贮玉米秸秆15 kg，自由采食各种秸秆产品。

秸秆饲料块产品也可以提高奶牛的养殖效益。对育成牛，从育成牛7月龄165 kg开始计算至青年牛达配种体重400 kg时，每头牛可节约饲料成本822.50元，可节省培育饲养时间123 d。对于一胎青年泌乳奶牛，试验Ⅰ组比对照组可增奶0.19 kg，每头日饲料成本可节约2.36元，每头日净增效益2.76元，每头年(305 d产奶)净增效益841.8元；试验Ⅱ组比对照组可增奶2.17 kg，每头日饲料成本可节约0.36元，每头日净增效益4.7元，每头年(305 d产奶)净增效益1 433.5元。对于成年泌乳奶牛，试验组比对照组可增奶2.18 kg，每头日饲料成本可节约0.40元，每头日净增效益4.76元，每头年(305 d产奶)净增效益1 451.80元(表3-40)。

表3-40 秸秆压块饲料饲喂效果

饲料种类	育成牛		一胎奶牛			成年奶牛	
	对照组	试验组	对照组	试验Ⅰ组	试验Ⅱ组	对照组	试验组
精料/kg	2.5	2.5	9.56	9.56	9.56	10.5	10.5
啤酒糟/kg			14.0	14.0	14.0	2.5	2.5
豆腐(淀粉)渣/kg						2.5	2.5
青贮玉米秸秆/kg	15.0		20.0		20.0	17.5	12.5
东北草/kg			4.0				
秋白草/kg	2.5						
羊草/kg						4.0	
胡萝卜/kg						2.5	2.5
普通秸秆草块/kg							5.5
复合秸秆草块/kg		6.0		6.0		3.0	
日粮成本/元	1.77	7.70	18.23	15.87	17.87	17.50	17.10
日均增重或增奶量/kg	0.728	1.177		比对照组+0.19	比对照组+2.17		比对照组+2.18

(王镇,2005)

由此可见，秸秆压块后可以改善其适口性，提高牛的采食量。同时，由于添加了精料、饲料添加剂等，因此秸秆压块饲料可以达到营养平衡，给肉牛和奶牛提供更加完善的营养物质。

第四章 农作物秸秆的化学处理技术及应用

第一节 农作物秸秆碱化技术及应用

我国农作物秸秆数量巨大,每年有各类秸秆资源 7 亿 t 左右。然而近年来,受抢农时、倒差播种及农村能源结构逐渐改变等因素影响,秸秆废弃和违规焚烧现象比较普遍,由此引发的环境污染、交通隐患和资源浪费等问题引起了社会的广泛关注,如何解决秸秆废弃和焚烧问题?秸秆的处理现在主要有肥料、饲料、食用菌饲料或者作为燃料和工业原料等,我国的秸秆气化、秸秆压块技术还不够成熟,秸秆直接还田的比例仅为 10%,而秸秆饲料的利用比例达到了 1/3,因此利用废弃秸秆发展畜牧业尤其值得重视。牛等反刍动物能够很好地利用秸秆作为饲料,因此养牛是秸秆利用最好的出路。

自从德国化学家贝克曼发明秸秆饲料碱化方法以来,已有近百年的历史,虽然具体方法仍在不断改进,但使用碱性物质处理秸秆提高消化率,至今仍是最为有效的化学处理方法,世界许多国家如英国、法国、波兰和韩国还在继续使用。

近一个世纪以来,用化学处理法提高秸秆饲料的营养价值已取得了较大进展,有些化学处理方法已在生产中得到了广泛应用。目前,生产中主要用氨、尿素、氢氧化钠、石灰等碱性化合物处理秸秆,以破坏秸秆中纤维素、半纤维素、木质素之间对碱不稳定的酯键,使纤维素发生膨胀。改变秸秆中木质素、纤维素的膨胀力与渗透性,使其与被分解的产物有更多的接触面积,从而使瘤胃液易于渗入,使产物更易被酶分解,进而形成乙酸、丙酸、丁酸等挥发性脂肪酸,吸收后便作为能源而被利用,并可同时释放出细胞内的粗蛋白,从而改善适口性,增加采食量,提高秸秆内营养物质的消化率和利用率。

秸秆的碱化,简单说即是在秸秆中加入一定比例的碱溶液(氢氧化钠、氢氧化钾及氢氧化钙等),使秸秆细胞壁内部分木质素软化,纤维素与半纤维素部分分解,增加与消化酶的接触面积,使饲料消化率得以提高,如果用石灰水处理还可增加饲料中的钙含量,但会使蛋白质和维生素遭受破坏。

利用氢氧化钠、石灰水、氨水和尿素等碱性化合物处理秸秆饲料,都属于秸秆饲料碱化处理。但是,通常所说的秸秆化处理是指氢氧化钠、氢氧化钙和过氧化氢等碱性物质进行处理的技术,而氨水和尿素等处理秸秆饲料一般列入氨化处理秸秆饲料技术的范围,在实际生产中,秸秆碱化使用较多的是氢氧化钠和石灰水处理两种方法,秸秆碱化后可制作成散料、碎粉或精料颗粒,也可以同其他饲料一起处理和使用,秸秆的碱化处理简单易行,成本较低廉,适合广大农村使用。

一、农作物秸秆的准备

农作物秸秆包括玉米秸秆、高粱秸秆、稻草秸秆、小麦秸秆等均可进行碱化处理。一般情况下,秸秆的碱化技术同时需要物理方法协同处理,以达到改进秸秆饲喂价值的目的。

物理处理方法经常作为碱化或氨化的预处理,从而提高碱化和氨化的效果。较简单实用的物理处理方法是切短和揉搓。切短后的秸秆体积变小,便于牛采食和咀嚼,减少能耗,增加饲料与牛瘤胃微生物的接触面积,不但能够增加采食量还能够提高日增重,秸秆的合理铡切长度取决于秸秆的种类。玉米秸秆、高粱秸秆等粗硬秸秆要相对切短些,为 1~2 cm;如果秸秆是相对细、软一些的小麦秸秆或稻草秸秆,可以切短至 3~4 cm。

揉搓处理也是一种提高饲料利用率的方法,农作物秸秆经切断、揉搓后呈丝状,质地变得柔软,适口性好,剩料量大大降低,但这种方法需要配套机械,成本相对会有所增加。

二、氢氧化钠处理技术

用氢氧化钠处理秸秆,主要可分为湿法处理和干法处理两种,在此基础上也衍生出一些其他方法。

1. 湿法碱化处理

所谓"湿法"碱化,是将秸秆浸泡在 1.5%(质量分数,下同)的氢氧化钠溶液中,每 100 kg 秸秆需要 1 t 碱溶液,浸泡 1~3 d 后,捞出秸秆。淋去多余的碱液(碱液仍可重复使用,但需不断增加氢氧化钠,以保持碱的含量),再用清水反复清洗,湿法碱化处理能维持秸秆原有结构,有机物损失较少,纤维成分全部保存,干物质大约只损失 20%,且能提高消化率,适口性好,成本较低,但该方法也存在缺点。如在清水冲洗过程中,有机物及其他营养物质损失较多,有 25%~30% 的木质素和 8%~15% 的戊聚糖物质损失,并且产生的污水量较大,需要净化处理,否则会污染环境,因此这个方法现在使用较少。

2. 干法碱化处理

湿法碱化处理是提高秸秆和其他粗饲料营养价值的有效方法,但要消耗大量的碱(每 10 g 秸秆需 8~10 g 碱)和水(3~5 L),并且在冲洗过程中损失 20% 的可溶性营养物质,因此 Wilson 等人在 1964 年创立了更加简单、低廉的干法碱化处理。

干法碱化处理可分为工业处理法和农场处理法两种。在丹麦和泰国发展为工业化处理方法,其所用碱液是 27%~46% 的氢氧化钠溶液,秸秆中最适的氢氧化钠质量分数为秸秆干物质的 3%~6%。把已喷洒氢氧化钠的秸秆送入制粒系统,制粒温度为 80~100 ℃,在 50~100 个大气压下,秸秆在制粒机中的停留时间时间不超过 1 min,此法无须水冲洗,不会造成干物质损失,氢氧化钠全部参加反应,无残留,绝大多数秸秆呈中性,经储存后即可用于饲喂。工业化处理大大提高了秸秆的消化率和能值,农场处理法是应用氢氧化钠溶液喷洒秸秆,每 100 kg 秸秆喷洒 1.5% 氢氧化钠溶液 30 L,边喷洒边搅拌,使之充分混合,以便碱溶液渗透到秸秆中。此方法的优点是处理后无须用清水冲洗,可减少有机物的损失和对污水的处理,并便于生产,用该方法处理后秸秆的消化率可提高 12%~15%。但长期饲喂这种碱化饲料,牛粪便中钠离子会增多,若用做肥料,对土壤有一定的影响,长期使用会使土壤碱化。

3. 喷洒碱水快速碱化处理

喷洒碱水快速碱化处理是将秸秆铡成 2~3 cm 的短草,每千克秸秆喷洒 5% 的氢氧化钠溶液 1 kg,边喷洒边搅拌均匀,经 24 h 后即可饲喂。处理后的秸秆呈潮湿状,鲜黄色,有碱味,动物喜食,与未处理秸秆相比,采食量可增加 10%~20%。处理后的秸秆 pH 为 10 左右,若不补喂其他饲料时,碱化秸秆的氢氧化钠溶液质量分数可为5%,若碱处理秸秆饲料只占日粮一半时,碱液质量分数可提高到7%~8%。

4. 喷洒碱水堆放发热处理

使用25%~45%的氢氧化钠溶液均匀喷洒在铡短的秸秆上,每吨秸秆喷洒30~50 kg碱液,充分搅拌混合后,立即把潮湿的秸秆堆积起来,每堆至少3~4 t,堆放后秸秆堆内温度可上升到80~90 ℃,这是由于氢氧化钠与秸秆间发生化学反应,释放出热量所致,温度在处理第3天左右达到高峰,以后逐渐下降,到第15天左右恢复到环境温度水平,由于处理使秸秆的温度升高,水分被蒸发,使秸秆的含水量达到适宜保存的水平。经堆放发热处理的碱化秸秆,消化率可提高15%左右。

5. 喷洒碱水封贮处理

喷洒碱水封贮处理适于收获时植株尚绿或收获时下雨的湿秸秆。用25%~45%的氢氧化钠溶液,每吨秸秆需60~120 kg碱液,均匀喷洒后可存放1年,由于秸秆含水量高,封贮的秸秆温度不能显著上升。从外观和营养价值看,用这种方法处理的秸秆与快速碱化处理的秸秆相同。

6. 草捆浸渍碱化处理

20世纪80年代初,挪威等国出现了"浸渍法",即将切碎的秸秆压成捆,浸泡在1.5%的氢氧化钠溶液里,经浸渍30~60 min捞出,放置3~4 d后进行熟化,即可直接饲喂牛,有机物消化率可提高20%~25%。

7. 机械处理

机械处理是通过机械的作用,将碱溶液撒布在秸秆的碎段上,以促进纤维素、半纤维素降解,提高秸秆的消化率,最简单的秸秆化学处理机是一种碱溶液撒布处理装置,由处理容器、撒布设备和贮液器三部分组成(图4-1)。

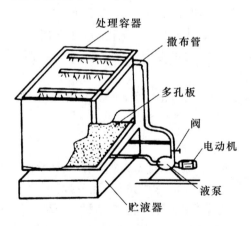

图4-1 碱溶液撒布处理装置示意图

贮液器内有1%~2%氢氧化钠溶液,启动电机,溶液经液泵打入撒布管撒在容器内的秸秆上,再经一定时间碱化即可获得碱化秸秆,我国已研制出P3TH-400型秸秆化学处理机,该机采用的化学处理主要有氢氧化钠、石灰、尿素等单一处理液,也可使用复合液及液体添加剂等化学试剂进行处理。研究发现水稻秸秆经处理后干物质和粗纤维消化率分别达到70.5%和64.4%，比未处理组分别提高12.5%和31.6%，用此秸秆喂牛，采食量可提高48%，日增重提高100%，达0.8 kg。

8. 氢氧化钠处理

氢氧化钠处理秸秆的优点是化学反应迅速，反应时间短；对秸秆表皮组织和细胞木质素消化障碍消除较大；牛对秸秆的消化率和采食量提高明显，易于实现机械化商品生产。缺点是牛采食了碱化秸秆饲料后会随尿排出大量的钠，污染土壤，易使局部土壤发生碱化；秸秆饲料碱化处理后，粗蛋白含量没有改变；处理方法较烦琐，费工费时，而且氢氧化钠腐蚀性强。

碱化处理能显著改善秸秆消化率，促进消化道内容物排空，所以也能提高秸秆采食量。用4%的氢氧化钠溶液处理稻草后发现，碱处理能改善稻草细胞壁在皱胃内的消化速度和潜在消化率，加快稻草残渣在瘤胃的排空速度，不但能改善消化率，也能显著增加稻草的采食量。若在此基础上再添加氮源，由于养分平衡性得到改善，稻草养分消化率和采食量的改善更大，可消化物质的采食量超过未处理稻草的一倍以上。

较佳的碱用量在4%~6%，采食碱化秸秆后，牛的饮水量和瘤胃pH都将增加，特别是采食过量的碱化秸秆将影响瘤胃渗透压，降低粗饲料在瘤胃的停留时间和纤维质消化率等。但是，氢氧化钠在处理秸秆中的残余碱大多是以碳酸氢钠的状态存在，因此，残余碱本身似乎不会对牛产生较大的影响，关键是其中的钠离子含量。

三、生石灰处理技术

生石灰与水相互作用后生成氢氧化钙，氢氧化钙是一种弱碱，能起到碱的作用，但要想达到理想的效果，处理秸秆所需的时间比氢氧化钠更长。必须注意的是，氢氧化钙非常容易与空气中的二氧化碳结合生成碳酸钙，对于处理秸秆来说，碳酸钙是一种无用物质，因此，不能利用在空气中熟化的或者熟化后长期放于空气中的石灰，而应该使用迅速熟化好的石灰。未熟化的块状石灰要予以正确熟化，已正确熟化的石灰乳应放入严密遮盖的窖内保存。

用生石灰处理秸秆，就是用氧化钙（或氢氧化钙）处理秸秆的方法。这种方法可提高营养价值0.5~1倍，但用水量较大，污水也需处理。生石灰处理技术的主要优点是成本低廉，原料各地都有，可以就地取材。

生石灰在水中的溶解度很低，所以处理秸秆最好用石灰乳，而不用石灰水，所谓石灰乳，就是氢氧化钙微粒在水中形成的悬浮液。

1. 石灰水浸泡法

将秸秆切（铡）成2~3 cm长，制备石灰溶液要求用含氧化钙（CaO）不少于90%的生石灰，每吨秸秆需30 kg，放入2~2.5 t清水中熟化，充分搅拌后使其自然澄清，为提高处理效果，可添加10~15 kg食盐，用澄清液浸泡切碎的秸秆，经24 h浸泡后，把秸秆捞出，放在倾斜的木板上，使多余的水分流出，再经过24~36 h后不需用清水冲洗即可饲喂牲畜，石灰水可以继续使用1~2次。

石灰水浸泡法是比较经济的方法。在生产中，为了简化操作和设备，可采用喷淋法，即在水泥地上铺上切碎的秸秆，再用石灰水喷洒数次，然后堆放，经软化1~2 d后即可饲喂。

2. 生石灰碱化法

将切碎秸秆按100 kg秸秆加入3~6 kg生石灰的方法把生石灰粉均匀地撒在湿秸秆

上,加水适量使秸秆渗透,保持在潮湿的状态下3~4 d后使秸秆软化,取出后晒干即可饲喂。用此种方法处理的秸秆喂牛,可使秸秆的消化率达到中等干草的水平。

3. 石灰处理的优缺点

石灰处理秸秆的效果,虽然不如氢氧化钠,但其具有原料来源广、成本低、不需清水冲洗等优点,还可补充秸秆中的钙质。经石灰处理后的秸秆消化率最高可提高20%,牛的采食量可增加20%~30%,由于经石灰处理后,秸秆中钙的含量增高,而磷的含量却很低,钙、磷比达(4:1)~(9:1),极不平衡,因此在饲喂此种秸秆饲料时应注意补充磷,石灰处理秸秆所获饲料效果虽然不及氢氧化钠处理的好,且秸秆易发霉,但因石灰来源广、成本低,对土壤无害,且石灰中的钙对牛也有益,故可广泛使用,但使用时要注意钙、磷平衡,补充磷酸盐,如果再加入1%的氨,抑制霉菌生长,可以防止秸秆发霉。

氢氧化钙是对环境无害的化学物质,用来处理秸秆后,秸秆中多余的钙对牛及环境不会造成污染,由于其碱性较弱,与秸秆发生化学反应的时间比氢氧化钠长(1~2周)。霉菌和效率问题是氢氧化钙处理秸秆中遇到的主要问题,可以用在氢氧化钙青贮秸秆中添加尿素的方法法解决霉变问题。在稻草中按氢氧化钙70 g/kg在常温下对含水量40%的稻草密封处理60 d,发现氢氧化钙处理过程中易发生霉变,如同时加入20 g/100 g以上的尿素则可以有效防止霉变。以1.5%氢氧化钙调整pH为12~13,浸泡稻草12~24 h后饲喂奶牛,可显著提高奶牛的产奶量和乳脂率,特别在饲喂低pH日粮的条件下,可保持瘤胃内正常的pH,提高其对纤维的消化和蛋白质的合成,增加饲料的采食量。

四、其他碱化处理技术

1. 氢氧化钠和生石灰复合处理

原料采用含水率为65%~75%的高水分秸秆,将未切短的秸秆饲料铺成15~30 cm厚的不同层次,每铺一层用质量分数为1.5%~2.0%、质量各半的氢氧化钠和生石灰水混合液喷洒(每100 kg秸秆饲料用80~120 kg混合液),然后压实。每吨秸秆需喷0.8~1.2 t混合液,大约1周后,秸秆内温度达到50~55 ℃,秸秆呈现淡绿色到浅棕色并带有新鲜青贮料的气味时即可。

该方法也可用混合液浸润秸秆。将切成2~3 cm的秸秆放入盛有1.5%~2%的氢氧化钠和1.5%~2%的石灰混合液的碱化池内,浸泡1~2 d,然后捞出秸秆放在栅板斜坡上沥干,再放1周左右即可饲喂,混合液与秸秆的比例为(2:1)~(3:1)。

处理后秸秆的粗纤维消化率可由40%提高到70%,粗脂肪、粗纤维消化率达77%~82%。用氢氧化钠与生石灰混合液处理秸秆,不仅可提高秸秆饲料的消化率,同时也可使牛获得适当的钙和钠。如果仅利用一种碱,则因饲料中某种物质积累过多,会影响采食量。单用氢氧化钠处理秸秆效果虽然好,但成本较高。石灰处理秸秆的效果虽然不如氢氧化钠,但其原料来源广、价格低廉。为克服各自存在的弊端,如果将两者按一定比例混合处理秸秆,可使秸秆粗纤维的消化率提高40%以上,并且用该方法处理后的秸秆,含氢氧化钠的含量也较低,饲喂前不需要用清水冲洗,也不需要再给牛补饲食盐,省力、省工、节约、实用。但是,由于秸秆饲料营养物质含量不平衡,饲喂前应注意补磷,并保证供给牛充足的水源。

2. 碳酸钠处理

用碳酸钠处理秸秆时,按照质量添加8%碳酸钠,即每千克秸秆干物质用80 g碳酸钠调制。研究发现,用4%碳酸钠溶液处理玉米秸秆、稻草和小麦秸秆时,干物质消化率分别达78.7%、64.7%和44.2%,有机物消化率分别达80.3%、74.4%和47.5%。

3. 过氧化氢处理

按秸秆干物质的3%添加过氧化氢,将过氧化氢溶液均匀地喷洒在秸秆表面,边喷边拌匀,并加水调节秸秆含水量至40%左右,在室温下密闭保存4周左右,开封后将秸秆晒干即可饲喂。研究表明,用过氧化氢和尿素配合使用时,效果更好。例如,用质量分数为6%的尿素和3%过氧化氢处理玉米秸秆,秸秆的粗蛋白含量可以增加17.7%,而纤维素含量则下降9%,干物质消化率提高4%。

五、盐化处理技术

把当年收获的去穗玉米秸秆用青干饲料粉碎机切成1.5~2 cm的碎段。每100 kg粉碎的玉米秸秆喷洒20 L质量分数为2%~3%的食盐水,再将其装入大缸或塑料袋内在8 ℃以上的室温下密封10~15 h即可。

试验结果表明,盐化玉米秸秆质地较软,有轻微香味,适口性好,动物喜食,秸秆利用率可在95%以上。牛、羊、马采食后无消化不良、腹泻、厌食或其他异常,对奶牛的泌乳量无不良影响。经检测分析,盐化玉米秸秆中干物质含量为32%,其中粗蛋白含量为3.4%,无氮浸出物含量为50.9%,粗灰分含量为5.8%,无影响动物生长发育的有害成分。

六、化学处理秸秆的应用

1. 碱处理秸秆饲养肥育牛

(1) 幼牛育肥。

幼牛育肥指断奶后小牛育肥饲养到18月龄,使其体重达到600 kg左右,这时幼牛正处于发育阶段,营养主要用于肌肉组织的生长与体脂贮积,幼牛育肥应利用其骨骼肌肉生长迅速的特点获取最大的日增重和最高的饲料报酬,可分为增肉期和催肥期两个阶段。

增肉期一般为15月龄以前,此阶段可大量饲喂秸秆,自由采食不限量,精料每天补充1~3 kg,饲喂3次,精料可参考如下配方(质量分数):麸皮30%、玉米30%、饼(粕)类37%、石粉1.5%、食盐1.5%,采取先粗后精的喂法。

催肥期为15月龄以后的2~3个月,此阶段每天要保证5~8 kg的精料供给,在此前提下秸秆自由采食,可采取喂后1 h再饮水,每天饲喂3次,精料配方(质量分数):玉米55%、麸皮18%、饼(粉)类23%、尿素2%、石粉1%、食盐1%。

(2) 成年牛育肥。

成年牛源于肉用母牛、淘汰的乳用母牛及退役的黄牛、水牛等。成年牛育肥以增加脂肪为主,肌肉增加极少,所以育肥要求供给碳水化合物含量高的饲料,蛋白质不必太多,保持适量,矿物质保证供给需要。成年牛育肥期为2~3个月,每天可供给5~8 kg精饲料,氨化秸秆自由采食。精饲料配方(质量分数):玉米65%、麸皮15%、饼(粕)类18%、小苏打0.5%、石粉0.5%、食盐1%。饲喂方法为每天2次,供给充足的饮水。

2. 碱处理秸秆饲养干奶牛

干奶牛的饲养管理主要是提高受配率、受胎率,充分利用秸秆等粗饲料,降低饲养成本,母牛在配种前应具有中等偏上的膘情,过瘦或者过肥都会影响繁殖,在肉用母牛的饲养管理中,如果精料过多而运动又不足,易造成母牛过肥,影响发情,但如果只喂秸秆又会造成营养缺乏、牛体过瘦,也会影响母牛的发情和繁殖瘦弱的母牛配种前 1~2 个月应加强饲养管理水平,在以秸秆为主要粗饲料的情况下应适当补充精料,并注意蛋白质饲料的补饲及微量元素和维生素(维生素 A 和维生素 E)的添加,精料配方(质量分数):玉米 55%、饼(粕)饲料 20%、麸皮 22%、石粉 1%、食盐 1%、微量元素和维生素预混料 1%。有的地区饲养母牛,利用当地玉米秸秆资源丰富的条件,补给 1 kg 左右的精料(玉米和麸皮),在饲槽旁放置尿素舔砖,取得了很好的效果。用碱处理秸秆饲喂干奶牛还可以代替部分青贮饲料,其饲喂量可占日粮干物质的 77%。例如,以碱化秸秆为主要粗饲料,自由采食,每头每天加喂 10 kg 青草青贮或玉米秸秆青贮、0.5 kg 糖蜜和 0.06 kg 矿物质。据分析,此时秸秆干物质量为 8 kg,占总干物质的 77.2%,达到了干奶牛的营养要求。

3. 碱处理秸秆饲养妊娠母牛

妊娠期母牛的营养需要与胎儿生长有直接的关系。妊娠前 6 个月胚胎生长发育较慢,不必特意为母牛增加营养,母牛的体况保持在中上等即可。在妊娠的最后 3 个月是胚胎快速发育的时期,这个阶段胎儿的增重占犊牛初生重的 70%~80%,因此胎儿会从母体吸收大量的营养供自身生长。一般在母牛分娩前至少增重 45~70 kg 才能保证产犊后正常泌乳和发情。

当以青粗饲料为主的日粮饲喂妊娠母牛时要适当搭配精饲料,特别是粗饲料以小麦秸秆、稻草、玉米秸秆等为主时,必须搭配优质豆科牧草,并补饲饼(粕)类饲料,也可用尿素替代部分蛋白质饲料。精料的参考配方(质量分数):玉米 52%、饼(粕)类饲料 20%、麸皮 25%、石粉 1%、食盐 1%、微量元素和维生素预混料 1%。精料和多汁饲料较少时,可采用先粗后精的顺序饲喂,即先喂粗饲料,待牛吃半饱后,在粗饲料中拌入部分精料或多汁饲料,诱导采食,最后把余下的精料全部投喂。在饲养水平较高时,应避免过度肥胖,保证一定的运动量。

4. 碱化秸秆饲养泌乳牛

泌乳牛的主要任务是多产奶。本地黄牛分娩后平均日产奶量为 2~4 kg,泌乳高峰期多在分娩后一个月出现;大型肉用母牛在自然哺乳时平均日产奶量可达 6~7 kg,分娩后 2~3 个月达到泌乳高峰;西门塔尔等兼用牛平均日产奶量可达 10 kg 以上,产奶高峰期可达 30 kg 左右;荷斯坦泌乳牛日产奶量在 15 kg 以上,产奶高峰期可达 30~40 kg,甚至更高。因此,泌乳牛如果营养不足不仅会导致产量下降,还会损害母牛的健康。

在泌乳早期(产犊后 3 个月内),肉用母牛能量饲料的需要比妊娠牛和干奶牛高出 50% 左右,蛋白质、钙、磷的需要量加倍。在饲喂青贮玉米或者秸秆保证维持需要的基础上,需补饲 2~3 kg 的精料,并保证充足的矿物质和维生素。当母牛进入泌乳高峰期时可实行交替饲养法,即每隔一定天数改变饲养水平和饲养特性的方法。通过这种节律性的刺激,可以提高母牛的食欲和饲料转化率,从而增加泌乳量。一般交替饲养的时期为 2~7 d。如果同时加强挤奶和乳房按摩,促使母牛运动,保充足干净的水源,则能延长泌乳高峰的时间。

在母牛泌乳后期(泌乳 3 个月至干奶),供给全价的配合饲料可保障充足的运动和饮水,加强乳房按摩及精细的管理,可以延缓乳量的快速下降。这个时期,牛的采食量有较大的增加,如饲喂过量的精料,易造成母牛过肥,影响产奶和繁殖。因此,应根据体况和秸秆等粗饲料的供应情况确定精料饲喂量,混合精料 1~2 kg 并保证充足的矿物质和维生素供应,多供应青绿多汁饲料。

第二节 农作物秸秆氨化技术及其应用

氨化处理的研究始于 20 世纪 30—40 年代,但是最初仅着眼于非蛋白氮的利用上,之后才逐步转为处理各种粗饲料,以提高其饲用价值。秸秆含氮量低,与氨相遇时,其中的有机物与氨发生氨解反应,破坏木质素与纤维素、半纤维素链间的酯键结合,并形成铵盐,铵盐可成为牛瘤胃内微生物的氮源。获得氮源后,瘤胃微生物活性将大大提高,对饲料的消化作用也将增强。另外,氨溶于水形成氢氧化铵,对粗饲料有碱化作用。因此,氨化处理可通过碱化与氨化的双重作用提高秸秆的营养价值。氨化处理通常使用的是液氨、氨气或者尿素。秸秆经氨化处理后,粗蛋白含量可提高 100%~150%,纤维素含量降低 10%,有机物消化率提高 20% 以上,因此氨化处理可以提高秸秆的营养价值,经氨化处理的秸秆是牛等反刍动物良好的粗饲料。氨化饲料的调制方法较多,而且成本低、效率高,方法简单易行,非常适合广大农村采用。目前,常用的有堆垛氨化法、窖氨化法、塑料氨化法、缸氨化法、抹泥氨化法和氨化炉法等。

氨化处理的效果,受原料、氨源、含水量、处理温度和时间等多种因素影响。理论上,液氨、尿素、氨水、碳酸氢铵等都可作为氨源,但液氨处理需要一定的设备,宜在集约化饲养或为千家万户服务的条件下推广。国内目前多用尿素处理,获得了十分理想的效果。在考虑价值、来源等因素,采用碳酸氢铵处理,在降低氨源用量的条件下,也可获得理想效果。据试验,碳酸氢铵处理稻草的最佳用量为 8%~12%,含水量在 35% 左右,处理时间和温度则与其他氨源处理情况相同。

氨化处理有双重意义,一是氨溶于水呈弱碱性,有与碱处理相同的作用;二是氨可为牛提供非蛋白氮,供瘤胃微生物所用,即起到强化粗蛋白的效果。氨化之所以能提高秸秆消化率、营养价值和适口性,是因为氨化中有 3 种作用的结果,即碱化作用、氨化作用及中和作用。

一、农作物秸秆的处理

秸秆的主要化学成分是纤维(表 4-1),所以质地粗硬、适口性差、不易消化,牛采食量低,更由于收割后暴晒、雨淋等因素的影响,秸秆的品质好坏不等。一般来说,需经过人工处理后才能达到满意的饲喂效果。

饲喂秸秆首要的问题是要取用品质良好的秸秆,尽量保持嫩软、干燥,防止粗老和受潮霉坏。秸秆中各部位的成分与消化率不同,甚至差别很大。例如,玉米秸秆各部位的干物质消化率:茎为 53.8%,叶为 56.7%,芯为 55.8%,苞叶为 66.5%,全株为 56.6%,苞叶的消化率高于茎和芯。也有试验测定出玉米干物质的消化率:茎叶为 59%,苞叶为 58%,芯为 37%;小麦干物质消化率:叶为 70%,节为 53%,麦壳为 42%,茎为 40%;稻草干物质消化率:茎为 48%,叶为 40%。不同种类和状态的秸秆都可以氨化,如干的或新鲜的早、晚稻草和小麦秸秆、玉米秸秆等。此外,要调节好秸秆含水量,应在 30%~50%。据实测,碳酸氢铵氨化稻草时的最佳含水量为 35%。用干秸秆氨化,应喷淋喷湿,而水分高的原料,需掺入干秸秆。原料选择应注意：①禁用严重风化的秸秆制作。由于未及时收割，在野外暴露时间过长，叶片变薄、变白或变灰色，用手触摸叶片脱落，更严重的仅剩叶脉和茎秆，营养物质损失殆尽，用此秸秆氨化费工费时，效果极差。②禁用霉变秸秆氨化。玉米收完后及时将秸秆砍收、避雨堆放，砍收时应避免雨天进行，已砍收的秸秆应及时氨化，堆放时间过长容易引起霉变。秸秆最好切成 5～10 cm 长，经揉搓机揉碎更好，以扩大氨的接触面，便于氨化，也有利于牛采食，减少浪费。长秸秆也可直接氨化，但处理效果不如切短秸秆好，一定程度上可适当增加氨化时间加以弥补。

表 4-1　不同农作物秸秆的主要化学成分　　　　　　　　　　　　　%

秸秆	干物质	灰分	粗蛋白	纤维成分			
				粗纤维	纤维素	半纤维素	木质素
玉米秸秆	96.1	7.0	9.3	29.3	32.9	32.5	4.6
稻草秸秆	95.0	19.4	3.2	35.1	39.6	34.3	6.3
小麦秸秆	91.0	6.4	2.6	43.6	43.2	22.4	9.5
大麦秸秆	89.4	6.4	2.9	41.6	40.7	23.8	8.0
燕麦秸秆	89.2	4.4	4.1	41.0	44.0	25.2	11.2
高粱秸秆	93.5	6.0	3.4	41.8	42.2	31.6	7.6

二、农作物秸秆的氨化用氮源

秸秆氨化就是在密闭和氮源存在的条件下，将秸秆在常温下经过一定时间存放，提高秸秆饲用价值的方法。经过氨化的秸秆称为氨化秸秆，如氨化稻草、氨化小麦秸秆等。因此，秸秆氨化必须有氮源和一定的氨化条件。

1. 无水氨（液氨）

液氨含氮量为 82.4%，氨在一个大气压、-33.4 ℃ 时变成液体，称为液氨。当温度高于液化点（-33.4 ℃）或遇空气后，立即转化成气体氨。氨很活泼，易与有机酸化合生成铵盐，所以氨化效果很好。一般呈液态运输，与家用液化煤气相似。国外许多国家用无水氨处理秸秆。但由于需要专用液化氨罐装运，且有一定的燃爆特性，根据我国目前条件，在一般场合使用不太现实。

2. 氨水

氨水是氨（NH_3）、水（H_2O）和氢氧化铵（NH_4OH）等物质的混合体，即一部分氨溶解于水中，与水结合生成氢氧化铵，同时氢氧化铵又会分解出游离的氨，呈现动态平衡。随着温度的升高，游离氨会增加，这些氨可用于氨化秸秆。农用氨水的含氨量一般为 18%～20%，含氮量在 15% 左右。

3. 尿素

在适宜温度和脲酶作用下，尿素可以水解为氨（NH_3）和二氧化碳（CO_2）。尿素为白色颗粒状的固体，易潮解挥发，需用双层塑料袋储运和在阴凉干燥处存放。尿素含氮量在46%左右，1 kg尿素水解生成567 g氨，生成的氨可氨化秸秆。某些秸秆脲酶含量极低，难以将尿素分解为氨，因而有时用尿素氨化时效果不佳。国外有些国家推荐加入脲酶含量较高的大豆粉等以保证处理效果，这在我国现有饲料资源紧缺的条件下不太现实。

4. 碳酸氢铵

碳酸氢铵溶解于水生成氨（NH_3）、二氧化碳（CO_2）和水（H_2O），1 kg碳酸氢铵完全分解，能产生215 g铵，温度升高将加速这个过程。农用碳酸氢铵的含氮量为15%～17%，与氨水相仿。碳酸氢铵比尿素更易分解，且使用比氨水安全，同时其来源广泛，一般小化肥厂都能生产，因而是成本低、使用方便、效果好的氨源。

三、农作物秸秆的氨化方法

根据实际情况，可以利用各养殖场现有的青贮窖作为氨化场地，即实行窖氨化法，既易贮藏也便于密封。没有青贮窖的地方可在平地上进行堆垛氨化，也可挖土窖氨化，小型牧场也可采用塑料袋氨化法、缸氨化法等。秸秆饲料的氨化处理方法和最佳条件见表4-2。

表4-2 秸秆饲料的氨化处理方法和最佳条件

氨源	处理方法	最佳条件
无水氨	将秸秆捆堆垛，用塑料膜密封后通入氨气；将秸秆装入密闭的房子或箱子内处理，加热或不加热均可	按干物质量的3%～3.5%施氨，物料湿度为15%～20%；按温度变化处理1～8周，不加热时方法同上；加热（90 ℃）时处理15 h，闷炉5 h
尿素	把松散物料储存于地坑、深沟、塑料袋或堆垛，逐层添加尿素；在饲料厂制颗粒以前，在切碎或磨碎物料中加入尿素	按5%的尿素量制成水溶剂，按质量40%混入物料；按温度适时处理，尿素占2%～3%，湿度为15%～20%，最低温度为133 ℃
碳酸氢铵	把松散物料储存于地坑、深沟、塑料袋或堆垛，逐层添加碳酸氢铵；在饲料厂制颗粒以前，在切碎或磨碎物中加入碳酸氢铵	按10%的碳酸氢铵量制成水溶液，按质量40%混入物料；按温度适时处理，碳酸氢铵占4%～6%，湿度为15%～20%，最低温度为133 ℃
氨水	将秸秆捆堆垛，从顶部浇入氨水后，用塑料膜密封将秸秆捆堆垛，用塑料膜密封后插入管子，通入氨水	按干物质量的12%～14%施加氨水（25%氨），物料湿度为30%～40%，按温度变化处理1～8周

氨化处理一般有堆贮和窖贮两种，窖贮包含塑料袋氨化法、缸贮氨化法、水泥地氨化法等。

1. 窖（池）氨化法

窖（池）氨化法是我国目前推广应用最为普遍的一种秸秆氨化方法。窖（池）氨化法的优点:①可以一池多用,既可用来氨化秸秆,也可用来青贮,而且还可长年使用;②便于管理,避免老鼠啃坏薄膜等缺点;③可以节省塑料薄膜的用量,降低成本;④容易测定秸秆质量,便于确定氨源(如尿素)的用量。

窖的设计:窖的大小根据饲养牛的种类和数量而定。经过各地测算,每立方米的窖可装切碎的风干秸秆(小麦秸秆、稻草、玉米秸秆)150 kg左右。一般来说,牛日采食秸秆的量为其体重的2%~3%。例如,一头300 kg的架子牛,日采食秸秆在7 kg左右。根据这些参数,再考虑实际情况(每年氨化次数、养牛数等),然后设计出窖的大小。窖的形式多种多样,可建在地上,也可建在地下,还可一半地上一半地下。建窖以长方形为好,如在窖的中间砌一隔墙,即成双联池(图4-2)则更好。双联池的优点是可轮换处理秸秆,若用此窖青贮,还可减轻取用青贮过程中的二次发酵。一个2 m³的池子(窖)可装小麦秸秆300 kg,双联池可交替使用,氨化一池可供2头架子牛用1个月。如制作青贮饲料,一池可贮1 000 kg。氨化窖断面如图4-3所示。

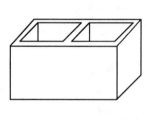

图4-2 双联池

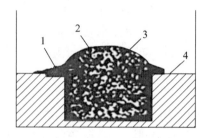

图4-3 氨化窖断面
1—泥土;2—塑料薄膜;3—秸秆;4—窖壁

操作方法:窖贮时先挖一长形、方形或圆形的窖,在窖底层铺上塑料薄膜。把秸秆切至2 cm左右,一般的原则是粗硬的秸秆(如玉米秸秆)切得短些,较柔软的秸秆可稍长些。铡短的如玉米秸秆装入后,每100 kg秸秆(干物质)用5 kg尿素(或碳酸氢铵)、40~50 kg水。把尿素(或碳酸氢铵)溶于水中搅拌,待完全溶化后分数次均匀地洒在秸秆上,不断搅拌,使秸秆与尿素液混合均匀,尿素溶液喷洒的均匀度是保证秸秆氨化饲料质量的关键。秸秆入窖前后喷洒均可,如果在入窖前将秸秆摊开喷洒则更为均匀。边装窖边踩实,待装满踩实后用塑料薄膜覆盖密封,再用细土等压好即可。如同时加0.5%盐水(但不增加水的总量),可提高饲料的适口性。气温20 ℃贮7 d,15 ℃时贮存10 d、5~10 ℃时贮存20 d,0~5 ℃时贮存30 d,秸秆即变成棕色。此时揭去顶层塑料薄膜,1~2 d放净氨味后即可饲喂。放净氨气时一定要注意防止人畜中毒,尿素氨化所需时间大体与液氨氨化相同或稍长一些。开窖取料时喂多少取多少,取后即封严窖口。

目前,国内已研制生产出专用秸秆氨化处理机械,这种机械通过搓擦与撞击将纤维物质纵向裂解,并通过同步化学处理剂的作用,使木质素溶解,半纤维素水解和降解,提高秸秆的可消化性。经处理后的秸秆含氮量增加1.4倍,干物质和粗纤维消化率分别达到70%和64.4%,采食量可提高48%,饲喂奶牛可提高产奶量20.7%。而以尿素为氨源氨化玉米秸秆,玉米的粗蛋白含量增加了2倍多,相当于羊草。泌乳奶牛日粮中饲喂50%氨化玉米秸秆加50%的羊草,与全喂羊草效果相同。也可按每千克秸秆加50 g尿素,配成含量为5%的尿素溶液喷洒,然后封存,封存时间随气温而定。小麦秸秆、玉米秸秆需要切成2~

3 cm,稻草 5~7 cm。此法切忌过量使用尿素或碳酸氢铵,否则会有造成中毒的危险。

秸秆上存在脲酶,当尿素溶液喷洒在秸秆上并将其封存一段时间后,尿素被脲酶分解产生氨,对秸秆产生氨化作用。用尿素作为氨源,要考虑尿素分解为氨的速度。它与环境温度、秸秆内生脲酶多少有关。温度越高,尿素分解为氨的速度越快,宜在温暖的地区或季节采用。一般认为,要使尿素分解快,在氨化过程中最好加入脲酶丰富的物质,如豆饼粉等。

2. 堆垛氨化法

堆垛氨化法是将秸秆堆成垛,用塑料薄膜密封进行秸秆氨化处理的方法,也称堆垛法、垛贮法。季节和天气的选择、原料和材料的准备等与窖氨化法基本相同,不同的是不需要水泥窖或土窖,可在平地上进行。

操作步骤:在干燥平整的地上将 0.1~0.2 mm 厚的无毒聚乙烯塑料薄膜铺开,再把铡短到 2~3 cm 的玉米秸秆或粉碎处理的秸秆分层整齐堆放。用尿素或碳酸氢铵作为氨源处理秸秆。一般边堆垛边施放氨源,可以将氨源溶解于水中浇洒,也可采用边撒尿素或碳酸氢铵,边浇水。若用氨水处理,可一次垛到顶后再浇泼,每 100 kg 玉米秸秆加注 50% 的氨水 8~10 kg,喷拌均匀,然后再盖上一层塑料薄膜,四边用土压实;用液氨氨化,是在堆垛、密封后用专门设备将氨气注入。

垛的大小可视情况而定,大垛适合于液氨氨化,可节省塑料薄膜,容易机械化管理,但水不易喷洒均匀,且容易漏气。规格一般在长×宽×高为 4.6 m×4.6 m×2 m。为了便于通氨,可在垛中间埋入一根多孔的塑料管或胶管,也可在平坦地面上平铺厚 0.15 mm、长和宽各 6 m 的聚乙烯塑料薄膜,然后码放草捆,每边塑料薄膜留出 70 cm,用于折叠边部封口。秸秆垛堤及长、宽均为 4.6 m,高 2.1 m,质量为 1~2 t。盖顶塑料薄膜的长宽各 10 m,将秸秆垛严密地包裹起来。用一根前部带孔的管子将氨水或无水氨气导入垛中心。氨水用量:质量分数为 25%,每吨秸秆 120 L;质量分数为 22.5%,每吨秸秆 134 L;质量分数为 20%,每吨秸秆 150 L;质量分数为 17.5%,每吨秸秆 170 L。氨气用量每吨用 30~35 kg。待氨水或氨气导入完后,将管子抽出,并把塑料薄膜上的孔洞扎紧或用胶布粘严,以防漏气,危及人畜安全。小垛适合于尿素或碳酸氢铵氨化,规格一般在长×宽×高为 2 m×2 m×1.5 m。草垛也可以做成圆锥体形。无论哪种规格,垛顶都应做成屋脊形,以利于排掉雨水。垛下铺和上盖的塑料薄膜在每边留出 1 m,以便把两面的塑料薄膜折叠好,用泥土压紧、封住,不使其漏气。

利用液氨氨化秸秆,具有成本低、操作简便、氨化效果好等许多优点,但以往多是人工操作,费工费时,生产效率不高。目前,我国已研制出施氨成套装备。

如果采用液氨氨化,堆垛完成后注氨。将硬塑料管与液氨管或氨瓶接通,按秸秆干重的 3% 通入氨气即可。目前我国采用的通氨方式主要有两种:一种是用氨槽车从化肥厂灌氨后直接到现场氨化;另一种是将氨槽车中的氨分装入氨瓶后,再向秸秆中施氨。该设备主要由氨瓶、氨压表、液氨计量表、输氨管和氨枪等组成。连接好施氨设备后,操作人员首先要穿好工作服,戴上胶皮手套,准备好防毒面具,然后把氨枪插入秸秆垛内,插孔高度以距离地面 0.5 m 为宜。缓慢拧开氨瓶的阀门,注入适量的液氨。注毕应先关闭氨瓶阀门,待 4~5 min 后让管内和枪内余氨流尽,方可拔出氨枪。最后用胶纸把罩膜上的注氨口封好,或用绳子将注氨孔扎紧密封。

氨化站的建设:液氨是最便宜的一种氨源,利用液氨氨化秸秆的好处很多,值得大力提倡使用。但是,由于液氨有毒、易燃爆,需用高压容器贮运,因此需要建立液氨供应系统。目前来看,建立氨化站最为适宜。氨化站可以从化肥厂用氨槽车大容量购氨,用大型贮罐储存液氨,再用氨瓶进行分装,然后向用户提供注氨服务。这样既安全又便于管理,也有利于秸秆氨化技术的推广应用。

堆垛氨化的注意事项如下。

①塑料薄膜选用。所用的塑料薄膜要求无毒、抗老化和气密性能好,通常用聚乙烯薄膜,膜的厚度和颜色视具体情况而定。较粗硬的秸秆,如玉米秸秆,应选择厚一点的薄膜(厚度为 0.12 mm),若氨化小麦秸秆则可选用薄一点的塑料薄膜。膜的宽度主要取决于垛的大小和市场供应情况。膜的颜色,一般以抗老化的黑色膜为好,便于吸收阳光和热量,有利于缩短氨化处理时间。

②液氨的安全操作。液氨为有毒易爆材料,操作时应注意安全。操作人员应配备防毒面具、风镜、防护靴、雨衣、雨裤、橡胶手套、湿毛巾,现场应备有大量清水、食醋。盛氨瓶禁止碰撞和敲击,防止阳光暴晒。

3. 氨化炉法

秸秆氨化炉是一种密闭的粗饲料氨化设备,它可将秸秆等粗饲料进行快速氨化处理。目前,我国已研制出三种形式的氨化炉,即金属箱式氨化炉、土建式氨化炉和拼装式氨化炉。氨化炉由炉体、加热装置、空气循环系统和秸秆车等组成。炉体要求保温、密封和耐酸碱腐蚀。加热装置可用电加热,也可用煤矿做燃料通过水蒸气加热。要求秸秆便于装卸、运输和加热,以带铁轮的金属网车为好。

用氨化炉氨化秸秆的操作方法是将秸秆切细打捆后置于草车中,用相当于干秸秆质量 8%~12% 的碳酸氢铵或 5% 的尿素溶液均匀撒到秸秆上,将秸秆的含水量调整到 45% 左右。草车装满后,推进炉内,关上炉门后加热。将炉温控制在 95 ℃ 左右加热 14~15 h,再闷炉 5~6 h。最后从草车中取出秸秆,自由通风,放掉余氨即可饲喂。

用氨化炉法制取氨化秸秆,可缩短氨化时间,氨化效果好,不受季节限制,但其成本较高,推广应用比较困难。近年来,有的地方用现有的烤烟炉氨化秸秆,以煤矿为燃料,既节约了设备投资,也减少了能源开支,大大降低了氨化成本。

4. 其他方法

除了窖氨化法、堆垛氨化法外,还可以用塑料袋或水缸等进行氨化。除容器上有所差别外,各种处理方法应遵循的原则胡同,即氨源充足、水分适宜、密闭完全、时间充分。

四、碱-氨复合处理方法

秸秆碱-氨处理是一种复合化学处理方法,它是在碱化处理的基础上再进行氨化处理,以提高秸秆的营养价值。例如,用不同比例的氢氧化钙和尿素相结合处理稻草,或用 4% 氨和 4% 氢氧化钙处理稻草和小麦秸秆,均取得了显著效果。研究表明,碱-氨复合处理的秸秆,干物质降解率提高了一倍,中性洗涤纤维可下降 6.1%~6.6%。如果每千克稻草秸秆干物质用 40 g 尿素再加上 50 g 氢氧化钙处理,其消化率从 51.0% 提高到 71.2%,粗蛋白含量可从 4.31% 提高到 10.39%。用碱-氨复合处理小麦秸秆,其体外有机物质消化率可从 38.86% 提高到 63.3%(表 4-4)。因此,碱-氨复合处理秸秆,能提高秸秆的适口性和消化率,在生产实践中有一定的应用价值。

表 4-4 氨-碱复合处理对秸秆消化率的影响　　　　　　　　　　　%

秸秆种类	未处理	尿素处理	氢氧化钙处理	氨-碱复合处理
稻草	51.0	60.6	61.0	71.2
小麦秸秆	38.9	47.0	47.0	63.3

五、氨化秸秆的品质检验

1. 感官评定

氨化处理的好坏,可从以下几方面感官指标来判断。①质地。应柔软蓬松,用手紧握无明显的扎手感。②气味。成功的氨化秸秆有糊香味和刺鼻的氨味。有时秸秆氨化前后无多大变化,无氨味,则说明漏气,此时应继续封闭氨化一段时间。③颜色。经氨化的小麦秸秆颜色为杏黄色(原色为灰黄色),玉米秸秆为褐色(原色为黄褐色),如变为黑色、棕黑色、黏结成块,则为霉变。霉变的原因通常是因为秸秆含水率过高、密封不严或开封后未及时晾晒所致。如果氨化后秸秆的颜色同氨化前基本一样,虽然可以饲喂,但说明没有氨化成功。④发霉情况。因加入的氨有防霉杀菌的作用,因此只要水量适宜(未过量),一般氨化秸秆不易发霉。有时氨化设备封口处的氨化秸秆有局部发霉现象,但封口处以内的秸秆仍可用于饲喂。氨化秸秆品质感官鉴定见表4-5。

表 4-5 氨化秸秆品质感官鉴定

项目	氨化好的秸秆	未氨化好的秸秆	霉变秸秆	腐烂秸秆
颜色	鲜秸秆呈棕色或深黄色、褐色,发亮,颜色越深越好;陈秸秆呈黄褐色	颜色无变化,与原料相同	呈白色,发黑有霉云	呈深红色或酱色
气味	打开时有强烈氨味,放氨后呈糊香或酸面包味	无氨味,仍为普通秸秆味	强烈的霉味	有霉烂味
质地	较柔软,发散,放氨后干燥	无变化,仍较坚硬	变得糟损,有发黏现象	发黏,出现酱块状
温度	手插入感觉温度高	手插入感觉温度不高	手插入感觉有发热感	手插入感觉有发热感

2. 化学成分分析

秸秆氨化的内在营养变化要通过化学分析来鉴定。秸秆氨化后,粗蛋白及纤维成分等都会发生变化,特别是粗蛋白的含量会成倍增加。当然,根据氨化原料、氨源、氨化方法、时间、温度等的不同,变化程度会有所差别。据报道,利用青贮窖氨化秸秆,液氨剂量为秸秆质量的3%,氨化后的小麦秸秆、稻草和玉米秸秆粗蛋白含量分别提高5%、4%和5%,消化率分别提高10%、24%和18%。

除了营养成分变化外,还有一个指标即氨化效率(或氮的损耗率)。所谓氨化效率,就是所用氨源氮与秸秆结合成铵盐的量占氨源氮施加量的百分比。分析氨化前后秸秆的粗蛋白含量,两者相减则得通过氨化纯增加的粗蛋白量,该量与施加氨源的粗蛋白量之间再乘以100,即得氨化效率,计算公式为

氨化效率 =(氨化后的粗蛋白含量 - 氨化前的粗蛋白含量)/
[碳酸氢铵(含氮量)×秸秆用量(%)]×100%

例如,某地进行稻草氨化,氨化前后稻草的粗蛋白含量分别为4%和8%,碳酸氢铵(含氮量为17%)用量为稻草的10%,此时氨化效率为(8 - 4)/10.6×100% = 37.7%,其中10.6是从碳酸氢铵含氮量折算的粗蛋白量,即17%×10%×6.215 = 10.6%。

另外,pH也是一个重要指标。氨化秸秆的pH在8.0左右,偏碱性;未氨化秸秆的pH约为5.7,偏酸性。

3. 饲喂效果评定

氨化效果的好坏,最终应该用动物饲喂试验来判断。将氨化秸秆和未氨化秸秆饲喂牛羊,比较采食量、增重速度、生产性能(产奶、产肉、产毛等);有条件的可通过消化代谢试验,测定养分消化、利用率及营养价值的变化来进行评定。

六、氨化秸秆的应用

1. 氨化秸秆饲养育肥牛

(1)氨化小麦秸秆加棉籽饼和麦麸喂牛模式。

据河南周口地区报道,以氨化小麦秸秆为主要粗饲料,并每日补以混合精料(棉籽饼:麦麸 = 1:3)饲养育肥期的当地黄牛,结果见表4 - 6。

表4 - 6 尿素氨化小麦秸秆饲喂黄牛的效果

组别	精料量/(kg·d^{-1})	牛始重/kg	日增重/g	秸秆食入量/kg	饲料转化率(饲料/增重)
未氨化组	0.5	198.6	160	4.96	34.1
未氨化组	1.0	200.3	209	4.92	28.3
氨化组	0.5	199.6	354	5.92	18.1
氨化组	1.0	199.5	504	5.94	13.8

根据河北省肥乡县报道,用无水氨处理小麦秸秆饲养黄牛,饲喂氨化小麦秸秆并补喂1 kg混合精料的牛,其增重达660 g,每增重1 kg的饲料成本为1.74元,与相应的未氨化组比,其日增重提高1.75倍,每千克增重的饲料成本下降48.5%。结果见表4 - 7。

表4-7 液氨处理小麦秸秆喂黄牛的试验结果

组别	精料量 /(kg·d^{-1})	牛始重 /kg	日增重 /g	秸秆采食量 /kg·d^{-1}	饲料转化率	增重成本 /(元·kg^{-1})
未氨化组	0.5	186.0	110	4.3	44.3	5.00
未氨化组	1.0	194.0	240	3.9	20.6	3.38
氨化组	0.5	197.0	485	4.8	10.8	1.82
氨化组	1.0	213.0	660	4.3	8.0	1.74

(2)氨化秸秆加棉籽饼和玉米粉喂牛模式。

据河南淮阳县资料,以氨化小麦秸秆为基础饲料,自由采食;按不同体重定量补饲精料,每头每日补饲0.5~2.25 kg精料(棉饼75%、玉米粉25%),在100个示范户中(共259头牛)进行饲养试验。结果表明,育肥150~450 kg的架子牛,日增重均在0.5 kg以上,精料增重比为(0.83~3.5):1。350 kg以下体重,精料增重比均低于2:1。150 kg的架子牛育肥至450 kg,需要498 d。见表4-8。

表4-8 氨化秸秆加棉籽饼和玉米粉喂养黄牛的效果

体重/kg	精料量 /(kg·d^{-1})	秸秆采食量 /(kg·d^{-1})	日增重 /g	每千克增重耗精料量 /kg
151~200	0.50	5.20	605	0.83
201~250	0.70	5.98	574	1.22
251~300	0.90	6.60	593	1.52
301~350	1.30	7.14	654	1.99
351~400	1.80	7.40	514	3.50
401~450	2.25	7.9	707	3.18

(3)氨化稻草加玉米粉或大米糠喂牛模式。

以氨化稻草为基础饲料,自由采食,再每日每头牛补饲粉碎玉米500 g和大米糠1 100 g进行肉牛试验,并与喂未氨化稻草的牛比较。喂氨化稻草和500 g粉碎玉米的牛日增重达到346 g,每千克增重耗精料1.45 kg;喂氨化稻草和1 100 kg米糠的牛日增重为512 g,每千克增重耗精料2.15 kg。而喂未氨化稻草的对照组的牛日增重仅为73 g,每千克增重耗精料6.85 kg。

(4)氨化稻草加青贮玉米秸秆或新鲜紫云英喂牛模式。

据报道,用碳酸氢铵氨化稻草后饲喂肉牛,每日每头牛补以青贮玉米秸秆10 kg。与喂干草的牛进行比较,氨化稻草组的牛的日采食量为5.1 kg,日增重为780 g;而干草组则分别为4.0 kg和537 g,前者比后者分别提高27.5%和36.1%。

(5)氨化秸秆加玉米面和豆饼肥育架子牛。

据报道,以氨化秸秆为主,搭配精料饲喂育肥肉牛,每千克增重较传统饲喂方法可节约精料 2 kg,并可缩短饲养周期。12~18 个月体重 300 kg 以上架子牛舍饲育肥 105 d,日增重达 1.3 kg 以上。氨化秸秆类型肉牛不同阶段各饲料日喂量见表 4-9。

表 4-9 氨化秸秆类型肉牛不同阶段各饲料日喂量　　　　　kg

阶段	玉米面	豆饼	磷酸氢钙	微量元素	食盐	碳酸氢钠	氨化稻草(麦秸)
前期(30 d)	2.5	0.25	0.06	0.03	0.05	0.05	20
中期(30 d)	4.0	1.0	0.07	0.03	0.05	0.05	17
后期(30 d)	5.0	1.5	0.07	0.035	0.05	0.08	15

(6)氨化玉米秸秆饲喂育成牛。

将玉米秸秆切成 2~3 cm 长短,按每 100 kg 风干秸秆加 5 kg 尿素,将尿素溶于水,均匀喷洒在玉米秸秆上,并调整含水量到 65% 左右,然后密封储存 40 d 以上即可。饲喂时摊开晾晒 1~2 d,放尽余氨。

食盐水复合氨化玉米秸秆的制作:将玉米秸秆切成 2~3 cm 长短,按 100 kg 风干玉米秸秆加入 0.6 kg 食盐和 5 kg 尿素一起溶于水,其他步骤和使用方法同氨化玉米秸秆。玉米秸秆经盐水复合氨化处理,其粗蛋白含量、采食量和日增重比普通玉米秸秆饲喂分别提高了 124.25%、22.26% 和 56.25%,每千克增重饲料成本降低 15.63%。氨化玉米秸秆肥育肉牛的效果见表 4-10。

表 4-10 氨化玉米秸秆肥育肉牛的效果

项目	普通玉米秸秆	氨化玉米秸秆	盐水复合氨化玉米秸秆
日增重/kg	0.48	0.69	0.75
精料采食量/kg	1.95	1.95	1.95
玉米秸秆采食量/kg	6.14	7.34	8.11
总采食量/kg	8.09	9.29	10.06
饲料转化率/%	16.85	13.46	13.73

2. 氨化秸秆饲喂奶牛

(1)氨化秸秆饲喂干奶期奶牛。

奶牛产犊前 2 个月停止泌乳,进入干奶期。处于干奶期的奶牛,其日粮中粗饲料和精料的总干物质每天饲喂量一般要相当于体重的 1.5%~2.0%。例如,干奶牛体重 600 kg,则全天总干物质进食量为 9~12 kg。在产奶期的不同阶段,日粮粗料与精料比不同。以干物质为基础计,干奶期粗精料比为 8:2 或 7:3,临产前 2 周为 6:4 或 5:5,而泌乳旺期则应为 4.5:5.5 或 4:6。干奶期的母牛,应喂以较好的牧草、干草或半干青贮。如果以玉米青贮为主,则每头牛每天应供 20 kg 以上的玉米青贮,同时补喂 0.5 kg 豆饼。如果是加有尿素的玉米青贮,则不需要另补充蛋白质饲料。

用碱处理秸秆饲喂干奶牛可以代替部分青贮料,其饲喂量可占日粮干物质的 77%。例如,以碱化秸秆为主要粗饲料,自由采食,每头牛每日加喂 10 kg 青草青贮或玉米青贮、

0.5 kg 糖蜜和 0.06 kg 无机盐。此时,秸秆干物质量约为 8 kg,占总干物质的 77.2%,达到了上述的营养要求。

(2)氨化秸秆饲喂泌乳期母牛。

泌乳母牛的营养需要包括维持生长需要和泌乳需要。第一、二个泌乳期的母牛除要考虑其自身生长需要外,还要分别增加 20% 和 10% 的营养供给量。在泌乳高峰期,除了保证优质干草和青贮饲料任其采食外,还要适当增加精料的喂量和次数。例如,每日产奶量为 10 kg 时,精粗料比为 3∶7(以干物质计),日喂混合精料 4 kg;每日产奶量为 15 kg 时,精粗料比例可以不变,精料喂量应增到 5.6 kg;日产奶量为 20 kg 时,精粗料比调整为 4∶6,精料喂量 7.6 kg;日产奶量为 25 kg 时,精粗料比约为 5.5∶4.5,精料喂量为 9 kg;每日产奶量达 30 kg 时,精粗料比变为 6∶4,精料喂量达 13.2 kg。

初产奶牛(头胎牛)不仅产奶,而且还在生长,所以不能饲喂过多的秸秆饲料,一般秸秆饲料的喂量可占日粮干物质的 20% 左右,玉米青贮占日粮的 56% 左右。初产奶牛的日粮除玉米青贮料自由采食外,还可以加喂秸秆 4 kg、糖蜜 1 kg、玉米粉 2 kg、大豆饼 1 kg、鱼粉 0.75 kg、尿素 0.15 kg 和无机盐混合料 0.2 kg。

对于泌乳期母牛,玉米青贮是提高产奶量、降低饲料成本、供给奶牛能量的当家饲料。饼粕、苜蓿、青干草及鱼粉、血粉等是优质蛋白质饲料。在我国农村饲养奶牛的条件下,一般应当每产 3~5 kg 奶饲喂 1 kg 精料,精料与粗料(干物质)比应为 35∶65,蛋白质占日粮干物质的 2%~16%;粗纤维占日粮的 20% 左右;食盐和无机盐饲料占日粮的 3% 左右,其钙磷之比应保持在(1.3~2)∶1。

饲养 1 头平均日产 5 kg 奶的泌乳牛,每日应供给精料 3~5 kg(其中饼粕类应占 15%~20%),青贮料 29~25 kg,青干草或氨化和碱化秸秆 2.0~2.5 kg。因此,饲养一头成年奶牛,每年最少应储备玉米青贮饲料 8 t,氨化秸秆或青干草 800 kg,精料 500 kg。

据报道,用氨化稻草(占日粮干物质的 30%)喂泌乳牛,在同样日粮组成的条件下,用 50% 氨化玉米秸秆或玉米秸秆替代泌乳日粮中 50% 的羊草,对泌乳牛的产奶量和牛奶的营养成分均无不良影响,日产奶量达 26 kg,乳脂率为 3.30%。

对于泌乳末期的奶牛,既在产奶又在怀孕,故需要相当数量的能量、蛋白质和无机盐等营养物质。在保证其日粮蛋白质水平的同时,饲喂青贮玉米,并再饲喂占日粮干物质 40% 左右的氨化或碱处理秸秆,即可满足其营养需要。例如,日产奶 15 kg 的妊娠后期母牛,可以日喂青贮料 15 kg,再让其自由采食氨化秸秆饲料,并补饲糖蜜 4 kg、玉米粉 3 kg、鱼粉 0.3 kg、尿素 0.1 kg 和无机盐 0.1 kg。

3. 饲喂注意事项

(1)训饲方法。

刚开始饲喂氨化秸秆时,有的牛可能不习惯采食,需要有一个逐渐适应的过程,这种适应过程称为训饲。训饲方法比较简单易行,开始时每次少给、勤添,逐渐提高饲喂量,一般经过一个星期即可适应。当第一次饲喂出现不肯采食时,只要不喂给其他饲料,由于饥饿下次饲喂时即可采食。对于产奶牛,开始阶段可以将氨化秸秆与其他粗饲料混合饲喂,一旦习惯即可大量采食。

(2)放尽余氨,密封余料。

秸秆氨化处理后,施加氨源中仅有 30%~40% 的氮与秸秆相结合,其余的氨则呈游离状存在,即余氨。饲喂前,必须将秸秆中的余氨放净。否则,不但氨化秸秆的适口性差,而且牛采食后,瘤胃中会产生大量氨,容易引起氨中毒。放氨的方法是选择晴朗无雨的天气,打开氨化窖或氨化垛,将每天饲喂数量的氨化秸秆于饲喂前 2 d 取出放氨,摊放 2 d 即可饲喂了。其余的再密封起来,以防放氨后含水量仍很高的氨化秸秆在短期内饲喂不完而发霉变质。因为氨化秸秆所增加的非蛋白氮大部分是以能溶于水的铵盐形式存在,所以每次取用后,还必须重新密封好氨化垛或窖,并经常检查。发现密封氨化秸秆的塑料薄膜等有破洞时,要立即用塑料胶带粘贴好。放氨时应远离圈舍和住所,以免刺激人畜呼吸道和影响家畜的食欲。喂量应由少到多,少给勤添。刚开始饲喂时,可与谷草、青干草等搭配,7 d 后即可全部代替粗饲料并适当搭配些精料混合料一同饲喂。掺喂牛的最大用量可占日粮的 40%,另加一些精料和青绿饲料。

余氨的放净时间受到多种因素影响,如是否打捆及捆大小、天气状况、氨化时的加水量等。对于打捆秸秆,在无风潮湿的天气时放氨,余氨挥发较慢;氨化时加水量过高也不利于余氨的挥发。在这些情况下需要较长时间才能放净余氨,具体时间因时因地而定。

(3)霉烂秸秆不能喂牛。

在氨化过程中,由于空气进入氨化窖或氨化垛,有时会引起部分秸秆发霉变质。喂牛前应剔除霉变秸秆,否则会引起牛的中毒。霉菌毒素对牛的危害很大,轻者可影响牛体健康和生产性能,妊娠牛还会出现流产或死胎,严重者可导致死亡,造成生产损失。因此,霉烂秸秆千万不能饲喂家畜。

(4)合理搭配,平衡日粮。

氨化秸秆由于有机物消化率的提高和非蛋白氮含量的增加,在喂牛时需注意适当搭配豆饼、棉籽饼等非降解性蛋白质饲料,并足量添加胡萝卜、松针粉、麦饭石等富含维生素和矿物质的饲料,保证代谢平衡。

(5)饲喂氨化秸秆的安全性。

国内外的研究结果表明,饲喂氨化秸秆不会影响动物健康,也不会对正常的生理生化指标产生影响。肉牛饲喂氨化秸秆后 0.5~1 h 方可饮水,不得直接用尿素溶液供水,以免出现中毒症状,甚至死亡。

第五章　农作物秸秆的生物处理技术及应用

干秸秆直接饲喂牛,适口性差、消化率低、浪费多,限制了牛生产性能的发挥。采用类似青贮的方式加以处理有一定效果,但是由于干秸秆植株上附着的野生乳酸菌数量较少,可发酵的水溶性碳水化合物含量低,即使加入适量的水分,也很难发酵成功。

生物处理技术的实质是利用微生物发酵和生物酶的作用,酶解粗纤维(包括木质素),改变秸秆的理化性状,将牛难以消化吸收的粗纤维等大分子物质加工分解成易消化的单糖、双糖等小分子物质,从而提高秸秆的营养价值和适口性。生物处理技术主要包括青贮、微贮、酶解等,其中以青贮最为成功,应用也最广泛。本章主要介绍秸秆微贮和酶解的相关知识。

第一节　农作物秸秆的生物处理用制剂

一、生物处理用酶制剂

酶制剂作为一种生物活性物质添加剂用于秸秆饲料生产以提高秸秆饲料的营养价值与品质已引起广泛的关注,近年来世界各国纷纷研制并生产饲用酶制剂。酶制剂无毒、无残留、无副作用,是优质的新型促生长类饲料添加剂。酶制剂可以通过降解粗饲料中的纤维素、半纤维素、淀粉等多糖成分为单糖,从而有效解决秸秆类饲料中可发酵底物不足、纤维含量过高的问题,以达到促进乳酸发酵、提高饲料利用率及生产性能的目的。

酶解法处理秸秆是选择能够水解纤维素、半纤维素和木质素的单一或复合酶类,在满足酶作用条件下对秸秆进行处理,从而降低纤维性物质比例,提高可溶性糖含量的方法。应用酶制剂处理秸秆可以提高适口性、增加采食量,大大提高牛对纤维素的利用率,提高牛的代谢水平,促进生长。

1. 酶制剂种类

用于酶解秸秆饲料的酶制剂,主要由康氏木霉、绿氏木霉和黑曲霉等菌种产生。另外,还加入一定量的能源物质、无机氮和各种无机盐,共同处理秸秆饲料。

目前使用的酶制剂主要是由两种或两种以上的纤维素酶、半纤维素酶、木聚糖酶、淀粉酶、果胶酶等组成的复合酶。半纤维素酶和果胶酶比纤维素酶在降低纤维含量方面更有效,半纤维素酶和果胶酶的降解部分——半纤维素和果胶比较容易被牛消化。淀粉酶用于降解淀粉,一般用于含淀粉较多的秸秆饲料。木聚糖酶是一类能够特异降解木聚糖的酶类,能够降解木聚糖生成聚合度为2~10的低聚木糖混合物,产物具有很高的经济价值。酶解秸秆饲料过程中应用最广泛的是纤维素酶。

2. 酶制剂处理秸秆过程中存在的问题

虽然应用复合酶制剂酶解处理秸秆已经有了一定的研究进展,但并不能用于大规模降解秸秆纤维素,主要是因为存在下述一些问题。

①秸秆细胞壁结构紧密,木质素作为外衣保护纤维素和半纤维素免受酶的降解。因此用酶法进行有效降解,需对秸秆进行预处理,破坏木质素的保护,以使纤维素酶可以与纤维素和半纤维素直接接触进行反应。

②复合酶制剂在酶促反应体系中都存在不稳定性因素,容易失去活性。由于纤维素酶在发生作用的 20 h 后开始失活,而一般纤维素被酶解需 24~120 h,随着时间的延长,酶逐渐失活,因此常采用多种纤维素酶制剂。

③秸秆的纤维素、木质素与蜡质紧密结合在一起,降低了各种酶的活性。

二、生物处理用微生物制剂

微生态处理又称微贮,是近年来推广的一种秸秆处理方法,微贮技术主要是针对含水量低的秸秆,这类秸秆中的纤维素已经老化、粗硬,营养成分含量也较低,动物适口性较差,用这种秸秆青贮时由于秸秆本身呼吸作用几乎停止,很难通过秸秆本身的呼吸作用造成厌氧环境,另外植物上吸附的乳酸菌数量大大减少,促使乳酸菌繁殖的环境也不具备,青贮质量很难保证。微贮与青贮的原料非常相似,只是在发酵前通过添加一定量的微生物如秸秆发酵活杆菌、白腐真菌、酵母菌等,然后利用这些微生物对秸秆进行分解利用,使原来不适合青贮的黄干秸秆软化,将其中的纤维素、半纤维素及木质素等有机碳水化合物转化为糖类,最后发酵成为乳酸和其他一些挥发性脂肪酸,从而提高瘤胃微生物对秸秆的利用率,使原来的干秸秆转变成质地柔软、酸香适口的牛羊粗饲料。

目前用于秸秆微贮的制剂种类较少,单一菌种主要包括白腐真菌、枯草芽孢杆菌、乳酸菌等。还有一些复合微生态制剂,在生产中应用效果较好。

1. 白腐真菌

目前已发现能降解木质素的微生物中,只有少数真菌,其中主要是白腐真菌,白腐真菌可分泌漆酶、木质素过氧化物酶、锰过氧化物酶、纤维素酶和半纤维素酶等降解植物的生物质。白腐真菌是一类丝状真菌,能够分泌胞外氧化酶降解木质素,且降解木质素的能力优于降解纤维素的能力。这些酶可以促使木材腐烂成淡色的海绵状团块——白腐,故称为白腐真菌。用白腐真菌处理秸秆时,秸秆无须进行化学或物理的预处理。

人们根据白腐真菌降解细胞壁成分的不同,将其分为三类:一类是优先降解纤维素和半纤维素,然后降解木质素;另一类是同时降解木质素和纤维素;还有一类则是优先降解木质素,其中以第三类最好。

2. 枯草芽孢杆菌

枯草芽孢杆菌属芽孢杆菌科、芽孢杆菌属,为兼性厌氧菌,广泛分布在土壤及腐败的有机物中,易在枯草浸汁中繁殖,故得名。枯草芽孢杆菌具有典型的芽孢杆菌特征,细胞呈直杆状,大小为 $(0.8 \sim 1.2)\mu m \times (1.5 \sim 4.0)\mu m$,单个,革兰氏染色阳性,着色均匀,可产荚膜,生有鞭毛,可运动;芽孢中生或近中生,小于或等于细胞宽,呈椭圆至圆柱状;菌落粗糙、不透明、扩张,污白色或微带黄色;能液化明胶,陈化牛奶,还原硝酸盐,水解淀粉,是典型好氧菌。

枯草芽孢杆菌能耐受酸碱及高温高压,抗性强,不易变质,贮藏时间长,能够在不利条件下以芽孢形式存在,在有利条件时再萌发成营养细胞,并且出芽率较高。芽孢杆菌具有较高的蛋白酶、纤维素酶和淀粉酶活性,对植物性碳水化合物有较强的降解能力。

芽孢杆菌以低剂量加入饲料中时具有提高动物增重、改善饲料转化率、降低死亡率且不产生耐药性等特征,在我国畜牧业生产中已得到了应用。

3. 乳酸菌

乳酸菌指发酵糖类主要产物为乳酸的一类无芽孢、革兰氏染色阳性细菌的总称。乳酸菌不形成芽孢,兼性厌氧,耐酸,终产物是以乳酸为主。乳酸菌的生长温度为 20~53 ℃,最适温度在 30~40 ℃,耐酸,最适 pH 为 5.5~6.0,是食品级安全的微生物。它与人类的生活联系密切,是人体和动物肠道微生物菌群中的优势种类,具有调节肠道菌群平衡、提高饲料转化率、抑制肠道腐败菌生长及腐败产物的形成、降低血清胆固醇等作用。

在秸秆发酵过程中,乳酸菌因菌种差异,特别是因地域不同造成的菌种差异,会导致发酵产品的不同及适口性的明显区别。利用乳酸菌对秸秆进行分解利用,可使秸秆软化,将其中的纤维素、半纤维素等有机碳水化合物转化为糖类,最后发酵成为乳酸和其他一些挥发性脂肪酸,从而提高瘤胃微生物对秸秆的利用。

第二节 农作物秸秆的生物处理方法

用生物学方法处理秸秆是将已经加入活性菌种或者复合酶制剂的秸秆放入容器中进行发酵,使秸秆带有酸、香、酒味,适口性明显改善,消化性显著提高。用生物学方法处理加工的农作物秸秆可替代部分牧草和精饲料饲喂牛,降低饲养成本,提高养殖效益。

一、农作物秸秆的预处理

在微生物降解过程中,木质纤维素结构较复杂,直接进行糖化或生物转化十分困难,为了提高纤维素酶分解液糖的含量和酶解率,需进行前处理。前处理的目的是改变天然纤维素的结构,破坏纤维素-木质素-半纤维素之间的连接,降低纤维素的结晶度,或脱去木质素,增加原料的疏松性,从而增加纤维素酶与纤维素的有效接触,提高酶效率。不同前处理方法的原理不同,必然会对秸秆的降解效率产生不同的影响。常见的前处理方法有物理处理法和化学处理法。

1. 物理处理法

物理处理法主要包括机械粉碎法、水热处理法、蒸汽爆破法和高温蒸煮法。

(1)机械粉碎法。

机械粉碎法是将玉米秸秆放入高速粉碎机中磨成粉,用标准筛筛选,截取 40 目的秸秆粉,可以降低玉米秸秆颗粒度,增加比表面积,不需要添加化学试剂,抑制物较少,但是经机械粉碎过的秸秆再进行生物处理时效率较低。

(2)水热处理法。

水热处理法是近年发展起来的非常有前景的前处理手段。在高压条件下热水渗透到玉米秸秆的内部,水解少部分纤维素,并溶解半纤维素,消除了纤维素酶的空间阻碍,提高了生物降解率,并且发酵抑制物较少。

(3)蒸汽爆破法。

蒸汽爆破法是在高温高压下使木质素软化,通过迅速减压,使纤维素晶体和纤维素爆裂,从而将木质素和纤维素分离,秸秆纤维素的生物降解率得到提高。高温高压过程会造成木质纤维软化,迅速减压过程会造成纤维素晶体和纤维素之间键的破裂,同时会使半纤维素脱掉羧基,水解形成单糖。在此过程中会有60%~70%的半纤维素水解,蒸汽爆破后的秸秆呈深褐色糊状。

(4)高温蒸煮法。

高温蒸煮法是用于秸秆前处理较好的方法,具有广阔的应用前景。该方法是用小型高速粉碎机将待处理的秸秆粉碎,过40目筛,经180 ℃高温蒸煮2 h,60 ℃烘干。经高温蒸煮后的秸秆,再进行酶制剂处理的效果较好。高温蒸煮可使木质素熔化,半纤维素和纤维素分子断裂、降解、氢键断裂而吸水,有助于酶接触相应底物,有利于酶解。

表5-1为蒸煮前后秸秆的主要成分。由表可以看出,半纤维素含量下降明显,说明高温对半纤维素降解效果明显;粗蛋白、木质素减少约1个百分点,说明高温能减少部分木质素,损失少量粗蛋白;戊糖含量增多,但还原糖增加量少于戊糖,说明在高温下,部分还原糖变性,戊糖缩合的多聚糖有部分降解成单糖。

表5-1 蒸煮前后秸秆的主要成分(干物质基础)   %

秸秆	纤维素	半纤维素	木质素	还原糖	戊糖	粗蛋白	灰分
蒸煮后秸秆	33.22	11.42	11.10	5.58	2.76	5.17	2.04
蒸煮前秸秆	33.74	24.31	12.08	5.12	1.65	6.56	2.02

(余建军,2010)

图5-1为蒸煮前后秸秆的扫描电镜图,由图5-1可以看出,蒸煮前秸秆的表面和横截面都比较光滑、平整,表面几乎无孔隙、破损;蒸煮后秸秆的横截面和表面都很粗糙,表面破损严重,空隙很多。说明高温蒸煮对玉米秸秆有较强的破坏作用,增大了其暴露在外的表面积,使其有利于进行下一步的生物处理。

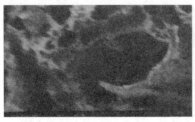 

(a)蒸煮前　　　　　　(b)蒸煮后

图5-1 蒸煮前后秸秆的扫描电镜图(引自余建军,2010)

2.化学处理法

当前主要的化学处理方法包括酸处理法、碱与氧化剂结合处理法。

(1)酸处理法。

酸处理法是先配制质量分数为1.0%~1.5%的稀酸溶液,将秸秆完全浸泡于此溶液中

24 h,取出秸秆用清水反复冲洗至 pH 呈中性,同样在 105 ℃烘箱中烘至恒重,保存备用。稀酸水解法得到的葡萄糖量大,催化成本低,易于中和,但糖类易催化降解。研究发现,稀硫酸的作用效果不明显,且硫酸具有毒性、腐蚀性,不具有环境友好性,而用醋酸进行预处理,可在室温下进行,且下游产物的毒性较小,是一种温和、环境友好的预处理方法。

(2)碱与氧化剂结合处理法。

碱与氧化剂结合处理法是先配制质量分数为 1.0% 的稀碱溶液与质量分数为 0.9% 的过氧化氢混合溶液于室温下振荡作用 24 h,固液比为 1∶50,将秸秆完全浸泡于此溶液中 24 h,取出秸秆,反复以清水冲洗至 pH 呈中性,将秸秆晾干。下游产物的毒性较小,是温和、环境友好的前处理方法。对比未经任何处理的玉米秸秆的微观结构(图 5-2(a)),碱与氧化剂的作用使玉米秸秆的结构变得疏松,出现了许多齿状结构,多孔性得到了增加,整个玉米秸秆中各片层结构相对于未经处理的秸秆更为稀薄(图 5-2(b)),应该是由其中的木质素被降解所致。

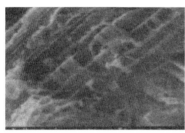

(a)未处理　　　　(b)NaOH/H_2O_2 处理 24 h

图 5-2　碱与氧化剂结合处理玉米秸秆的扫描电镜照片(引自柯静等,2008)

二、农作物秸秆的酶制剂处理方法

1. 酶制剂的用量

研究发现,纤维素复合酶最佳添加量为 0.1%(1 000 kg 秸秆添加 1 kg 纤维素复合酶),复合酶中的纤维素酶、β-葡聚糖酶、半纤维素酶、果胶酶协同作用破坏植物性饲料细胞壁效果最好。

2. 酶制剂处理秸秆的操作规程

(1)秸秆酶解设施的准备。

饲养规模大,饲料用量多,应建发窖池或塔、窖;饲养规模小,饲料用量少,需准备好发酵缸、桶,也可用小发酵窖或塑料袋进行酶解。发酵池(窖、塔)一般采用砖、沙、水泥制作,池的大小可根据用量来定。如装 2 t 秸秆粉的发酵池需建成长 5 m、宽 2 m、深 1.5 m 的容量,发酵池要求坚固,池底、池壁光滑,不漏气。建池应选在地势高、土质硬、向阳干燥、排水容易、地下水位低、靠近牛舍、制作取用方便的地方,也可建成直径 2 m、深 3 m 的圆形池,旧池在使用前必须清扫干净。

(2)秸秆的准备。

用于酶制剂处理的原料应选择发育中等以上,清洁、无霉变腐败的各种农作物秸秆。

酶解的秸秆必须经过物理或者化学前处理。

(3) 装窖。

将切(铡)短的秸秆先在池或窖、塔底铺一层,再撒上适量的食盐,按照每吨秸秆原料使用食盐 5.0 kg,均匀地喷上水分,使秸秆调制成含水量约 45%(干秸秆每吨约加水 450 kg),将酶制剂用 30 倍的麸皮稀释,采用逐层稀释的方法,用手充分拌匀后,均匀铺在秸秆上,质量按照酶制剂占秸秆 0.1% 的比例,即 1 t 秸秆使用复合酶制剂 1.0 kg,即酶制剂与麸皮的混合物 30.0 kg,压实。铺一层、喷洒一层、压实一层,直到池内原料高出池口 40~50 cm 后封口。

(4) 封顶。

待酶解原料装到高出池口(窖、塔)40~50 cm 时,再充分压实后,在最上面按照 250 g/m² 撒上一层细食盐,再压实后盖上塑料薄膜。然后在塑料薄膜上再铺上 30 cm 厚的秸秆,覆土 15~20 cm,密封封顶。封顶后如发现原料下沉,应及时用土填平,防止中部凹陷存水。池(窖、塔)周围最好挖排水沟,防止雨水渗漏。

(5) 开池(窖、塔)。

封窖后经过 2 周生物发酵即可开窖,宜采取大揭盖开窖法,每天根据喂料量取料一层,取后再把窖口封好。对于长方形窖(池),应从窖(池)的一端或阴面开窖,上下垂直逐段取用。每次取完料后,要立即用塑料薄膜继续封好,有条件的最好在窖(池、塔)上方搭建防雨棚,以防雨雪水渗入窖内,造成饲料变质。

3. 酶制剂处理过程中秸秆营养成分的变化

表 5-2 为玉米秸秆酶解前后营养成分含量变化。由表可见,玉米秸秆酶解前的粗蛋白含量只有 3.97%,经酶制剂处理后,粗蛋白含量均表现出升高的趋势;有机物含量均有所升高,经酶制剂处理后,纤维含量都表现出下降的趋势。这可能是由于玉米秸秆在酶解过程中,真菌对玉米秸秆进行了充分的发酵,真菌产生的纤维素酶对玉米秸秆产生了降解,既分解了纤维、降低了饲料中纤维类物质的含量,又通过微生物的作用将大分子物质降解为可溶性的小分子物质和部分菌体蛋白的缘故。同时,添加的酶制剂本身就是一种蛋白质,也会对酶解饲料的粗蛋白含量造成影响。

表 5-2 玉米秸秆酶解前后营养成分含量变化　　　　　　　　　　%

处理	营养成分				
	粗蛋白	有机物	中性洗涤纤维	酸性洗涤纤维	酸性洗涤木质素
对照组	3.97	90.17	67.09	40.02	13.54
酶制剂Ⅰ组	5.45	91.18	65.81	33.60	12.88
酶制剂Ⅱ组	6.23	92.91	63.74	34.33	13.11
酶制剂Ⅲ组	6.82	91.99	64.59	34.93	13.24

(张春明,2006)

4. 玉米秸秆酶解前后适口性的变化

玉米秸植株粗硬,如果以整株饲喂牛,玉米秸秆的利用率相当低,加上牛的践踏和污染,采食利用率仅为40%左右,即使切短后饲喂,由于玉米秸秆坚硬的蜡质外表皮的存在,采食利用率仍然很低。但是经过酶解处理后,不仅可以使粗硬的玉米秸秆变得质地柔软,而且具有较浓的芳香酒酸味,容易刺激牛的采食,增加采食量和消化率(表5-3)。

表5-3 玉米秸秆微贮前后适口性比较

处理		重复数	饲喂量/kg	采食量/kg	采食量/%
对照组		3	1	0.415	41.5
酶制剂Ⅰ组	数值	3	1	0.610	61.0
	增幅			0.210	21.0
酶制剂Ⅱ组	数值	3	1	0.697	69.7
	增幅			0.297	29.7
酶制剂Ⅲ组	数值	3	1	0.757	75.7
	增幅			0.357	35.7

(张春明,2006)

三、农作物秸秆的微生物处理方法

农作物秸秆生物发酵储存技术简称秸秆微贮,它和青贮的目的不尽相同,青贮是为了保藏青绿饲料,而微贮既是一种储存饲料的方式,又是一种提高秸秆饲用价值的加工处理方法。秸秆微贮技术通过加入复合微生态制剂,在密闭的厌氧条件下,促进秸秆纤维素、半纤维素和木质素的分解,改善秸秆的适口性,提高其消化率。秸秆微贮处理农作物秸秆,具有产量高、成本低、增重快、无毒害等特点,是一种较为实用的秸秆处理技术,该技术为我国农区作物秸秆的有效利用和发展农区畜牧业,开辟了一条新的途径。

1. 秸秆微贮的优点

(1)增加秸秆的适口性。

秸秆经微生物发酵后,质地变得柔软,并具有酸香和酒的气味,适口性明显提高,增强了动物的食欲。与未经过处理的秸秆相比,一般采食速度可提高40%以上,采食量可增加20%以上。

(2)提高秸秆的营养价值和消化率。

在微贮过程中,经微生物和酶的作用,秸秆中的纤维素和半纤维素部分被降解,同时纤维素-木质素的复合结构被打破,瘤胃微生物能够与秸秆纤维充分接触,促进了瘤胃微生物的活动,从而增加了瘤胃微生物蛋白和挥发性脂肪酸的合成量,提高了秸秆的营养价值和消化率。通过微贮,小麦秸秆的消化率可提高55.6%,水稻秸秆的消化率可提高57.9%,玉米秸秆的消化率可提高61.2%。

(3)制作成本低廉。

秸秆微贮剂添加量小,一般每吨秸秆添加5~50 g,而氨化同样多的秸秆则需用尿素

40～50 kg。微贮秸秆可比尿素氨化降低成本 80% 左右,且采用液氨和氨水氨化,运输又很不方便,还有一定的安全隐患。

(4)操作简单、使用方便。

秸秆微贮与青贮、氨化相比,更简单易学。只要把秸秆微贮剂活化后,均匀地喷洒在秸秆上,在一定的温度和湿度下,压实封严,在密闭厌氧条件下,就可以制作优质微贮秸秆饲料。秸秆微贮剂处理秸秆的温度为 10～40 ℃,我国南方部分地区全年都可以制作秸秆微贮饲料。微贮饲料安全可靠,微贮剂不会对动物产生毒害作用,可以长期饲喂。微贮秸秆随取随喂,不需晾晒,也不需加水,饲喂方便。

(5)储存期长。

秸秆经微贮发酵后,能够形成大量的有机酸,这些有机酸具有很强的杀菌、抑菌能力,故发酵的微贮秸秆饲料不易发生霉变,可以长期保存。

2. 秸秆微贮原理

秸秆微贮剂的主要成分是乳酸菌、纤维素和半纤维素酶,有的也含有芽孢杆菌、纤维分解菌、酵母菌和蛋白酶等消化酶。秸秆中加入微贮剂后,在适宜温度、湿度和密闭的厌氧条件下,秸秆中的纤维素、半纤维素和木质素大量降解,产生糖类,继而又被微生物转化成乳酸和挥发性脂肪酸,使 pH 下降到 4.5～5.0,抑制有害菌和腐败菌的繁殖。同时,乳酸菌和酵母发酵产生的有机酸和醇类具有酸香气味,有较强的诱食作用;秸秆中的纤维素、半纤维素和木质素被酶解,使秸秆变得蓬松和柔软,提高了秸秆的适口性;柔软和膨胀的秸秆能够充分地与牛瘤胃微生物接触,从而使粗纤维类物质能够更充分地被瘤胃微生物所分解,提高了秸秆的消化率。因此秸秆经微贮后,增加了牛的采食量和消化率,而且不容易发生腐败,可以长期储存饲喂。

3. 微贮发酵过程

(1)有氧发酵过程。

微贮是在无氧条件下利用微生物发酵的秸秆处理技术,但在微贮窖的封闭过程中,秸秆原料中或多或少地存在着氧气,这就使得在发酵的最初几天里好氧性微生物得以生长和繁殖。通过这些好氧性微生物的活动可将秸秆中的少量糖分和氧气转化成二氧化碳和水,最后氧气越来越少,直至耗尽,这时好氧性微生物会受到抑制或死亡。

(2)秸秆的酶解过程。

程微贮剂中的纤维素和半纤维素酶,以及微生物发酵产生的各种纤维分解酶类,可以破坏秸秆中的纤维素、半纤维素结构,使它们逐级降解,形成低分子寡糖。在整个酶解过程中,半纤维素最易被降解,而形成较大数量的木糖、阿拉伯胶、葡萄糖、甘露糖和半乳糖。微生物可以利用这些糖分作为底物产酸发酵。

(3)产酸发酵过程。

产酸发酵过程是微生物利用秸秆中的可溶性糖类作为底物,并将它们转化为有机酸类的过程。秸秆经有氧发酵后,氧气被消耗尽,需氧微生物不能存活。这时厌氧微生物开始活动,它们在厌氧条件下,能将可溶性糖分解为各种有机酸类,包括乙酸、丙酸、乳酸、丁酸等。这些有机酸在秸秆饲料中发生电离,形成大量的氢离子,使秸秆饲料酸化,pH 下降。当 pH 下降到 4.5～5.0 时,酸性又抑制了各种微生物的活动,从而使微生物活动减慢,形成良好的秸秆微贮饲料。

4. 微贮的条件

(1)原料。

用于秸秆发酵的微生物适用范围较广,含糖量高的秸秆和一年或多年生豆科与禾本科牧草、豆科禾本科混合牧草、山区杂草与干秸秆混合的芦苇(湿度为60%~65%)及禾本科作物(小麦、大麦、水稻、黑麦等)的秸秆均可作为微贮原料。

(2)设备。

微贮窖应选择在土质坚硬、排水容易、地下水位低、距畜舍近、操作和取用方便的地方,可以是地下或半地下式,最好砌成永久性的水泥窖,窖的内壁应光滑坚固,并应有一定的斜度(8~10°为宜),这样可以保证边角处的贮料能被压实。窖的大小应根据贮料和牛的数量确定。窖的宽度要保证拖拉机能往复行走压实。大中型窖应有拖拉机入窖的坡道。

微贮窖每立方米的容量与贮料质地软硬、含水量多少及压实程度等有密切关系。一般每立方米可容纳微贮稻麦秸秆250~350 kg,玉米青黄秸秆500~600 kg。家庭养牛,可利用现有青贮窖,贮料为稻麦秸秆时,应选择高效铡草机或粉碎机,在入窖前进行铡切。用于喂牛的秸秆,铡切长度为5~8 cm。贮料为玉米青黄秸秆时,为减少秸秆内营养成分的损失,最好选用青饲料配合收割机,并配备网架式拖车运输,连续作业。在条件不允许的地方,可采用分段作业,配备高效铡草机,玉米秸秆的铡切长度不应超过3 cm。

压实机械一般用拖拉机,大型窖应选用链式或大马力轮式拖拉机,中小型窖可用小四轮拖拉机。压窖的拖拉机要保证不漏油,行走部分不带泥土,并在排气管上装配灭火器。

微贮后的稻草秸秆及玉米秸秆含水量要求为60%~65%,由于这些秸秆本身的含水量很低,需要补充加有菌剂的水分,因此需配备一套由水箱、水泵、水管和喷头组成的喷洒设备。水箱容积以1 000~2 000 L为宜,水泵最好选用潜水电泵,水管选用软管。也可以使用消毒喷药用的设备,但应注意,使用前必须清洁干净,以免药物进入秸秆中。家庭养牛,可用水壶直接喷洒。

带穗青玉米秸秆本身含水量高,微贮时不需补充过多的水分,只要求将配好的菌剂水溶液均匀喷洒在贮料上。所以要求在压实拖拉机上配备一套由菌液箱、喷管和控制阀门组成的喷雾装置。菌液箱容积以200~400 L为宜。喷管可用直径为1.5~2 cm的无缝钢管制作,两端堵死,中间每隔10~15 cm钻直径为1 mm的喷孔。喷孔的长度不能大于拖拉机机身宽度,水箱和喷孔之间装有阀门,由驾驶员控制。对不便于拖拉机压实的小窖,可用小型背负式杠杆式喷雾器喷施。

5. 微贮的操作规程

对于不同设施可以采取不同的微贮方法,举例如下。

(1)水泥窖微贮法。

窖壁、窖底采用水泥砌筑,农作物秸秆铡切后入窖,按比例喷洒菌液,分层压实,窖口用塑料薄膜盖好,然后覆土密封。这种方法的优点是一次性投入,经久耐用,窖内不易透气进水,密封性好,适合大中型窖和每年都连续制作微贮的窖。

(2)土窖微贮法。

在窖的底部和四周铺上塑料薄膜,将秸秆铡切入窖,分层喷洒菌液压实,窖口再盖上塑料薄膜覆土密封。这种方法的优点是成本较低,简便易行。

(3) 塑料袋窖内微贮法。

根据塑料袋的大小先挖一个圆形的窖,然后把塑料袋放入窖内,再放入秸秆分层喷洒菌液压实,将塑料袋口扎紧,覆土密封。这种方法操作简便,适合处理用量少的秸秆。

(4) 压捆窖内微贮法。

秸秆经压捆机打成方捆,喷洒菌液后入窖,填充缝隙,封窖发酵,出窖时揉碎饲喂。这种方法的好处是开窖取料方便。

微贮工艺流程可分为菌种的复活,菌液的配制,秸秆的铡切或揉碎,入窖、喷洒和压实,封窖,开窖等几个步骤。

①菌种的复活。配制菌液前,可根据当天能收货秸秆的数量(原料重)按表5-4的比例准备好所需的活干菌,倒入饮用水中充分溶解(有条件的地方可兑入少许的牛奶或砂糖,这样可提高菌种的复活率,保证微贮饲料的质量),然后在常温下放置,使菌种复活。复活好的菌剂一定要当天用完,不可隔夜使用。

表5-4 微贮菌剂的配制与用量

秸秆种类	秸秆质量/kg	秸秆发酵活干菌用量/g	食盐用量/kg	自来水用量/L	贮料含水量/%
稻麦秸秆	500	1.5	6	750	60~70
黄玉米秸秆	500	1.5	4	500	60~70
青玉米秸秆	500	0.75		适量	60~70

②菌液的配制。复活好的菌剂可根据当时处理秸秆的数量和秸秆需要补充水分的多少,按比例兑入充分溶解的0.8%~1%的食盐水中搅匀,用于喷洒。食盐、水、活干菌用量的计算方法见表5-4。特别要注意的是,一定使食盐完全溶解后才能兑入菌剂。

③秸秆的铡切或揉碎。用于微贮的秸秆一定要铡切或揉碎,一般养牛可切至5~8 cm。秸秆铡切、揉碎可采用高效铡草机、揉草机或联合收割机处理。这样处理后的秸秆比较容易压实,可提高微贮窖的利用率,保证微贮饲料的制作质量。

④入窖、喷洒和压实。先在窖底铺放20~30 cm厚的秸秆,均匀喷洒菌液水,压实后再铺放20~30 cm厚的秸秆,再喷洒菌液压实,直到高于窖口40 cm再封口。分层压实的目的,是为了排出秸秆中和空隙里的空气,给发酵菌繁殖创造厌氧条件。如果当天窖内未装满,可盖上塑料薄膜,第二天揭开继续工作。为使微贮饲料的含水量达到60%~70%,喷水量可用下式计算

$$X = (1.5 - 2.3)G_干 - G_水$$

式中 X——喷水量,L;

$G_干$——秸秆微贮前的干物质质量,kg;

$G_水$——秸秆微贮前水分的质量,kg。

在微贮小麦秸秆和水稻秸秆时应根据实际,加入0.5%的大麦粉或玉米粉、麸皮等。这样做的目的是在发酵初期为菌种的繁殖提供一定的营养物质,以提高微贮饲料的质量。加入这些谷粉时,可以铺一层秸秆或撒一些谷粉,与每层的喷洒、压实同步进行。

⑤封窖。当秸秆分层压实到高出窖口 30～40 cm 时再充分压实,同时补喷一些菌液水,反复压实后在表面均匀地撒上一些盐粉,一般每平方米撒 250 g 左右,其目的是确保微贮饲料上部不发生霉烂变质。最后再盖上塑料薄膜,撒上 20～30 cm 厚的稻草、麦草,再覆土 15～20 cm 密封,窖边挖好排水沟,以防雨水渗漏。密封的目的是为了隔绝空气与秸秆接触,覆土还有压实的作用。

⑥开窖。封窖后经过 2 周的生物发酵即可开窖,宜采取大揭盖开窖法,每天根据喂料需要取料一层,取后再把窖口封好。对于长方形窖(池),应从窖(池)的一端或阴面开窖,上下垂直逐段取用。每次取完料后,要立即用塑料薄膜继续封好。有条件的最好在窖(池、塔)上方搭建防雨棚,以防雨雪水渗入窖内,造成微贮饲料变质。

6. 微贮饲料技术的关键

微贮饲料的含水量是否合适,是决定微贮饲料好坏的重要条件之一。因此,在喷洒和压实过程中,要随时检查秸秆的含水量是否合适,各处是否均匀一致,特别要注意层与层之间水分的衔接,不得出现夹干层。微贮饲料含水量要求在 60%～70% 最为理想,当含水量过高时,会降低微贮饲料中糖和胶状物的含量,产酸菌不能正常生长,导致饲料腐烂变质;而含水量过低时,微贮饲料不易被踏实,残留的空气过多,无法保证厌氧发酵的条件,有机酸成分减少也容易霉烂。检查含水量可以用手抓的方式,抓取贮料试样,用双手扭拧,若有水滴,其含水量约为 80% 以上;若无水滴,松开手后手上水分很明显,水分含量为 60% 左右;若手上有水分(反光),含水量为 50%～55%;若感到手上潮湿,含水量为 40%～45%;若不潮湿,含水量为 40% 以下。

压实与密封的好坏是关系到微贮饲料制作成败的重要环节。如果压实不紧,窖内残存的空气不利于微贮料发酵菌生长,反而给霉菌和腐败菌生长创造条件,造成霉烂变质现象。如压实很好,窖上部密封不严则容易造成窖上部分饲料霉烂变质。

7. 微贮的质量检查

微贮饲料质量好坏,可根据微贮饲料外部特征,用看、嗅和手感的方法鉴定,封窖 21～30 d 后发酵过程即已完成,便可检查微贮饲料质量。劣质饲料不宜用于制作微贮饲料,也不宜饲喂。检测微贮饲料的质量,可以采用感官评定的方法,主要从微贮饲料的颜色、气味、手感、适口性等几个方面进行观察。

优质微贮青玉米秸秆的色泽呈橄榄绿色,稻麦秸秆呈黄金色,如果变成褐色或墨绿色则质量较差。

优质秸秆微贮饲料具有醇香和果香气味,并具有弱酸味。若有强酸味,表明醋酸较多,这是由于水分过多和高温发酵所致;若有腐臭味、霉味,则不能饲喂,这是由于压实程度不够和密封不严所致,是有害微生物发酵所造成的。

优质微贮饲料拿到手里感到很松散,且质地柔软湿润。若拿到手里发黏,或者黏成一块,说明饲料变质。有的虽然松散,但干燥坚硬,也属不良饲料。

微贮饲料的适口性,可以通过观察牛的采食速度来评定(表 5-5)。由表 5-5 可以看出,育成牛对微贮后的秸秆采食速度明显高于羊草组,适口性良好。说明微贮发酵后秸秆饲料得到了很大程度的软化,同时含有芳香类物质以刺激动物采食。

表 5-5 育成牛采食速度

组别	采食速度/(g·min^{-1})
羊草组	27.83
微贮玉米秸秆组	29.16

(孙文,2010)

8. 使用微贮饲料的注意事项

根据国内秸秆生物饲料研究成果(表 5-6)证实,秸秆生物饲料化从实践上是可行的。

表 5-6 秸秆生物饲料研究成果

研究人员、机构	发酵的秸秆类别	组合菌株、发酵剂名称	成果
宋金昌等	稻草	秸秆生化培养	蛋白质含量提高 2.6% ~3.5%,粗纤维含量下降 12% ~16%,喂养的肉牛日增重可达 500~1 833 g
潘峰等	稻草	2 株真菌、3 株酵母、白地霉	蛋白质含量提高 2 倍,纤维素、半纤维素降解率分别为 29.49%、17.58%
陈敏	稻草	康氏木霉、热带假丝酵母	粗蛋白含量提高 18.86%,粗纤维下降 14.6%
王汝富	玉米秸秆	发酵活干菌	粗蛋白含量提高 12.4%,喂养的肉牛日增重提高 73.5%
李日强	玉米秸秆	青霉、白地霉	粗蛋白含量提高 7.27%,粗纤维素含量下降 2.10%氨基酸含量增加 3.6%
内蒙古赤峰市畜牧兽医科学研究所	玉米秸秆	高效秸秆生物饲料技术产品	饲喂奶牛,可使日产奶量增加 1.86 kg
孙君社等	蒸汽爆破玉米秸秆	康氏木霉、耐高温酵母	氨基酸含量提高了近 131%,7 种必需氨基酸含量从 1.57%增加到 3.75%
李日强等	氨化玉米秸秆	青霉、葱色串孢、暗孢毛壳、白地霉	粗蛋白含量由 3.15%提高到 24.99%,真蛋白含量由 2.30%提高到 20.21%
英国 ASTON 大学	小麦秸秆	自行分离的白腐真菌	提高了蛋白质含量,同时可使秸秆的体外消化率从 19.63%提高到 41.13%

(余建军,2010)

第三节 农作物秸秆的生物处理及在养殖中的应用

经过发酵后的饲料,色泽接近原料的颜色,并有水果香味和微酸,动物经过 3~5 d 驯食后,多数都很喜食,但生物处理的秸秆饲料还不是全价饲料,只能替代部分蛋白质和能量饲料。所以用生物秸秆饲料饲喂动物,还必须根据不同阶段的生长发育和生产需要,添加一些其他辅料,配成全价饲料饲喂,方可取得很好的效果。

开始饲喂时,要训练动物采食,先将少量的生物秸秆饲料混合在原来饲喂的饲料中,以后逐渐增加生物秸秆饲料量,使动物有一个适应过程,为了保证动物的营养供给,还需要搭配其他草料,经一周左右的适应期,即可达到标准喂量。奶牛、肉牛一般每头每日饲喂15～20 kg。冬季饲喂,可在前一天将生物秸秆饲料取出,冰冻的微贮饲料切忌直接饲喂,可先放在塑料棚舍或室内,待微贮饲料化开、温度提升后再饲喂。秸秆微贮饲料在制作过程中加入了食盐,在日粮配合时应予以扣除。

一、生物处理秸秆在肉牛养殖中的应用

秸秆生物处理技术是一种提高肉牛对粗饲料利用率的有效方法,只有正确地理解和运用此项技术,才能取得预期的效益,否则可能造成不同程度的损失。

给牛配制日粮时一定要考虑各种营养的供应与均衡,微生物秸秆饲料只能作为牛日粮的一个组成部分。秸秆生物饲料饲喂时可以与其他草料搭配,也可以与精料同喂。如果给牛仅饲喂生物秸秆饲料,与原来饲喂其他饲料(如添喂玉米、苜蓿草)相比,所获得的营养成分很不平衡,所获得的能量也减少,生产性能会大大降低。开始时,牛对秸秆生物饲料不太适应,应循序渐进,逐步增加饲喂量,一般每天每头育成牛、肉牛饲喂量为15～20 kg。

我国北方冬季长,气温低,秸秆生物饲料在冬季使用量相对较大,由于微贮饲料含水量高,容易结冰,因此对饲喂效果有一定影响。根据有关经验,可从以下两个方面解决此问题:一是修建暖棚,在不太冷的天气,将未结冰的秸秆生物饲料取出来后直接喂牛;二是将结冰的秸秆生物饲料取出后放入编织袋内,放在10 ℃以上室内过夜后再喂。最好的方法是采用冬季塑料暖棚养畜技术。

生物秸秆饲料在肉牛生产上应用较多,以下为几个应用秸秆生物饲料的研究报道与实例,用以说明秸秆生物黄贮在肉牛生产上的应用方法与效果,供养殖户参考使用。

1. 应用实例一

在相同混合精料水平下,采用氨化处理和微贮处理的不同方法处理小麦秸秆(麦秸)日粮饲喂肉牛,观察饲养效果。

氨化麦秸制作方法:麦秸中加入尿素(为秸秆质量的5.16%)或液氨(为秸秆质量的3%),秸秆含水量为40%,采用堆垛或入池法,密封20 d至1个月;微贮麦秸制作方法:每吨秸秆用活干菌3 g,溶于水中,水中加少量白糖。秸秆加水至含水量为60%～70%,加盐1%～1.2%、玉米粉0.1%～0.3%。秸秆加水时加入活干菌液。共需秸秆20 t(42头牛供试验用)。

为了验证饲喂效果,选择年龄、体重、品种相近的60头牛,进行驱虫和防疫处理、称重、打耳号等工作。经过30 d适应和预试,从中选出42头,分成3组分别饲喂未处理麦秸、氨化麦秸、微贮麦秸。所有的牛都定量饲喂混合精料,秸秆自由采食并计量,试验期60 d。混合料的组成(质量分数)为玉米42%、豆饼54%、贝壳2%～3%、食盐1%～2%。

不同处理秸秆对肉牛体重的影响见表5－7。由试验数据可以看出,在试验60 d的平均增重方面,微贮麦秸组高于氨化麦秸组,微贮麦秸组高于未处理的麦秸组。

表 5-7 不同处理秸秆对肉牛体重的影响

组别	牛数/头	初期体重/kg		末期体重/kg		总体重/kg	平均增重/kg	平均日增重/(g·头$^{-1}$)
		总体重	平均体重	总体重	平均体重			
麦秸组	14	5 152.8	368.1	5 635.3	402.5	482.5	34.5	574
氨化麦秸组	13	4 734.0	364.2	5 297.3	407.5	563.3	43.3	722
微贮麦秸组	14	5 089.5	363.5	5 840.3	417.2	750.8	53.6	894

(吴谦,1996)

2. 应用实例二

以玉米、小麦秸秆(麦秸)按1:1比例混合的粗饲料用某发酵剂制作秸秆微贮饲料,对秦川牛进行肥育饲喂试验,观察饲喂效果。

首先,把当地干燥玉米秸秆和麦秸粉碎成3~5 cm,按1:1比例混合,然后按发酵剂与秸秆1:100比例,将发酵剂加入20倍量35~40 ℃温水中。将秸秆充分混合,在混合搅拌中加入发酵剂,于土池(四周用整张塑料布)中边加入秸秆边洒菌液,使秸秆与水比例达15:1,分层压实,顶部密封,18 d后开封启用。肉牛育肥试验期精料配方见表5-8。

试验用秦川牛阉牛24头,随机分为试验组和对照组,每组12头,两组牛初始体重差异不显著。试验期共120 d。

表 5-8 肉牛育肥试验期精料配方(质量分数)　　　　　　　　　%

原料	大豆粕	玉米	小麦麸	石粉	食盐	预混料
比例	19.0	48.0	26.0	2.5	1.5	3.0

注:该配方营养水平为粗蛋白12.00%、钙1.28%、磷0.76%。　　　　　　　　(李云甫,2000)

秸秆处理效果见表5-9。由表5-9可以看出,经过微贮处理的秸秆粗蛋白含量提高118.4%,粗纤维含量下降36.3%。而且微贮秸秆松软、香甜略带苹果酸味,适口性好。饲喂后,增重快、利用率高,试验组日增重达1.12 kg,较对照组(0.89 kg)提高25.8%(表5-10)。

表 5-9 秸秆处理效果　　　　　　　　%

组别	粗蛋白	粗纤维
未处理秸秆组	3.8	33.6
微贮秸秆组	8.3	21.4

(李云甫,2000)

表 5-10 试验牛日粮搭配与日增重情况

组别	粗饲料/kg	精饲料/kg	头数	日增重/kg
微贮组	8.5	3.0	12	1.12
对照组	8.5	3.0	12	0.89

(李云甫,2000)

3. 应用实例三

采用某秸秆发酵活干菌对玉米秸秆进行处理,并通过肉牛育肥效果及经济效益分析,探讨微贮玉米秸秆饲喂肉牛的效果及价值。

选择清洁、无污染、无发霉变质的干秸秆作微贮原料,铡短至 5~8 cm 装窖(水泥窖尺寸为长 1.6 m×宽 1.5 m×高 1.2 m)。先在窖底铺放一层 30 cm 厚的秸秆,用脚踩实,然后一边装原料,一边洒菌液(并添加 0.5% 玉米粉),一边踩实(以排除空气),装一层洒一层踩一层,连续作业,直到原料高出窖口 30~40 cm。每平方米洒食盐 250 g 后,盖上塑料布。塑料布上方铺 20 cm 厚的秸秆,覆土 5 cm,防止阳光曝晒。封窖后 5~7 d 如发现窖顶下沉,应及时用土填平。制作中要随时检查贮料含水量是否合格,各处是否均匀一致,特别要注意层与层之间水分的衔接,不要出现夹干层。玉米秸秆水分含量以达到 65%~70% 为宜。30 d 后即可开封饲喂。处理好的微贮料呈金黄色,质地柔软湿润,有酒香味或果香味,并具有弱酸味。

试验牛为年龄 1~2 岁发育正常、食欲旺盛的西杂一代肉用公牛 40 头,随机分为 2 组,每组 20 头,各组间体重差异不显著。试验牛实行分槽饲喂,试验组饲喂处理秸秆,对照组饲喂未处理干玉米秸秆,饲喂时先粗后精。

试验组及对照组日采食量分别为 13.9 kg、10.7 kg,试验组较对照组日均多采食 3.2 kg,提高 29.9%(表 5-11);日增重分别为 840 g、510 g,试验组日增重比对照组高 330 g(表 5-12)。试验组与对照组的精料品质和采食的条件都相同,但粗饲料采食量不同,日增重不同,饲料转化率也不相同。经计算,每增重 1 kg 体重,试验组、对照组粗料消耗分别为 16.55 kg、20.98 kg,试验组比对照组降低 21.16%。每增重 1 kg 体重,试验组、对照组精料消耗分别为 1.19 kg、1.96 kg。试验组每增重 1 kg 比对照组节省秸秆和精料分别为 4.43 kg、0.77 kg。试验期内,试验组每头牛均相对盈利 49.8 元,比对照组多盈利 18.0 元(表 5-13)。

表 5-11 各组牛对秸秆饲料的采食量

组别	累计采食量/kg	日采食量/kg	与对照组相比
试验组	417	13.9	提高 29.9%
对照组	321	10.7	

(严平,2008)

表 5-12 试验组与对照组 30 天育肥效果

组别	数量/头	试验期/d	始均体重/kg	末均体重/kg	每头增重/kg		每头每日增重/g	
					总增重	比对照组增加	日增重	比对照组增加
试验组	20	30	257.5	282.7	25.2	9.9	840	330
对照组	20	30	257.4	272.2	15.3		510	

(严平,2008)

表 5-13　试验组与对照组经济效益分析

组别	头均增重/kg	收益/元	头均增重成本/元			比对照组降低/(元·头$^{-1}$)
			粗料	精料	合计	
试验组	25.2	176.4	83.4	43.2	49.8	18.0
对照组	15.3	107.1	32.1	43.2	31.8	

(严平,2008)

试验证明,利用发酵活干菌处理秸秆育肥肉牛技术可节约精饲料,提高饲料利用率,降低饲料成本,值得广大肉牛养殖户使用借鉴。

二、生物处理秸秆在奶牛养殖中的应用

在利用微生物处理的秸秆饲料饲喂奶牛过程中,应该循序渐进,初期应少喂一些,以后逐渐增加到足量,让奶牛有一个适应过程。不可一次性过量饲喂,以免造成奶牛瘤胃内的秸秆生物饲料过多,酸度过大,反而影响奶牛的正常采食量和产奶性能。

饲喂秸秆生物饲料时奶牛瘤胃内的 pH 降低,容易引起酸中毒,可在精料中添加 1.5% 的小苏打,促进牛胃的蠕动,中和瘤胃内酸性物质,升高 pH,增加采食量,提高消化率,增加产奶量。每次饲喂的秸秆生物饲料应和干草搅拌均匀后,再饲喂奶牛,以免奶牛挑食。有条件的养殖户,最好将精料、秸秆生物饲料和干草进行充分搅拌,制成全混合日粮饲喂奶牛,效果会更好。微贮饲料或其他粗饲料,每天最好饲喂 3 次或 4 次,增加奶牛反刍的次数。每天喂多少取多少以保证秸秆生物饲料的新鲜品质,适口性好,营养损失降到最低,达到饲喂秸秆生物饲料的最佳效果。取出的秸秆生物饲料不能暴露在日光下,也不能散堆、散放,最好袋装,放置在牛舍内阴凉处。冰冻的秸秆生物饲料不能饲喂奶牛,必须经过解冻后才能饲喂,否则易引起妊娠牛流产。饲喂过程中,如发现奶牛有腹泻现象,应立即减量或停喂,检查饲喂的秸秆生物饲料是否霉变或其他原因,待恢复正常后再继续饲喂。每天要及时清理饲槽,尤其是死角部位,要把已变质的秸秆生物饲料清理干净再喂给新的秸秆生物饲料。

秸秆生物饲料的饲喂量要适度,1 头日产奶量在 15 kg 以下的奶牛,每天饲喂秸秆生物饲料不能超过 15 kg,干草量在 5~8 kg。以下为不同体重、不同产奶量奶牛饲喂生物秸秆饲料的数量。

体重在 500 kg、日产奶量在 25 kg 以上的泌乳牛,每天可饲喂秸秆生物饲料 25 kg,干草 5 kg 左右;日产奶量超过 30 kg 的泌乳牛,每天可饲喂秸秆生物饲料 30 kg,干草 5~8 kg。

体重在 400 kg、日产奶量 20 kg 的泌乳牛,每天可饲喂秸秆生物饲料 20 kg,干草 5~8 kg。

体重在 350 kg、日产奶量在 15~20 kg 的泌乳牛,每天可饲喂秸秆生物饲料 15~20 kg,干草 8~10 kg。

日产奶量在 15 kg 以下的泌乳牛,每天可饲喂秸秆生物饲料 15 kg,干草 5~8 kg。奶牛临产前 15 d 和产后 15 d 内,应停止饲喂秸秆生物饲料。

干奶期的母牛,每天可饲喂秸秆生物饲料 10~15 kg,其他补给适量的干草。育成牛的

秸秆生物饲喂量以少为好,最好控制在10 kg以内。对于小牛应当少喂或不喂。

生物处理的秸秆饲料在奶牛生产上的应用效果较好,新疆畜牧科学院用生物处理的麦秸饲喂奶牛,采食量提高40.4%~41.5%,产奶量提高2.74~2.8 kg。山西省太原农牧场用生物处理的玉米秸秆饲喂奶牛,试验组日产奶23.79 kg。对照组日产奶22.09 kg,增产1.7 kg,扣除秸秆生物饲料生产成本,每头奶牛每天多收入2.75元,效益显著。

1. 应用实例一

微贮玉米秸秆对育成奶牛体重的影响。选用植物乳杆菌、啤酒酵母和枯草芽孢杆菌3种微生物液体菌剂进行复合,添加量为0.20%。发酵30 d后,处理后的秸秆无霉变、有酸香味和轻微水果味、色泽自然、手感柔软、原料茎叶结构完整,感官评定为优良。选取10头健康、平均体重为(342.8±8.6) kg的育成期奶牛,随机分为2组,每组5头,分别为对照组和试验组。试验组用生物玉米秸秆替代部分羊草进行饲养试验,研究不同粗饲料对育成牛生长性能的影响。

由试验数据可以看出,生物秸秆组的日增重与对照组相比差异不显著,但试验组日增重比对照组提高了7.8%(表5-14)。生物秸秆组的饲料效率略优于对照组,说明试验用复合微生物菌剂发酵玉米秸秆可明显软化玉米秸秆,提高育成奶牛的日增重。

表5-14 生物玉米秸秆对育成牛体重的影响

项目	试验组	对照组
试验初始体重/kg	343.0	342.7
试验结束体重/kg	389.5	381.2
试验期平均日增重/kg	1.1	1.0
粗饲料采食量/(kg·天$^{-1}$)(风干基础)	6.0	6.0
精料采食量/(kg·天$^{-1}$)	3.0	3.0
料重比(耗料/增重)	8.1	8.7

(孙文,2010)

2. 应用实例二

微贮玉米秸秆对奶牛产奶量的影响。黑白花奶牛中选择年龄在3.5~5.4岁,胎次1~3胎,产乳量相似的40头奶牛,分为2组,每组20头,分别为试验组和对照组,两组奶牛的年龄、胎次、产乳量基本相同。在试验开始前进行10 d的预试期,然后进行为期30 d的试验。试验组的日粮组成为基础日粮、微贮玉米秸秆;对照组的日粮组成为基础日粮、干稻草。微贮玉米秸秆使用秸秆发酵活杆菌发酵而成。

经过30 d的试验期,试验组和对照组的奶牛生产性能见表5-15。由表5-15可知,奶牛的日均产量试验组比对照组提高2.31 kg/头,提高了10.28%;乳脂率增加0.08%,提高了2.3%。奶料比是用日均产乳量与精料的比值来计算的,试验组的奶料比对照组提高了10.22%。

表 5-15 奶牛生产性能

组别	头数/头	试验天数/d	日均产奶量/(kg·头$^{-1}$)	乳脂率/%	精料量/(kg·头$^{-1}$)	奶料比
试验组	20	30	24.77	3.52	10	2.48:1
对照组	20	30	22.46	3.44	10	2.25:1

(蔡治华,2001)

试验组 A 与对照组 B 奶牛的经济效益分析见表 5-16。其中,产奶收入是指试验组与对照组每天每头奶牛产鲜奶的收入;相对饲料成本是指在支出中忽略了两组相同的支出部分,例如,基础日粮的消耗、人员的工资、场房设备的消耗等,仅计算两者不同的部分。由表5-16 可知,试验组比对照组每头每天增加产奶量 2.31 kg,增收 4.62 元,除其他成本相同外,微贮玉米比干稻草增加的成本为 3.12 元,因此每天每头奶牛因为饲喂微贮玉米秸秆比饲喂干稻草多收入 1.50 元,对于大型奶牛场来说,经济效益还是较为可观的,且不包括牛奶中因乳脂率的提高而改善了牛奶的品质。

表 5-16 经济效益分析

组别	产奶量/(kg·头$^{-1}$)	产奶收入		相对饲料成本		
		单价/(元·kg^{-1})	金额/元	日耗料量/kg	单价/(元·kg^{-1})	金额/元
试验组	24.77	2.00	49.54	6	0.70	4.20
对照组	22.46	2.00	44.92	6	0.18	1.08

(蔡治华,2001)

3. 应用实例三

微贮玉米秸秆对奶牛产奶量及乳脂率的影响。选择 3~5 胎、处在 2~4 个泌乳月、日产奶量接近的奶牛共 100 头,随机分为 2 组,每组 50 头。A 组牛饲喂黄玉米秸秆,B 组牛喂玉米秸秆微贮饲料。两组牛的其他饲养管理方法基本相同,即全部舍饲,手工挤奶,混合精饲料给量按 3 奶 1 料比例投给。

干菌制剂的复活和稀释及其应用严格按产品说明进行。玉米秸秆的调制贮藏方法为秸秆切短或揉碎长度 5 cm 左右,在窖中每铺放 20~30 cm 厚,按比例喷洒稀释好的菌液,使其贮料水分达 60%~70%。每层贮料按 0.3%~0.5% 比例加撒麦麸或玉米面,每层贮料都要踩压结实。贮料应高出窖口 30~40 cm,然后每平方米均匀撒 250 g 食盐粉。最后用塑料薄膜封闭,经 30 d 左右发酵,pH 为 4~5 时即可饲用。制作时分别在 0~5 ℃、5~10 ℃、15~20 ℃下进行。试验期内两组牛日平均产奶量比较见表 5-17。这两个试验组的牛于试验期内的日平均产奶量与试验前比较均有所提高,其中饲喂玉米秸秆微贮料组提高幅度较大,即两组牛的日平均产奶量分别比试验前提高 7% 和 13.4%。饲喂玉米秸秆微贮料组(B 组)日平均产奶量比饲喂黄玉米秸秆组牛(A 组)有显著提高,两组牛试验期间牛奶的乳脂率无显著差异。

表 5-17 试验期内两组牛日平均产奶量比较　　　　　　　　　　　　　　%

组别	奶牛/头	试验前		试验期	
		奶量/kg	乳脂率/%	奶量/kg	乳脂率/%
A 组	50	17.95	3.52	19.22	3.53
B 组	50	17.65	3.49	20.01	3.50

（苗树君,1999）

第六章 农作物秸秆的青贮加工技术及应用

第一节 农作物秸秆青贮发酵原理

青贮主要是利用青贮原料上附着的乳酸菌等微生物的生命活动,将青贮原料中的糖类等碳水化合物变成乳酸等有机酸。随着青贮饲料酸度的增加,抑制了各种有害细菌微生物的活动,从而达到青贮料长期保存的目的。

1. 乳酸菌

乳酸菌种类很多,是青贮发酵的主要微生物,在青贮过程中乳酸菌不但能够改善发酵品质,促进青贮过程的顺利进行,还能够保证牛的饲喂安全。同时,通过不断促进乳酸菌在竞争中的优势地位,pH降低,从而抑制其他有害微生物的产生,提高青贮饲料的有氧稳定性,这是由于添加乳酸菌能够与酵母菌产生竞争,从而可以抑制青贮饲料开窖后的二次发酵。

乳酸菌主要有两种:一种是同质型发酵乳酸,发酵后只产生乳酸。主要是乳酸链球菌、德氏乳酸杆菌,利用1分子葡萄糖产生2分子乳酸,其中发酵主要产生的是乳酸,引起pH迅速下降,乳乙酸生成比例增加,同时降低丁酸和乙醇的生成量,从而抑制梭菌和肠道细菌的生长。在青贮过程中养分损失较少,但产生的能够抑制酵母菌、霉菌等生长繁殖的短链脂肪酸的数量非常少,当贮料与空气接触后发酵产生的乳酸和碳水化合物为好氧性微生物,容易产生二次发酵。另一种是异质型发酵菌,发酵产物为乳酸和乙酸,还产生大量的乙醇、醋酸、甘油和二氧化碳等。异质型发酵比同质型发酵在青贮过程中损失的饲料养分要多,青贮饲料中的异型乳酸菌发酵1分子葡萄糖产生1分子牛不易代谢的D型乳酸,转化为乳酸的效率是同质型发酵的17%~50%,并产气,可造成饲料中营养物质的浪费,而且使青贮饲料的酸度下降缓慢,为腐败菌的增殖提供了条件,但异质型发酵的乳酸菌能够提高贮料的有氧稳定性和贮料品质。

乳酸的大量形成,一方面为乳酸菌本身的生长繁殖创造了条件,另一方面产生的乳酸使其他微生物如腐败菌、醋酸菌等死亡。乳酸积累的结果使酸度增强,乳酸菌自身也受到抑制而停止活动。在良好的青贮饲料中,乳酸含量一般占青饲料的1%~2%,pH下降到4.2以下时,只有少量的乳酸菌存在。

2. 梭菌

梭菌又称丁酸菌或酪酸菌,菌形呈棒状或杆状。它在厌氧的状态下生长,能分解糖、有机酸和蛋白质,是青贮饲料中的有害微生物,根据梭菌的有害作用,可划分为乳酸发酵和氨基酸发酵两大生理类型,即一些梭菌发酵乳酸和糖为丁酸,这种梭菌主要有丁酸梭菌、类腐败梭菌和酪丁酸梭菌;另一些可以发酵氨基酸为氨、胺和挥发性脂肪酸,这种梭菌主要有双酶梭菌和生孢梭菌,降低牛对青贮中氮的利用,导致干物质和能量损失,降低适口性。梭菌在中性pH和湿润的环境下容易繁殖,pH约为4以下、水分含量为75%以下时梭菌会被抑制。

3. 酵母菌

酵母菌是好氧性菌,喜潮湿,不耐酸。酵母菌只在青贮原料青饲料切碎尚未装贮完毕之前的表层繁殖,待封装后,氧气越来越少,其作用随即减弱,酵母菌利用原料间残存氧气与乳酸菌争夺糖分并发酵产生乙醇,因此青贮饲料具有酒香味,而乙醇对青贮饲料几乎无保存价值,除产生乙醇外,酵母菌发酵还产生正丙醇、异戊醇、乙酸、丙酸和异丁酸及少量的乳酸。在有氧条件下,糖分被酵母彻底氧化产生二氧化碳和水。

4. 霉菌

霉菌是青贮饲料的有害微生物,也是导致青贮变质的主要好氧性微生物,低 pH 和厌氧条件足以抑制霉菌的生长,所以仅存在于青贮饲料的青贮初期,易在青贮饲料表层或边缘等易接触空气的部分产生。除了使纤维素和其他细胞壁组分分解外,还能通过呼吸作用分解糖分和乳酸,分解蛋白质产生氨,使青贮料发霉变质并产生酸败味,降低其品质,甚至失去饲用价值。

5. 醋酸菌

醋酸菌是一类专性好氧微生物,属醋酸杆菌属,它是酵母或乳酸发酵产生的乙醇,再经醋酸菌发酵产生醋酸。通常在青贮初期青贮窖内氧气残存过多,醋酸可大量产生,因醋酸有刺鼻气味,会影响青贮适口性并使品质降低。

一、农作物秸秆青贮特点

1. 青贮饲料能够保存青绿饲料的营养特性

青绿饲料在密封厌氧条件下保藏,由于不受日晒、雨淋的影响,也不受机械损失影响;贮藏过程中,氧化分解作用微弱,养分损失少,一般不超过10%,青绿饲料在晒制成干草的过程中,养分损失一般达20%～40%,每千克青贮甘薯藤干物质中含胡萝卜素可达94.7 mg,而在自然晒制的干藤中,每千克干物质只含2.5 mg,在相同单位面积耕地上,所产的全株玉米青贮料的营养价值比所产的玉米籽粒加干玉米秸秆的营养价值高出30%～50%。

2. 可以四季供给家畜青绿多汁饲料

调制良好的青贮料,若管理得当可贮藏多年,因此可以保证牛一年四季都能吃到优良的多汁饲料。青贮饲料仍保持着青绿饲料的水分高、维生素含量高、颜色青绿等优点。我国西北、东北、华北地区气候寒冷、生长期短,青绿饲料的生产受到限制,整个冬春季节都缺乏青绿饲料,调制青贮饲料把夏、秋多余的青绿饲料保存起来,供冬春利用,解决了冬春季节缺乏青绿饲料的问题。

3. 消化性强,适口性好

青贮饲料经过乳酸菌发酵,产生大量乳酸和芳香族化合物,具有酸香味,柔软多汁,适口性好,各种家畜都喜食。青贮料对提高牛日粮内其他饲料的消化也有良好的作用。用同类青草制成的青饲料和干草,青贮料的消化率有所提高。

4. 青贮饲料单位容积内贮量大

青贮饲料贮藏空间比干草小，可节约存放场地。1 m³ 青贮料质量为 450～700 kg，其中含干物质 150 kg，而 1 m³ 干草的质量仅有 70 kg，约含干物质 60 kg。1 t 青贮苜蓿占体积 1.25 m³，而 1 t 苜蓿干草则占体积 13.3～13.5 m³。

5. 减小对农田的危害

在贮藏过程中，青贮饲料不受风吹、日晒、雨淋的影响，也不会发生火灾等事故。青贮饲料经发酵后，可使原料中含有的病菌虫卵和杂草种子失去活力，减小对农田的危害。如玉米螟的幼虫常钻入玉米秸秆越冬，翌年便孵化为成虫继续繁殖为害。秸秆青贮是防治玉米螟的有效措施之一。

6. 料调制方便，可扩大饲料资源

青贮饲料的调制方法简单、易于掌握，修建青贮窖或制备塑料袋的费用较少，一次调制可长久利用，调制过程受天气条件的限制较小，在阴雨季节或天气不好时，晒制干草困难，对青贮的进行则影响较小，调制青贮饲料可以扩大饲料资源，一些植物和菊科类及马铃薯茎叶在青饲时具有异味，适口性差，饲料利用率低，但经青贮后，气味改善，柔软多汁，提高了适口性，成为牛喜食的优质青绿多汁饲料。有些农副产品如甘薯、萝卜叶、甜菜叶等收获期很集中，收获量很大，短时间内用不完，又不能直接存放，或因天气条件限制不易晒干，若及时调制成青贮饲料，则可充分发挥此类饲料的作用。

二、青贮的种类及其选择

1. 青贮饲料的种类

青贮饲料按原料含水量或发酵难易程度可以划分成以下几类。

（1）按原料含水量划分。

青贮饲料按原料含水量可以划分成半干青贮、中水分青贮和高水分青贮。其中，半干青贮（低水分青贮）含水量在 65% 以下，原料水分含量低，使微生物处于生理干燥状态，生长繁殖受到抑制，饲料中微生物发酵弱，养分不被分解，从而达到保存养分的目的，该类青贮由于水分含量低，其他条件要求不严格，故较一般青贮扩大了原料的范围，尤其对于常规青贮不易成功的饲料，是一种较好的青贮方式。其他两种，中水分青贮的含水量在 65%～75%，高水分青贮的含水量在 75% 以上。

（2）按发酵难易程度划分。

按发酵难易程度划分可以分成一般青贮、混合青贮、添加剂青贮。

一般青贮是将原料切碎、压实、密封，在厌氧环境下使乳酸菌大量繁殖，从而将饲料中的淀粉和可溶性糖变成乳酸，当乳酸积累到一定含量后，便抑制腐败菌的生长，将青绿饲料中的养分保存下来。

混合青贮指禾本科牧草与豆科牧草或富含碳水化合物（包括玉米粉、大麦粉、马铃薯）的原料混合后的一种青贮。

添加剂青贮是在青贮时加入一些添加剂来影响青贮的发酵作用，如添加各种水溶性碳水化合物、接种乳酸菌、加入酶制剂等，可促进乳酸发酵，迅速产生大量的乳酸，使青贮的 pH

很快降低达到要求(pH 3.8~4.2);或加入各种酸类、抑菌剂等可抑制腐败菌等不利于青贮的微生物的生长;或加入尿素、氨化物等可提高青贮饲料的养分含量。这样可提高青贮效果,扩大青贮原料的范围。

2. 对青贮原料的要求

青贮原料的组成对青贮饲料发酵品质有重要影响,其中主要包括干物质含量、水溶性碳水化合物含量和缓冲能力三部分。

(1)干物质含量。

青贮饲料干物质的含量直接影响青贮饲料中营养物质的流失、微生物的生长、压实的程度。

①营养物质的流失。青贮流失物主要包含水溶性碳水化合物、蛋白质、矿物质及发酵产物,水溶性碳水化合物的损失将减少青贮发酵时其可利用的数量,青贮流失物不仅造成养分的损失,也会造成严重的环境污染。流失物(各种来源)污染水系统的问题越来越受到各种环境保护部门的重视,在欧洲的许多国家,如果青贮流失物进入水系统,农牧场主将会被指控。一般青贮饲料养分流失主要有两种情况:在青贮的早期阶段,由于压实作用、植物体内酶的作用和微生物活动,细胞结构被破坏,汁液从细胞内释放出来;饲草干物质含量低的情况下,尤其是未萎蔫饲草中过剩的水分(包含水溶性化合物)会从青贮窖或青贮捆流失。流失量与制作青贮的饲草的干物质含量及青贮的压实程度直接相关,干物质含量增加,流失量下降,当干物质含量达到大约30%时,流失将不会发生。为防止养分的损失,有些牧场在青贮窖底部开一个下水道,将汁液引流出来,由于汁液营养丰富,可将流出汁液浇于饲喂的青贮饲料中,也可在窖底铺麦秸吸附汁液,这样可避免发霉、浪费,同时增加麦秸营养。但目前青贮前饲草萎蔫被认为是减少青贮过程中养分流失的有效管理措施。

②微生物的生长。发酵阶段微生物的生长受到饲草干物质含量的直接影响。当饲草干物质含量增加及青贮pH下降时,所有青贮微生物活性下降,由于pH下降发酵被终止,一些水溶性碳水化合物可能未被发酵,剩余的水溶性碳水化合物可能导致青贮在好氧条件下更不稳定,最终导致在饲喂过程中发生更大的损失。当饲草干物质含量增加,细菌的活性在较高pH时即停止。通常干物质含量大于30%时可以限制梭菌生长,利于乳酸菌生长,改善青贮发酵质量。梭菌是引起青贮腐败的主要细菌,对干物质含量极为敏感,且在低干物质条件下能够迅速增殖。

③压实的程度。在制作青贮饲料时,如果饲草干物质含量太高,更难获得合适的压实程度,从而造成表层物料的大量损失,如果青贮的密度低,氧气将残留在青贮窖内,一方面增加细菌呼吸和干物质及能量损失;另一方面饲草暴露在氧气中,会增加霉菌污染的概率。

(2)水溶性碳水化合物的含量。

青贮饲料主要依赖于乳酸菌将水溶性化合物发酵转变成乳酸,水溶性碳水化合物是青贮发酵的重要底物之一。青贮原料中应含有足够的易溶的碳水化合物,这是保证乳酸菌大量繁殖、形成足量乳酸的基本条件。发酵良好的青贮饲料,基于鲜重,水溶性化合物在青贮原料中的含量应该大于2.5%,如果低于2.5%,青贮发酵不充分,pH就不能迅速下降,从而使腐败菌得以繁殖,发酵品质降低,使pH达4.2时所需要的原料含糖量是十分重要的条件,通常把它称为最低需要含糖量。原料中实际含糖量大于最低需要,通常把它称为最低需要含糖量。原料中实际含糖量大于最低需要含糖量,青贮发酵所消耗的葡萄糖只有60%转变成乳酸,即每形成1 g乳酸需要1.7 g葡萄糖,因此糖分不足会影响青贮效果,青贮原料中糖分至少应占鲜重的 1%～1.5%。

根据糖含量可将青贮分为三类。第一类是易于青贮、含糖量高的原料,如玉米、甜高粱、燕麦、禾本科牧草、野生植物、甘薯秧、芜菁、甘蓝、甜菜叶、胡萝卜、菊芋、向日葵等;第二类是不易青贮、含糖量低但饲料品质、营养价值较高,如苜蓿、草木樨、红豆草、沙打旺、三叶草、大豆、毛苕子、苋草、饲用粟、直立蒿、马铃薯茎叶等,它们可与第一类混贮或添加制糖副产物混贮(表6-1);第三类是不能单独青贮、含糖量低、营养低、适口性差的原料,需添加高糖原料才能调制出中等质量青贮,如南瓜蔓、西瓜蔓、甜瓜蔓、番茄茎叶、水蓼、稗草等。

表 6-1　一些青贮原料干物质中的含糖量

易于青贮原料			不易于青贮原料		
饲料	青贮后 pH	含糖量/%	饲料	青贮后 pH	含糖量/%
玉米植株	3.5	36.8	紫花苜蓿	6.0	3.7
高粱植株	4.2	20.6	草木樨	6.6	4.5
菊芋植株	4.1	19.1	箭舌豌豆	5.8	3.6
向日葵植株	3.9	10.9	马铃薯茎叶	5.4	8.5
胡萝卜茎叶	4.2	16.8	黄瓜蔓	5.5	6.8
饲用甘蓝	3.9	24.9	西瓜蔓	6.5	7.4
芜菁	3.8	15.3	南瓜蔓	7.8	7.0

(王成章,1998)

温带禾草中主要的糖类是葡萄糖、果糖、蔗糖和果聚糖。温带豆科作物的主要糖类是果糖、葡萄糖、蔗糖。温带豆科作物、热带禾草和热带豆科作物水溶性化合物含量低于温带禾草的含量。在温带禾草中果聚糖是最重要的储存碳水化合物的形式,而温带豆科饲草中储存碳水化合物的是淀粉,淀粉不溶于水。在谷类作物中水溶性碳水化合物的含量在营养生长期较高,但是随着灌浆的进行,水溶性碳水化合物含量下降,淀粉含量增加。但大多数自然存在的乳酸菌不能发酵淀粉,因此,淀粉不是乳酸菌生长的理想发酵物,除非淀粉被植物淀粉酶降解或发酵过程中被酸水解,使淀粉转变为水溶性碳水化合物。另外,大多数乳酸菌不能发酵半纤维素,但半纤维素水解后(由于植物酶和青贮饲料酸)可以释放发酵所需的糖类。影响饲草水溶性碳水化合物含量的因素很多,但植物的种类和生长阶段是最大的因素。

(3)缓冲能力。

缓冲能力直接影响青贮发酵的品质。植物原料的缓冲能力或抗 pH 变化的能力是影响青贮的重要因素。缓冲能力较强时,由于缓冲剂中和了一些青贮酸,限制和延迟 pH 的下降,发酵较慢,营养物质损失较多,不良发酵的风险就会增大。而成功的发酵与饲料干物质含量、水溶性碳水化合物含量(占干物质96%)与缓冲容量之比有关。饲草作物的缓冲能力由阴离子(有机酸盐、正磷酸盐、硫酸盐、硝酸盐、氯化物)和植物蛋白共同来完成,其中蛋白质的贡献量占 10%～20%,原料的缓冲力与粗蛋白含量有关,它们二者之间成正比例关系。

影响饲草缓冲能力的因素主要有以下几种。

①植物种类如苜蓿、多花黑麦草等豆科牧草类的缓冲能力较玉米、高粱等禾本科饲料作物强,蛋白质含量多,水溶性碳水化合物低,缓冲能力也高,发酵时不易形成低 pH 状态,故较难青贮成功。

②生长期。关于牧草和饲草作物的大量事实表明,随着作物成熟,缓冲能力下降。

③氮肥施用。施用氮肥可以提高缓冲能力。

④萎蔫。饲草萎蔫后,有机酸的含量下降,导致缓冲能力下降,但在不适条件下萎蔫,植株没有达到有效萎蔫,就不会收到这种效果。

三、农作物秸秆发酵过程及其原理

青贮的发酵过程,大体上可分为 4 个阶段。

1. 青贮饲料的预备发酵阶段

青贮饲料的预备发酵阶段也称为好氧阶段,当农作物被收割,就意味着好氧阶段的开始。由于青鲜饲料受铡断或挤压,其中的可溶性营养成分会外渗,且在植株间隙中还残余氧气,这两者维持植物和微生物的呼吸作用,各种需氧菌和兼性厌氧菌都旺盛地繁殖起来,包括腐败菌、酵母菌、肠道细菌和霉菌等。植物酶利用水溶性碳水化合物进行呼吸直到所有发酵物或可利用的氧气耗尽,同时产生热量,蛋白酶开始分解蛋白质转变为各种非蛋白氮化合物——多肽、氨基酸、氨基化合物和氨-蛋白质。一旦青贮窖形成厌氧环境,呼吸作用也就停止。

预备发酵期的长短依赖于很多因素,包括饲草的特性、萎蔫时间的长短及条件、原料的化学成分和填窖的紧密程度。对于那些切碎、压实良好的青贮原料,这个有氧过程可以最大程度缩短。预备发酵期通常是在青贮后 2 d 左右结束,但如果密封后此阶段持续时间较长,与密封不严或不当有很大关系,此时将会产生大量的热,导致青贮窖温度升高,造成青贮饲料发生美拉德反应,这类饲料具有宜人的香甜焦糖味道,适口性也很好,适合维持生长。由于受高温影响,青贮饲料蛋白质和氨基酸与半纤维素结合时,生成动物自身分泌的消化酶不能降解的氨基糖复合物,影响氨基酸的吸收利用,降低了饲料的营养价值。

2. 青贮饲料的发酵阶段

一旦青贮窖形成厌氧环境,厌氧发酵就立即开始,在发酵阶段开始后,由于植物细胞酶的作用,发酵物的释放会持续 1 d 左右,各种微生物的代谢活动逐渐活跃,例如糖代谢,产生了乳酸、醋酸、琥珀酸等,使青贮料变为酸性,在发酵良好的青贮饲料中,产生乳酸,pH 在 5 以下时,绝大多数微生物的活动便被抑制,霉菌也因厌氧环境而不能活动,干物质和能量损失很小。由于乳酸杆菌的大量繁殖,乳酸进一步积累,pH 下降,使饲料酸化成熟,其他细菌就全部被抑制,无芽孢的细菌逐渐死亡,有芽孢的细菌则以芽孢形式休眠,青贮料进入最后一个阶段。

乳酸菌迅速支配发酵过程,该发酵是较为理想的状态,乳酸生产是最有效的化学途径。但如果 pH 下降很慢,有可能大肠杆菌支配发酵,利用水溶性碳水化合物发酵产生醋酸、少量乳酸和二氧化碳,或干物质和能量损失,产生醋酸盐青贮,如果没有产生得太慢,就会形成梭菌青贮。

3. 青贮饲料的发酵稳定阶段

第三个阶段是稳定期,由于乳酸菌迅速繁殖形成大量的乳酸,不耐酸的一些细菌如腐败细菌、丁酸菌等死亡,几种高耐酸性的酵母以无活性状态继续存在,而一些杆菌和梭菌以孢子形式蛰伏,仅有耐酸的糖酶和蛋白酶保持一定活力,糖酶能引起植物组织缓慢地酸水解,产生少量的可溶性糖,持续地补充发酵底物,而蛋白酶会导致氮的复合物向氨的转化,随着发酵程度的减弱,乳酸菌的繁殖亦被自身产生的酸所抑制,青贮进入了稳定阶段。

4. 青贮饲料的饲喂阶段

青贮开窖后进入饲喂期。在这个阶段,由于青贮饲料暴露于空气中,氧气可以自由进入青贮窖表面,导致在厌氧阶段休眠的好氧微生物包括酵母和霉菌孢子,利用发酵物乳酸、醋酸及剩余水溶性碳水化合物而快速增殖,产生二氧化碳、水、热,导致青贮饲料发热,乳酸分解,pH 上升,营养价值降低。而微生物开始活动的信号是青贮饲料表面发热,温度可能达到 50 ℃或者更高。这与青贮饲料的组成、发酵质量、干物质含量、微生物群落有关,也与饲喂因素如环境温度、饲喂速率、青贮饲料管理有关。

第二节 农作物秸秆青贮质量评定

青贮的质量评定是判定青贮是否成功的关键步骤,也是作为检验青贮饲料是否已达到质量和效果的一个有效方法。对青贮饲料的青贮品质进行准确的检测与评定是正确使用青贮饲料的基础。青贮饲料作为牛的主要粗饲料,质量的优劣对于日粮合理配制有着重要的意义。

一、农作物秸秆青贮样品的采集

采取青贮饲料典型样品时,采样方法很重要,在很大程度上影响检测的结果。因青贮窖结构的不同、青贮制作过程中操作上的差异,青贮料在不同部位的质量存在一定的差别,为了准确评定青贮饲料的质量,所取的样品必须要有代表性,取样应注意如下几点。

(1)采集青贮饲料样品需用专门的取样器,通常其结构为光滑的不锈钢通心管。

(2)青贮饲料的采集至少在青贮 6 周以后,最好 12 周,确保发酵完全,清除封盖物,并除去上层发霉的青贮料,再自上而下从不同层次中分点均匀取样。

(3)对于圆形窖和青贮塔,以物料表面中心为圆心,从圆心到距离窖塔壁 20~50 cm 处为半径,划一个平行的圆圈,然后在互相垂直的两直径与圆周相交的 4 个点及圆心上采样,也就是说,每一层一共是 5 个采样点(图 6-1),用锐利刀具切取约 20 cm 见方的青贮料样块,切忌随意取样,冬天取一层的深度不得少于 5~6 cm,温暖季节深度不得少于 8~10 cm。

(4)对于长形青贮窖青贮饲料,应选择一个切面,至少取 9 个样品(图 6-2)。

(5)打捆的青贮饲料应从整批中随机选择一定数量的捆(至少 10~12 捆),取样器从包裹中间贯通地取样。

(6)采样后应马上把青贮料填好并密封,以免空气混入导致青贮料腐败。采集的样品可立即进行质量评定,也可以置于塑料袋中密闭,4 ℃冰箱保存、待测。

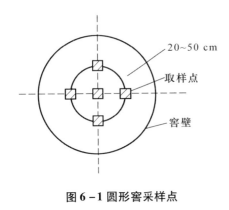
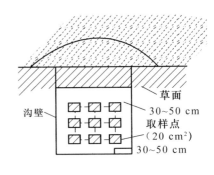

图6-1 圆形窖采样点　　　　　　图6-2 长方形窖采样点

二、农作物秸秆青贮的评价指标

青贮的质量评定主要包括两个部分,一是感官评定,二是实验室评定。

1. 感官评定

感官评定作为青贮饲料的表观评价,主要是通过简单的表观标准如颜色、气味、口味、质地、结构等指标做出初步评价。虽然基于感官的观察是表观的,但为实验室检测提供了有力的支持。

（1）色泽。

影响青贮饲料色泽的主要因素是青贮窖内原料发酵的温度,温度越适宜青贮饲料越接近于原先的颜色。对于禾本科牧草,温度高于30 ℃,颜色变成深黄色;当温度为45~60 ℃,颜色近于棕色;温度超过60 ℃,由于糖分焦化近乎黑色。通常不同原料作物青贮颜色有所不同,青绿色至绿色或褐色属于禾草、谷物和玉米青贮饲料的正常颜色;暗橄榄色或褐色属于菱蔫豆类的正常颜色,但通常比禾本科牧草颜色更暗,褐色除了菱蔫青贮外一般由于在存贮过程中发热所致,部分蛋白质受到破坏,白色青贮通常是有霉菌生长。但一般来说,品质优良的青贮饲料颜色呈黄绿色或青绿色,中等的为黄绿色或暗绿色,劣等的为褐色或黑色。

（2）气味。

青贮饲料具有轻微、温和的酸味、酸奶味或水果香味,略有曲酒味,给人以舒适的感觉,这也是标准乳酸发酵期望得到的味道。重度菱蔫、几乎没有发酵的青贮饲料,含糖量低的作物具有很小的气味,味微甜;醋味常见于较低干物质、低糖饲草产醋酸细菌不良发酵产生;腐烂味一般是由羧酸菌支配的不良发酵产生,有大量丁酸生成;焦糖味或烟草气味,一般产于热损伤青贮;霉臭味是青贮饲料压得不实,空气进入了青贮窖,引起饲料霉变产生。总之,芳香而喜闻者为上等,刺鼻者为中等,臭而难闻者为劣等。

（3）质地。

优良的青贮饲料,叶脉明显,结构完整,基叶花保持原状,虽然在窖内压得非常紧实,但拿起时松散柔软,略湿润,不黏手,容易分离;中等青贮饲料茎叶部分保持原状,柔软,水分稍多;结构破坏及呈黏滑状态是青贮腐败的标志,黏度越大,表示腐败程度越高,所以劣等的青贮多黏结成团且分不清原有结构,手抓后手上长时间留有难闻气味不易用水洗掉。

（4）口味。

由于劣质青贮饲料可能含有细菌、酵母菌、霉菌，其代谢产物对检验人员有一定的危害性，故并不推荐使用该指标。

2. 实验室评定

实验室评定主要以化学分析为主，包括测定水分、pH、氨态氮和有机酸（乙酸、丙酸、丁酸、乳酸的总量和构成），以此可以判断发酵情况。

（1）水分。

水分含量是一个非常重要的测定指标，它决定了干物质含量，牛通过青贮饲料干物质成分来获取营养。如果青贮饲料水分很高，干物质则少，而且青贮饲料干物质若低于30%就会产生营养的流失。此时若果糖水平也很低，则青贮饲料将会面临发酵不良的威胁；如果水分含量较少，干物质则多，但当干物质含量大于50%～55%就会很难达到厌氧条件，青贮饲料对热就更敏感，进一步加剧霉菌萌生的后果。

（2）pH。

pH高低是衡量青贮饲料品质好坏的重要指标。实验室测定pH，一般采用精密酸度计测定，也可以在牛场用精密石蕊试纸测定，它受到以下因素的影响。

①青贮原料中干物质的含量。一般细菌生长会随着干物质含量的增加而受到限制，凋萎青贮饲料有较高的pH。

②青贮原料中糖的含量。在原料干物质一定的情况下，适宜的含糖量能有效促进青贮饲料细菌产生更多的酸。

③青贮饲料原料类型。玉米青贮pH一般在3.5～4.2，牧草青贮pH在4.0～4.8。优良的玉米青贮饲料pH在4.2以下，高于4.2（低水分青贮除外）说明青贮发酵过程中腐败菌、酪酸菌等活动较为强烈。劣质青贮饲料pH在5.5～6.0，中等青贮饲料的pH介于优良与劣等之间。

④氨态氮。氨态氮含量用氨态氮与总氮的百分比值表示，是衡量青贮饲料发酵品质最重要的指标，它反映了青贮饲料中粗蛋白及基酸酸分解的程度，比值越大，说明青贮饲料蛋白质降解越多，青贮质量不佳。储存良好的青贮饲料氨态氮小于或等于总氮含量的5%，储存不良的青贮饲料氨态氮可能高达总氮含量的50%。

⑤有机酸。有机酸总量及其构成可以反映青贮发酵过程的好坏，其中较重要的是乳酸、乙酸和丁酸，乳酸所占比例越大越好。优良的青贮饲料，含有较多的乳酸和少量醋酸，而不含酪酸；品质差的青贮饲料，含酪酸多而乳酸少。

3. 两种鉴定方法的对比

（1）感观评定方法。

感观评定方法适用于青贮样品粗略、初步的青贮品质判断，有以下一些特点。

①青贮饲料质量感观评定主要从颜色、气味、质地等方面对青贮饲料进行全面的青贮饲料感观评判。

②该感观评价方法不需要仪器设备，简便、迅速，故在生产实践上仍在普遍应用。

③青贮饲料质量感观评定也有一定的制约性，感观评分法对青贮饲料中的感官状况处于极端状况（如具有酸香味或霉味、亮绿色或褐色、黏手或松散柔软）的样品鉴别准确率较

强,但对于青贮品质处于中间状态的青贮样品很难给予准确评分。

④色、气味质地要求检测青贮饲料质量的人员经验丰富,感观评判标准不可避免地受评分者的主观因素影响。

⑤感官评定不能鉴定青贮饲料在发酵中产生的一定量的有益或有害的发酵产物。

(2)青贮饲料实验室评定方法。

①实验室评定方法通过水分、pH、氨态氮及乳酸、乙酸、丙酸分别占有机酸的百分比得分四个方面对青贮玉米进行青贮品质的评定。

②实验室评定方法所测项目均通过相关仪器测得,结果准确性较好。

③时效性差、耗费仪器材料。在不具备实验室条件的情况下,可先通过青贮饲料的感官评定初步评判青贮饲料的质量,再使用青贮饲料实验室评定方法,但都必须按照统一的标准客观公正地评价。

三、农作物秸秆青贮的质量评价标准

很多国家和地区都有自己的青贮饲料质量评价标准,由于各个国家和地区的主要青贮原料有较大差异,所以评分标准不尽相同,本书列举我国农业部畜牧兽医司委托浙江农业大学动物科学学院起草的《青贮饲料质量评定标准(试行)》,德国农业研究中心和加拿大阿尔伯特省农业与农村发展部的青贮饲料评分标准。

1. 我国的《青贮饲料质量评定标准(试行)》

(1)现场评定。

开启青贮窖时,从青贮饲料的色泽、气味和质地等进行感官评定,同时用广泛试纸测定pH,将各项指标的评分相加,最后以综合得分来确定青贮的等级(表6-2)。

表6-2 青贮玉米秸现场评分标准

项目	pH	水分	气味	色泽	质地
总评分/分	25	20	20	20	10
优等	3.4(25) 3.5(23) 3.6(21) 3.7(20) 3.8(18)	70%(20) 71%(19) 72%(18) 73%(17) 74%(16) 75%(14)	干酸味舒适感 (18~25)	亮黄色 (14~20)	松散软弱不黏手 (8~10)
良好	3.9(17) 4.0(14) 4.1(10)	76%(13) 77%(12) 78%(11) 79%(10) 80%(8)	淡酸味 (9~17)	褐黄色 (8~13)	中间 (4~7)

续表 6-2

项目	pH	水分	气味	色泽	质地
一般	4.2(8) 4.3(7) 4.4(5) 4.7(1)	81%(7) 82%(6) 83%(5) 84%(3) 85%(1)	刺鼻酒酸味 (1~8)	中间 (1~7)	略带黏性 (1~3)
劣等	4.8 以上(0)	86%(0)	腐败味霉烂味 (0)	黑褐色 (0)	发黏结块 (0)
综合得分/分	100~75	75~51	50~26	50~26	<25
质量评定	优等	良好	一般	一般	劣质

注：pH 用广泛试纸测定；括号内数值表示得分数。

(2) 实验室评定。

实验室评定主要以化学分析为主，包括测定氨态氮和有机酸（乙酸、丙酸、丁酸、乳酸的总量和构成）采用氨态氮评定青贮饲料质量标准见表 6-3，采用有机酸评定青贮饲料质量标准见表 6-4。

表 6-3 采用氨态氮评定青贮饲料质量标准

(氨态氮/总氮)/%	得分/分
<5	50
5.1~6.0	48
6.1~7.0	46
7.1~8.0	44
8.1~9.0	42
9.1~10.0	40
10.1~11.0	37
11.1~12.0	34
12.1~13.0	31
13.1~14.0	28
14.1~15.0	25
15.1~16.0	22
16.1~17.0	19
17.1~18.0	16
18.1~19.0	13

续表6-3

(氨态氮/总氮)/%	得分/分
19.1~20.0	10
20.1~22.0	8
22.1~26.0	5
26.1~30.0	2
30.1~35.0	0
35.1~40.0	-5
>40.1	-10

表6-4 采用有机酸评定青贮饲料质量标准

占总酸比例/%	乳酸/分	乙酸/分	丁酸/分	占总酸比例/%	乳酸/分	乙酸/分	丁酸/分
0~0.1	0	25	50	28.1~30.0	4	20	10
0.2~0.5	0	25	48	30.1~32.0	5	19	9
0.6~1.0	0	25	45	32.1~34.0	6	18	8
1.1~1.6	0	25	43	34.1~36.0	7	17	7
1.7~2.0	0	25	40	36.1~38.0	8	16	6
2.1~3.0	0	25	38	38.1~40.0	9	15	5
3.1~4.0	0	25	37	40.1~42.0	10	14	4
4.1~5.0	0	25	35	42.1~44.0	11	13	3
5.1~6.0	0	25	34	44.1~46.0	12	12	2
6.1~7.0	0	25	33	46.1~48.0	13	11	1
7.1~8.0	0	25	32	48.1~50.0	14	10	0
8.1~9.0	0	25	31	50.1~52.0	15	9	-1
9.1~10.0	0	25	30	52.1~54.0	16	8	-2
10.1~12.0	0	25	28	54.1~56.0	17	7	-3
12.1~14.0	0	25	26	56.1~58.0	18	6	-4
14.1~16.0	0	25	24	58.1~60.0	19	5	-5
16.1~18.0	0	25	22	60.1~62.0	20	0	-10
18.0~20.0	0	25	20	62.1~64.0	21	0	-10
20.1~22.0	1	24	18	64.1~66.0	22	0	-10
22.1~24.0	2	23	16	66.1~68.0	23	0	-10
24.1~26.0	3	22	14	68.1~70.0	24	0	-10
26.1~28.0	4	21	12	>70.1	25	0	-10

将有机酸评分和氨态氮评分结合,规定两者各占50%,具体方法是,综合得分=表6-4有机酸得分/2+表6-3的氨态氮得分,综合得分按表6-5进行评级。

表6-5 实验室评定综合得分与评定

综合得分/分	0~20	21~40	41~60	61~80	81~100
质量评定	极差	差	尚可	良	优

2. 德国青贮饲料的质量标准及评定方法

德国青贮饲料质量评定标准主要依据发酵后青贮饲料中发酵产物(乙酸、丙酸、丁酸)的含量、青贮饲料的pH、细菌(主要指梭菌)和霉菌破坏的程度进行综合评分(表6-6),得分越高,青贮饲料质量越高。具体各项指标都有其评分标准,见表6-7和表6-8。

表6-6 青贮饲料质量分级标准及饲喂评价

总分/分	发酵质量		饲喂标准		
	级别	评价	对采食影响	贮藏稳定性	限食量
81~100	1	很好	无	稳定	不限
61~80	2	好	很小	稳定	不限
41~60	3	中等	显著	不稳定	不得饲喂制作奶酪用的产奶牛
21~40	4	不好	更显著	不稳定	限饲2.5 kg干物质/(头·d)$^{-1}$
0~20	5	很差	很显著	—	不宜饲喂
负分	—	—	—	—	禁止饲喂

表6-7 青贮饲料中丁酸含量及评分标准

丁酸含量		氨态氮(NH_3-H)含量		乙酸、丙酸含量		细菌和霉菌导致青贮饲料变质或霉变的比例	
含量/(g·kg^{-1})	评分	氨态氮/总氮/%	评分	青贮饲料中乙酸、丙酸含量之和/(g·kg^{-1}干物质)	评分	变质或霉变及发霉气味(占样品总数的比例)	评分/分
0~4	50	≤10	25	40~60	-10	10%	-25
5~8	40	10.1~15.0	20	60~80	-20	20%	-50
9~20	20	15.1~20.0	15	>80	-30	>30%	不能饲喂
21~40	10	20.1~25.0	5				
>40	0	>25.0	0				

表 6-8 不同干物质含量的青贮饲料 pH 与相应评分标准

pH			评分/分
<200 g/kg	200~300 g/kg	>300 g/kg	
<2.8	<2.8	<2.8	-40
2.8~3.1	2.8~3.1	2.8~3.1	0
3.2~3.4	3.2~3.4	3.1~3.4	10
3.5~4.2	3.5~4.5	3.5~4.8	25
4.3~4.6	4.6~4.9	4.9~5.2	20
4.7~5.0	5.0~5.3	5.3~5.5	15
5.1~5.4	5.4~5.7	5.7~6.0	0
5.5~5.8	5.8~6.1	6.1~6.4	-10
>5.8	>6-1	>6.4	

3. 加拿大阿尔伯特省青贮饲料的评价标准

(1)感官评定。

青贮饲料感官评定标准中,采取颜色、气味水分、pH 指标来评定青贮饲料的品质,将青贮饲料划分为优、中、差 3 个等级(表 6-9)。

表 6-9 阿尔伯特省青贮饲料感官评定标准

等级	优	中	差	
			发酵品质差	温度过高
颜色	鲜艳、浅黄色或者棕绿色,依据青贮饲料原料的不同而定	微黄绿色到棕绿色	深绿色、蓝绿色、灰色或棕色	棕色到黑色
气味	有乳酸气味,没有丁酸气味	有轻微的丁酸和氨气气味	有强烈的丁酸、氨水、变质气味	糖或烟叶燃烧的气味
质地	质地坚实,柔软物质不易从纤维上搓落	质地柔软,柔软物质可与纤维分离	质地黏滑,柔软物质容易从纤维上搓落,并有腐臭气味	质地干硬,揉搓易碎,并没有腐臭气味
水分	青贮窖:60%~70% 青贮塔:60%~65% 厌氧青贮塔:40%~50%	超过65%	超过72%	依据青贮设备的不同,一般低于55%

续表 6-9

等级	优	中	差	
			发酵品质差	温度过高
pH	高水分青贮:低于4.2 萎蔫青贮:低于4.8	4.6~5.2	超过5.2	pH 不作为有效的评定指标

3. 实验室评定

根据 pH 划分不同含水量青贮饲料的等级,同时选择乳酸、丁酸含量及乳酸、乙酸、丁酸占有机酸的比例,氨态氮、酸性洗涤不溶氮为青贮品质的评价指标,将青贮饲料划分为优、中、低 3 个等级(表 6-10)。

表 6-10 阿尔伯特省青贮饲料实验室评价等级标准

项目	等级		
	优	中	低
含水量低于65%青贮饲料的 pH	<4.8	<5.2	>5.2
含水量高于65%青贮饲料的 pH	<4.2	<4.5	>4.8
乳酸含量(干物质基础)/%	3~14	易变的	易变的
丁酸含量(干物质基础)/%	<0.2	0.2~0.5	>0.5
乳酸占有机酸总量的比例/%	>60	40~60	<40
乙酸占有机酸总量的比例/%	<25	25~40	>40
丁酸占有机酸总量的比例/%	<5	5~10	>10
氨态氮(总氮百分比)/%	<10	10~16	>16
酸性洗涤不溶氮(总氮百分比)/%	<15	15~30	>30

第三节 农作物秸秆青贮的使用

青贮的饲喂技术大体上由 3 个环节构成,包括青贮饲料的开封、青贮饲料取料、青贮饲料饲喂。

一、农作物秸秆青贮的开封

青贮饲料作为易发生有氧腐败的产品,在封窖 40~60 d 后即可开窖饲喂,这意味着厌氧储存结束,也是好氧腐败的开始,青贮饲料腐败的速度取决于青贮饲料的取料量和取料设备及操作人员的技术,故在开窖前要做好青贮饲喂计划及取料设备、工具的准备工作,同时开窖要掌握季节性,一般以气温较低而又值缺草季节较为适宜。在取料时首先应清除覆盖在窖顶的盖土,过程中要小心谨慎,以防覆盖物与青贮饲料混杂,导致青贮饲料污染。同时,将覆盖在青贮饲料顶部的塑料薄膜向后卷起,露出能满足2~3 d青贮饲料的需要量即可。开窖要分段进行,勿全面打开,取用青贮料要避免泥土、杂物混入,同时防止暴晒、雨淋、结冻。开窖后进行品质鉴定,合格后方能使用,否则要限量使用或废弃。

二、农作物秸秆青贮的取料

1. 取料量

对于直径较小的圆形窖,应由上到下逐层取用并保持表面平整;而长方形窖,应分段取用。取料要迅速,从窖的一端开始,按一定的厚度,从表面一层层地向下取,使青贮饲料始终保持一个平面,在取用青贮饲料时不要挖窝掏取,每日的取料量直接关系到青贮饲料开窖后质量的变化,对于管理良好的青贮饲料15 cm/d的取料厚度可使青贮饲料好氧腐败的损失降到最低,但对于不稳定的青贮饲料取料量至少为30 cm/d,在温度上升的条件下,取厚度也应增加,这也就意味着每天的饲喂速度应与取料厚度一致。建议每天上下午各取1次为宜,每次取用的厚度应不少于15 cm,以保证青贮饲料的新鲜度,营养损失降到最低点,以达到饲喂青贮饲料的最佳效果。

2. 取料方式

(1)人工取料。

适合于机械化程度较低、青贮窖较小的农户,对于压实的青贮需要从切面自上向下取料,因此每天掘进距离应在0.5 m以上,便于人员站立,若取料量少,会形成阶梯状截曲,增加曝露面积和暴露时间。

(2)机械取料。

①斗式装载机(铲车)。用铲斗将青贮饲料铲松后取出,可直接放入饲料搅拌车(图6-3),铲车取料快,行走灵活,所以对于用料量较大的牧场比较实用。但铲车取料后的截面十分蓬松(图6-4),易产生二次发酵,只有每天掘进距离在1 m以上时,才能较好地防止二次发酵,在设计青贮窖宽度时应考虑铲车的转弯半径,以提高其工作效率。

图6-3 斗式装载机

图6-4 斗式装载机取料后青贮截面

②青贮取料机。依靠装有刀头的取料滚筒高速旋转切割青贮饲料。一般采用自走式设计,电力、液压驱动,适用于地上、半地上和地下青贮窖,但不便在大于10°的斜坡上取料,青贮取料机操作简便快捷;机械化作业,节省劳动力,降低成本,大幅提高工效;取料截面整

齐严密,有效防止二次发酵,减少了不规则取料方式造成的青贮饲料浪费,并能进一步切碎青贮秸秆。青贮取料机取料高度为 4~7 m,取料宽度为 1.5~2 m,装料高度为 2.5~3 m,可直接将取出的青贮饲料放入运送车或全混合日粮(TMR)搅拌车。目前很多型号的 TMR 搅拌车自带取料装置,取料后青贮饲料直接进入 TMR 搅拌车,但价格一般比较昂贵,维修成本也较高。

③取料耙或多功能轮式伸缩臂叉装机。依靠坚硬锐利的取料耙或多功能轮式伸缩臂叉装机把青贮料从青贮堆剥离,取料可以任意调整,取料高度可达 7.3~11.6 m,适合较高的青贮窖和大规模堆贮,取料后截面平整,有效防止二次发酵,但需要通过铲车或抓料机配合将取下的青贮饲料放入饲料搅拌车。

取料完毕,必须按原来封窖方法重新踩实一遍,将青贮窖盖好封严,不透气,不漏水,以尽量减少与空气的接触面。取出的青贮饲料不要暴露在日光下,也不要散摊、散放,最好放置在牛舍内阴凉处,应尽快饲喂。

三、农作物秸秆青贮的饲喂

1. 饲喂方法

(1)直接饲喂。

传统饲养条件下多直接饲喂,采用"先粗后精"的原则,先将青贮和干草混合饲喂,再饲喂精饲料,青贮饲料是优质多汁饲料,可作为牛的主要粗饲料,经过短期驯饲,所有牛均喜采食。饲喂量应由少到多,逐渐适应,对个别适应较慢的牛,可在空腹时先喂青贮料,最初少喂,约为正常喂量的 10%,以后逐步增多,然后再喂草料,或将青贮料与精料混拌后先喂,然后再喂其他饲料,或将青贮料与草料拌匀同时饲喂。

(2)制作全混合日粮。

制成全混合日粮饲喂奶牛效果更好,TMR 搅拌车通过内部的绞龙将粗饲料切短后再与精料充分混合,因此能够使牛采食到精粗比例稳定、各成分混合均匀的日粮,避免动物挑食,提高采食量和消化率,减少饲料浪费,减少瘤胃酸中毒,降低奶牛发病率。

2. 饲喂频率

青贮饲料的饲喂频率以每天饲喂 3 次或 4 次为最好,频率大一些可增加奶牛的反刍次数和产生的唾液量,从而有助于缓冲胃酸,促进氮素循环利用,促进微生物对饲料的消化利用。饲喂频率太低,一方面会增加奶牛瘤胃的负担,降低饲料的转化率,易引起奶牛前胃的疾病;另一方面,影响奶牛的消化率,造成产奶量和乳脂率下降。

3. 注意事项

由于铡草机的问题,奶牛能挑食出较长的青贮秸秆,剩在料槽里的饲料要及时清理,特别是夏季,剩料会发酵产生异味,影响下一轮采食。对于酸度较高的青贮饲料,可在精料中添加质量分数为 1%~3% 的小苏打。

由于青贮饲料含有大量有机酸,具有轻泻作用,因此母牛妊娠后期不宜多喂,产前 15 d 停喂。霉烂、劣质和冰冻的青贮饲料易引起母牛流产,且霉烂、劣质的青贮饲料有害牛体健康,不能饲喂。冰冻的青贮饲料应待冰融化后再喂。青贮饲料酸度过大会影响种公牛的精液品质,因此种公牛也要少喂,饲喂过程中,如发现牛有腹泻现象,应立即减量或停喂,检查青贮饲料中是否混进霉变青贮或寻找其他疾病原因,待恢复正常后再继续饲喂。及时清理已变质的青贮饲料,再喂给新鲜的青贮饲料且不宜减量过多、过急。同时,要注意青贮窖、青贮塔的防鼠工作,避免把一些疾病传染给奶牛。

4. 饲喂量

一般生产实践每头中产奶牛饲喂量为 15~20 kg/d,最大量可达 60 kg/d。犊牛在 20~30 日龄就可在食槽中撒少量的青贮玉米,45 日龄再增加优质青贮玉米,2 月龄每天每头饲喂 100~150 g,3 月龄时每天每头可饲喂 1.5~2 kg,4~6 月龄每天每头增至 4~5 kg。青年牛的青贮饲喂量以少为好,最好控制在 10 kg 左右,对于成年母牛青贮饲料的数量应根据其体重和产奶量进行投放。体重在 500 kg、日产奶量在 25 kg 以上的泌乳牛,每天可饲喂青贮饲料25 kg、干草 5 kg。日产奶量超过 30 kg 的泌乳牛,可饲喂青贮饲料 30 kg、干草 8 kg,体重在 350~400 kg、日产奶量在 20 kg 的泌乳牛,可饲喂青贮饲料 20 kg、干草 5~8 kg。体重在350 kg、日产奶量在 15~20 kg 的泌乳牛,可饲喂青贮饲料 15~20 kg、干草 8~10 kg,日产奶量在15 kg 以下的泌乳牛,可饲喂青贮饲料 15 kg、干草 10~12 kg,奶牛临产前 15 d 和产后 15 d 内,应停止饲喂青贮饲料。干奶期的母牛,每天同喂青贮饲料 10~15 kg,其他补给适量的干草。

第七章 玉米秸秆黄贮发酵品质及饲料特性

第一节 影响玉米秸秆黄贮品质的因素

一、概述

我国北方地区是生产稻谷、玉米、大豆、马铃薯、雪莲果、苹果等作物的主要产区,稻壳、秸秆、饼粕及果渣等农副产品的产量丰富。尤其在东北地区,玉米秸秆的产量尤为突出。黑龙江省作为农业大省,玉米秸秆产量居于东三省中的首位,年产量超过1 500万t。我国北方地区虽然有着丰富的秸秆类资源,但却普遍存在着秸秆利用率低且浪费严重的问题,并且大部分的秸秆被作为燃料焚烧。这不但造成了农业资源的浪费还严重地污染了周围的环境。尤其是随着近年来家畜养殖量的逐年增加,饲料资源匮乏的问题变得更为突出。而将玉米秸秆加工成粗饲料饲喂反刍动物是一种很好的秸秆类资源再利用的方式。

农作物秸秆的贮藏温度对饲料的发酵品质有很大的影响,贮藏温度过低会抑制饲料中有益菌乳酸菌的生长,影响乳酸的发酵,如果发酵不充分,就不能产生足够的乳酸来降低饲料的pH,这样有害微生物就不会受到良好的抑制,大肠杆菌等有害细菌的数量就会升高。一般来说,黄贮适宜的发酵温度在19~37 ℃,最低不能够低于15 ℃。另有研究表明,乳酸菌适宜的生长温度一般在20~37 ℃,在此温度范围内乳酸菌的增殖速度快,发酵情况良好。然而,在我国的北方地区,秋季是玉米秸秆收获的季节,而在这个时候北方地区的温度已经开始下降,尤其是东北地区气温的下降幅度更大,平均温度在11 ℃左右,这对于在北方寒冷季节制作黄贮饲料是十分不利的。通常在黄贮的调制过程中,使用促进发酵的微生物制剂,主要包括芽孢杆菌、乳酸菌及酵母菌等。饲料微生物制剂可以使乳酸菌成为饲料中的优势菌,再通过微生物作用,使饲料在发酵的过程中产生微生物蛋白、脂肪酸、维生素及活性物质,提高玉米秸秆饲料的营养价值及饲用价值。在饲料发酵的过程中,乳酸菌不断生长繁殖,产生有机酸来降低饲料的pH,抑制有害细菌的生长,避免了饲料营养成分的损失,进而有效地延长了饲料的储存时间,提高了饲料的适口性。因此,可以通过寻找适于低温发酵的乳酸菌制剂,来解决饲料低温发酵的问题。利用耐低温发酵的乳酸菌制剂,调制优质的秸秆黄贮,形成规模化的生产,有助于推动我国北方畜牧养殖业的健康发展。

二、低温对玉米秸秆黄贮品质的影响

1. 低温对黄贮发酵品质的影响

一般来说,较低的pH及氨态氮含量,以及较高的乳酸含量是优质黄贮的重要标志。饲料的发酵品质一般会受到环境条件、原料品质及附生乳酸菌等因素的影响。开发黄贮资源能够进一步地扩大黄贮原料的利用范围,使得那些本身含糖量过少的植物及在食品加工过

程中乳酸菌易受到破坏的副产物,等被认为是不易贮藏的原料得到回收再利用。虽然,将玉米秸秆这类饲料原料加工成黄贮是一种较好的保存原料营养成分的方式,但一般的发酵条件对于玉米秸秆原料的水分、收割时间及贮藏温度的限制条件较为严格,要求贮藏温度不低于15 ℃,原料的含水量在65%~75%,贮藏温度及含水量过高或过低都会影响饲料的发酵品质。

乳酸菌制剂的接种效果依赖于饲料发酵的环境温度。黄贮如果储存在寒冷的天气条件下,乳酸菌的活动将会受到抑制,使得部分反刍动物难消化的物质转化为易吸收的糖类的速度降低,从而减少了有机酸发酵菌将黄贮中的糖类转化为乳酸及挥发性脂肪酸的含量,导致黄贮产酸量不足,不能够很好地降低黄贮的pH,从而产生低品质的黄贮。Mcdonald等人通过研究在高温及低温条件下贮藏牧草对青贮发酵品质的影响结果表明,低温及过高的含水量会影响牧草青贮的发酵品质,而较低的温度对于丁酸菌的生长起不到很好的抑制作用,会降低发酵品质。

2. 低温对黄贮微生物的影响

Cai等人研究发现,在四个季节所收割的新鲜牧草中,夏季收割的牧草乳酸菌的含量最高,冬季收割的牧草乳酸菌的含量最低,该结果表明乳酸菌可能更喜欢在温度较高的环境下生长。Cao等人通过检测不同季节调制的发酵TMR中微生物的数量表明,夏季调制的青贮发酵7 d后,并没有检测出大肠杆菌及霉菌,而秋冬季节调制的青贮在发酵7 d或者更长的时间后,饲料中依然可以检测到大肠杆菌及霉菌,这可能是由于夏季的温度较高,青贮进行了充分的乳酸发酵,而秋冬季的低温不足以使青贮得到很好的乳酸发酵。相比较于在适宜温度下贮藏的黄贮而言,饲料在低温的储存条件下,其饲料中乳酸菌的增长速度变慢,黄贮的pH不能够快速下降,饲料中包括好氧菌及霉菌在内的有害细菌的生长得不到很好的抑制,容易造成饲料的霉变。而在发生霉变的黄贮中,毒素之间的协同作用又大大加剧了霉菌毒性,会对反刍动物的健康造成极大的危害。

3. 低温对黄贮营养成分的影响

在低温、厌氧的贮藏条件下,黄贮中乳酸菌的利用率降低,使得其将秸秆中不容易被反刍动物所消化的纤维素、半纤维素及木质素降解并转化为菌体蛋白的能力降低,降低了反刍动物对于粗纤维的消化率。另外,与适宜温度下发酵的秸秆类饲料而言,当反刍动物在食用了低温环境下发酵的秸秆后,其瘤胃中挥发性脂肪酸的含量降低,从而减少了瘤胃微生物菌体蛋白的合成,使得反刍动物的生产性能下降。

4. 低温对黄贮有氧稳定性的影响

有氧氧化是黄贮生产过程中所面临的重要问题,它不仅影响饲料的发酵质量,还会严重危害到反刍动物的健康。而厌氧条件是调制黄贮所必需的,它对好氧微生物的活性有一定的限制作用。在低温条件下贮藏的黄贮,由于乳酸菌的生长受到抑制,当发酵仓被打开时,厌氧条件立即被破坏,使得黄贮暴露在有氧环境中,这将给休眠的酵母菌及霉菌的繁殖提供一个很好的机会,有害菌会利用黄贮中残留的可溶性糖及乳酸来提高饲料的pH,从而打破了黄贮在厌氧条件下的稳定性。有氧氧化的过程将会造成营养及能量的损失。Liu等通过研究不同贮藏温度下圭亚那柱花草青贮的发酵品质及有氧稳定性,得到了低温条件下贮藏圭亚那柱花草青贮的有氧稳定性差的结论。

三、乳酸菌对秸秆发酵品质的影响

1. 乳酸菌制剂对饲料特性的影响

为了提高饲料的发酵品质,已经开发出了许多类型的乳酸菌添加剂。一些乳酸菌制剂被用来降低饲料发酵过程中的污染,提高黄贮的有氧稳定性或营养含量。乳酸菌制剂具有安全、容易使用、对机械设备无腐蚀性的优点,并且不会污染环境。

乳酸菌在制作黄贮时起着十分重要的作用,因为黄贮主要进行的是乳酸发酵,这种发酵是依靠乳酸菌的微生物活性来促进的。在饲料发酵的过程中,乳酸菌在厌氧的条件下,通过饲料中碳水化合物的代谢来产生乳酸,降低饲料的pH。另外,厌氧及酸性条件也同时抑制了酪酸菌、酵母菌及霉菌等有害细菌的存在,使得黄贮能够更好地保存。许多学者研究发现,大部分原料附生的乳酸菌为异型发酵的乳酸菌,它不能够主导饲料的乳酸发酵。近年来,许多学者主要集中在通过分离纯化的乳酸菌来控制黄贮中的附生乳酸菌,从而提高饲料的发酵品质,生产优质的黄贮。根据饲料乳酸菌制剂中所含乳酸菌的种类,可以分为单一型乳酸菌制剂及复合型乳酸菌制剂。现在我国主要以芽孢杆菌及乳酸杆菌为主研制单一型乳酸菌制剂,也有的用枯草芽孢杆菌与乳酸杆菌联合及乳酸菌与活性酵母联合来研制复合型乳酸菌制剂。复合型乳酸菌制剂有益于微生物在功能上的互补,因此复合型乳酸菌制剂的使用效果优于单一型乳酸菌制剂。

2. 单一型乳酸菌制剂对黄贮品质的影响

大多数单一型乳酸菌制剂为同型发酵菌剂,研究表明同型发酵菌剂能够有效提高黄贮酸化的速率,在降低黄贮pH的同时,还会起到减少蛋白质分解的作用。这种同型乳酸菌制剂能够在短时间内将水溶性碳水化合物发酵成有机酸,特别是乳酸,能迅速酸化黄贮并抑制不良细菌的生长。蔡义民等通过在意大利黑麦草中添加2种乳酸球菌及1种乳酸杆菌的研究结果表明,添加乳酸菌有效地促进了饲料的乳酸发酵,同时抑制了饲料中霉菌、酵母菌及一般细菌等有害细菌的繁殖,而乳酸杆菌的添加效果比乳酸球菌的添加效果好。王莹和玉柱通过向苜蓿中添加乳酸菌制剂,进行饲料发酵品质的测定,结果表明,经乳酸菌处理的苜蓿能够显著降低苜蓿青贮的pH及氨态氮的含量,并促进饲料中有机酸的生成。

3. 复合乳酸菌制剂对黄贮品质及有氧稳定性的影响

随着研究的不断深入,向黄贮中接种单一型发酵乳酸菌制剂虽然可以使饲料最终的pH降低,提高乳酸含量,但是对于改善黄贮有氧稳定性并没有明显的添加效果;而单一型乳酸菌制剂虽然提高了黄贮的有氧稳定性,有效地抑制了在有氧条件下的有机质损失,但乳酸含量较低,相对缺乏营养。为解决这一问题,通过将两种发酵类型的乳酸菌进行联合发酵,不但可以在一定程度上保证黄贮的营养价值,还可以提高黄贮的有氧稳定性。Hu等人对复合乳酸菌制剂在玉米青贮中的添加效果进行了研究,结果发现同时添加同型发酵乳酸菌和异型发酵乳酸菌具有能够同时提高玉米青贮的发酵特性及有氧稳定性的潜力。张涛等将布氏乳杆菌与植物乳杆菌同时添加到苜蓿中进行青贮,与这二者单独青贮的效果相比,复合乳酸菌制剂添加青贮的效果比单独添加青贮的效果好,能产生更多的乳酸,有效降低青贮的pH并降低氨态氮含量,尤其对青贮有氧稳定性的提高有较为明显的添加效果。孙文等人利用复合微生物菌剂调制收获籽粒的玉米秸秆,通过动物饲养试验表明,微贮组玉米秸秆比无添加青贮组在动物的采食速度上有了明显的提高,微贮后的饲料具有更好的适口性。说明复合乳酸菌制剂的添加对于饲料发酵品质的改善能够起到一定的作用,可以使黄贮的 pH 快速降低,为黄贮中乳酸菌的生长繁殖提供更好的环境条件。而黄贮原料 pH 的快速降低,还能够更好地保留饲料中水溶性碳水化合物等营养物质,并同时减少氨态氮的产生,使瘤胃微生物蛋白的产量增加。

四、秸秆黄贮对瘤胃发酵特性及健康的影响

研究表明,在黄贮中添加乳酸菌制剂,能够起到软化纤维的作用,从而提高反刍动物的消化率和适口性。此外,乳酸菌在反刍动物瘤胃中的二次发酵的过程中可以降低甲烷气体的产生。严平研究表明,用秸秆发酵菌调制玉米秸秆黄贮进行肉牛肥育试验,试验组日采食量较饲喂无添加的秸秆组提高了 29.9%,并且试验组日增重较对照组提高 64.7%,试验组每增重 1 kg 较对照组节约精料 0.77 kg。此外,与对照组比较,试验组能够增加经济效益 18 元。

反刍动物通过采食添加了乳酸菌制剂的饲料,菌剂中的部分活菌进入反刍动物的消化道内,而这些活菌通过代谢又产生了许多有机酸类的有益产物,这些有机酸还能够有效地刺激反刍动物肠道的蠕动,进而促进肠道的消化与吸收。此外,乳酸菌制剂在动物的肠道内还会合成许多的营养物质,这些营养物质参与动物体的新陈代谢,这不但可以促进动物体的生长,还能够促进矿物质的利用,有效地减少了应激的产生。此外,乳酸菌还可以通过消耗消化道内的氧气创造厌氧的环境,从而抵挡有害病原菌的入侵,使消化道内的菌群处于一种相对平衡的稳定状态。

第二节 低温对玉米秸秆黄贮发酵特性及有氧稳定性的影响

一、材料与方法

1. 培养基

乳酸菌液态培养基(MRS)、营养琼脂(NA)、大肠杆菌显色鉴别液体培养基(BLB)、强化梭菌鉴定琼脂(DRCA)、马铃薯葡萄糖琼脂(PDA,需加入20%酒石酸)。

2. 主要仪器

AB104N 型电子分析天平;均质器;280B 手提式高压灭菌锅;磁力搅拌器;1 000 μm 微量取液器;200 μm 微量取液器;DK-S14 型电热恒温水浴锅;洁净工作台;DRP-9272 型电热恒温培养箱;PHS-3C 型实验室 pH 计;DGG-92408B 型电热恒温鼓风干燥箱;粉碎机;消煮炉;TDGC2J-2 型凯式定氮仪;酸碱滴定设备;马福炉;SX2-4-10 箱式电阻炉;干燥器;索氏提取器;ANKOMA200i 型半自动纤维分析仪。

3. 试验材料及处理

收获籽粒后的玉米秸秆取自黑龙江省肇州县,玉米品种为丰禾 10 号。将玉米秸秆粉碎,长度为 1~2 cm,备用,本试验利用小规模发酵法,将收获籽粒的玉米秸秆粉碎混匀后,

称取 200 g 原料为一个黄贮袋,混匀后进行抽真空密封。

采用 2 因素(发酵温度 2×发酵天数 4)试验设计。将粉碎后的玉米秸秆水分调整为65%。将处理后的收获籽粒的玉米秸秆称取 200 g,装入 16cm×25 cm 的包装袋(共 36 袋),真空密封后,分别置于室温及 4 ℃条件下发酵。在发酵 7 d、14 d、28 d 及 56 d 后,每种处理各开封 3 袋,供分析检测。

4. 试验研究方法

将小规模发酵的黄贮开封后(每次开 3 袋),取 20 g 鲜样(剩余的饲料鲜样用于测定自由水含量及后续的营养成分分析)于塑料袋内加 180 mL 灭菌水充分混匀,再进行过滤。滤液用于测定饲料 pH 及 VFA。另外,在塑料袋内取 1 mL 混合液,分别制成 1 倍、2 倍、3 倍、4 倍及 5 倍菌液,用 MRS、NA、BLB、DRCA、PDA 培养基,分别检测乳酸菌、一般细菌和耐热菌、大肠杆菌、酪酸菌、霉菌和酵母菌。微生物测定及发酵品质的相关测定每个试验组均设 3 个平行样。检测玉米秸秆原料常温及低温储存条件下发酵 7 d、14 d、28 d、56 d 的玉米秸秆黄贮中乳酸菌、一般细菌、大肠杆菌、耐热菌、酪酸菌、霉菌和酵母菌的数量,以及黄贮的 pH(pH 计测定)及 VFA 含量。

将饲料的过滤样品准备好后,将剩余的鲜样置于预先称量并记录好的纸袋内,称量样品质量,放于 65 ℃的烘箱中,烘 48 h,取出后室温回潮 24 h 后称重,计算自由水含量。将计算完自由水的无添加处理发酵 28 d 及 56 d 的饲料风干样及玉米秸秆原料进行粉碎(粉碎至 1 mm),用粉碎后的样品进行干物质(DM)、有机物(OM)、粗蛋白(CP)、粗脂肪(EE)、非纤维性碳水化合物(NFC)、中性洗涤纤维(NDF)及酸性洗涤纤维(ADF)等营养成分的测定。在营养成分的测定指标中,干物质、粗蛋白、粗脂肪分析根据 AOAC 中的方法 934.01、976.05、920.39 进行。酸性洗涤纤维和中性洗涤纤维的分析方法根据 Vansoest 的方法进行。饲料中的粗蛋白主要根据凯氏定氮法进行测定。一般营养成分分析每个试验组设 3 个平行样。

5. 统计分析方法

试验数据经 Excel 整理,使用 SAS 9.0 统计软件对玉米秸秆发酵后的化学成分、发酵品质及微生物组成的数据进行统计分析。采用单因素方差分析及 2 因素方差分析,并对差异显著项目进行多重比较,采用 Tukey 法鉴定比较平均数之间的差异显著性($P<0.05$),结果以平均值来表示。

二、低温对玉米秸秆黄贮发酵特性的影响

1. 玉米秸秆发酵期间的室温测定

图 7-1 所示为玉米秸秆黄贮在发酵期间的室温变化。每天分早、中、晚三次进行室温测定。

2. 玉米秸秆黄贮的感官评定

(1)发酵 7 d 玉米秸秆黄贮的感官评定。

发酵 7 d 玉米秸秆黄贮的感官评定见表 7-1。通过观察发现,两种贮藏温度下的玉米秸秆黄贮在颜色、气味及质地上基本相近。

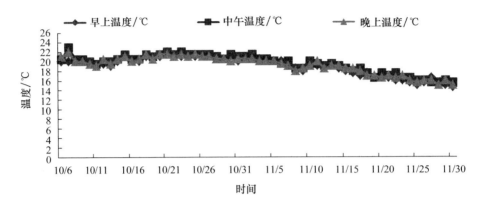

图7-1 玉米秸秆黄贮在发酵期间的室温变化

表7-1 发酵7 d玉米秸秆黄贮的感官评定

样品名称	颜色	气味	质地
常温	黄绿色	酸香味	较湿润、结构松散
4 ℃	黄绿色	酸香味	较湿润、结构松散

(2)发酵14 d玉米秸秆黄贮的感官评定。

发酵14 d玉米秸秆黄贮的感官评定见表7-2。通过观察发现,两种贮藏温度下的玉米秸秆黄贮的颜色及质地相同,4 ℃条件下储藏的玉米秸秆黄贮的酸香味较常温下的玉米秸秆黄贮弱。

表7-2 发酵14 d玉米秸秆黄贮的感官评定

样品名称	颜色	气味	质地
常温	黄绿色	酸香味重	较湿润、结构松散
4 ℃	黄绿色	酸香味较弱	较湿润、结构松散

(3)发酵28 d玉米秸秆黄贮的感官评定。

发酵28 d玉米秸秆黄贮的感官评定见表7-3。通过观察发现,两种贮藏温度下的玉米秸秆黄贮的颜色相同,4 ℃条件下储藏的玉米秸秆黄贮的酸香味及质地较常温下的玉米秸秆黄贮差。

表7-3 发酵28 d玉米秸秆黄贮的感官评定

样品名称	颜色	气味	质地
常温	黄绿色	酸香味较弱	较干燥、结构松散
4 ℃	黄绿色	酸香味弱、略带土味	较湿润、结构松散

(4)发酵56 d玉米秸秆黄贮的感官评定。

发酵56 d后玉米秸秆黄贮的感官评定见表7-4。通过观察发现,在发酵56 d后两种贮藏温度下的玉米秸秆黄贮的颜色均由发酵28 d时的黄绿色转变为明黄色,4 ℃条件下储藏的玉米秸秆黄贮的酸香味较常温下的玉米秸黄贮淡。

表7-4 发酵56 d玉米秸秆黄贮的感官评定

样品名称	颜色	气味	质地
常温	明黄色	酸香味	较湿润、结构松散
4 ℃	明黄色	酸味淡	较湿润、结构松散

玉米秸秆原料的化学成分及微生物组成见表7-5。DM含量为46.08%,OM、CP、EE、NFC、ADF及NDF分别为DM含量的91.10%、6.05%、1.27%、6.67%、39.86%及77.12%。此外,玉米秸秆原料中发现的乳酸菌及耐热菌的数量分别为10^5 cfu/g及10^4 cfu/g;一般细菌、大肠杆菌及酵母菌的数量均达到10^7 cfu/g;原料中酪酸菌的数量为10^3 cfu/g。

表7-5 玉米秸秆原料的化学成分及微生物组成

	项目	数值
化学成分	干物质/%	46.08
	有机物/%	91.10
	粗蛋白/%	6.05
	粗脂肪/%	1.27
	非纤维性碳水化合物/%	6.67
	酸性洗涤纤维/%	39.86
	中性洗涤纤维/%	77.12
微生物组成	乳酸菌/log(cfu·g^{-1})	5.37
	耐热菌/log(cfu·g^{-1})	4.81
	一般细菌/log(cfu·g^{-1})	7.32
	大肠杆菌/log(cfu·g^{-1})	7.41
	酪酸菌/log(cfu·g^{-1})	3.33
	霉菌/log(cfu·g^{-1})	ND
	酵母菌/log(cfu·g^{-1})	7.85

注:$n=3$,$P<0.05$时差异显著;ND表示未检测到。

3. 玉米秸秆黄贮的化学成分

(1)发酵28 d玉米秸秆黄贮的化学成分。

发酵28 d玉米秸秆黄贮的化学成分见表7-6。DM、OM、ADF、NDF含量常温与4 ℃处理之间无显著差异($P>0.05$);在CP含量上,常温处理高于4 ℃处理;在EE、NFC含量上,常温处理低于 4 ℃处理。

表 7-6 发酵 28 d 玉米秸秆黄贮的化学成分　　　　　　　　　　　　　　%

项目	DM	OM	CP	EE	NFC	ADF	NDF
常温	33.41	85.08	7.06^A	1.42^B	0.73^B	42.97	76.38
4 ℃	33.36	84.31	5.89^B	1.57^A	2.03^A	41.71	75.81
SEM	0.067	0.434	0.054	0.013	0.118	0.182	0.369
P 值	0.713 2	0.409 4	0.006 4	0.019 8	0.023 7	0.057 7	0.470 6

注：$n=3$，$P<0.05$ 表示差异显著。大写字母不同表示差异显著。

(2) 发酵 56 d 玉米秸秆黄贮的化学成分。

发酵 56 d 玉米秸黄贮的化学成分见表 7-7。DM、CP 含量常温处理高于 4 ℃处理；NFC 含量常温处理低于 4 ℃处理；而 OM、EE、ADF、NDF 含量常温与 4 ℃处理之间无显著差异（$P>0.05$）。

表 7-7 发酵 56 d 玉米秸秆黄贮的化学成分　　　　　　　　　　　　　　%

项目	DM	OM	CP	EE	NFC	ADF	NDF
常温	35.45^A	82.43	6.72^A	1.19	2.94^B	40.70	71.58
4 ℃	34.35^B	82.78	5.82^B	1.23	3.84^A	40.50	71.9
SEM	0.091	0.178	0.044	0.019	0.069	0.667	0.118
P 值	0.019 9	0.369 8	0.007	0.449 8	0.017 3	0.880 1	0.258 2

注：$n=3$，$P<0.05$ 表示差异显著。大写字母不同表示差异显著。

4. 玉米秸秆黄贮的微生物组成

(1) 发酵 7 d 玉米秸秆黄贮的微生物组成。

发酵 7 d 玉米秸黄贮微生物数量的变化（微生物菌落单位数量的对数值）见表 7-8。通过对相同乳酸菌添加组不同发酵温度间的比较发现，耐热菌、一般细菌和大肠杆菌含量在所有添加乳酸菌处理组中，不同发酵温度之间无显著差异（$P>0.05$）；常温的乳酸菌和酵母菌含量显著高于 4 ℃处理（$P<0.05$）；常温的酪酸菌含量显著低于 4 ℃处理（$P<0.05$）；发酵 7 d 后，两种温度条件下，处理组中未发现霉菌的存在。

表 7-8 发酵 7 d 玉米秸秆黄贮微生物数量的变化（微生物菌落单位数量的对数值）

项目	乳酸菌	耐热菌	一般细菌	大肠杆菌	酪酸菌	霉菌	酵母菌
常温	5.55^A	4.76	7.30	7.20	1.84^B	ND	7.68^A
4 ℃	4.64^B	4.84	7.38	7.55	3.02^A	ND	7.41^B
SEM	0.061	0.020	0.016	0.059	0.038	0.000	0.034
P 值	0.013 2	0.135 6	0.119 5	0.077 3	0.003 1	—	0.045 8

注：$n=3$，$P<0.05$ 表示差异显著；ND 表示未检测到。大写字母不同表示对照处理不同温度间差异显著。

(2) 发酵 14 d 玉米秸秆黄贮的微生物组成。

发酵 14 d 玉米秸黄贮微生物数量的变化(微生物菌落单位数量的对数值)见表 7-9。通过对相同乳酸菌添加组不同发酵温度间的比较发现,耐热菌和一般细菌含量在所有乳酸菌添加处理组中,不同发酵温度之间无显著差异($P>0.05$);常温的乳酸菌和酵母菌含量显著高于 4 ℃ 处理($P<0.05$);饲料发酵 14 d 在所有处理组中,在常温条件下的玉米秸秆黄贮中未检测到大肠杆菌,而在 4 ℃ 条件下的玉米秸秆黄贮中,可以检测到大肠杆菌;发酵 14 d 后,两种温度条件下,处理组中未发现酪酸菌和霉菌。

表 7-9 发酵 14 d 玉米秸秆黄贮微生物数量的变化(微生物菌落单位数量的对数值)

项目	乳酸菌	耐热菌	一般细菌	大肠杆菌	酪酸菌	霉菌	酵母菌
常温	5.77^A	4.64	6.91	ND^B	ND	ND	7.58^A
4 ℃	4.71^B	4.71	6.94	5.63^A	ND	ND	7.22^B
SEM	0.064	0.038	0.020	0.028	0.000	0.000	0.041
P 值	0.010 7	0.414 2	0.426 1	<0.000 1	—	—	0.036 2

注:$n=3$,$P<0.05$ 表示差异显著;ND 表示未检测到。大写字母不同表示对照处理不同温度间差异显著。

(3) 发酵 28 d 玉米秸秆黄贮的微生物组成。

发酵 28 d 玉米秸秆黄贮微生物数量的变化(微生物菌落单位数量的对数值)见表 7-10。通过对相同乳酸菌添加组不同发酵温度间的比较发现,耐热菌和一般细菌含量在所有乳酸菌添加处理组中,不同发酵温度之间无显著差异($P>0.05$);常温的乳酸菌含量显著高于 4 ℃ 处理($P<0.05$);常温的酵母菌含量显著 4 ℃ 处理($P<0.05$)。饲料发酵 28 d 在所有处理组中,常温条件下的玉米秸秆黄贮中未检测到大肠杆菌,而在 4 ℃ 条件下的玉米秸秆黄贮中可以检测到大肠杆菌;发酵 28 d 两种温度条件下,处理组中未发现酪酸菌和霉菌。

表 7-10 发酵 28 d 玉米秸秆黄贮微生物数量的变化(微生物菌落单位数量的对数值)

项目	乳酸菌	耐热菌	一般细菌	大肠杆菌	酪酸菌	霉菌	酵母菌
常温	8.36^A	4.52	6.61	ND^B	ND	ND	6.94^B
4 ℃	7.59^B	4.56	6.81	4.21^A	ND	ND	7.21^A
SEM	0.026	0.103	0.037	0.120	0.000	0.000	0.018
P 值	0.003 5	0.866 6	0.088 6	0.002 4	—	—	0.013 2

注:$n=3$,$P<0.05$ 表示差异显著;ND 表示未检测到。大写字母不同表示对照处理不同温度间差异显著。

(4) 发酵 56 d 玉米秸秆黄贮的微生物组成。

发酵 56 d 玉米秸黄贮微生物数量的变化(微生物菌落单位数量的对数值)见表 7-11。通过对相同乳酸菌添加组不同发酵温度间的比较发现,耐热菌、一般细菌和酵母菌含量在所有乳酸菌添加处理组中,不同发酵温度之间无显著差异($P>0.05$);常温的乳酸菌含量显著高于 4 ℃ 处理($P<0.05$);饲料发酵 56 d 所有处理组,在常温条件下的玉米秸秆黄贮中未检测到大肠杆菌,而在 4 ℃ 条件下的玉米秸秆黄贮中可以检测到大肠杆菌;发酵 56 d 后,两种温度条件下,处理组中未发现酪酸菌和霉菌。

表 7-11　发酵 56 d 玉米秸秆黄贮微生物数量的变化（微生物菌落单位数量的对数值）

项目	乳酸菌	耐热菌	一般细菌	大肠杆菌	酪酸菌	霉菌	酵母菌
常温	8.16^A	4.47	6.47	ND^B	ND	ND	6.79
4 ℃	7.28^B	4.53	6.67	3.95^A	ND	ND	6.79
SEM	0.071	0.050	0.052	0.018	0.000	0.000	0.040
P 值	0.019 0	0.575 9	0.149 3	<0.000 1	—	—	0.990 0

注：$n=3$，$P<0.05$ 表示差异显著；ND 表示未检测到。大写字母不同表示对照处理不同温度间差异显著。

5. 玉米秸秆黄贮 pH 及发酵产物的变化

（1）发酵 7 d 玉米秸秆黄贮 pH 及发酵产物的变化。

发酵 7 d 玉米秸秆黄贮 pH、总水分、VFA 及氨态氮含量的变化见表 7-12。在对照处理不同温度间在总水分含量、丙酸、氨态氮含量以及丁酸含量上无明显差异（$P>0.05$）；在 pH 及乙酸含量上对照处理组中 4 ℃ 发酵高于常温发酵；而在乳酸含量上对照处理组中常温发酵高于 4 ℃ 发酵。

表 7-12　发酵 7 d 玉米秸秆黄贮 pH、总水分、VFA 及氨态氮含量的变化

项目	总水分/%	pH	乳酸/%	乙酸/%	丙酸/%	丁酸/%	氨态氮/(g·kg^{-1})
常温	65.23	5.08^B	2.59^A	2.32^B	0.18	0.50	3.60
4 ℃	65.37	7.03^A	2.11^B	8.65^A	0.01	0.44	3.60
SEM	0.026	0.019	0.096	0.731	0.121	0.147	0.102
P 值	0.088 1	<0.000 1	0.023 5	0.003 6	0.383 1	0.782 5	0.980 0

注：$n=3$，$P<0.05$ 表示差异显著。大写字母不同表示对照处理不同温度间差异显著。

（2）发酵 14 d 玉米秸秆黄贮 pH 及发酵产物的变化。

发酵 14 d 玉米秸秆黄贮 pH、总水分、VFA 及氨态氮含量的变化见表 7-13。总水分含量对照处理组中常温发酵高于 4 ℃ 发酵；pH 及乙酸含量对照处理组中 4 ℃ 发酵高于常温发酵；乳酸、丙酸、丁酸及氨态氮含量上无显著差异（$P>0.05$）。

表 7-13　发酵 14 d 玉米秸秆黄贮 pH、总水分、VFA 及氨态氮含量的变化

项目	总水分/%	pH	乳酸/%	乙酸/%	丙酸/%	丁酸/%	氨态氮/(g·kg^{-1})
常温	66.59^A	4.94^B	3.61	2.41^B	0.03	0.35	3.6
4 ℃	65.38^B	6.49^A	3.08	12.84^A	0.02	0.63	3.52
SEM	0.019	0.034	0.318	0.753	0.012	0.075	0.157
P 值	0.000 8	<0.000 1	0.306 4	0.002 3	0.646 1	0.057 9	0.758 9

注：$n=3$，$P<0.05$ 表示差异显著。大写字母不同表示对照处理不同温度间差异显著。

(3)发酵28 d玉米秸秆黄贮的pH及发酵产物的变化。

发酵28 d玉米秸秆黄贮pH、总水分、VFA及氨态氮含量的变化见表7-14。pH及乙酸含量对照处理组中4 ℃发酵高于常温发酵;总水分含量、乳酸、丙酸、丁酸及氨态氮含量无显著差异($P>0.05$)。

表7-14 发酵28 d玉米秸秆黄贮pH、总水分、VFA及氨态氮含量的变化

项目	总水分/%	pH	乳酸/%	乙酸/%	丙酸/%	丁酸/%	氨态氮/(g·kg^{-1})
常温	66.59	4.83^B	4.26	2.87^B	0.03	0.14	3.57
4 ℃	66.64	5.18^A	3.80	14.11^A	0.01	0.19	3.42
SEM	0.067	0.045	0.270	0.882	0.012	0.017	0.143
P值	0.713 2	0.005	0.294	0.000 8	0.480 7	0.098 8	0.481 9

注:$n=3$,$P<0.05$表示差异显著。大写字母不同表示对照处理不同温度间差异显著。

(4)发酵56 d玉米秸秆黄贮pH及发酵产物的变化。

发酵56 d玉米秸秆黄贮pH、总水分、VFA及氨态氮含量的变化见表7-15。总水分含量、pH、乙酸、丙酸含量对照处理组中4 ℃发酵高于常温发酵;乳酸、丁酸含量无显著差异($P>0.05$);氨态氮含量,对照处理组中常温发酵高于4 ℃发酵。

表7-15 发酵56 d玉米秸秆黄贮pH、总水分、VFA及氨态氮含量的变化

项目	总水分/%	pH	乳酸/%	乙酸/%	丙酸/%	丁酸/%	氨态氮/(g·kg^{-1})
常温	64.55^B	4.76^B	4.21	3.27^B	0.03^B	0.20	3.44^A
4 ℃	65.65^A	7.11^A	3.64	10.24^A	0.19^A	0.13	3.15^B

续表7-15

项目	总水分/%	pH	乳酸/%	乙酸/%	丙酸/%	丁酸/%	氨态氮/(g·kg^{-1})
SEM	0.091	0.047	0.953	0.207	0.030	0.026	0.047
SEM	0.091	0.047	0.953	0.207	0.030	0.026	0.047
P值	0.019 9	<0.000 1	0.236 7	0.000 1	0.229 5	0.111 0	0.003 0

注:$n=3$,$P<0.05$表示差异显著。大写字母不同表示对照处理不同温度间差异显著。

6. 讨论

(1)玉米秸秆黄贮化学成分及微生物组成的影响。

青贮在调制的过程中对于水分的要求十分严格,而黄贮通过物理及生物处理法调制后,能够达到和青贮同样的应用效果。因此,相较于秸秆类青贮而言,秸秆类黄贮具有更加

广泛的应用空间。本试验主要采用玉米秸秆黄贮技术,通过玉米秸秆原料的化学成分及微生物分析结果发现,玉米秸秆黄贮的 DM、OM、CP 及 NDF 的含量分别为 46.08%、91.1%、6.05% 及 77.12%;乳酸菌数量 1×10^5 cfu/g,此外,还在玉米秸秆原料中检测到大肠杆菌及酪酸菌,数量分别 1×10^7 cfu/g 及 1×10^3 cfu/g。而大肠杆菌及酪酸菌是影响饲料发酵品质的有害菌,将会对饲料的发酵造成不良的影响,饲料中有害菌数量过多还会对动物的健康产生危害。

(2)玉米秸秆黄贮感官评定及 pH 的影响。

通过对发酵 7 d、14 d、28 d 及 56 d 的玉米秸秆黄贮的感官品质鉴定能够发现,在 4 ℃ 条件下玉米秸秆黄贮的酸香气味均比常温条件下低。这主要是因为相对于常温而言,4 ℃ 较低的温度条件会对玉米秸秆黄贮中乳酸菌的生长和繁殖产生一定的抑制作用,从而导致黄贮的产酸能力下降。从发酵 28 d 及发酵 56 d 的玉米秸黄贮的化学成分上能够看出,在常温条件下,发酵 28 d 的 CP 及 EE 含量显著高于发酵 56 d($P<0.05$),而在 4 ℃ 条件下,这两项指标显著低于常温条件下($P<0.05$)。本试验发现,pH 随发酵时间的延长迅速下降,同时伴随着大量的乳酸产生,这是因为厌氧条件下乳酸菌的快速生长,将玉米秸秆中的可溶性糖转化成为乳酸,pH 逐渐下降,使得饲料中大肠杆菌、酪酸菌和酵母菌等有害菌得到有效抑制,减少了其对玉米秸秆发酵过程中蛋白质的分解。此外,在 4 个发酵时间中,常温条件下玉米秸黄贮的乳酸菌数量始终高于 4 ℃ 条件下的玉米秸黄贮;pH 则是 4 ℃ 条件下的玉米秸黄贮高于常温条件下玉米秸黄贮。尚天翠研究发现,大多数中温乳酸菌的最适发酵温度在 38 ℃ 左右。本试验中,4 ℃ 条件会降低玉米秸秆黄贮中乳酸菌的生长繁殖能力,使得乳酸产量下降,pH 升高。

7. 结论

随着发酵天数的延长,玉米秸秆黄贮的发酵品质逐渐升高,尤其是发酵 28 d 的玉米秸秆黄贮,无论是在营养成分上,还是在发酵品质上都好于发酵 56 d 的玉米秸秆黄贮。而常温条件下的玉米秸秆黄贮,在营养成分及发酵品质上都比 4 ℃ 条件的玉米秸秆黄贮高。

三、低温对玉米秸秆黄贮有氧稳定性的影响

培养基、主要仪器、试验材料及处理、统计分析方法同本节"低温对玉米秸秆黄贮发酵特性的影响"。

将常温及低温储藏条件下,无添加处理发酵 28 d 及 56 d 的饲料各开 3 袋,每袋各称 100 g 不压实放入 1 000 mL 无盖的聚乙烯瓶中。敞口放置,使瓶子暴露在空气中,将一个常规温度计放在玉米秸秆黄贮中心,每隔 12 h 手动记录一次温度。当饲料的温度超过周围环境温度 2 ℃ 时,黄贮被视为有氧氧化,此时,计算出饲料发生氧化所用的时间,此过程即为饲料有氧稳定性的测定。另将饲料的过滤样品准备好,将剩余的鲜样置于预先称量并记录好的纸袋内,称量样品质量,放于 65 ℃ 的烘箱中,烘 48 h,取出后室温回潮 24 h 后称重,计算自由水含量。将计算完自由水的无添加处理发酵 28 d 及 56 d 饲料的风干样及玉米秸秆原料进行粉碎(粉碎至 1 mm),用粉碎后的样品进行干物质(DM)、有机物(OM)、粗蛋白(CP)、粗脂肪(EE)、非纤维性碳水化合物(NFC)、中性洗涤纤维(NDF)及酸性洗涤纤维(ADF)营养成分的测定。有氧稳定性检测每个试验组设 3 个平行样。

1. 不同发酵天数玉米秸秆黄贮的氧化温度及室温测定

（1）发酵 28 d 的玉米秸秆黄贮的氧化温度及室温的变化。

图 7-2、图 7-3、图 7-4 所示分别为在早上、中午及晚上测定的发酵 28 d 玉米秸秆黄贮的中心温度及室温的变化。通过观察发现，在 3 个测定时间段中，相比较于常温条件下的玉米秸秆黄贮，在 4 ℃条件下储存的饲料的中心温度上升速度较快，尤其是在玉米秸秆黄贮氧化 5 d 后，饲料中心温度上升明显，而在常温条件下的玉米秸秆黄贮氧化 11 d 后，饲料中心温度才出现较明显的上升趋势。

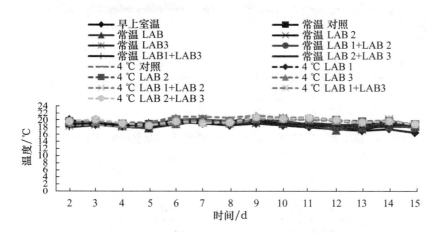

图 7-2 早上测定发酵 28 d 玉米秸秆发酵饲料的氧化温度及室温的变化

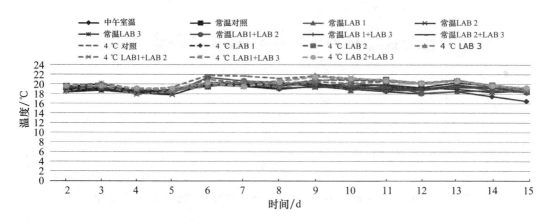

图 7-3 中午测定发酵 28 d 玉米秸秆发酵饲料的氧化温度及室温的变化

（2）发酵 56 d 玉米秸秆黄贮的氧化温度及室温的变化。

图 7-5、图 7-6、图 7-7 所示分别为早上、中午及晚上测定的发酵 56 d 玉米秸秆黄贮的中心温度及室温随氧化时间延长的变化情况。在 3 个测定时间段中，4 ℃条件下储藏的饲料的中心温度上升幅度高于常温条件下的玉米秸秆黄贮的中心温度。

2. 有氧氧化后玉米秸秆黄贮的感官评定

（1）发酵 28 d 氧化后玉米秸秆黄贮的感官评定。

发酵 28 d 氧化后玉米秸秆黄贮的感官评定见表 7-16。在发酵 28 d 氧化后两种贮藏

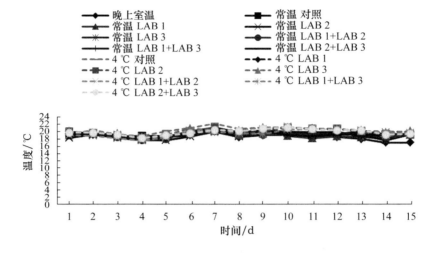

图7-4 晚上测定发酵28 d玉米秸秆发酵饲料的氧化温度及室温的变化

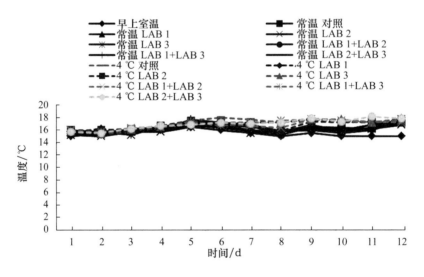

图7-5 早上测定发酵56 d玉米秸秆发酵饲料的氧化温度及室温的变化

温度下的玉米秸秆黄贮的颜色均由氧化前的明黄色转变为暗黄色,并且氧化后4 ℃条件储藏的玉米秸秆黄贮不但无酸香气味,还伴有轻微的霉味。

表7-16 发酵28 d氧化后玉米秸秆黄贮的感官评定

样品名称	颜色	气味	质地
常温	暗黄色	酸味淡	质地干燥、结团
4 ℃	暗黄色	无酸香味、略带霉味	质地干燥、结团

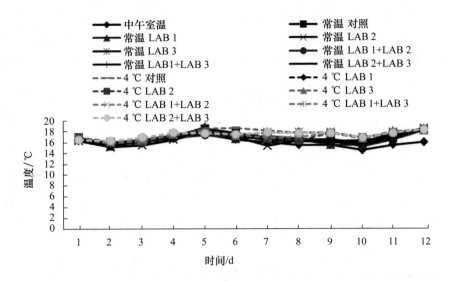

图 7-6 中午测定发酵 56 d 玉米秸秆发酵饲料的氧化温度及室温的变化

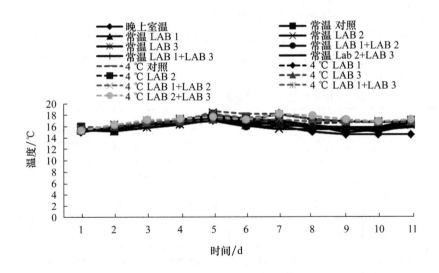

图 7-7 晚上测定发酵 56 d 玉米秸秆发酵饲料的氧化温度及室温的变化

(2) 发酵 56 d 氧化后玉米秸秆黄贮的感官评定。

发酵 56 d 氧化后玉米秸秆黄贮的感官评定见表 7-17。发酵 56 d 氧化后两种贮藏温度下的玉米秸秆黄贮感官指标的评定结果与发酵 28 d 氧化后的一致,未发现明显的变化。

表 7-17 发酵 56 d 氧化后玉米秸秆黄贮的感官评定

样品名称	颜色	气味	质地
常温	暗黄色	酸味淡	质地干燥、结团
4 ℃	暗黄色	无酸香味、略带霉味	质地干燥、结团

3. 有氧氧化后玉米秸秆黄贮的化学成分

(1) 发酵 28 d 氧化后玉米秸秆黄贮的化学成分。

发酵 28 d 氧化后玉米秸秆黄贮的化学成分见表 7-18。DM、CP、EE 及 ADF 含量常温处理高于 4 ℃ 处理;而在 OM、NFC 及 NDF 含量常温与 4 ℃ 处理之间无显著差异($P>0.05$)。

表 7-18 发酵 28 d 氧化后玉米秸秆黄贮的化学成分

项目	DM /%	OM /%DM	CP /%DM	EE /%DM	NFC /%DM	ADF /%DM	NDF /%DM
常温	33.25^A	85.57	6.53^A	1.70^A	13.15	46.50^A	64.19
4 ℃	32.28^B	84.39	5.79^B	1.18^B	12.64	42.35^B	64.79
SEM	0.071	0.236	0.020	0.040	0.657	0.375	0.549
P 值	0.015 9	0.101 6	0.002 1	0.016 7	0.696 9	0.023 6	0.596 1

注:$n=3$,$P<0.05$ 表示差异显著。大写字母不同表示对照处理不同温度间差异显著。

(2) 发酵 56 d 氧化后玉米秸秆黄贮的化学成分。

发酵 56 d 氧化后玉米秸秆黄贮的化学成分见表 7-19。DM 及 CP 含量常温处理高于 4 ℃ 处理;而 OM、EE、NFC、ADF 及 NDF 含量常温与 4 ℃ 处理之间无显著差异($P>0.05$)。

表 7-19 发酵 56 d 氧化后玉米秸秆黄贮的化学成分

项目	DM /%	OM /%DM	CP /%DM	EE /%DM	NFC /%DM	ADF /%DM	NDF /%DM
常温	35.15^A	82.63	6.38^A	1.17	1.52	45.54	77.06
4 ℃	34.51^B	83.60	5.79^B	1.20	1.84	42.20	76.27
SEM	0.025	0.226	0.025	0.032	0.379	0.541	0.952
P 值	0.004 6	0.131 5	0.005 5	0.724 5	0.671 4	0.070 6	0.768 4

注:$n=3$,$P<0.05$ 表示差异显著。大写字母不同表示对照处理不同温度间差异显著。

4. 有氧氧化后玉米秸秆黄贮的微生物组成

(1) 发酵 28 d 氧化后玉米秸秆黄贮的微生物组成。

发酵 28 d 有氧氧化后玉米秸黄贮微生物数量的变化见表 7-20。通过对相同乳酸菌添加组不同发酵温度间的比较发现,一般细菌和酵母菌含量在所有乳酸菌添加处理组中,不同发酵温度之间无显著差异($P>0.05$);常温的乳酸菌含量显著高于 4 ℃ 处理($P<0.05$);常温的耐热菌、大肠杆菌和霉菌含量显著低于 4 ℃ 处理($P<0.05$)。饲料发酵 28 d 后,在所有处理组中,常温条件下的玉米秸秆黄贮中未检测到酪酸菌,而在 4 ℃ 条件下的玉米秸秆黄贮中,可以检测到酪酸菌。

表 7-20　发酵 28 d 有氧氧化后玉米秸秆黄贮微生物数量的变化　　　log(cfu/g)

项目	乳酸菌	耐热菌	一般细菌	大肠杆菌	酪酸菌	霉菌	酵母菌
常温	6.84^A	5.43^B	7.07	4.63^B	ND^B	4.26^B	7.73
4 ℃	6.25^B	6.44^A	7.48	6.36^A	3.73^A	6.04^A	7.85
SEM	0.051	0.062	0.067	0.092	0.026	0.036	0.054
P 值	0.022 5	0.010 9	0.070 2	0.008 3	0.000 1	0.001 2	0.008 8

注：$n=3$，$P<0.05$ 表示差异显著。大写字母不同表示对照处理不同温度间差异显著。ND 表示未检出。

(2) 发酵 56 d 氧化后玉米秸秆黄贮的微生物组成。

发酵 56 d 有氧氧化后玉米秸秆黄贮微生物数量的变化见表 7-21。通过对相同乳酸菌添加组不同发酵温度间的比较发现，乳酸菌、耐热菌和酵母菌含量在所有乳酸菌添加处理组中，不同发酵温度之间无显著差异（$P>0.05$）；常温的一般细菌和大肠杆菌含量显著低于 4 ℃ 处理（$P<0.05$）。饲料发酵 56 d 后，在所有处理组中，在常温条件下的玉米秸秆黄贮中未检测到酪酸菌和霉菌，而在 4 ℃ 条件下的玉米秸秆黄贮中，可以检测到酪酸菌和霉菌。

表 7-21　发酵 56 d 有氧氧化后玉米秸秆黄贮微生物数量的变化　　　log(cfu/g)

项目	乳酸菌	耐热菌	一般细菌	大肠杆菌	酪酸菌	霉菌	酵母菌
常温	6.64	5.19	6.90^B	3.86^B	ND^B	ND^B	7.34
4 ℃	6.21	5.71	7.39^A	5.99^A	2.73^A	5.99^A	7.49
SEM	0.453	0.083	0.041	0.020	0.030	0.031	0.062
P 值	0.224 3	0.070 9	0.020 0	0.000 3	0.000 4	<0.000 1	0.305 8

注：$n=3$，$P<0.05$ 表示差异显著；ND 表示未检出。大写字母不同表示对照处理不同温度间差异显著。

5. 有氧氧化后玉米秸秆黄贮 pH 及发酵产物的变化

(1) 发酵 28 d 氧化后玉米秸秆黄贮 pH 及发酵产物的变化。

发酵 28 d 有氧氧化后玉米秸秆黄贮的 pH、总水分、VFA 及氨态氮含量的变化见表 7-22。总水分、pH、乙酸含量对照处理组中 4 ℃ 发酵高于常温发酵；丙酸及氨态氮含量对照组中常温发酵高于 4 ℃ 发酵；乳酸、丁酸含量无显著差异（$P>0.05$）。

表 7-22　发酵 28 d 有氧氧化后玉米秸黄贮 pH、总水分、VFA 及氨态氮含量的变化

项目	总水分/%	pH	乳酸/%	乙酸/%	丙酸/%	丁酸/%	氨态氮/(g·kg^{-1})
常温	66.75^B	5.88^B	3.82	4.30^B	0.18^A	0.34	4.35^A
4 ℃	67.72^A	7.28^A	3.17	19.44^A	0.06^B	0.43	3.70^B
SEM	0.071	0.090	0.192	0.889	0.020	0.076	0.120
P 值	0.015 9	0.000 4	0.075 1	0.000 3	0.009 6	0.449 5	0.018 5

注：$n=3$，$P<0.05$ 表示差异显著。大写字母不同表示对照处理不同温度间差异显著。

（2）发酵 56 d 氧化后玉米秸秆黄贮 pH 及发酵产物的变化。

发酵 56 d 有氧氧化后玉米秸秆黄贮 pH、总水分、VFA 及氨态氮含量的变化见表 7-23。总水分、pH、乙酸含量对照处理组中 4 ℃ 发酵高于常温发酵；丁酸含量对照处理组中常温发酵高于 4 ℃ 发酵；乳酸、丙酸及氨态氮含量含量无显著差异（$P>0.05$）。

表 7-23　发酵 56 d 有氧氧化后玉米秸秆黄贮 pH、总水分、VFA 及氨态氮含量的变化

项目	总水分/%	pH	乳酸/%	乙酸/%	丙酸/%	丁酸/%	氨态氮/(g·kg^{-1})
常温	0.67^A	4.96					
4 ℃	65.49^A	7.77^A	3.05	19.59^A	0.06	0.20^B	4.62
SEM	0.025	0.026	0.172	1.371	0.029	0.073	0.144
P 值	0.004 6	<0.000 1	0.056 8	0.001 8	0.867	0.009 7	0.171 5

注：$n=3$，$P<0.05$ 表示差异显著。大写字母不同表示对照处理不同温度间差异显著。

6. 讨论

（1）不同温度对玉米秸秆黄贮有氧稳定性及微生物组成的影响。

在出料期间，养殖人员没有在取用玉米秸秆黄贮时严格控制并保持密封条件，饲料会因厌氧条件的破坏而发生好气性腐败，也就是饲料的二次发酵。因此，有氧稳定性的测定对于饲料发酵品质的评定是十分重要的。本试验在发酵 28 d、56 d 中，4 ℃ 条件下的玉米秸秆黄贮比常温条件下的玉米秸秆黄贮提前开始有氧氧化；饲料有氧氧化后，两种温度条件下的玉米秸秆黄贮的 CP 及乳酸含量与有氧氧化前相比均有所下降，而酵母菌及霉菌的数量较有氧氧化前也有所上升。这是由于酵母菌及霉菌是造成玉米秸秆黄贮好气性腐败的主要有害菌，当厌氧环境受到破坏，这些好氧菌通过代谢饲料中的乳酸及分解蛋白质等营养物质来不断地生长繁殖，从而导致玉米秸秆黄贮的 pH 上升，稳定性被打破，最终引起玉米秸秆黄贮好氧腐败。

（2）不同温度对玉米秸秆黄贮有氧稳定性及 pH 的影响。

在常温条件下，两个发酵天数的玉米秸秆黄贮，有氧氧化后 pH 均与氧化前相比有所上升，且上升幅度一致；而在 4 ℃ 条件下的玉米秸秆黄贮，在两个发酵天数中，有氧氧化后的 pH 也高于氧化发生前的 pH，尤其是发酵 28 d 的玉米秸秆黄贮的 pH 上升幅度高于发酵 56 d 的玉米秸秆黄贮。这是由于在有氧氧化前，4 ℃ 条件下发酵 28 d 的玉米秸秆黄贮的乳酸含量高于发酵 56 d 的玉米秸秆黄贮，这为好氧有害菌提供了大量的发酵底物，使得酵母菌及霉菌能够不断地生长，从而使玉米秸秆黄贮的有氧稳定性降低。

7. 结论

相比较于 4 ℃ 条件而言，常温条件下发酵的玉米秸秆黄贮的有氧稳定性更高。在 4 ℃ 条件下，发酵 28 d 的玉米秸秆黄贮的有氧稳定性高于发酵 56 d 的玉米秸秆黄贮。

第三节 乳酸菌制剂对玉米秸秆黄贮发酵特性及有氧稳定性的影响

一、材料与方法

培养基、主要仪器、试验研究方法、统计分析方法、原料来源同本章第二节。

将玉米秸秆粉碎,长度为1~2 cm,备用。另将乳酸菌粉用灭菌水进行溶解稀释(混合乳酸菌液的体积比为1:1),以1 mL/kg的剂量均匀地喷洒在玉米秸秆原料上,以保证每克原料上达到1×10^5 cfu的乳酸菌,对照组添加灭菌水1 mL。本试验利用小规模发酵法,将收获籽粒的玉米秸秆粉碎混匀后,称取200 g原料为一个黄贮袋,进行添加处理,混匀后抽真空密封。

采用7(添加处理)×2(发酵温度)×4(发酵天数)因素试验设计。将粉碎后的玉米秸秆分别进行无添加、LAB1(Lactobacillus plantarum Chikuso - 1)、LAB2(Master - LP)、LAB3(Master - AC)、LAB1 + LAB2、LAB1 + LAB3、LAB2 + LAB3混合乳酸菌添加处理,水分调整为65%。7个处理均装入16 cm×25 cm的包装袋(每个处理36袋),真空密封后,分别置于室温及4 ℃条件下发酵。在发酵7 d、14 d、28 d及56 d后,每种处理各开封3袋,供分析检测。

二、乳酸菌对玉米秸秆黄贮发酵特性的影响

1. 添加乳酸菌玉米秸秆黄贮的感官评定

(1)发酵7 d添加乳酸菌的玉米秸秆黄贮的感官评定。

发酵7 d添加乳酸菌的玉米秸秆黄贮的感官评定见表7 - 24。在未发酵7 d后两种贮藏温度下所有添加处理的玉米秸秆黄贮的颜色及质地均相近,未发现明显的差异。在气味上,相比较于常温条件下的玉米秸秆黄贮而言,4 ℃条件贮藏的玉米秸秆黄贮氧化后酸香气味较淡,但是相比较于对照来说,所有添加乳酸菌的玉米秸秆黄贮的酸香气味都有不同程度的改善。

表7 - 24 发酵7 d添加乳酸菌的玉米秸秆黄贮的感官评定

处理	颜色	气味	质地
常温对照	黄绿色	酸香味	较湿润、结构松散
常温 LAB1	黄绿色	酸香味	较湿润、结构松散
常温 LAB2	黄绿色	酸香、略带果香	较湿润、结构松散
常温 LAB3	黄绿色	酸香味	较湿润、结构松散
常温 LAB1 + LAB2	黄绿色	酸香味较重	较湿润、结构松散
常温 LAB1 + LAB3	黄绿色	酸香、果香味重	较湿润、结构松散

续表 7-24

处理	颜色	气味	质地
常温对照	黄绿色	酸香味	较湿润、结构松散
常温 LAB2 + LAB3	黄绿色	酸香味	较湿润、结构松散
4 ℃对照	黄绿色	酸香味较弱、略带土味	较湿润、结构松散
4 ℃ LAB1	黄绿色	酸香味弱、略带果香	较湿润、结构松散
4 ℃ LAB2	黄绿色	酸香味弱、略带果香	较湿润、结构松散
4 ℃ LAB3	黄绿色	酸香味弱、果香味重	较湿润、结构松散
4 ℃ LAB1 + LAB2	黄绿色	酸香弱、略带果香	较湿润、结构松散
4 ℃ LAB1 + LAB3	黄绿色	酸香味弱、略带果香	较湿润、结构松散
4 ℃ LAB2 + LAB3	黄绿色	酸香味较弱	较湿润、结构松散

注:LAB1 为乳酸菌(畜草一号);LAB2 为乳酸菌 Master - LP;LAB3 为乳酸菌 Master - AC,下同。

(2)发酵 14 d 乳酸菌的玉米秸秆黄贮的感官评定。

发酵 14 d 乳酸菌添加的玉米秸秆黄贮的感官评定见表 7-25。在发酵 14 d 后两种贮藏温度下所有乳酸菌添加处理的玉米秸秆黄贮的酸香气味均比相同温度条件下的对照组玉米秸秆黄贮的酸香气味重。

表 7-25 发酵 14 d 乳酸菌添加的玉米秸黄贮感官评定

处理	颜色	气味	质地
常温对照	黄绿色	酸香味重	较湿润、结构松散
常温 LAB1	黄绿色	酸香味重、略带果香	较湿润、结构松散
常温 LAB2	黄绿色	酸香味较重	较湿润、结构松散
常温 LAB3	黄绿色	酸香、略带果香	较湿润、结构松散
常温 LAB1 + LAB2	黄绿色	酸香味、略带果香	较湿润、结构松散
常温 LAB1 + LAB3	黄绿色	酸香、略带果香	较湿润、结构松散
常温 LAB2 + LAB3	黄绿色	酸香、略带酒香	较湿润、结构松散
4 ℃对照	黄绿色	酸香味较弱	较湿润、结构松散
4 ℃ LAB1	黄绿色	酸香味较弱、略带果香	较湿润、结构松散
4 ℃ LAB2	黄绿色	酸香味较弱	较湿润、结构松散
4 ℃ LAB3	黄绿色	酸香味较弱、略带果香	较湿润、结构松散
4 ℃ LAB1 + LAB2	黄绿色	酸香味较弱	较湿润、结构松散
4 ℃ LAB1 + LAB3	黄绿色	酸香味较弱	较湿润、结构松散
4 ℃ LAB2 + LAB3	黄绿色	酸香味较弱、略带果香	较湿润、结构松散

(3) 发酵 28 d 添加乳酸菌的玉米秸秆黄贮的感官评定。

发酵 28 d 添加乳酸菌的玉米秸秆黄贮的感官评定见表 7-26。在发酵 28 d 后,两种贮藏温度条件下,所有处理组的玉米秸秆黄贮的酸香气味均比发酵 14 d 相同处理组的玉米秸秆黄贮的酸香气味浓郁。

表 7-26　发酵 28 d 添加乳酸菌的玉米秸秆黄贮的感官评定

处理	颜色	气味	质地
常温对照	黄绿色	酸香味	较干燥、结构松散
常温 LAB1	黄绿色	酸香味重、略带酒香	较湿润、结构松散
常温 LAB2	黄绿色	酸香、略带果香	较湿润、结构松散
常温 LAB3	黄绿色	酸香味重	较湿润、结构松散
常温 LAB1 + LAB2	黄绿色	酸香、略带酒香	较湿润、结构松散
常温 LAB1 + LAB3	黄绿色	酸香味	较湿润、结构松散
常温 LAB2 + LAB3	黄绿色	酸香果味	较湿润、结构松散
4 ℃ 对照	黄绿色	酸香味较弱	较湿润、结构松散
4 ℃ LAB1	黄绿色	酸香味弱	较湿润、结构松散
4 ℃ LAB2	黄绿色	酸香味	较湿润、结构松散
4 ℃ LAB3	黄绿色	酸香、略带果香	较湿润、结构松散
4 ℃ LAB1 + LAB2	黄绿色	酸香、略带果香	较湿润、结构松散
4 ℃ LAB1 + LAB3	黄绿色	酸香味、略带酒香	较湿润、结构松散
4 ℃ LAB2 + LAB3	黄绿色	酸香味	较湿润、结构松散

(4) 发酵 56 d 乳酸菌的玉米秸秆黄贮的感官评定。

发酵 56 d 添加乳酸菌的玉米秸秆黄贮的感官评定见表 7-27。在发酵 56 d 后,两种贮藏温度条件下,所有处理组的玉米秸秆黄贮的颜色均由发酵 28 d 时的黄绿色转变成为明黄色。

表 7-27　发酵 56 d 乳酸菌添加的玉米秸秆黄贮的感官评定

处理	颜色	气味	质地
常温对照	明黄色	酸香味	较湿润、结构松散
常温 LAB1	明黄色	酸香、略带果香	较干燥、结构松散
常温 LAB2	明黄色	酸香味	较湿润、结构松散
常温 LAB3	明黄色	酸香味	较湿润、结构松散
常温 LAB1 + LAB2	明黄色	酸香味	较湿润、结构松散
常温 LAB1 + LAB3	明黄色	酸香味、略带酒香	较湿润、结构松散
常温 LAB2 + LAB3	明黄色	酸香味、略带果香	较湿润、结构松散
4 ℃ 对照	明黄色	酸味较弱	较湿润、结构松散

续表 7-27

处理	颜色	气味	质地
4 ℃ LAB1	明黄色	酸味较弱	较湿润、结构松散
4 ℃ LAB2	明黄色	酸味较弱	较湿润、结构松散
4 ℃ LAB3	明黄色	酸味较弱	较湿润、结构松散
4 ℃ LAB1 + LAB2	明黄色	酸味较弱	较湿润、结构松散
4 ℃ LAB1 + LAB3	明黄色	酸味较弱	较湿润、结构松散
4 ℃ LAB2 + LAB3	明黄色	酸味较弱	较湿润、结构松散

2. 添加乳酸菌的玉米秸秆黄贮的化学成分

(1) 发酵 28 d 添加乳酸菌的玉米秸秆黄贮的化学成分。

经发酵 28 d 添加乳酸菌的玉米秸黄贮的化学成分见表 7-28。所有处理发酵 28 d 后，常温下 DM 含量 LAB2、LAB2 + LAB3 > 对照、LAB1、LAB3、LAB1 + LAB2、LAB1 + LAB3；CP 含量 LAB3 > LAB2 > LAB2 + LAB3 > LAB1 > LAB1 + LAB2 > LAB1 + LAB3 > 对照；NFC 含量 LAB1 + LAB2 > LAB2 + LAB3 > LAB1 > LAB2、LAB1 + LAB3 > 对照 > LAB3；ADF 含量 LAB2、LAB3 > LAB1 + LAB3 > 对照、LAB1、LAB1 + LAB2、LAB2 + LAB3；NDF 含量对照、LAB3 > LAB2 > LAB1 + LAB3 > LAB1 > LAB1 + LAB2 > LAB2 + LAB3；OM 及 EE 含量各个处理之间无显著差异（$P > 0.05$）。4 ℃ 条件下 DM 含量 LAB2 > LAB1 + LAB2 > LAB3 > LAB1 + LAB3 > 对照、LAB2 + LAB3 及 LAB1；OM 含量 LAB2 > LAB1、LAB3、LAB1 + LAB2、LAB1 + LAB3 > 对照、LAB2 + LAB3；CP 含量 LAB2 + LAB3 > LAB1、LAB2、LAB3、LAB1 + LAB2、LAB1 + LAB3 > 对照；EE 含量 LAB1 > LAB1 + LAB2 > LAB1 + LAB3 > LAB2 > LAB3 > LAB2 + LAB3 > 对照；NFC、ADF 及 NDF 含量均无显著差异（$P > 0.05$）。DM 含量 LAB1 及 LAB2 + LAB3 常温处理高于 4 ℃ 处理，LAB2、LAB1 + LAB2 及 LAB1 + LAB3，4 ℃ 处理高于常温处理；CP 含量各个处理组中常温处理均高于 4 ℃ 处理；EE 含量除 LAB2 处理组以外，其他各个处理组中 4 ℃ 处理均高于常温处理；NDF 含量 LAB1 + LAB2 4 ℃ 处理高于常温处理。

表 7-28 发酵 28 d 添加乳酸菌的玉米秸秆黄贮的化学成分　　　　%

项目		DM	OM	CP	EE	NFC	ADF	NDF
对照	常温	33.41^b	85.08	7.06^{cA}	1.42^B	0.73^{bcB}	42.97^b	76.38^a
	4 ℃	33.36^c	84.31^b	5.89^{bB}	1.57^{cA}	2.03^A	41.71	75.81
LAB1	常温	33.57^{bA}	86.50	7.26^{bcA}	1.44^B	4.28^{ab}	42.29^b	73.52^{abc}
	4 ℃	33.40^{eB}	85.87^{ab}	6.15^{abB}	1.89^{aA}	4.07	42.27	73.76
LAB2	常温	34.70^{aB}	86.89	7.48^{abA}	1.74	2.71^{abc}	46.27^{aA}	75.46^{ab}
	4 ℃	35.68^{aA}	88.01^a	6.06^{abB}	1.79^c	4.67	42.37^B	74.49

续表 7-28　　　　　　　　　　　　　　　　　　　　　　　　　　　　　　　　%

项目		DM	OM	CP	EE	NFC	ADF	NDF
LAB3	常温	33.81^b	85.85	7.79^{aA}	1.49^B	0.22^c	46.47^a	76.36^a
	4 ℃	34.27^c	85.96^{ab}	6.01^{abB}	1.75^{cdA}	4.66	45.13	73.54
LAB1+LAB2	常温	33.83^{bB}	87.53	7.35^{bcA}	1.48^B	5.87^a	43.32^b	72.83^{bcB}
	4 ℃	34.73^{bA}	85.88^{ab}	6.16^{abB}	1.87^{abA}	3.20	44.61	74.65^A
LAB1+LAB3	常温	33.61^{bB}	86.80	7.32^{bcA}	1.46^B	2.86^{abc}	43.83^{ab}	75.15^{ab}
	4 ℃	33.97^{dA}	86.29^{ab}	6.41^{abB}	1.80^{bcA}	5.01	42.93	73.06
LAB2+LAB3	常温	35.13^{aA}	86.64^A	7.59^{abA}	1.53^B	6.15^a	42.49^b	71.37^c
	4 ℃	33.38^{eB}	84.55^{bB}	6.52^{aB}	1.70^{dA}	5.98	42.22	70.35
SEM		0.070	0.511	0.075	0.052	0.700	0.590	0.683
主要影响因素的显著性及交互作用								
温度 T		0.043 3	0.078 7	<0.000 1	<0.000 1	0.052 6	0.032 6	0.105 5
LAB		<0.000 1	0.016 3	0.000 8	0.032 6	0.002 5	0.001 8	0.000 8
$T \times$ LAB		<0.000 1	0.263 6	0.007 2	0.068 6	0.026 2	0.079 0	0.208 1

注：$n=3$，$P<0.05$ 表示差异显著。大写字母不同表示同一乳酸菌添加不同温度间差异显著；小写字母不同表示相同温度下不同乳酸菌添加间差异显著。

(2) 发酵 56 d 添加乳酸菌的玉米秸秆黄贮的化学成分。

经发酵 56 d 添加乳酸菌玉米秸秆黄贮的化学成分见表 7-29。常温下 DM 含量 LAB1>LAB2、LAB3>对照、LAB1+LAB2、LAB1+LAB3、LAB2+LAB3；OM 含量 LAB1+LAB2、LAB1+LAB3>LAB1、LAB2 及 LAB3>对照、LAB2+LAB3；CP 含量 LAB2+LAB3>LAB2、LAB1+LAB2、LAB1+LAB3>对照、LAB1 及 LAB3；EE 含量 LAB2>LAB1、LAB2+LAB3>对照、LAB3、LAB1+LAB2、LAB1+LAB3；NFC 含量 LAB1+LAB3>LAB1+LAB2>LAB1、LAB2、LAB3、LAB2+LAB3>对照；NDF 含量对照、LAB1、LAB2、LAB3、LAB1+LAB2>LAB2+LAB3>LAB1+LAB3；ADF 含量无显著差异（$P>0.05$）。4 ℃ 条件下 DM 含量 LAB2、LAB1+LAB3、LAB2+LAB3>LAB1+LAB2>LAB3>对照、LAB1；OM、CP、EE 及 ADF 含量无显著差异（$P>0.05$）；NFC 含量 LAB1>LAB1+LAB3、LAB2+LAB3>对照、LAB2、LAB3、LAB1+LAB2；NDF 含量 LAB2、LAB3、LAB1+LAB2>对照、LAB1+LAB3>LAB2+LAB3>LAB1；CP 含量除 LAB3 处理组以外，其他各个处理组中常温处理均高于 4 ℃ 处理。

表 7-29 发酵 56 d 添加乳酸菌的玉米秸秆黄贮的化学成分　　%

项目		DM	OM	CP	EE	NFC	ADF	NDF
对照	常温	35.45^{bA}	82.43^{b}	6.72^{bA}	1.19^{b}	2.94^{cB}	40.70	71.58^{a}
	4 ℃	34.35^{dB}	82.78	5.82^{B}	1.23	3.84^{bA}	40.50	71.90^{ab}
LAB1	常温	36.08^{aA}	84.35^{ab}	6.80^{bA}	1.43^{abA}	5.84^{bc}	41.48	70.28^{a}
	4 ℃	34.42^{dB}	83.80	6.08^{B}	1.24^{B}	8.02^{a}	41.47	68.45^{c}
LAB2	常温	35.76^{abB}	83.80^{ab}	6.89^{abA}	1.60^{a}	5.19^{bcA}	40.89^{B}	70.13^{ab}
	4 ℃	35.85^{aA}	83.78	5.97^{B}	1.41	3.22^{bB}	41.95^{A}	73.18^{aA}
LAB3	常温	35.82^{abA}	84.83^{ab}	6.79^{b}	1.33^{b}	5.70^{bc}	40.99^{B}	71.01^{a}
	4 ℃	34.81^{cB}	83.17	6.01	1.41	3.06^{b}	44.39^{A}	72.69^{a}
LAB1+LAB2	常温	35.53^{bA}	85.52^{aA}	6.93^{abA}	1.20^{b}	7.95^{abA}	40.98	69.45^{aB}
	4 ℃	35.18^{bB}	82.82^{B}	6.00^{B}	1.38	2.51^{bB}	43.52	72.92^{aA}
LAB1+LAB3	常温	35.46^{b}	85.76^{a}	6.96^{abA}	1.29^{b}	12.00^{aA}	41.03	65.51^{bB}
	4 ℃	35.93^{a}	83.78	6.05^{B}	1.37	4.92^{abB}	42.82	71.44^{abA}
LAB2+LAB3	常温	35.64^{bB}	83.03^{b}	7.32^{aA}	1.44^{ab}	6.25^{bc}	40.12	68.02^{ab}
	4 ℃	36.03^{aA}	82.91	6.05^{B}	1.50	5.19^{ab}	41.40	70.17^{bc}
	SEM	0.052	0.279	0.072	0.046	0.536	0.533	0.480
主要影响因素的显著性及交互作用								
温度 T		<0.0001	0.0001	<0.0001	0.8269	<0.0001	0.0012	<0.0001
LAB		<0.0001	0.0003	0.0146	0.002	<0.0001	0.0583	<0.0001
温度 T × LAB		<0.0001	0.0034	0.1343	0.0293	<0.0001	0.1379	0.0004

注：$n=3$，$P<0.05$ 时，差异显著。大写字母不同表示同一乳酸菌添加不同温度间差异显著；小写字母不同表示相同温度下不同乳酸菌添加间差异显著。

3. 添加乳酸菌玉米秸秆黄贮的微生物组成

（1）发酵 7 d 添加乳酸菌的玉米秸秆黄贮的微生物组成。

发酵 7 d 添加乳酸菌玉米秸秆黄贮微生物数量的变化（微生物菌落单位数量的对数值）见表 7-30。在发酵 7 d 常温发酵的玉米秸秆黄贮中，乳酸菌、一般细菌和酪酸菌含量无显著差异（$P>0.05$）；耐热菌含量对照和 LAB1+LAB3＞LAB3 和 LAB2+LAB3＞LAB1、LAB2 和 LAB1+LAB2；大肠杆菌含量对照＞LAB1＞LAB2＞LAB1+LAB2＞LAB3 和 LAB1+LAB3；酵母菌含量对照和 LAB1+LAB3＞LAB1、LAB3、LAB1+LAB2 和 LAB2+LAB3＞LAB2。在发酵 7 d 4 ℃发酵的玉米秸秆黄贮中，耐热菌和酵母菌含量无显著差异（$P>0.05$）。

表 7-30　发酵 7 d 乳酸菌添加玉米秸黄贮微生物数量的变化　　log(cfu/g)

项目		乳酸菌	耐热菌	一般细菌	大肠杆菌	酪酸菌	霉菌	酵母菌
对照	常温	5.55^A	4.76^a	7.30	7.20^a	1.84^B	ND	7.68^{aA}
	4 ℃	4.64^{bB}	4.84	7.38^a	7.55^a	3.02^{aA}	ND	7.41^B
LAB1	常温	5.63^A	4.33^b	7.30	6.78^{ab}	1.69^B	ND	7.37^{ab}
	4 ℃	4.73^{bB}	4.63	7.06^{bc}	6.80^{bc}	2.84^{abA}	ND	7.15
LAB2	常温	5.67^A	4.36^b	7.28	6.49^b	1.62^B	ND	7.20^b
	4 ℃	4.48^{bB}	4.49	7.29^{ab}	6.64^{bc}	2.77^{abA}	ND	7.51
LAB3	常温	5.69	4.52^{ab}	7.14	5.83^d	1.70	ND	7.52^{abA}
	4 ℃	5.34^a	4.73	7.22^{abc}	6.42^{bc}	2.15^b	ND	7.19^B
LAB1 + LAB2	常温	5.56	4.34^b	7.17	6.35^{bc}	1.66^B	ND	7.51^{ab}
	4 ℃	5.22^a	4.40	7.09^{bc}	6.96^{ab}	2.74^{abA}	ND	7.25
LAB1 + LAB3	常温	5.36	4.71^a	7.30	5.74^{dB}	1.59^B	ND	7.56^a
	4 ℃	5.27^a	4.80	7.37^a	6.50^{bcA}	2.69^{abA}	ND	7.50
LAB2 + LAB3	常温	5.62	4.54^{ab}	7.20	5.87^{cd}	1.65	ND	7.50^{abA}
	4 ℃	5.60^a	4.63	6.97^c	6.22^c	2.60^{ab}	ND	7.03^B
	SEM	0.065	0.070	0.044	0.087	0.089	0.000	0.064
主要影响因素的显著性及交互作用								
温度 T		<0.000 1	0.009 0	0.146 7	<0.000 1	<0.000 1	—	0.000 6
LAB		<0.000 1	0.001 0	0.001 3	<0.000 1	0.017 3	—	0.010 7
$T \times$ LAB		<0.000 1	0.775 1	0.028 2	0.038 2	0.055 2	—	0.005 6

注:$n=3$,$P<0.05$ 表示差异显著。ND 表示未检出。大写字母不同表示同一乳酸菌添加不同温度间差异显著;小写字母不同表示相同温度下不同乳酸菌添加间差异显著。

(2)发酵 14 d 添加乳酸菌的玉米秸秆黄贮的微生物组成。

发酵 14 d 添加乳酸菌玉米秸秆黄贮微生物数量的变化见表 7-31。在发酵 14 d 常温发酵的玉米秸秆黄贮中,一般细菌含量无显著差异($P>0.05$);乳酸菌含量 LAB1 + LAB3 > 对照、LAB1、LAB2、LAB3 和 LAB1 + LAB2 > LAB2 + LAB3;耐热菌含量对照 > LAB1 + LAB3 > LAB2 + LAB3 > LAB3 > LAB1 和 LAB2 > LAB1 + LAB2;酵母菌含量对照 > LAB1、LAB3、LAB1 + LAB2 和 LAB1 + LAB3 > LAB2 和 LAB2 + LAB3。发酵 14 d 4 ℃发酵的玉米秸秆黄贮中,一般细菌、大肠杆菌和酵母菌含量无显著差异($P>0.05$);乳酸菌含量 LAB1 + LAB3 和 LAB2 + LAB3 > LAB3 > LAB1 + LAB2 > LAB1 > 对照和 LAB2;耐热菌含量对照 > LAB1 + LAB3 和 LAB2 + LAB3 > LAB1 > LAB3 > LAB2 > LAB1 + LAB2。通过对相同乳酸菌添加组不同发酵温度间的比较发现,耐热菌和一般细菌含量在所有乳酸菌添加处理组中,不同发酵温度的之间无显著差异($P>0.05$);除了 LAB1 + LAB3 和 LAB2 + LAB3 组的乳酸菌含量在不同发酵温度之间无显著差异($P>0.05$)以外,对照、LAB1、LAB2、LAB3 和 LAB1 + LAB2 组常温的乳酸菌含量均显著高于 4 ℃处理($P<0.05$);除了对照组常温的酵母菌含量显著高于它们在 4 ℃处理($P<0.05$)与除了 LAB2 组常温的酵母菌含量显著低于

4 ℃处理($P<0.05$)以外,其他5组常温的酵母菌含量在不同发酵温度之间无显著差异($P>0.05$)。发酵14 d后,两种温度条件下,所有处理组中均未发现酪酸菌及霉菌的存在。饲料发酵14 d后,在所有处理组中,在常温条件下的玉米秸秆黄贮中均未检测到大肠杆菌,而在4 ℃条件下的玉米秸秆黄贮中,都可以检测到大肠杆菌。

表7-31 发酵14 d添加乳酸菌玉米秸黄贮微生物数量的变化　　　　log(cfu/g)

项目		乳酸菌	耐热菌	一般细菌	大肠杆菌	酪酸菌	霉菌	酵母菌
对照	常温	5.77^{abA}	4.64^a	6.91	ND^B	ND	ND	7.58^{aA}
	4 ℃	4.71^{cB}	4.71^a	6.94	5.63^A	ND	ND	7.22^B
LAB1	常温	5.79^{abA}	4.16^{cd}	6.36	ND^B	ND	ND	7.24^{ab}
	4 ℃	4.94^{bcB}	4.35^{bc}	6.55	5.19^A	ND	ND	7.11
LAB2	常温	5.80^{abA}	4.09^{cd}	6.27	ND^B	ND	ND	7.06^{bB}
	4 ℃	4.55^{cB}	4.10^{cd}	6.36	5.65^A	ND	ND	7.28^A
LAB3	常温	5.84^{abA}	4.27^{bcd}	6.71	ND^B	ND	ND	7.25^{ab}
	4 ℃	5.34^{abB}	4.26^{bcd}	6.69	5.31^A	ND	ND	7.11
LAB1+LAB2	常温	5.90^{abA}	4.04^d	6.44	ND^B	ND	ND	7.4^{ab}
	4 ℃	5.33^{abB}	4.02^d	6.48	5.28^A	ND	ND	7.24
LAB1+LAB3	常温	6.07^a	4.57^{ab}	6.55	ND^B	ND	ND	7.38^{ab}
	4 ℃	5.54^a	4.56^{ab}	6.63	5.33^A	ND	ND	7.23
LAB2+LAB3	常温	5.69^b	4.38^{abc}	6.04	ND^B	ND	ND	7.06^b
	4 ℃	5.70^a	4.44^{ab}	6.27	5.27^A	ND	ND	7.04
	SEM	0.057	0.046	0.132	0.075	0.000	0.000	0.053
主要影响因素的显著性及交互作用								
温度T		<0.000 1	0.201 8	0.297 2	<0.000 1	—	—	0.009
LAB		<0.000 1	<0.000 1	0.007 0	0.133 9	—	—	0.001 5
$T×$LAB		<0.000 1	0.533 8	0.984 2	0.133 9	—	—	0.018 7

注:$n=3$,$P<0.05$表示差异显著。ND表示未检出。大写字母不同表示同一乳酸菌添加不同温度间差异显著;小写字母不同表示相同温度下不同乳酸菌添加间差异显著。

(3)发酵28 d添加乳酸菌的玉米秸秆黄贮的微生物组成。

发酵28 d添加乳酸菌玉米秸秆黄贮微生物数量的变化见表7-32。在发酵28 d常温发酵的玉米秸秆黄贮中,乳酸菌含量LAB3>LAB2>LAB1>LAB2+LAB3>对照>LAB1+LAB2和LAB1+LAB3;耐热菌含量对照>LAB1+LAB3>LAB3和LAB2+LAB3>LAB1>LAB2和LAB1+LAB2;一般细菌含量对照>LAB1、LAB2、LAB3和LAB1+LAB3>LAB1+LAB2>LAB2+LAB3;酵母菌含量对照>LAB2、LAB3、LAB1+LAB2、LAB1+LAB3和LAB2+LAB3>LAB1。在发酵28天4 ℃发酵的玉米秸秆黄贮中,耐热菌含量无显著差异($P>0.05$)。

表7-32 发酵28 d添加乳酸菌玉米秸秆黄贮微生物数量的变化　　log(cfu/g)

项目		乳酸菌	耐热菌	一般细菌	大肠杆菌	酪酸菌	霉菌	酵母菌
对照	常温	8.36^{cdA}	4.52^a	6.61^a	ND^B	ND	ND	6.94^{aB}
	4 ℃	7.59^{bB}	4.56	6.81^a	4.21^{aA}	ND	ND	7.21^{aA}
LAB1	常温	8.60^{abcA}	4.15^{bc}	6.36^{ab}	ND^B	ND	ND	6.55^b
	4 ℃	7.81^{abB}	4.25	6.47^{abc}	3.79^{abA}	ND	ND	6.61^c
LAB2	常温	8.68^{abA}	4.07^c	6.31^{ab}	ND^B	ND	ND	6.85^{ab}
	4 ℃	7.78^{abB}	4.08	6.35^{bc}	3.45^{abA}	ND	ND	6.90^b
LAB3	常温	8.74^{aA}	4.17^{abc}	6.56^{ab}	ND^B	ND	ND	6.81^{ab}
	4 ℃	7.86^{abB}	4.19	6.59^{ab}	3.85^{abA}	ND	ND	6.90^b
LAB1 + LAB2	常温	8.18^d	4.02^c	6.28^b	ND^B	ND	ND	6.66^{ab}
	4 ℃	7.81^{ab}	4.02	6.44^{bc}	3.24^{bA}	ND	ND	6.67^{bc}
LAB1 + LAB3	常温	8.16^d	4.45^{ab}	6.31^{ab}	ND^B	ND	ND	6.60^{ab}
	4 ℃	8.10^a	4.47	6.51^{abc}	3.21^{bA}	ND	ND	6.63^{bc}
LAB2 + LAB3	常温	8.39^{bcdA}	4.30^{abc}	5.96^c	ND^B	ND	ND	6.79^{ab}
	4 ℃	7.98^{aB}	4.40	6.18^c	3.80^{abA}	ND	ND	6.85^{bc}
	SEM	0.050	0.071	0.049	0.255	0.000	0.000	0.047
主要影响因素的显著性及交互作用								
温度 T		<0.000 1	0.405 4	0.000 8	<0.000 1	—	—	0.022 0
LAB		0.000 7	0.000 2	<0.000 1	0.001 6	—	—	<0.000 1
温度 T × LAB		<0.000 1	0.993 1	0.539 7	0.001 6	—	—	0.375 6

注：$n=3$，$P<0.05$表示差异显著。ND表示未检出。大写字母不同表示同一乳酸菌添加不同温度间差异显著；小写字母不同表示相同温度下不同乳酸菌添加间差异显著。

乳酸菌含量LAB1 + LAB3和LAB2 + LAB3 > LAB1、LAB2、LAB3和LAB1 + LAB2 > 对照；一般细菌含量对照 > LAB3 > LAB1和LAB1 + LAB3 > LAB2和LAB1 + LAB2 > LAB2 + LAB3；大肠杆菌含量对照 > LAB1、LAB2、LAB3和LAB2 + LAB3 > LAB1 + LAB2和LAB1 + LAB3；酵母菌含量对照 > LAB2和LAB3 > LAB1 + LAB2、LAB1 + LAB3和LAB2 + LAB3 > LAB1。通过对相同乳酸菌添加组不同发酵温度间的比较发现，耐热菌和一般细菌含量在所有乳酸菌添加处理组中，不同发酵温度之间无显著差异（$P>0.05$）；对照、LAB1、LAB2、LAB3和LAB2 + LAB3组常温的乳酸菌含量均显著高于4 ℃处理（$P<0.05$），其他两组的乳酸菌含量在不同发酵温度之间无显著差异（$P>0.05$）；除对照组常温的酵母菌含量均显著低于4 ℃处理（$P<0.05$）外，其他6组的酵母菌含量在不同发酵温度之间无显著差异（$P>0.05$）。发酵28 d后，两种温度条件下，所有处理组中均未发现酪酸菌及霉菌的存在。饲料发酵28 d后，在所有处理组中，常温条件下的玉米秸秆黄贮中均未检测到大肠杆菌，而在4 ℃条件下的玉米秸秆黄贮中，都可以检测到大肠杆菌。

(4)发酵 56 d 添加乳酸菌的玉米秸秆黄贮的微生物组成。

发酵 56 d 添加乳酸菌的玉米秸秆黄贮微生物数量的变化见表 7-33。在发酵 56 d 常温发酵的玉米秸秆黄贮中,乳酸菌含量 LAB1、LAB2 和 LAB3 > 对照、LAB1 + LAB2、LAB1 + LAB3 和 LAB2 + LAB3;耐热菌含量对照 > LAB1 + LAB3 > LAB3 和 LAB2 + LAB3 > LAB1 > LAB2 和 LAB1 + LAB2;一般细菌的含量对照 > LAB1 > LAB2、LAB1 + LAB2 和 LAB1 + LAB3 > LAB3 > LAB2 + LAB3;酵母菌 LAB2 和 LAB3 > 对照 > LAB1 + LAB3 和 LAB2 + LAB3 > LAB1 + LAB2 > LAB1。发酵 56 d 4 ℃ 发酵的玉米秸秆黄贮中,乳酸菌和酵母菌含量无显著差异($P > 0.05$);耐热菌含量对照 > LAB1、LAB1 + LAB3 和 LAB2 + LAB3 > LAB3 > LAB2 和 LAB1 + LAB2;一般细菌含量对照 > LAB1、LAB2、LAB3、LAB1 + LAB2 和 LAB1 + LAB3 > LAB2 + LAB3;大肠杆菌含量对照 > LAB2 + LAB3 > LAB2 和 LAB1 + LAB2 > LAB1、LAB3 和 LAB1 + LAB3。通过对相同乳酸菌添加组不同发酵温度间的比较发现,耐热菌含量在所有乳酸菌添加处理组中,不同发酵温度之间无显著差异($P > 0.05$);在所有乳酸菌添加处理组中 4 ℃ 的乳酸菌含量显著低于常温处理($P < 0.05$);LAB3 组 4 ℃ 的一般细菌含量显著高于常温处理($P < 0.05$);LAB2 组 4 ℃ 的酵母菌含量显著高于常温处理($P < 0.05$)。发酵 56 d 后,两种温度条件下,所有处理组中均未发现酪酸菌及霉菌的存在。发酵 56 d 后,在所有处理组中,在常温条件下的玉米秸秆黄贮中均未检测到大肠杆菌,而在 4 ℃ 条件下的玉米秸秆黄贮中,都可以检测到大肠杆菌。

表 7-33 发酵 56 d 添加乳酸菌的玉米秸秆黄贮微生物数量的变化 log(cfu/g)

项目		乳酸菌	耐热菌	一般细菌	大肠杆菌	酪酸菌	霉菌	酵母菌
对照	常温	8.16^{bA}	4.47^a	6.47^a	ND^B	ND	ND	6.79^{ab}
	4 ℃	7.28^B	4.53^a	6.67^a	3.95^{aA}	ND	ND	6.79
LAB1	常温	8.48^{aA}	4.12^{bc}	6.25^{ab}	ND^B	ND	ND	6.50^c
	4 ℃	7.50^B	4.20^{ab}	6.39^b	3.18^{cA}	ND	ND	6.53
LAB2	常温	8.45^{aA}	4.05^c	6.21^{abc}	ND^B	ND	ND	6.79^{aB}
	4 ℃	7.24^B	4.01^b	6.31^b	3.38^{bcA}	ND	ND	6.89^A
LAB3	常温	8.42^{aA}	4.17^{abc}	6.03^{bcB}	ND^B	ND	ND	6.80^a
	4 ℃	7.03^B	4.17^{abc}	6.44^{bA}	3.09^{cA}	ND	ND	6.83
LAB1 + LAB2	常温	8.03^{bA}	4.01^c	6.16^{abc}	ND^B	ND	ND	6.52^{bc}
	4 ℃	7.11^B	4.01^b	6.39^b	3.27^{bcA}	ND	ND	6.58
LAB1 + LAB3	常温	8.11^{bA}	4.44^{ab}	6.20^{abc}	ND^B	ND	ND	6.55^{abc}
	4 ℃	7.04^B	4.37^{ab}	6.33^b	3.11^{cA}	ND	ND	6.63
LAB2 + LAB3	常温	8.12^{bA}	4.24^{abc}	5.80^c	ND^B	ND	ND	6.74^{abc}
	4 ℃	6.88^B	4.29^{ab}	6.01^c	3.59^{abA}	ND	ND	6.79
	SEM	0.070	0.051	0.051	0.038	0.000	0.000	0.051
主要影响因素的显著性及交互作用								
温度 T		<0.000 1	0.711 0	<0.000 1	<0.000 1	—	—	0.151 6

续表 7-33

项目	乳酸菌	耐热菌	一般细菌	大肠杆菌	酪酸菌	霉菌	酵母菌
LAB	0.000 6	<0.000 1	<0.000 1	<0.000 1	—	—	0.000 2
温度 T×LAB	0.079 2	0.889 2	0.261 8	<0.000 1	—	—	0.991 1

注：$n=3$，$P<0.05$ 表示差异显著。ND 表示未检出。大写字母不同表示同一乳酸菌添加不同温度间差异显著；小写字母不同表示相同温度下不同乳酸菌添加间差异显著。

4. 玉米秸秆黄贮的 pH 及发酵产物的变化

(1) 发酵 7 d 添加乳酸菌的玉米秸秆黄贮的 pH 及发酵产物的变化。

发酵 7 d 添加乳酸菌玉米秸秆黄贮的 pH、总水分、VFA 及氨态氮含量的变化见表 7-34。所有处理常温发酵中，总水分含量 LAB1 + LAB2 > 对照 > LAB1 + LAB3、LAB2 + LAB3 > LAB3 > LAB2 > LAB1；pH 对照 > LAB1、LAB1 + LAB2、LAB1 + LAB3、LAB2 + LAB3 > LAB2、LAB3；乳酸含量 LAB1、LAB2、LAB3、LAB1 + LAB2、LAB2 + LAB3 > LAB1 + LAB3 > 对照；乙酸、丙酸及丁酸含量无显著差异 ($P>0.05$)；氨态氮含量对照、LAB1、LAB3、LAB1 + LAB2、LAB1 + LAB3、LAB2 + LAB3 > LAB2。所有处理 4 ℃ 发酵中，总水分含量 LAB1、LAB2 + LAB3 > LAB1 + LAB3 > 对照、LAB1 + LAB2 > LAB2、LAB3；pH 对照 > LAB3、LAB1 + LAB2、LAB2 + LAB3 > LAB2、LAB1 + LAB3 > LAB1；乳酸含量 LAB1 > LAB2、LAB3、LAB1 + LAB2、LAB1 + LAB3、LAB2 + LAB3 > 对照；乙酸、丙酸含量无显著差异 ($P>0.05$)；丁酸含量对照 > LAB1、LAB3、LAB1 + LAB3、LAB2 + LAB3 > LAB2、LAB1 + LAB2；氨态氮含量对照 > LAB1、LAB2、LAB1 + LAB2、LAB1 + LAB3、LAB2 + LAB3 > LAB3。除对照和 LAB2 组无显著差异 ($P>0.05$)，LAB1 + LAB2 组总水分含量常温较 4 ℃ 高以外的其他各个处理组中总水分含量 4 ℃ 较常温高；各个处理组中 pH 及乙酸含量 4 ℃ 较常温高；除 LAB1、LAB2、LAB1 + LAB3 各个处理组中常温下发酵的乳酸含量均高于 4 ℃ 发酵；氨态氮含量指标中只有 LAB3 添加处理组常温下含量高于 4 ℃ 发酵，其他各个处理组均无显著差异 ($P>0.05$)。

表 7-34 发酵 7d 添加乳酸菌玉米秸秆黄贮的 pH、总水分、VFA 及氨态氮含量的变化

项目		总水分/%	pH	乳酸/%	乙酸/%	丙酸/%	丁酸/%	氨态氮/($g \cdot kg^{-1}$)
对照	常温	65.23^b	5.08^{aB}	2.59^{bA}	2.32^B	0.18	0.50	3.60^a
	4 ℃	65.37^c	7.03^{aA}	2.11^{bB}	8.65^A	0.01	0.44^a	3.60^a
LAB1	常温	64.12^{eB}	5.00^{abB}	3.89^a	1.22^B	0.17	0.34	3.40^a
	4 ℃	66.61^{aA}	6.33^{cA}	3.42^a	7.35^A	0.01	0.35^{ab}	3.39^{ab}
LAB2	常温	64.21^{de}	4.97^{bB}	4.17^a	1.64^B	0.01	0.32^A	3.02^b
	4 ℃	64.28^d	6.71^{bA}	3.30^{ab}	7.72^A	0.01	0.17^{bB}	3.14^{ab}
LAB3	常温	64.39^{cdB}	4.97^{bB}	4.24^{aA}	1.80^B	0.01	0.48	3.36^{aA}
	4 ℃	64.61^{dA}	6.76^{abA}	3.21^{abB}	7.96^A	0.01	0.41^{ab}	2.98^{bB}

续表 7-34

项目		总水分/%	pH	乳酸/%	乙酸/%	丙酸/%	丁酸/%	氨态氮/(g·kg^{-1})
LAB3	常温	66.15^{aA}	4.98^{abB}	3.95^{aA}	1.77^B	0.15	0.40^A	3.53^a
	4 ℃	65.26^{cB}	6.84^{abA}	3.15^{abB}	6.50^A	0.01	0.19^{bB}	3.21^{ab}
LAB1 + LAB3	常温	64.64^{cB}	5.02^{abB}	3.40^{ab}	1.61^B	0.01^B	0.47	3.41^a
	4 ℃	65.95^{bA}	6.67^{bA}	3.33^{ab}	8.29^A	0.02^A	0.25^b	3.19^{ab}
LAB2 + LAB3	常温	64.63^{cB}	4.98^{abB}	4.03^{aA}	2.22^B	0.01	0.42	3.54^a
	4 ℃	66.50^{aA}	6.93^{abA}	2.99^{abB}	7.43^A	0.01	0.37^{ab}	3.35^{ab}
	SEM	0.058	0.047	0.235	0.804	0.066	0.097	0.099
主要影响因素的显著性及交互作用								
温度 T		<0.000 1	<0.000 1	<0.000 1	<0.000 1	0.073 7	0.042 6	0.010 9
LAB		<0.000 1	<0.000 1	<0.000 1	0.714 9	0.547 2	0.251 0	0.000 3
T × LAB		<0.000 1	<0.000 1	0.364 9	0.899 1	0.551 0	0.872 0	0.148 6

注：$n=3$，$P<0.05$ 表示差异显著。大写字母不同表示同一乳酸菌添加不同温度间差异显著；小写字母不同表示相同温度下不同乳酸菌添加间差异显著。

(2) 发酵 14 d 添加乳酸菌的玉米秸秆黄贮的 pH 及发酵产物的变化。

发酵 14 d 玉米秸秆黄贮的 pH、总水分、VFA 及氨态氮含量的变化见表 7-35。所有处理常温发酵中，总水分含量 LAB1 > 对照 > LAB1 + LAB3 > LAB3、LAB1 + LAB2 > LAB2 > LAB2 + LAB3；pH 对照 > LAB1、LAB3、LAB1 + LAB2、LAB1 + LAB3、LAB2 + LAB3 > LAB2；乳酸、乙酸、丙酸及丁酸含量无显著差异（$P>0.05$）；氨态氮含量对照 > LAB1、LAB3、LAB1 + LAB2、LAB1 + LAB3、LAB2 + LAB3 > LAB2。所有处理 4 ℃ 发酵中，总水分含量 LAB1、LAB2 + LAB3 > LAB1 + LAB3 > 对照、LAB3、LAB1 + LAB2 > LAB2；pH 对照 > LAB1 + LAB2、LAB1 + LAB3 > LAB2 + LAB3 > LAB2 > LAB3 > LAB1；丁酸含量对照、LAB1 > LAB1 + LAB2、LAB2 + LAB3 > LAB2、LAB3、LAB1 + LAB3；乳酸、乙酸、丙酸及氨态氮含量无显著差异（$P>0.05$）。总水分含量除了 LAB2 + LAB3 组 4 ℃ 较常温高以外，其他处理组均为常温较 4 ℃ 高；pH 及乙酸含量 4 ℃ 发酵高于常温发酵；LAB1、LAB3 添加处理中，常温发酵的乳酸含量高于 4 ℃ 发酵，其他各个处理组中无显著差异（$P>0.05$）；LAB1 添加处理组中丁酸含量 4 ℃ 发酵高于常温发酵；各个处理组的丙酸含量及氨态氮含量无显著差异（$P>0.05$）。

表 7-35 发酵 14 d 添加乳酸菌玉米秸秆黄贮的 pH、总水分、VFA 及氨态氮含量的变化

项目		总水分/%	pH	乳酸/%	乙酸/%	丙酸/%	丁酸/%	氨态氮/(g·kg^{-1})
对照	常温	66.59^{bA}	4.94^{aB}	3.61	2.41^B	0.03	0.35	3.60^a
	4 ℃	65.38^{cB}	6.49^{aA}	3.08	12.84^A	0.02	0.63^a	3.52

续表 7-35

项目		总水分/%	pH	乳酸/%	乙酸/%	丙酸/%	丁酸/%	氨态氮/(g·kg^{-1})
LAB1	常温	67.08^{aA}	4.78^{abB}	4.88^A	1.85^B	0.02	0.20^B	3.25^{ab}
	4 ℃	66.64^{aB}	5.59^{dA}	3.62^B	9.86^A	0.01	0.62^{aA}	3.21
LAB2	常温	65.30^{eA}	4.66^{bB}	5.08	2.38^B	0.01	0.13	2.92^b
	4 ℃	64.40^{dB}	5.99^{bcdA}	3.59	10.05^A	0.01	0.24^b	3.09
LAB3	常温	66.19^{dA}	4.75^{abB}	4.88^A	1.92^B	0.02	0.33	3.31^{ab}
	4 ℃	65.07^{cB}	5.70^{cdA}	3.67^B	9.91^A	0.01	0.27^b	2.81
LAB3	常温	66.19^{dA}	4.83^{abB}	4.42	2.21^B	0.02	0.33	3.49^{ab}
	4 ℃	65.27^{cB}	6.22^{abA}	3.25	10.59^A	0.01	0.31^{ab}	3.13
LAB1 + LAB3	常温	66.39^{cA}	4.82^{abB}	4.55	2.34^B	0.02	0.32	3.40^{ab}
	4 ℃	66.10^{bB}	6.14^{abA}	3.42	9.12^A	0.01	0.19^b	3.19
LAB2 + LAB3	常温	64.87^{fB}	4.82^{abB}	4.56	2.29^B	0.02	0.24	3.51^{ab}
	4 ℃	66.70^{aA}	6.05^{bcA}	3.47	11.65^A	0.01	0.28^{ab}	3.13
	SEM	0.040	0.065	0.384	0.864	0.008	0.069	0.155
主要影响因素的显著性及交互作用								
温度 T		<0.000 1	<0.000 1	<0.000 1	<0.000 1	0.143 6	0.022 5	0.022 6
LAB		<0.000 1	<0.000 1	0.181 7	0.305 6	0.506 9	0.003 4	0.028 1
$T \times$ LAB		<0.000 1	<0.000 1	0.934 4	0.478 0	0.965 1	0.004 2	0.370 8

注：$n=3$，$P<0.05$ 表示差异显著。大写字母不同表示同一乳酸菌添加不同温度间差异显著；小写字母不同表示相同温度下不同乳酸菌添加间差异显著。

(3) 发酵 28 d 添加乳酸菌的玉米秸秆黄贮的 pH 及发酵产物的变化。

发酵 28 d 添加乳酸菌玉米秸黄贮的 pH、总水分、VFA 及氨态氮含量的变化见表7-36。所有处理常温发酵中，总水分含量对照、LAB1、LAB3、LAB1 + LAB2、LAB1 + LAB3 > LAB2、LAB2 + LAB3；pH 对照 > LAB1、LAB2、LAB1 + LAB3、LAB2 + LAB3 > LAB3、LAB1 + LAB2；乳酸含量 LAB3 > LAB1、LAB2、LAB1 + LAB2、LAB1 + LAB3、LAB2 + LAB3 > 对照；乙酸、丙酸及丁酸含量无显著差异（$P>0.05$）；氨态氮含量对照、LAB1 + LAB2、LAB1 + LAB3、LAB2 + LAB3 > LAB1、LAB3 > LAB2。所有处理 4 ℃ 发酵中，总水分含量对照、LAB1、LAB2 + LAB3 > LAB1 + LAB3 > LAB3 > LAB1 + LAB2 > LAB2；pH 对照 > LAB1、LAB2、LAB3、LAB1 + LAB2、LAB1 + LAB3、LAB2 + LAB3；乳酸、乙酸、丙酸、丁酸及氨态氮含量无显著差异（$P>0.05$）。除对照、LAB3 组不同温度下总水分含量无显著差异（$P>0.05$），LAB1、LAB2 + LAB3 组 4 ℃ 发酵总水分含量高于常温发酵，其余 3 组总水分含量均常温发酵高于 4 ℃ 发酵；除 LAB1、LAB2、LAB1 + LAB2 组不同温度下 pH 无显著差异（$P>0.05$），其余 4 组 4 ℃ 发酵 pH 高于常温发酵；除 LAB3 添加处理组的常温发酵乳酸含量高于 4 ℃ 发酵的乳酸含量，其余各组处理中常温与 4 ℃ 发酵的乳酸菌含量无显著差异（$P>0.05$）；乙酸含量各个处

理组中4℃发酵的乙酸含量高于常温发酵乙酸含量;丙酸、丁酸和氨态氮含量各组处理中常温与4℃发酵无显著差异($P>0.05$)。

表7-36 发酵28 d添加乳酸菌玉米秸秆黄贮的pH、总水分、VFA及氨态氮的变化

项目		总水分/%	pH	乳酸/%	乙酸/%	丙酸/%	丁酸/%	氨态氮/($g \cdot kg^{-1}$)
对照	常温	66.59^a	4.83^{aB}	4.26^b	2.87^B	0.03	0.14	3.57^a
	4 ℃	66.64^a	5.18^{aA}	3.80	14.11^A	0.01	0.19	3.42
LAB1	常温	66.43^{aB}	4.66^{ab}	5.86^{ab}	2.18^B	0.02	0.10	3.24^{ab}
	4 ℃	66.60^{aA}	4.83^b	4.61	12.21^A	0.01	0.18	3.18
LAB2	常温	65.30^{bA}	4.62^{ab}	6.51^{ab}	2.50^B	0.01	0.11	2.81^b
	4 ℃	64.32^{cB}	4.78^b	4.69	12.70^A	0.01	0.18	3.02
LAB3	常温	66.19^a	4.50^{bB}	10.40^{aA}	2.24^B	0.02	0.12	3.26^{ab}
	4 ℃	65.73^c	4.84^{bA}	4.48^B	12.01^A	0.01	0.18	2.79
LAB1 + LAB2	常温	66.17^{aA}	4.53^b	8.81^{ab}	2.70^B	0.02	0.10	3.36^a
	4 ℃	65.27^{dB}	4.65^b	6.16	10.82^A	0.01	0.11	3.06
LAB1 + LAB3	常温	66.39^{aA}	4.60^{abB}	6.52^{ab}	2.41^B	0.01	0.10	3.39^a
	4 ℃	66.03^{bB}	4.90^{bA}	4.60	11.10^A	0.01	0.14	3.00
LAB2 + LAB3	常温	64.87^{bB}	4.60^{abB}	6.52^{ab}	2.31^B	0.02	0.13	3.42^a
	4 ℃	66.62^{aA}	4.76^{bA}	5.36	12.30^A	0.01	0.12	3.12
	SEM	0.263	0.053	0.823	0.898	0.007	0.028	0.174
主要影响因素的显著性及交互作用								
温度 T		0.043 3	<0.000 1	<0.000 1	<0.000 1	0.130 9	0.009 7	0.031 3
LAB		<0.000 1	<0.000 1	0.002 8	0.844 4	0.905 9	0.381 5	0.067 4
T × LAB		<0.000 1	0.158 8	0.055 8	0.916 7	0.968 7	0.738 5	0.504 3

注:$n=3$,$P<0.05$时,差异显著。大写字母不同表示同一乳酸菌添加不同温度间差异显著;小写字母不同表示相同温度下不同乳酸菌添加间差异显著。

(4)发酵56 d添加乳酸菌的玉米秸秆黄贮的pH及发酵产物的变化。

发酵56 d玉米秸秆黄贮的pH、总水分、VFA及氨态氮含量的变化见表7-37。所有处理常温发酵中,总水分含量对照、LAB1 + LAB2、LAB1 + LAB3、LAB2 + LAB3 > LAB2、LAB3 > LAB1;pH、乳酸、乙酸、丙酸及丁酸含量无显著差异($P>0.05$);氨态氮含量对照 > LAB1 + LAB3 > LAB3、LAB1 + LAB2、LAB2 + LAB3 > LAB1 > LAB2。所有处理4 ℃发酵中,总水分含量对照、LAB1 > LAB3 > LAB1 + LAB2 > LAB2、LAB1 + LAB3、LAB2 + LAB3;pH 对照 > LAB1、LAB2、LAB3、LAB1 + LAB2 > LAB2 + LAB3 > LAB1 + LAB3;乳酸含量、乙酸、丙酸及丁酸含量无显著差异($P>0.05$);氨态氮含量对照 > LAB2 + LAB3 > LAB1 > LAB3、LAB1 + LAB2、LAB1 + LAB3 > LAB2。

表 7-37 发酵 56 d 玉米秸秆黄贮的 pH、总水分、VFA 及氨态氮含量的变化

项目		总水分/%	pH	乳酸/%	乙酸/%	丙酸/%	丁酸/%	氨态氮/(g·kg^{-1})
对照	常温	64.55^{aB}	4.76^{B}	4.21	3.27^{B}	0.03^{B}	0.20	3.44^{aA}
	4 ℃	65.65^{aA}	7.11^{aA}	3.64	10.24^{A}	0.19^{A}	0.13	3.15^{aB}
LAB1	常温	63.92^{bB}	4.50^{B}	5.52	2.95^{B}	0.02	0.17	2.88^{bc}
	4 ℃	65.58^{aA}	6.93^{abA}	4.28	14.09^{A}	0.17	0.11	2.62^{abc}
LAB2	常温	64.24^{abA}	4.51^{B}	6.41	3.07	0.03	0.18	2.72^{c}
	4 ℃	64.15^{dB}	6.77^{abA}	4.33	9.12	0.01	0.11	2.05^{c}
LAB3	常温	64.18^{abB}	4.48^{B}	8.15	2.95^{B}	0.01	0.16	3.16^{abcA}
	4 ℃	65.19^{bA}	6.91^{abA}	4.29	14.58^{A}	0.15	0.12	2.15^{bcB}
LAB1 + LAB2	常温	64.47^{aB}	4.55^{B}	6.31	3.02	0.03	0.18	3.10^{abc}
	4 ℃	64.07^{d}	6.09^{cA}	4.37^{B}	7.15^{A}	0.01^{B}	0.06	2.33^{bc}
LAB1 + LAB3	常温	64.54^{a}	4.63^{B}	6.18^{A}	2.74^{B}	0.02^{A}	0.13	3.27^{ab}
	4 ℃	63.97^{dB}	6.66^{bA}	4.33	7.02^{A}	0.06	0.06	2.70^{ab}
LAB1 + LAB3	常温	64.36^{aA}	4.63^{B}	6.20	2.73^{B}	0.02	0.13	3.13^{abcA}
	4 ℃	63.97^{dB}	6.66^{bA}	4.33	7.02^{A}	0.08	0.06	2.70^{abB}
	SEM	0.052	0.066	0.726	0.640	0.048	0.040	0.113
主要影响因素的显著性及交互作用								
温度 T		<0.0001	<0.0001	<0.0001	<0.0001	0.0146	0.0060	<0.0001
LAB		<0.0001	<0.0001	0.1413	0.1627	0.2153	0.5349	<0.0001
T × LAB		<0.0001	<0.0001	0.4688	0.2007	0.2125	0.9997	0.0034

注：$n=3$，$P<0.05$ 时，差异显著。不同大写字母表示同一乳酸菌添加不同温度间差异显著；小写字母表示相同温度下不同乳酸菌添加间差异显著。

除 LAB1 + LAB3 组不同温度发酵下总水分含量无显著差异（$P>0.05$），LAB2 及 LAB2 + LAB3 组常温发酵总水分含量高于 4 ℃ 发酵，其余 4 组 4 ℃ 发酵总水分含量高于常温发酵；各个处理组中 4 ℃ 发酵的 pH 高于常温下发酵的 pH；除 LAB1 + LAB3 组常温发酵乳酸含量高于 4 ℃ 发酵，其余 6 个处理组中 4 ℃ 与常温下发酵乳酸含量无显著差异（$P>0.05$）；除 LAB2、LAB1 + LAB2 添加处理中各个处理组乙酸含量无显著差异（$P>0.05$）之外，其他各个处理组 4 ℃ 发酵的乙酸含量高于常温下发酵的乙酸含量；除 LAB1 + LAB3 组常温发酵丙酸含量高于 4 ℃ 发酵，对照组 4 ℃ 发酵丙酸含量高于常温发酵，其余 5 组不同温度发酵丙酸含量无显著差异（$P>0.05$）；除 LAB1、LAB2 添加处理中各个处理组氨态氮含量无显著差异（$P>0.05$）之外，其他各个处理组常温下发酵的氨态氮含量高于 4 ℃ 发酵的氨态氮含量。

5. 讨论

（1）不同温度乳酸菌处理对玉米秸秆黄贮感官评定和 pH 的影响。

通过感官品质鉴定能够发现，在两种温度条件下，与对照组相比，乳酸菌添加组均能够

在一定程度上改善玉米秸秆黄贮的酸香气味,尤其在 4 ℃ 条件下的改善效果明显。这是由于添加乳酸菌能够弥补玉米秸秆原料中附生乳酸菌数量不足的缺陷,同时增加玉米秸秆在发酵过程中产生的有机酸及维生素等代谢产物,软化纤维并提高酸香气味。通过观察结果发现,在化学成分上,常温的玉米秸秆黄贮的 CP 含量在两个发酵天数中始终高于 4 ℃ 条件下的玉米秸秆黄贮,而在 NDF 含量上,4 ℃ 条件下的玉米秸秆黄贮高于常温的玉米秸秆黄贮;在微生物数量上,常温玉米秸秆黄贮的乳酸菌数量高于 4 ℃ 下的玉米秸秆黄贮,常温发酵条件对于大肠杆菌的抑制作用更为明显;此外,与常温条件相比,4 ℃ 发酵条件下的乳酸含量较低,这使得 4 ℃ 发酵条件下的 pH 高于常温。这是因为低温环境下,玉米秸秆黄贮容易出现乳酸产量下降,导致乳酸发酵不充分的情况。室温条件与 4 ℃ 条件相比更有利于玉米秸秆黄贮中乳酸菌的生长,而乳酸菌通过代谢产生的乳酸可以降低饲料的 pH,降低蛋白质分解菌及饲料有害菌的数量,减少了黄贮中蛋白质的损失。此外,玉米秸秆黄贮在常温发酵过程中,在有机酸发酵菌的作用下,可以将更多的反刍动物难消化的纤维转化为易吸收的糖类,降低了玉米秸秆黄贮中的难消化纤维的含量。

(2)不同温度乳酸菌处理对玉米秸秆黄贮化学成分和微生物组成的影响。

通过结果能够看出,忽略温度条件的影响,乳酸菌添加组与对照组相比,均能够不同程度地提高营养成分含量及发酵品质,但由于添加的乳酸菌不同,其对于黄贮的影响效果也有所不同,而乳酸菌添加效果的好坏主要取决于其产生有机酸、减少营养成分损失及抑制有害细菌的能力。通过比较发现,LAB2 及 LAB2 + LAB3 添加处理组,在降低 DM 损失及有害细菌的数量、提高 CP、EE 含量及乳酸菌数量上,相比较于其他乳酸菌添加处理组有明显的添加效果。此外,与其他乳酸菌添加组相比,饲料发酵 28 d 及 56 d 时,LAB2 处理组能够明显地提高饲料的 OM 含量;而 LAB2 + LAB3 添加处理组对于降低 NDF 含量的效果显著,也就是说 LAB2 + LAB3 降解玉米秸秆中的纤维素、半纤维素及木质素的能力较强。黄贮中,氨态氮的含量是反映饲料中蛋白质分解程度的一项重要指标。虽然,LAB2 组在饲料发酵过程中乳酸菌的增值速度低于 LAB2 + LAB3 组,但 LAB2 组对于抑制黄贮氨态氮含量的效果比 LAB2 + LAB3 组好,说明 LAB2 可以通过乳酸菌的稳步增长来提高乳酸含量,降低饲料的 pH,抑制蛋白酶的活性及玉米秸秆黄贮中大部分有害菌的生长,从而减少了有害菌对于黄贮中可溶性糖的利用及其对于蛋白质的分解,降低了 OM 的损失,对饲料中蛋白质分解为氨态氮起到了较好的抑制作用。比较所有乳酸菌添加处理组后发现,在发酵 28 d 后,4 ℃ 条件下,添加 LAB2 能够明显提高玉米秸秆黄贮的 DM、OM 及 CP 含量;而 LAB1 + LAB3 的添加,在增加乳酸菌数量的同时,还能够对大肠杆菌起到很好的抑制作用。常温条件下,LAB2 + LAB3 的添加有效地提高了玉米秸秆黄贮中 DM 及 CP 的含量,使 NDF 含量及大肠杆菌数量明显降低。这是因为通过单独添加 LAB3 乳酸菌,能够对饲料发酵前期酪酸菌的生长起到很好的抑制作用,而在混合添加 LAB2 + LAB3 后,LAB2 在降低 DM 损失方面发挥积极的作用的同时,LAB3 也对酪酸菌的生长产生一定的抑制,降低了蛋白质的分解,并将部分纤维转化成为菌体蛋白,增加玉米秸秆黄贮中 CP 的含量。LAB1 添加处理组在两种温度条件下都能够很好地抑制酵母菌的生长。而在发酵 56 d 后,4 ℃ 条件下,LAB2 在降低 DM 损失方面依然发挥着明显的作用,另外,它还可以抑制耐热菌的生长及蛋白质的分解;而 LAB1 + LAB3 的添加能够降低玉米秸秆黄贮的 pH,提高乳酸含量,抑制大肠杆菌的生长。常温条件下,在添加了 LAB1 后 DM 及 OM 含量及乳酸菌数量明显升高,同时酵母菌数量下降明显;LAB2 + LAB3 的添加增加了 CP 含量,也抑制了一般细菌的生长。

6. 结论

在降低玉米秸秆黄贮营养成分损失方面,LAB2 + LAB3 及 LAB2 分别在常温及 4 ℃ 条件下有较好的添加效果;而在提高玉米秸秆黄贮发酵品质方面,在常温条件下,LAB1 及 LAB2 + LAB3 的添加效果较为明显,在 4 ℃ 条件下,LAB2 及 LAB1 + LAB3 添加处理组的玉米秸秆黄贮的发酵品质较好。

三、乳酸菌对玉米秸秆黄贮有氧稳定性的影响

1. 不同发酵天数添加数乳酸菌的玉米秸秆黄贮的氧化温度及室温的测定

(1)发酵 28 d 添加乳酸菌的玉米秸秆黄贮的氧化温度及室温的变化。

图 7 - 8、图 7 - 9、图 7 - 10 所示分别为早上、中午及晚上测定的发酵 28 d 添加乳酸菌的玉米秸秆黄贮的氧化温度及室温的变化情况。3 个测定时间段中,在 4 ℃ 条件下储存的对照组玉米秸秆黄贮的氧化温度上升速度最快,氧化温度的上升幅度也最大。虽然各测定时间段中,4 ℃ 条件下储存所有添加乳酸菌的玉米秸秆黄贮的氧化温度上升幅度高于同一乳酸菌添加处理在常温条件下的玉米秸秆黄贮的氧化温度,但所有在 4 ℃ 条件下的添加乳酸菌的玉米秸秆黄贮的氧化温度均低于 4 ℃ 条件下储存的对照组玉米秸秆黄贮的氧化温度。

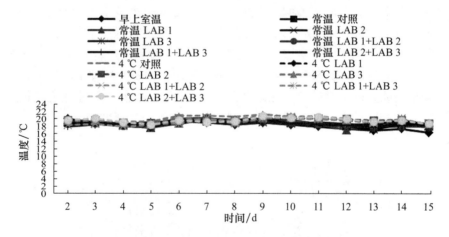

图 7 - 8　早上测定的发酵 28 d 添加乳酸菌的玉米秸秆黄贮的氧化温度及室温的变化

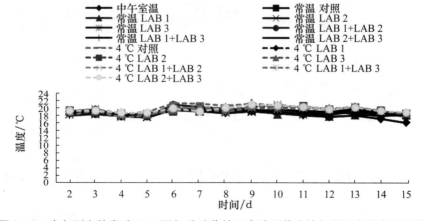

图 7 - 9　中午测定的发酵 28 d 添加乳酸菌的玉米秸秆黄贮的氧化温度及室温的变化

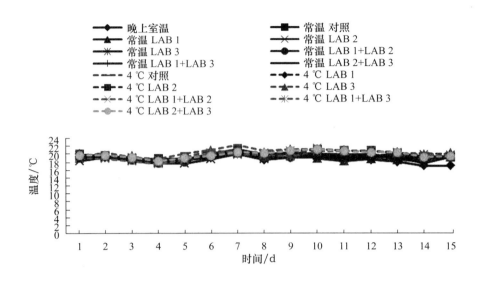

图 7-10 晚上测定的发酵 28 d 添加乳酸菌玉米秸秆黄贮的氧化温度及室温的变化

（2）发酵 56 d 乳酸菌添加的玉米秸秆黄贮的氧化温度及室温的变化。

图 7-11、图 7-12、图 7-13 所示分别为早上、中午及晚上测定的发酵 56 d 添加乳酸菌的玉米秸秆黄贮的氧化温度及室温的变化情况。在有氧氧化开始的 5 d 后，3 个测定时间段里，与所有常温条件下的处理组相比，4 ℃ 条件下储存的所有处理组的玉米秸秆黄贮的氧化温度开始呈现明显的上升趋势。在两种温度条件下，乳酸菌添加处理组的饲料氧化温度的上升速度均比相同温度条件下对照组饲料氧化温度的上升速度慢。

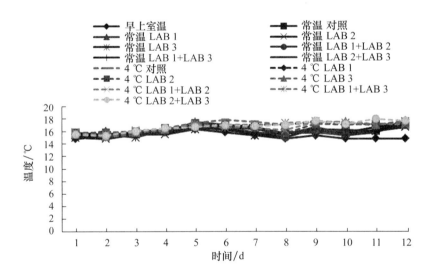

图 7-11 早上测定的发酵 56 d 添加乳酸菌玉米秸秆黄贮的氧化温度及室温的变化

第七章 玉米秸秆黄贮发酵品质及饲料特性

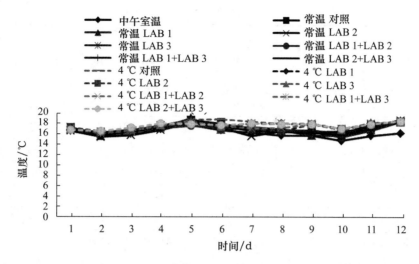

图 7-12 中午测定的发酵 56 d 添加乳酸菌玉米秸秆黄贮的氧化温度及室温的变化

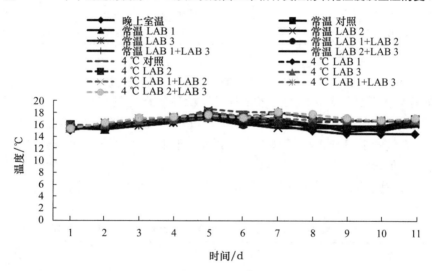

图 7-13 晚上测定的发酵 56 d 添加乳酸菌玉米秸秆黄贮的氧化温度及室温的变化

2. 有氧氧化后添加乳酸菌的玉米秸秆黄贮的感官评定

(1) 发酵 28 d 氧化后添加乳酸菌的玉米秸秆黄贮的感官评定。

发酵 28 d 氧化后添加乳酸菌的玉米秸秆黄贮的感官评定见表 7-38。在发酵 28 d 氧化后两种贮藏温度下所有添加乳酸菌的玉米秸秆黄贮的颜色均由有氧氧化前的黄绿色转变为暗黄色，质地也由松散湿润的结构转变为干燥结团状。在两种温度条件下，所有乳酸菌添加组相比较于对照组在酸香气味上都有不同程度的改善。

表 7-38 发酵 28 d 氧化后添加乳酸菌的玉米秸秆黄贮感官评定

处理	颜色	气味	质地
常温对照	暗黄色	酸味淡、秸秆味重	质地干燥结团
常温 LAB1	暗黄色	酸香味淡、秸秆味重	质地干燥结团

续表 7-38

处理	颜色	气味	质地
常温 LAB2	暗黄色	酸香味淡、秸秆味重	质地干燥结团
常温 LAB3	暗黄色	酸香味淡、秸秆味重	质地干燥结团
常温 LAB1 + LAB2	暗黄色	酸味香淡、秸秆味重	质地干燥结团
常温 LAB1 + LAB3	暗黄色	酸香味淡、秸秆味重	质地干燥结团
常温 LAB2 + LAB3	暗黄色	酸香味淡、秸秆味重	质地干燥结团
4 ℃ 对照	暗黄色	无酸香味、略带霉味	质地干燥结团
4 ℃ LAB1	暗黄色	酸味淡、略带霉味	质地干燥结团
4 ℃ LAB2	暗黄色	酸味淡、略带霉味	质地干燥结团
4 ℃ LAB3	暗黄色	酸味淡、略带霉味	质地干燥结团
4 ℃ LAB1 + LAB2	暗黄色	酸味淡、略带霉味	质地干燥结团
4 ℃ LAB1 + LAB3	暗黄色	酸味淡、略带霉味	质地干燥结团
4 ℃ LAB2 + LAB3	暗黄色	酸味淡、略带霉味	质地干燥结团

(2) 发酵 56 d 氧化后添加乳酸菌的玉米秸秆黄贮的感官评定。

发酵 56 d 氧化后添加乳酸菌的玉米秸秆黄贮的感官评定见表 7-39。在发酵 56 d 氧化后两种贮藏温度下所有添加乳酸菌的玉米秸秆黄贮的颜色及质地均相近，没有发现明显的差异。只是在气味上，相比较于常温条件下的玉米秸秆黄贮而言，4 ℃ 条件储存的玉米秸秆黄贮氧化后不但酸香气味较淡，还伴有轻微的霉味。并且，两种贮藏温度下，所有添加乳酸菌的玉米秸秆黄贮的酸香味均比在相同温度条件下对照组的酸香味重。

表 7-39 发酵 56 d 氧化后添加乳酸菌的玉米秸秆黄贮的感官评定

处理	颜色	气味	质地
常温对照	暗黄色	酸味淡、秸秆味重	质地干燥结团
常温 LAB1	暗黄色	酸香味淡、秸秆味重	质地干燥结团
常温 LAB2	暗黄色	酸香味淡、秸秆味重	质地干燥结团
处理	颜色	气味	质地
常温 LAB3	暗黄色	酸香味淡、秸秆味重	质地干燥结团
常温 LAB1 + LAB2	暗黄色	酸香味淡、秸秆味重	质地干燥结团
常温 LAB1 + LAB3	暗黄色	酸香味淡、秸秆味重	质地干燥结团
常温 LAB2 + LAB3	暗黄色	酸香味淡、秸秆味重	质地干燥结团
4 ℃ 对照	暗黄色	无酸香味、略带霉味	质地干燥结团
4 ℃ LAB1	暗黄色	酸味淡、略带霉味	质地干燥结团
4 ℃ LAB2	暗黄色	酸味淡、略带霉味	质地干燥结团
4 ℃ LAB3	暗黄色	酸味淡、略带霉味	质地干燥结团
4 ℃ LAB1 + LAB2	暗黄色	酸味淡、略带霉味	质地干燥结团

续表 7-39

处理	颜色	气味	质地
4 ℃ LAB1 + LAB3	暗黄色	酸味淡、略带霉味	质地干燥结团
4 ℃ LAB2 + LAB3	暗黄色	酸味淡、略带霉味	质地干燥结团

3. 有氧氧化后添加乳酸菌的玉米秸秆黄贮的化学成分

（1）发酵 28 d 氧化后添加乳酸菌的玉米秸秆黄贮的化学成分。

发酵 28 d 氧化后添加乳酸菌玉米秸秆黄贮的化学成分见表 7-40。

表 7-40 发酵 28 d 氧化后乳酸菌添加玉米秸黄贮的化学成分 %

项目		DM	OM	CP	EE	NFC	ADF	NDF
对照	常温	33.25^{bA}	85.57^b	6.53^{dA}	1.70^A	13.15^{ab}	46.50^A	64.19^{ab}
	4 ℃	32.28^{cB}	84.39^c	5.79^{cB}	1.18^{cB}	12.64^{ab}	42.35^{cB}	64.79^b
LAB1	常温	33.37^b	87.55^{ab}	6.93^{cA}	1.85^A	14.33^{ab}	46.45	64.45^{ab}
	4 ℃	32.43^{bc}	86.06^{bc}	6.03^{bB}	1.29^{cB}	14.05^a	45.30^{ab}	64.68^b
LAB2	常温	33.33^{bA}	87.61^{ab}	7.09^{bcA}	1.80^A	15.86^{abA}	47.34	62.86^{bB}
	4 ℃	32.86^{abcB}	88.75^a	5.94^{bcB}	1.23^{cB}	6.15^{bcB}	45.70^a	75.43^{aA}
LAB3	常温	33.72^{bB}	87.37^{ab}	7.14^{bcA}	1.73^A	15.55^{abA}	48.52^A	62.95^{bB}
	4 ℃	34.08^{aA}	86.10^{bc}	5.95^{bcB}	1.22^{cB}	4.14^{cB}	44.06^{abcB}	74.79^{aA}
LAB1 + LAB2	常温	33.39^{bB}	88.19^a	7.15^{bA}	1.96^A	16.07^{aA}	46.62	63.00^{bB}
	4 ℃	34.39^{aA}	87.04^{ab}	6.10^{bB}	1.40^{bcB}	4.12^{cB}	42.64^{bc}	75.43 aA
LAB1 + LAB3	常温	33.37^b	88.12^a	7.12^{bcA}	1.72	13.12^{abA}	46.97	66.16^{aB}
	4 ℃	33.86^{ab}	86.32^{abc}	6.36^{aB}	1.45^b	3.62^{cB}	43.98^{abc}	74.90^{aA}
LAB2 + LAB3	常温	35.09^{aA}	86.99^{ab}	7.47^{aA}	1.84^A	11.82^b	46.46^A	65.86^a
	4 ℃	32.31^{cB}	86.69^{abc}	6.34^{aB}	1.70^{aB}	4.78^c	43.18^{abcB}	73.87^a
	SEM	0.172	0.376	0.029	0.041	0.887	0.407	0.862
主要影响因素的显著性及交互作用								
温度 T		0.000 8	0.003 5	<0.000 1	<0.000 1	<0.000 1	<0.000 1	<0.000 1
LAB		0.000 2	0.000 3	<0.000 1	0.000 2	0.000 6	0.003 9	0.000 1
$T \times$ LAB		<0.000 1	0.089 7	<0.000 1	0.003 2	0.000 2	0.032 9	<0.000 1

注：$n=3$，$P<0.05$ 表示差异显著。大写字母不同表示同一乳酸菌添加不同温度间差异显著；小写字母不同表示相同温度下不同乳酸菌添加间差异显著。

(2) 发酵 56 d 氧化后添加乳酸菌的玉米秸秆黄贮的化学成分。

发酵 56 d 氧化后添加乳酸菌的玉米秸秆黄贮的化学成分见表 7-41。

表 7-41 发酵 56 d 氧化后添加乳酸菌的玉米秸黄贮的化学成分   %

项目		DM /%	OM	CP	EE	NFC	ADF	NDF
对照	常温	35.15^{cA}	82.63^c	6.38^{dA}	1.17^b	1.52^{ab}	45.54^a	77.06
	4 ℃	34.51^B	83.60^{ab}	5.79^B	1.20	1.84	42.20	76.27
LAB1	常温	35.97^{aA}	85.19^{ab}	6.55^{cdA}	1.56^a	1.07^{abc}	46.34^a	77.01
	4 ℃	34.59^B	84.46^{ab}	5.90^B	1.32	0.72	45.20	77.02
LAB2	常温	35.64^{abA}	84.45^b	6.61^{cA}	1.30^{ab}	0.22^{bc}	44.10^{ab}	76.81
	4 ℃	34.79^B	84.84^a	5.80^B	1.22	2.18	45.63	76.14
LAB3	常温	35.26^{bcA}	85.69^{ab}	6.59^{cA}	1.28^{ab}	1.06^{abc}	43.80^{ab}	76.76
	4 ℃	34.71^B	83.67^{ab}	5.86^B	1.21	2.27	43.74	75.34
LAB1 + LAB2	常温	35.22^{bc}	86.73^{aA}	6.65^{cA}	1.26^b	1.24^{abc}	44.12^{ab}	77.58
	4 ℃	35.15	83.24^{bB}	5.99^B	1.25	0.82	42.40	76.17
LAB1 + LAB3	常温	35.36^{bc}	86.54^{aA}	6.92^{bA}	1.43^{ab}	2.11^a	44.54^{ab}	76.09
	4 ℃	35.67	84.94^{aB}	5.90^B	1.30	2.35	43.51	75.39
LAB2 + LAB3	常温	35.59^{abc}	84.52^{bA}	7.28^{aA}	1.34^{ab}	0.19^c	42.64^b	76.71
	4 ℃	35.52	83.15^{bB}	5.84^B	1.35	1.351	42.70	76.61
	SEM	0.238	0.242	0.035	0.049	0.346	0.586	0.681
主要影响因素的显著性及交互作用								
温度 T		0.009 7	<0.000 1	<0.000 1	0.046 2	0.020 8	0.052 3	0.125 1
LAB		0.212 5	<0.000 1	<0.000 1	0.013 9	0.039 5	0.014 8	0.731 1
$T \times$ LAB		0.147 9	<0.000 1	<0.000 1	0.359 6	0.111 7	0.094 7	0.961 6

注：$n=3$，$P<0.05$ 表示差异显著。大写字母不同表示同一乳酸菌添加不同温度间差异显著；小写字母不同表示相同温度下不同乳酸菌添加间差异显著。

4. 有氧氧化后添加乳酸菌的玉米秸秆黄贮的微生物组成

(1) 发酵 28 d 氧化后添加乳酸菌的玉米秸秆黄贮的微生物组成

发酵 28 d 有氧氧化后添加乳酸菌的玉米秸黄贮微生物数量的变化见表 7-42。

表 7-42 发酵 28 d 有氧氧化后添加乳酸菌的
玉米秸秆黄贮微生物数量的变化   log(cfu/g)

项目		乳酸菌	耐热菌	一般细菌	大肠杆菌	酪酸菌	霉菌	酵母菌
对照	常温	6.84^{bB}	5.43^B	7.07^a	4.63^{aB}	ND^B	4.26^{aB}	7.73^a
	4 ℃	6.25^{bB}	6.44^{aA}	7.48^a	6.36^A	3.73^{aA}	6.04^{aA}	7.85^a
LAB1	常温	7.30^{aA}	5.29^B	6.46^{bcB}	4.35^{aB}	ND^B	2.98^{bB}	7.53^{ab}
	4 ℃	6.46^{abB}	6.09^{abA}	7.10^{bA}	6.18^A	3.28^{abA}	5.62^{bA}	7.66^a
LAB2	常温	7.16^{abA}	5.28^B	6.63^{ab}	4.16^{aB}	ND^B	4.07^{aB}	7.07^{bc}
	4 ℃	6.34^{bB}	5.90^{bA}	7.23^{ab}	6.13^A	2.00^{dA}	5.88^{abA}	7.19^b
LAB3	常温	7.36^{aA}	5.38^B	6.61^{ab}	4.11^{aB}	ND^B	3.12^{bB}	6.93^c
	4 ℃	6.49^{abB}	6.08^{abA}	7.28^{abA}	6.26^A	2.78^{bcA}	5.88^{abA}	7.17^b
LAB1+LAB2	常温	7.04^{abA}	5.37^B	6.97^{abB}	3.00^{bB}	ND^B	2.04^{cB}	6.87^c
	4 ℃	6.30^{bB}	6.13^{aA}	7.32^{abA}	5.46^A	2.55^{cA}	5.97^{aA}	6.95^b
LAB1+LAB3	常温	7.05^{abA}	5.30^B	6.86^{abB}	4.11^{aB}	ND^B	2.03^{cB}	7.04^{bc}
	4 ℃	6.27^{bB}	5.94^{bA}	7.32^{abA}	5.97^A	1.93^{dA}	5.92^{abA}	7.17^b
LAB2+LAB3	常温	7.14^{ab}	5.40^B	6.03^{cB}	4.26^{aB}	ND^B	2.27^{cB}	7.44^{abA}
	4 ℃	6.66^a	5.83^{bA}	7.35^{abA}	6.29^A	1.94^{dA}	5.82^{abA}	7.04^{bB}
	SEM	0.051	0.051	0.067	0.118	0.055	0.047	0.061
主要影响因素的显著性及交互作用								
贮藏温度		<0.0001	<0.0001	<0.0001	<0.0001	<0.0001	<0.0001	0.1575
乳酸菌		0.0001	0.0011	<0.0001	<0.0001	<0.0001	<0.0001	<0.0001
贮藏温度×乳酸菌		0.0537	0.0131	0.0008	0.2798	<0.0001	<0.0001	0.0169

注：$n=3$，$P<0.05$ 表示差异显著。ND 表示未检出。大写字母不同表示同一乳酸菌添加不同温度间差异显著；小写字母不同表示相同温度下不同乳酸菌添加间差异显著。

(2) 发酵 56 d 氧化后添加乳酸菌的玉米秸秆黄贮的微生物组成。

发酵 56 d 有氧氧化后添加乳酸菌的玉米秸黄贮微生物数量的变化（微生物菌落单位数量的对数值）见表 7-43。

表 7-43 发酵 56 d 有氧氧化后的玉米秸秆黄贮微生物数量的变化   log(cfu/g)

项目		乳酸菌	耐热菌	一般细菌	大肠杆菌	酪酸菌	霉菌	酵母菌
对照	常温	6.64	5.19^a	6.90^{aB}	3.86^{aB}	ND^B	ND^B	7.34^a
	4 ℃	6.21	5.71^a	7.39^{aA}	5.99^{aA}	2.73^{aA}	5.99^A	7.49^a

续表 7-43

项目		乳酸菌	耐热菌	一般细菌	大肠杆菌	酪酸菌	霉菌	酵母菌
LAB1	常温	7.15^A	4.97^{aB}	6.32^{bcB}	2.96^{bB}	ND^B	ND^B	6.71^c
	4 ℃	6.35^B	5.32^{abA}	7.06^{bA}	5.58^{bA}	2.43^{abA}	5.85^A	7.07^b
LAB2	常温	7.12^A	4.94^a	6.47^{abcB}	2.98^{bB}	ND^B	ND^B	7.07^{ab}
	4 ℃	6.16^B	4.98^b	7.20^{abA}	5.58^{bA}	1.80^{cdA}	5.58^A	7.17^{ab}
LAB1 + LAB2	常温	7.15^A	4.74^{abB}	6.83^{abB}	2.93^{bB}	ND^B	ND^B	6.70^c
	4 ℃	6.21^B	5.70^{aA}	7.27^{abA}	5.04^{cA}	2.23^{bcA}	5.81^A	6.89^b
LAB1 + LAB3	常温	7.18^A	4.10^b	6.55^{abB}	2.08^{cB}	ND^B	ND^B	6.94^{bc}
	4 ℃	6.14^B	4.99^b	7.15^{abA}	5.14^{cA}	1.74^{dA}	5.81^A	7.12^b
LAB2 + LAB3	常温	6.72	4.57^{ab}	5.99^{cB}	2.19^{cB}	ND^B	ND^B	6.78^{bc}
	4 ℃	6.59	5.18^b	7.19^{abA}	5.70^{abA}	1.74^{dA}	5.75^A	6.95^b
	SEM	0.145	0.090	0.063	0.056	0.046	0.049	0.050
主要影响因素的显著性及交互作用								
温度 T		<0.0001	<0.0001	<0.0001	<0.0001	<0.0001	<0.0001	<0.0001
LAB		0.5312	<0.0001	<0.0001	<0.0001	<0.0001	0.1082	<0.0001
$T \times$ LAB		0.1337	0.0069	0.0051	<0.0001	<0.0001	0.1082	0.4338

注：$n=3$，$P<0.05$ 表示差异显著。ND 表示未检出。大写字母不同表示同一乳酸菌添加不同温度间差异显著；小写字母不同表示相同温度下不同乳酸菌添加间差异显著。

5. 有氧氧化后添加乳酸菌的玉米秸秆黄贮的 pH 及发酵产物的变化

（1）发酵 28 d 氧化后添加乳酸菌的玉米秸秆黄贮的 pH 及发酵产物的变化。

发酵 28 d 氧化后添加乳酸菌玉米秸秆黄贮的 pH、总水分、VFA 及氨态氮含量的变化见表 7-44。

表 7-44 发酵 28 d 氧化后乳酸菌添加玉米秸黄贮的 pH、总水分、VFA 及氨态氮含量的变化

项目		总水分/%	pH	乳酸/%	乙酸/%	丙酸/%	丁酸/%	氨态氮/(g·kg^{-1})
对照	常温	66.75^{aB}	5.88^{aB}	3.82	4.30^B	0.18^{aA}	0.34	4.35^{aA}
	4 ℃	67.72^{aA}	7.28^{aA}	3.17	19.44^A	0.06^{aB}	0.43	3.70^B
LAB1	常温	66.63^a	5.47^{bB}	5.35	3.77^B	0.04^b	0.30	3.75^{abA}
	4 ℃	67.57^{ab}	6.76^{bA}	4.04	15.95^A	0.04^{abc}	0.40	3.23^B

续表7-44

项目		总水分/%	pH	乳酸/%	乙酸/%	丙酸/%	丁酸/%	氨态氮/(g·kg^{-1})
LAB2	常温	66.67^{aB}	5.47^{bB}	5.35	3.10^{B}	0.03^{bB}	0.26	3.73^{ab}
	4 ℃	67.14^{abcA}	6.71^{bA}	4.10	17.27^{A}	0.04^{abcA}	0.38	3.16
LAB3	常温	66.28^{aA}	5.62^{bB}	5.19	3.78^{B}	0.02^{bB}	0.28	3.75^{ab}
	4 ℃	65.92^{cB}	6.93^{abA}	3.84	19.11^{A}	0.05^{abA}	0.30	3.11
LAB1+LAB2	常温	66.61^{aA}	5.40^{bB}	5.39^{A}	3.46^{B}	0.05^{b}	0.24	3.51^{b}
	4 ℃	65.61^{cB}	6.81^{bA}	3.91^{B}	14.20^{A}	0.04^{abc}	0.40	3.25
LAB1+LAB3	常温	66.63^{a}	5.66^{abB}	4.74	3.65^{B}	0.01^{bB}	0.14	3.68^{abA}
	4 ℃	66.14^{bc}	6.56^{bA}	4.25	17.11^{A}	0.03^{bcA}	0.31	3.01^{B}
LAB2+LAB3	常温	64.91^{bB}	5.53^{bB}	5.29	4.10^{B}	0.03^{b}	0.24	3.54^{b}
	4 ℃	67.69^{aA}	6.76^{bA}	4.04	14.95^{A}	0.02^{c}	0.35	3.19
	SEM							
主要影响因素的显著性及交互作用								
温度 T		0.000 8	<0.000 1	<0.000 1	<0.000 1	0.026 5	0.003 2	<0.000 1
LAB		0.000 2	<0.000 1	0.108 6	0.507 7	<0.000 1	0.327 0	0.005 4
T×LAB		<0.000 1	0.019 6	0.890 2	0.629 5	<0.000 1	0.939 9	0.844 4

注：$n=3$，$P<0.05$ 表示差异显著。大写字母不同表示同一乳酸菌添加不同温度间差异显著；小写字母不同表示相同温度下不同乳酸菌添加间差异显著。

(2)发酵56 d氧化后添加乳酸菌的玉米秸秆黄贮的pH及发酵产物的变化。

发酵56 d氧化后添加乳酸菌玉米秸黄贮的pH、总水分、VFA及氨态氮含量的变化见表7-45。

表7-45 发酵56 d氧化后添加乳酸菌玉米秸秆黄贮的pH、总水分 VFA及氨态氮含量的变化

项目		总水分/%	pH	乳酸/%	乙酸/%	丙酸/%	丁酸/%	氨态氮/(g·kg^{-1})
对照	常温	64.85^{aB}	5.90^{aB}	3.69	5.34^{B}	0.07^{a}	0.67^{A}	4.96^{a}
	4 ℃	65.49^{A}	7.77^{aA}	3.05	19.59^{A}	0.06	0.20^{B}	4.62^{a}
LAB1	常温	64.03^{cB}	5.80^{abB}	4.58	5.31^{B}	0.04^{b}	0.55	4.08^{bc}
	4 ℃	65.41^{A}	7.54^{aA}	3.38	17.17^{A}	0.03	0.16	4.28^{ab}
LAB2	常温	64.36^{bcB}	5.64^{bB}	4.94	5.19^{B}	0.05^{ab}	0.42^{A}	3.75^{cB}
	4 ℃	65.21^{A}	7.06^{bA}	3.71	17.81^{A}	0.04	0.19^{B}	4.54^{aA}

续表 7-45

项目		总水分/%	pH	乳酸/%	乙酸/%	丙酸/%	丁酸/%	氨态氮/($g \cdot kg^{-1}$)
LAB3	常温	64.74^{abB}	5.82^{abB}	4.45	5.22^B	0.04^{bA}	0.65	4.71^{abA}
	4 ℃	65.29^A	7.53^{aA}	3.56	19.34^A	0.02^B	0.15	3.16^{cB}
LAB1+LAB2	常温	64.78^{ab}	5.69^{bB}	4.66^A	5.26^B	0.04^b	0.60^A	4.57^{abA}
	4 ℃	64.85	7.13^{bA}	3.60^B	16.13^A	0.06	0.15^B	3.41^{cB}
LAB1+LAB3	常温	64.64^{ab}	5.77^{abB}	4.59	4.64^B	0.03^{bc}	0.50	4.32^{abcA}
	4 ℃	64.33	7.54^{aA}	3.43	18.26^A	0.04	0.15	3.50^{bcB}
LAB2+LAB3	常温	64.41^{abc}	5.65^{bB}	4.68	4.94^B	0.02^c	0.25	4.48^{abcA}
	4 ℃	64.48	7.56^{aA}	3.29	16.48^A	0.02	0.16	3.39^{cB}
	SEM	0.238	0.061	0.352	0.621	0.016	0.109	0.161
主要影响因素的显著性及交互作用								
温度 T		0.009 7	<0.000 1	<0.000 1	<0.000 1	0.832 3	<0.000 1	<0.000 1
LAB		0.212 5	<0.000 1	0.254 4	0.901 2	0.247 7	0.474 6	<0.000 1
$T \times$ LAB		0.147 9	0.001 4	0.956 9	0.915 3	0.877 2	0.498 4	<0.000 1

注：$n=3$，$P<0.05$ 表示差异显著。大写字母不同表示同一乳酸菌添加不同温度间差异显著；小写字母不同表示相同温度下不同乳酸菌添加间差异显著。

6. 讨论

(1) 不同温度乳酸菌对玉米秸秆黄贮氧化温度及室温的影响。

通过观察两个发酵天数的饲料氧化温度曲线能够发现，在 4 ℃ 条件下的玉米秸秆黄贮比其相同添加处理在常温条件下的玉米秸秆黄贮开始有氧氧化早。这主要是由于在进行有氧氧化前，相比较于常温发酵条件而言，处于低温的 4 ℃ 发酵条件，使得黄贮中有益微生物的活性降低，即便是通过添加乳酸菌的方式来增加有益菌的数量，也不能够使其在低温的环境中得到像在常温条件下那样充分的乳酸发酵所致。

(2) 不同温度乳酸菌对玉米秸秆黄贮微生物组成及化学成分的影响。

当黄贮的厌氧环境打破，暴露在空气中氧化时，饲料中的好氧菌的活性增加，尤其是酵母菌的活性得到了明显的提高，通过不断地消耗黄贮中的乳酸，使饲料逐渐氧化腐败。因此，酵母菌的数量可以作为黄贮有氧氧化程度的一个标志，当饲料发生有氧腐败时，其微生物数量及化学成分都会发生一定的变化。Basso 等研究发现，青贮在有氧氧化期间，饲料中酵母菌及霉菌的数量增长迅速。当黄贮保留在空气中的时候，好氧微生物的代谢活动加剧，并以饲料中的有机酸及可溶性糖作为底物，分解干物质及蛋白质等营养成分，并转化成二氧化碳、氨气及水，在造成营养成分及能量的损失的同时也放热使得饲料温度上升。通过观察 28 d 及 56 d 氧化后玉米秸秆黄贮的微生物组成能够发现，LAB1 + LAB2、LAB1 + LAB3 和 LAB2 + LAB3 三种混合乳酸菌剂，相比较于单一的乳酸菌剂来说，能够更好地抑制氧化后饲料中酵母菌的数量,降低了 DM 及 OM 的损失量。通过比较 28 d 及 56 d 不同处理组化学成分及微生物的变化情况发现,两个发酵天数中,4 ℃发酵条件下,添加 LAB1 + LAB2 及 LAB1 + LAB3 的玉米秸秆黄贮的 DM、OM 及 CP 的损失率较低,并且这两种添加处理方式也很好地降低了大肠杆菌、酪酸菌及酵母菌的数量;而在常温条件下,LAB2 + LAB3 组的 DM、OM 及 CP 的损失率低,同时它还能够降低氧化后饲料中一般细菌及霉菌的数量。除了通过饲料中酵母菌数量来评定饲料的氧化程度之外,pH 也是评定黄贮有氧腐败程度的一个重要指标,在饲料发生有氧氧化期间,酵母菌通过消耗乳酸来促进霉菌等有害菌的生长,从而使饲料的乳酸含量降低,pH 升高。通过观察氧化后饲料的发酵参数发现,发酵 28 d 后的玉米秸秆黄贮在 4 ℃发酵条件下,LAB1 + LAB2 及 LAB1 + LAB3 的添加能够降低氧化后玉米秸秆黄贮的 pH,添加 LAB1 + LAB3 还能够有效的抑制氧化后玉米秸秆黄贮的乳酸消耗,降低饲料中氨态氮的含量;而在常温发酵条件下,LAB2 及 LAB2 + LAB3 都能够有效地抑制氧化后玉米秸秆黄贮 pH 的上升,LAB2 的添加可以降低乳酸的消耗,LAB2 + LAB3 能够降低饲料中氨态氮的含量。发酵 56 d 后的玉米秸秆黄贮在 4 ℃发酵条件下,LAB1 + LAB2 及 LAB1 + LAB3 依然较好地保持着对氧化后玉米秸个黄贮的 pH 的抑制作用;在常温发酵条件下,LAB2 及 LAB2 + LAB3 对减少乳酸的消耗、抑制 pH 上升作用效果明显,LAB2 也显示出了能够降低氨态氮含量的添加效果。

7. 结论

LAB1 + LAB2 及 LAB1 + LAB3 两种混合添加方式能够提高 4 ℃条件下的玉米秸秆黄贮的有氧稳定性;而在常温条件下,LAB2 及 LAB2 + LAB3 这两种添加方式,对玉米秸秆黄贮有氧稳定性的提高也具有很好的作用。

第四节 乳酸菌对玉米秸秆黄贮体外消失率及瘤胃液发酵特性的影响

一、材料与方法

1. 人工唾液

采用 McDougll's 缓冲液的配制方法进行配制,1 L 人工唾液的组成分别为 $NaHCO_3$ 9.8 g,KCl 0.57 g,$CaCl_2$ 0.04 g,$NaHPO_4 \cdot 12H_2O$ 9.3 g,NaCl 0.47 g,$MgSO_4 \cdot 7H_2O$ 0.12 g,Cysteinehydrochloride 0.25 g,Resazurin 0.001 g。

2. 主要仪器

瘤胃液采集软管;瘤胃液采集瓶;培养瓶;胶塞;铝帽;50 mL 注射器;保温袋;保温箱;纱布;漏斗;漏斗架;烧杯;容量瓶;CO_2 气体罐;DK - S14 型电热恒温水浴锅;DRP - 9272 型电热恒温培养箱;PHS - 3C 型实验室 pH 计;DGG - 92408B 型电热恒温鼓风干燥箱;压盖器;恒温空气震荡摇床。

3. 瘤胃液的收集

由 2 头安装永久性瘤胃瘘管的绵羊提供瘤胃液,绵羊饲养于黑龙江八一农垦大学动物科技学院的动物室。上午采食 2 h 后,分别通过 2 头绵羊的瘤胃瘘管进行采集瘤胃液,采集的瘤胃液用 4 层纱布过滤后,先分别取少量测定两只羊瘤胃液的 pH,随后将过滤后的瘤胃液等体积混合,并通入 CO_2 保持厌氧环境。瘤胃液 pH 的测定情况见表 7-46。

表 7-46 瘤胃液 pH 测定情况

羊编号	瘤胃液 pH
1	6.66
2	6.51

4. 培养液的制备

人工唾液和瘤胃液以体积比 4∶1 的比例混合后,通入 CO_2,并置于 39 ℃ 水浴锅中备用。

5. 统计分析方法

试验数据经 Excel 整理,使用 SAS 9.0 统计软件对玉米秸秆发酵后的化学成分、发酵品质及微生物组成的数据进行统计分析。采用 2 因素方差分析及 3 因素方差分析,并对差异显著项目进行多重比较,采用 Tukey 法鉴定比较平均数之间的差异显著性($P<0.05$),结果以平均值表示。

二、乳酸菌对玉米秸秆黄贮体外消失率的影响

1. 发酵 28 d 添加乳酸菌的玉米秸秆黄贮的瘤胃干物质消化率的测定

经 24 h 瘤胃液体外培养后发酵 28 d 添加乳酸菌的玉米秸秆黄贮的干物质消化率见表 7-47。在 28 d 常温发酵的玉米秸秆黄贮中,干物质消化率 LAB1 > LAB2、LAB3、LAB1 + LAB2、LAB1 + LAB3 和 LAB2 + LAB3 > 对照。在 28 d 4 ℃ 发酵中,在干物质消化率没有显著差异($P>0.05$)。通过对相同乳酸菌添加组不同发酵温度间的比较发现,干物质消化率在所有乳酸菌添加处理组中,不同发酵温度之间没有差异($P>0.05$)。

表 7-47 经 24 h 瘤胃液体外培养后发酵 28 d 添加乳酸菌的玉米秸秆黄贮的干物质消化率的测定

项目		干物质消化率/%
对照	常温	33.36^b
	4 ℃	33.17
LAB1	常温	33.86^a
	4 ℃	34.66
LAB2	常温	34.63^{ab}
	4 ℃	34.41
LAB3	常温	34.53^{ab}
	4 ℃	34.27
LAB1 + LAB2	常温	34.56^{ab}
	4 ℃	33.39

续表 7-47

项目		干物质消化率/%
LAB1 + LAB3	常温	35.09[ab]
	4 ℃	33.38
LAB2 + LAB3	常温	34.36[ab]
	4 ℃	33.72
	SEM	0.558
主要影响因素的显著性及交互作用		
温度 T		1.013 7
LAB		0.059 3
$T \times$ LAB		0.747 2

注：$n=3$，$P<0.05$ 表示差异显著。大写字母不同表示同一乳酸菌添加不同温度间差异显著；小写字母不同表示相同温度下不同乳酸菌添加间差异显著。

2. 发酵 56 d 添加乳酸菌的玉米秸秆黄贮的瘤胃干物质消化率的测定

经 24 h 瘤胃液体外培养后发酵 56 d 添加乳酸菌的玉米秸秆黄贮的干物质消化率见表 7-48。

表 7-48　经 24 h 瘤胃液体外培养后发酵 56 d 添加乳酸菌的玉米秸秆黄贮的干物质消化率

项目		干物质消化率/%
对照	常温	34.92
	4 ℃	33.91
LAB1	常温	35.97
	4 ℃	34.85
LAB2	常温	35.06
	4 ℃	34.82
LAB3	常温	35.29
	4 ℃	35.11
LAB1 + LAB2	常温	35.04
	4 ℃	34.61
LAB1 + LAB3	常温	36.79[A]
	4 ℃	33.99[B]

续表 7-48

项目		干物质消化率/%
LAB2 + LAB3	常温	35.17
	4 ℃	34.45
	SEM	0.670
主要影响因素的显著性及交互作用		
温度 T		0.014 7
LAB		0.747 3
$T \times$ LAB		0.502 8

注：$n=3$，$P<0.05$ 表示差异显著。大写字母不同表示同一乳酸菌添加不同温度间差异显著；小写字母不同表示相同温度下不同乳酸菌添加间差异显著。

4. 讨论

瘤胃发酵的 VFA 主要包括乙酸、丙酸及丁酸，它能够为瘤胃微生物的合成提供能量，瘤胃液 VFA 的含量一般会受到日粮及碳水化合物的类型，以及调制饲料的技术等因素的影响。而反刍动物瘤胃中甲烷气体排放，不但会对黄贮中的能量造成浪费，还会对地球的温室效应造成不良的影响。在本试验中，7 种乳酸菌的添加对于瘤胃发酵参数也产生了不同的影响。通过试验结果能够发现，忽略乳酸菌添加的影响因素，4 ℃发酵条件下的玉米秸秆黄贮干物质消化率低于常温下的玉米秸秆黄贮；而 4 ℃发酵条件下的玉米秸秆黄贮的甲烷产气量则高于常温下的玉米秸秆黄贮。这是因为在常温条件下，玉米秸秆黄贮中乳酸菌的生长繁殖能力比在 4 ℃条件下强，通过乳酸菌的不断积累，可以将部分难消化的纤维转化为易吸收的糖，从而促进瘤胃微生物的发酵，有效地提高了玉米秸秆黄贮的干物质消化率。在发酵 28 d 时，常温发酵条件下，LAB1 能够明显提高瘤胃的干物质消化率及总 VFA 含量。

5. 结论

4 ℃发酵条件下，LAB1 及 LAB2 + LAB3 对甲烷产气有明显的抑制作用，LAB2 + LAB3 及 LAB1 + LAB3 能够加快瘤胃中蛋白质的降解；常温条件下，LAB1 对干物质消化率及 VFA 的提高作用明显，同时 LAB1 对于加快瘤胃中蛋白质的降解能力也非常突出，而 LAB2 则能够在抑制瘤胃液甲烷产生方面发挥一定的作用。

三、乳酸菌对玉米秸秆黄贮体外瘤胃液发酵特性的影响

1. 添加乳酸菌玉米秸秆黄贮的瘤胃发酵特性

(1) 发酵 28 d 添加乳酸菌玉米秸秆黄贮的瘤胃发酵特性。

经 24 h 瘤胃液体外培养后发酵 28 d 添加乳酸菌玉米秸秆黄贮的发酵特性见表 7-49。

表7-49 经24 h瘤胃液体外培养后发酵28 d添加乳酸菌玉米秸秆黄贮的发酵特性

项目		pH	CH$_4$/(L·kg^{-1})	总VFA/(mmol·L^{-1})	乙酸/%	丙酸/%	丁酸/%	a/p	氨态氮/(mg·L^{-1})
对照	常温	6.79^b	1.03^B	22.42^{bB}	1.37^A	1.27^A	97.35^B	1.10	1.72.99^{aA}
	4 ℃	6.97^{abA}	2.22^{aA}	61.49^{aA}	0.88^B	0.69^B	98.44^A	1.31	107.92^{bB}
LAB1	常温	6.81^B	0.82^B	51.18^a	1.40	1.44^A	97.16^B	0.97	184.00^{aA}
	4 ℃	6.97^{abA}	1.49^{dA}	50.57^{abc}	1.02	0.99^B	97.99^A	1.03	69.88^{bB}
LAB2	常温	6.88^B	0.80^B	42.10^{abB}	1.46	1.43	97.11	1.01	98.91^c
	4 ℃	6.95^{bA}	1.63^{cdA}	54.86^{abA}	0.99	0.99	98.02	1.00	85.89^b
LAB3	常温	6.86^B	0.88^B	36.05^{ab}	1.45	1.41	97.14	1.03	154.97^{abA}
	4 ℃	6.96^{abA}	1.76^{bcA}	51.29^{abc}	1.04	0.99	97.97	1.05	89.90^{bB}
LAB1+LAB2	常温	6.86	0.99^B	56.21^a	1.39	1.41	97.20	0.98^B	121.93^{bc}
	4 ℃	6.94^b	1.86^{bcA}	33.68^{abc}	1.14	0.88	97.98	1.29^A	111.92^b
LAB1+LAB3	常温	6.93	0.96^B	44.51^{abA}	1.43^A	1.43^A	97.14^B	1.01	97.91^{cB}
	4 ℃	7.00^{ab}	1.89^{bA}	23.69^{cB}	0.92^B	0.74^B	98.34^A	1.28	168.98^{aA}
LAB2+LAB3	常温	6.85^B	0.96^B	41.16^{ab}	1.49	1.40	97.11	1.08	89.90^{cB}
	4 ℃	7.04^{aA}	1.69^{bcdA}	26.10^{bc}	1.01	0.85	98.14	1.25	180.00^{aA}
	SEM	0.027	0.056	2.146	0.153	0.152	0.300	0.066	3.607
主要影响因素的显著性及交互作用									
温度T		<0.0001	<0.0001	0.7077	<0.0001	<0.0001	<0.0001	0.0002	0.0060
LAB		0.0426	<0.0001	0.0331	0.9745	0.7139	0.9055	0.0187	0.0006
T×LAB		0.1247	0.0028	<0.0001	0.9799	0.9731	0.9904	0.1192	<0.0001

注:$n=3$,$P<0.05$表示差异显著。

(2)发酵56 d添加乳酸菌玉米秸秆黄贮的瘤胃发酵特性。

经24 h瘤胃液体外培养后发酵56 d添加乳酸菌玉米秸秆黄贮的发酵特性见表7-50。

表7-50 经24 h瘤胃液体外培养后发酵56 d添加乳酸菌的玉米秸秆黄贮的发酵特性

项目		pH	CH$_4$/(L·kg^{-1})	总VFA/(mmol·L^{-1})	乙酸/%	丙酸/%	丁酸/%	a/p	氨态氮/(mg·L^{-1})
对照	常温	6.84^{abc}	0.86^{aB}	89.16^{aA}	0.49^B	1.31^A	98.20	0.37^B	165.98^a
	4 ℃	6.78^{ab}	2.04^{aA}	29.98^{abB}	1.35^A	0.48^B	98.17	2.83^A	145.96^{ab}
LAB1	常温	6.90^{abA}	0.73^{abB}	101.65^{aA}	0.49^B	1.38	98.13	0.36^B	102.91^{bA}
	4 ℃	6.79^{abB}	1.46^{cA}	21.23^{bB}	2.29^A	0.89	96.83	2.79^A	59.86^{cB}
LAB2	常温	6.94^{aA}	0.68^{bB}	93.32^{aA}	0.50^B	1.36	98.14	0.36^B	119.93^b
	4 ℃	6.76^{bB}	1.60^{bcA}	32.89^{abB}	1.36^A	0.82	97.82	1.69^A	146.96^{ab}

续表 7-50

项目		pH	CH_4/ $(L \cdot kg^{-1})$	总 VFA/ $(mmol \cdot L^{-1})$	乙酸/%	丙酸/%	丁酸/%	a/p	氨态氮/ $(mg \cdot L^{-1})$
LAB3	常温	6.88^{abc}	0.84^{abB}	94.12^{aA}	0.50^{B}	1.37^{A}	98.13^{A}	0.36^{B}	91.90^{bc}
	4 ℃	6.85^{ab}	1.69^{bcA}	26.67^{abB}	1.69^{A}	0.92^{B}	97.39^{B}	1.86^{A}	129.94^{b}
LAB1+LAB2	常温	6.83^{abc}	0.84^{abB}	91.65^{aA}	0.49^{B}	1.36^{A}	98.15	0.36^{B}	83.89^{bcB}
	4 ℃	6.85^{ab}	1.68^{bcA}	31.93^{abB}	1.40^{A}	0.79^{B}	97.81	1.78^{A}	154.97^{abA}
LAB1+LAB3	常温	6.79^{bcB}	0.85^{aB}	41.85^{b}	0.51^{B}	1.41^{A}	98.08	0.36^{B}	106.92^{bB}
	4 ℃	6.93^{aA}	1.87^{abA}	39.58^{a}	1.37^{A}	0.59^{B}	98.04	2.41^{A}	180.00^{aA}
LAB2+LAB3	常温	6.75^{cB}	0.84^{abB}	31.83^{b}	0.49^{B}	1.39^{A}	98.12	0.36^{B}	54.86^{c}
	4 ℃	6.93^{aA}	1.68^{bcA}	30.76^{ab}	1.40^{A}	0.60^{B}	97.99	2.37^{A}	89.90^{c}
	SEM	0.030	0.053	2.487	0.169	0.147	0.290	0.200	3.322
主要影响因素的显著性及交互作用									
温度 T		0.658 0	<0.000 1	<0.000 1	<0.000 1	<0.000 1	0.012 4	<0.000 1	<0.000 1
LAB		0.653 1	<0.000 1	<0.000 1	0.086 8	0.622 3	0.268 5	0.028 2	<0.000 1
$T \times LAB$		<0.000 1	0.007 1	<0.000 1	0.084 6	0.715 6	0.303 3	0.029 3	<0.000 1

注：$n=3$，$P<0.05$ 表示差异显著。大写字母不同表示同一乳酸菌添加不同温度间差异显著；小写字母不同表示相同温度下不同乳酸菌添加间差异显著。

2. 讨论

瘤胃发酵的 VFA 主要包括乙酸、丙酸及丁酸，它能够为瘤胃微生物的合成提供能量，瘤胃液 VFA 的含量一般会受到日粮及碳水化合物的类型，以及调制饲料的技术等因素的影响。而反刍动物瘤胃中甲烷气体排放，不但会对黄贮中的能量造成浪费，还会产生温室效应。Muck 等人通过体外培养试验对 14 种乳酸菌剂对于苜蓿青贮瘤胃产气量的影响进行了研究，发现与未接种菌剂的对照组青贮相比，部分接种乳酸菌剂后的产气量高于对照组，另有部分在接种乳酸菌剂后产气量低于对照组，这表明在不同的微生物菌剂之间，对于青贮瘤胃体外产气量的影响不同。而在本试验中，7 种乳酸菌的添加对于瘤胃发酵参数也产生了不同的影响。通过试验结果能够发现，忽略乳酸菌添加的影响因素，4 ℃ 发酵条件下的玉米秸秆黄贮在甲烷产气量上高于常温下的玉米秸秆黄贮。这是因为在常温条件下，玉米秸秆黄贮中乳酸菌的生长繁殖能力比在 4 ℃ 条件下强，通过乳酸菌的不断积累，可以将部分难消化的纤维转化为易吸收的糖，从而促进瘤胃微生物的发酵，有效地提高了玉米秸秆黄贮的干物质消化率。在发酵 28 d 时，常温发酵条件下，LAB1 能够明显提高瘤胃的干物质消化率及总 VFA 含量，另外，在 4 ℃ 的发酵条件下，添加 LAB1 对于瘤胃甲烷的产生还起到了很好的抑制作用，在发酵 56d 时，4 ℃ 条件下，LAB1 依然保持了这种对甲烷产气明显的抑制效果。而在不同发酵天数中，LAB2 及 LAB2+LAB3 分别在常温及 4 ℃ 条件下，对于抑制瘤胃甲烷产气方面作用效果明显。这是因为乳酸或丙酮酸转化为丙酸这两种已知的转化机制而造成的，当乳酸通过像埃氏巨型球菌、反刍月形单胞菌及小韦荣球菌等乳酸利用菌在瘤胃中进行二次发酵时,丙酸即产生。由于在丙酸形成的过程中使用了电子,这就可以减少甲烷的产生。如果氢气在瘤胃乳酸转化成为丙酸的过程中被利用,氢气就会减少,这样就会抑制氢气与二氧化碳转化为甲烷,从而减少甲烷的生成。瘤胃中合成菌体蛋白的主要前体物质是氨态氮,而瘤胃液氨态氮含量恰好是衡量氨的摄取情况及瘤胃微生物分解含氮物质产氨速度,及在特定日粮组成下蛋白质降解与合成之间的平衡关系的一个重要指标。在本试验中,两个发酵天数里,LAB1 + LAB3 在 4 ℃发酵条件下一直保持着较高的氨态氮含量,而在发酵 56 d 时,4 ℃条件下,添加 LAB1 + LAB3 还明显地增加了瘤胃 VFA 的含量。发酵 28 d 后,LAB1 及 LAB2 + LAB3 分别在常温及 4 ℃条件下具有较高的氨态氮含量。通过观察试验结果能够发现,在高瘤胃液氨态氮含量的几个乳酸菌添加组中,它们的瘤胃 pH 也相对较高。这主要是由于瘤胃液中较高的碱性氨态氮含量,使得瘤胃液的 pH 有所升高。

3. 结论

4 ℃发酵条件下,LAB1 及 LAB2 + LAB3 对甲烷产气有明显的抑制作用,LAB2 + LAB3 及 LAB1 + LAB3 能够加快瘤胃中蛋白质的降解;常温条件下,LAB1 对 VFA 的提高作用明显,同时 LAB1 对于加快瘤胃中蛋白质的降解能力也是非常突出的,而 LAB2 则能够在抑制瘤胃液甲烷产生方面发挥一定的作用。

第五节 添加糖蜜对玉米秸秆黄贮发酵品质及体外干物质消失率和瘤胃甲烷生成的影响

一、添加糖蜜对玉米秸秆黄贮发酵品质的影响

1. 材料与方法

(1) 试验材料。

本试验所用风干玉米秸秆来源于黑龙江八一农垦大学农学院试验田;糖蜜采购自济南市历城区圣茂化工有限公司;乳酸菌制剂(LAB, Lactobacillusplantarum,购自日本雪印公司)。

(2) 玉米秸秆的发酵及处理。

采用单因素试验设计,试验处理包括无添加组、乳酸菌(LAB)、糖蜜(Molasses, M)及乳酸菌和糖蜜共同(LAB + M)添加组。将收获籽粒后的风干玉米秸秆粉碎至 1 ~ 2 cm,菌液按照每千克饲料 1 mL 添加,糖蜜的添加量为 4%。添加蒸馏水调整水分为 60% 并混合均匀。发酵用塑料袋尺寸为 16 cm × 25 cm,每个处理 3 袋,每袋 200 g,使用真空密封机(AT - 620,北京吉奥德,北京)真空密封包装,室温储存 30 d 后开封,测定各项指标。

(3) 菌种准备。

将乳酸菌制剂用灭菌水溶解,每毫升菌液中含活乳酸菌数不少于 1.0×10^5 cfu,4 ℃冰箱保存备用。

(4) 培养基。

预先配制足够的固体培养基,包括培养乳酸菌(MRS)、大肠杆菌(BLU)、酵母菌和霉菌(PDA)、好氧菌和奶热菌(NA)、酪酸菌(CLO)的培养基,以上培养基均购自青岛海博生物

有限公司。

(5)pH 测定方法。

开封后,立即从 4 种发酵玉米秸秆样品中分别取 20 g,放入聚乙烯袋内,再加入 180 mL 蒸馏水,随后用均质器拍打 90 s,再用定性滤纸进行过滤,收集滤液,同时测定滤液的 pH。

(6)发酵玉米秸秆物理性状的感官评定。

根据青贮质量评定标准的说明,主要从质地、气味、色泽和有无霉变 4 个方面进行感官评定。

2. 结果

(1)感官评定。

各组玉米秸秆经 30 d 发酵处理,其中无添加处理的玉米秸秆颜色为褐黄色、松软不黏手、有酒酸味,无发霉现象。经其他 3 种处理的玉米秸秆质地柔软、疏松稍湿润,松软不黏手,无发霉现象,颜色为黄色,有淡酸味。结果见表 7 - 51。根据玉米秸秆青贮感官评价标准,得出各处理的感官评分均在 51 分以上(总分 100 分),属于良好的玉米秸秆黄贮。

表 7 - 51 不同处理的玉米秸秆黄贮的感官评分

处理	pH	水分/%	气味	色泽	质地	得分/分
无添加	4.60(3)	60.53(20)	酒酸味(8)	褐黄色(10)	松软不黏手(10)	51
糖蜜(M)	4.61(3)	59.89(20)	淡酸味(13)	黄色(16)	松软不黏手(10)	62
LAB	4.37(6)	62.51(20)	淡酸味(13)	黄色(16)	松软不黏手(10)	65
LAB + M	4.39(6)	59.34(20)	淡酸味(13)	黄色(16)	松软不黏手(10)	65

注:$n=3$,括号数据为得分数据平均值。优良秸秆生物饲料的色泽应与原料相近,为黄色,与青贮不同。

(2)秸秆生物发酵的水分与 pH。

玉米秸秆经过无添加、M、LAB、M + LAB 4 种处理后的水分及 pH 见表 7 - 52。4 种处理水分含量关系为 LAB > 无添加 > M > M + LAB,各处理间差异不显著($P>0.05$)。经过 LAB、M + LAB 处理后的 pH 显著低于糖蜜处理组($P<0.05$)。

表 7 - 52 不同处理的玉米秸秆黄贮的水分及 pH

项目	水分/%	pH
无添加	60.5 ± 4.24	4.60 ± 0.12[a]
糖蜜(M)	59.9 ± 3.50	4.61 ± 0.09[a]
乳酸菌(LAB)	62.5 ± 2.81	4.37 ± 0.06[b]
共同添加(LAB + M)	59.3 ± 5.90	4.39 ± 0.07[b]
SEM	2.350	0.061
P 值	0.815 3	0.015 1

注:同列不同小写字母表示差异显著($P<0.05$)。

3. 讨论

（1）糖蜜对玉米秸秆黄贮感官评定的影响。

本试验从水分、pH、色泽、气味、质地等方面分别对无添加、M、LAB、LAB + M 4 种处理的玉米秸秆黄贮进行感官评定。经 30 d 发酵后，无添加处理的玉米秸秆颜色为褐黄色、质地松软不黏手、有淡酸味，无发霉现象；经其他 3 种处理的玉米秸秆质地疏松稍湿润、不黏手，无发霉现象，颜色为黄色，有醇香味。各处理的感官评分均在 51 分以上，属于良好的玉米秸秆黄贮。但是，本试验为玉米秸秆黄贮，而感官评定中参考的是玉米秸秆青贮感官评价标准，所以水分含量比青贮玉米水分含量稍低。其中，LAB 和 LAB + M 处理的玉米秸秆感官评分最高，而 M 的处理评分次之，这说明 LAB 处理对玉米秸秆黄贮的发酵品质有益。

（2）糖蜜对玉米秸秆黄贮水分与 pH 的影响。

青贮秸秆的发酵品质主要由 pH 和有机酸含量（乳酸、乙酸、丙酸、丁酸）等决定。pH 是评价青贮饲料品质简单且直观的指标之一，pH 越低，有机酸含量越高，青贮越容易保存。玉米秸秆发酵时，水分越高，发酵品质越差，本试验中各个处理的水分都在 60% 左右，故发酵效果较好。同时，pH 的高低也是判断风干玉米秸秆青贮是否成功的重要指标，当青贮玉米秸秆的 pH 在 4.0 以下时，青贮质量为优等；当 pH 在 4.1 ~ 4.3 时，青贮质量为良好；当 pH 在 4.4 ~ 5.0 时，青贮质量为一般；而当 pH 在 5.0 以上时，青贮质量则为劣等。由此可见，本试验中无添加组玉米秸秆黄贮质量较为一般，LAB、LAB + M 处理组的 pH 显著下降，发酵质量较好，玉米秸秆黄贮中的有害微生物处于被抑制状态。

4. 结论

添加乳酸菌及 LAB + M 可以降低 pH。

二、添加糖蜜对玉米秸秆黄贮微生物组成的影响

1. 材料与方法

试验材料、发酵及处理、菌种准备、培养基 pH 测定方法及感官评定与"添加糖蜜对玉米秸秆黄贮发酵品质的影响"相同。

微生物培养与细菌形态及计数：本试验分别对 4 种处理的发酵玉米秸秆样品中所含有的乳酸菌、大肠杆菌、酵母菌、霉菌、好氧菌、耐热细菌和酪酸菌进行培养与计数。首先，制作足够数量的 MRS、BLU、NA、DRCA、PDA（需加入质量分数为 20% 酒石酸）的固体培养基备用。按照 Cao 等所述的方法，将 4 种处理的玉米秸秆黄贮样品待测菌液的原菌液依次进行梯度稀释，分别稀释为 10 倍液、30 倍液及 50 倍液，大肠杆菌、好氧菌和耐热细菌、酵母菌和霉菌分别在 BLU、NA、PDA 培养基上 30 ℃恒温培养 48 h；乳酸菌、酪酸菌分别在 MRS、CLO 培养基上 30 ℃恒温厌氧培养 48 h。最后，观察平板上长出的菌落，一一进行区分并计数（单位质量新鲜样品中微生物数量 cfu/g）。

2. 结果

玉米秸秆中微生物组成及数量见表 7 - 53。乳酸菌在 4 个处理组中的数量为 6.0×10^6 ~ 2.0×10^7 cfu/g；大肠杆菌仅在无添加组检测出 4.1×10^6 cfu/g；好氧菌在 4 个试验处理组中的数量为 2.8×10^6 ~ 3.0×10^7 cfu/g；耐热细菌在添加组和对照组中的数量分别为 3.3×10^3 ~

7.7×10^5 cfu/g;酵母菌在 M 添加组中的数量为 2.5×10^6 cfu/g,而在 LAB 和 LAB + M 添加组中为 6.5×10^2 和 1.0×10^2 cfu/g;在添加组和无添加组均未发现酪酸菌和霉菌。

表 7-53　不同处理玉米秸秆黄贮的微生物组成及数量　　　　cfu/g

微生物	无添加	糖蜜（M）	LAB	LAB + M
乳酸菌	1.6×10^7	2.0×10^7	6.0×10^6	1.5×10^7
大肠杆菌	4.1×10^6	ND	ND	ND
好氧菌	4.7×10^6	3.0×10^7	2.5×10^7	2.8×10^6
耐热细菌	7.7×10^5	4.6×10^3	4.2×10^3	3.3×10^3
霉菌	ND	ND	ND	ND
酵母菌	7.0×10^6	2.5×10^6	6.5×10^2	1.0×10^2
酪酸菌	ND	ND	ND	ND

注:ND 表示未检出。

3. 讨论

玉米秸秆黄贮中,乳酸菌是具有重要作用的益生菌,其种类和数量对发酵玉米秸秆品质有很大影响;酵母菌能够提高奶牛干物质采食量、产奶量及消化粗蛋白和酸性洗涤纤维的能力;而霉菌是饲料中的有害菌,不仅会造成饲料中营养物质的损失,还会危害家畜和人的健康。一般情况下,发酵品质良好的饲料,由于 pH 较低,会抑制微生物包括乳酸菌的活性。

本试验中,4 种黄贮的乳酸菌均在 $6.0\times10^6\sim2.0\times10^7$ cfu/g,说明本次试验所用的玉米秸秆附着一定数目的乳酸菌,并且由于乳酸菌的耐酸性较强,在密封发酵的过程中能够进行繁殖。添加高效产酸 LAB 后,黄贮中可溶性糖生成乳酸,降低 pH,抑制了酵母菌活性,大肠杆菌和霉菌被完全抑制。所以,在 LAB 添加组中,乳酸菌有轻微的减少,而酵母菌明显减少,这与以前对发酵稻草的研究结果相似。

4. 结论

添加乳酸菌及 LAB + M 能够抑制有害微生物的生长,减少饲料养分损失,促进玉米秸秆发酵。

三、添加糖蜜对玉米秸秆黄贮的体外干物质消化率及瘤胃甲烷生成的影响

1. 材料与方法

试验材料、玉米秸秆的发酵及处理、菌种准备、培养基与"添加糖蜜对玉米秸秆黄贮发酵品质的影响"相同。

（1）In vitro 体外培养。

①人工唾液。采用 McDougll's 缓冲液的配制方法进行配制,1 L 人工唾液的组成分别为 $NaHCO_3$ 9.8 g,KCl 0.57 g,$CaCl$ 0.04 g,$NaHPO_4\cdot12H_2O$ 9.3 g,NaCl 0.47 g,$MgSO_4\cdot7H_2O$ 0.12 g,Cysteinehydrochloride 0.25 g,Resazurin 0.001 g。

②瘤胃液的收集。3 头安装永久性瘤胃瘘管的绵羊提供瘤胃液。上午采食 2 h 后,通

过4头绵羊的瘤胃瘘管进行采集瘤胃液,采集的瘤胃液用4层纱布过滤后,等体积混合,并通入CO_2保持厌氧环境。

③培养液的制备。人工唾液和瘤胃液以体积比4:1的比例混合后,通入CO_2,并置于39 ℃水浴锅中备用。

④生物饲料培养。称取粉碎(2 mm)的风干样品1 g,分别置于体积为128 mL的培养瓶中,称取50 mL的培养液注入培养瓶内,通入氮气保持厌氧环境,立即盖上胶盖,并用专用封口钳子压紧铝盖,将培养瓶置于恒温震荡水浴锅内,39 ℃震荡培养48 h。

⑤干物质消化率、pH及甲烷测定。根据Caoetal的方法,分别对培养后样品的干物质消化率、培养液的pH及甲烷进行测定。

(2)数据处理。

本试验采用SAS 9.0软件对4组秸秆生物黄贮干物质消化率和瘤胃甲烷生成量的数据进行方差分析和多重比较。

2. 结果

不同处理玉米秸秆黄贮的干物质消化率和甲烷生成量见表7－54。糖蜜、乳酸菌以及二者共同添加组的干物质消失率显著高于无添加组($P<0.05$),而乳酸菌添加组的甲烷生成量显著低于无添加组和糖蜜添加组($P<0.05$)。

表7－54　不同处理玉米秸秆黄贮的干物质消化率和甲烷生成量

项目	干物质消化率(DDM)/%	$CH_4/(L \cdot kg^{-1})$
无添加	34.1 ± 1.25^b	27.9 ± 0.56^a
糖蜜(M)	37.3 ± 1.53^a	27.2 ± 0.68^a
LAB	38.6 ± 0.97^a	24.2 ± 0.73^b
LAB + M	38.9 ± 1.13^a	26.5 ± 0.42^{ab}
SEM	1.98	0.63
P值	0.042	0.035

注:同列不同小写字母表示差异显著($P<0.05$)。

3. 讨论

饲料在发酵过程中,乳酸菌利用原料中的可溶性糖生成乳酸,降低pH,抑制有害微生物,减少养分损失。改变了碳水化合物的组成和降解特性,而碳水化合物的组成和降解特性在很大程度上决定了瘤胃内甲烷的生成量。根据甲烷生成量的预测模型:甲烷生成量(g/d) = 91 + 50 × 可消化纤维素(kg/d) + 40 × 可消化半纤维素(kg/d) + 24 × 可消化淀粉(kg/d) + 67 × 可消化糖(kg/d)($R_2 = 0.84$)。通常黄贮中的乳酸菌和其他菌类很容易发酵分解糖分、淀粉及一部分纤维素,转变为菌体蛋白等并生成有机酸,降低了饲料中一部分碳水化合物,即改变了碳水化合物组成,并且发酵生成的有机酸可以直接被瘤胃或微生物吸收利用,使它们不参与瘤胃内发酵,可能导致甲烷生成量减少。

本试验中,尽管糖蜜和乳酸菌共同添加可以促进玉米秸秆发酵,降低 pH,减少养分损失,进而提高干物质消化率。但由于添加糖蜜增加了饲料中的可消化糖分,便导致瘤胃甲烷生成量的增加。如上所述,乳酸菌添加后,可以分解秸秆中可溶性糖生成乳酸,减少了甲烷生成量等式中的可消化糖的含量,进而降低瘤胃甲烷的生成。

4. 结论

添加乳酸菌可以提高体外培养干物质消化率,减少瘤胃甲烷生成。

第六节 不同水分对玉米秸秆黄贮发酵品质和体外干物质消化率的影响

一、不同水分对玉米秸秆黄贮发酵品质的影响

1. 材料与方法

(1)玉米秸秆及研究方法。

玉米秸秆由黑龙江蓬勃牧草有限公司提供,于 2016 年 11 月份初收获,粉碎长度为 1~2 cm;乳酸菌剂(Mast – AC),购自日本雪印公司,由乳酸菌株 *Lactobacillusparacasei* 和纤维分解酶构成。本试验采用 2 因素试验设计,包括水分处理和乳酸菌处理。水分处理:将玉米秸秆黄贮原料的含水量分别调整为 50%、55%、60%、65%;乳酸菌处理:在水分处理的基础上分为乳酸菌组(LAB,添加 Master – AC)和对照组(无添加)。称取秸秆原料 200 g 装入规格为 16 cm×25 cm 的聚乙烯袋中,真空密封包装,室温下发酵 30 d。

(2)发酵 30 d 后秸秆黄贮的感官品质评定。

将发酵 30 d 后的秸秆开封,对其颜色、气味、质地及有无霉变进行感官品质评定。

(3)发酵品质的测定。

称取开封后的饲料原样 20 g 置于聚乙烯袋中,加入 180 mL 灭菌蒸馏水,用均质器(BagMixer·400,购自日本)拍打 90 s,用快速定性滤纸过滤并迅速用便携式 pH 计(FG2 – FK 型,购自上海梅特勒 – 托利多仪器有限公司)测定 pH,同时,一部分滤液经高速冷冻离心机(1 – 14K 型,购自日本)2 000 r/min 离心 5 min,并用 0.45 μm 滤膜过滤后,用高效液相色谱仪(LC – 100,购自上海精学科学仪器有限公司)分析乳酸、乙酸、丙酸、丁酸的含量。

(4)统计学分析。

使用 Excel 2010 软件对试验所得的数据进行计算和整理,采用 SAS 9.0 统计软件进行 2 因素方差分析,对差异显著项目进行多重比较,并采用 Tukey 法鉴定比较平均数之间的差异显著性($P<0.05$)。

2. 结果

(1)发酵 30 d 后玉米秸秆黄贮的感官品质。

发酵 30 d 后玉米秸秆黄贮的感官品质见表 7 – 55。

表7-55　发酵30 d后玉米秸秆黄贮的感官品质

项目		颜色	气味	质地
对照组	50%	绿黄	酸香味醇厚	柔软,茎叶明显,松散,水分适宜,无霉变
	55%	淡黄	芳香酸味	柔软,茎叶明显,松散,水分适宜,无霉变
	60%	黄	酸香味醇厚	柔软,茎叶明显,松散,水分适宜,无霉变
	65%	黄绿	芳香酸味	柔软,茎叶明显,松散,水分适宜,无霉变
乳酸菌组	50%	黄	酸香味醇厚	柔软,茎叶明显,松散,水分适宜,无霉变
	55%	黄	酸香味较浓	柔软,茎叶明显,松散,水分适宜,无霉变
	60%	淡黄	芳香酸味	柔软,茎叶明显,松散,水分适宜,无霉变
	65%	淡黄	酸香味醇厚	柔软,茎叶明显,松散,水分适宜,无霉变

根据表7-55,黄贮后的玉米秸秆颜色以淡黄、黄绿为主;气味芳香;质地柔软,茎叶明显,水分适宜,无霉变。添加LAB的乳酸菌组玉米秸秆酸香味更醇厚。

(2)发酵30 d后玉米秸秆黄贮的发酵品质。

发酵30 d后玉米秸秆黄贮的发酵品质见表7-56。

表7-56　发酵30 d后玉米秸秆黄贮的发酵品质

项目		pH	乳酸/%	乙酸/%	丙酸/%	丁酸/%
无添加	50%	4.48	2.02	3.49	0.41	0.34
	55%	4.67	2.33	4.16	0.08	0.41
	60%	4.42	2.42	5.58	0.02	0.31
	65%	4.41	2.81	5.01	0.16	0.43
LAB	50%	4.38	2.53	2.49	0.09	0.41
	55%	4.29	2.94	3.50	0.22	0.37
	60%	4.24	3.53	6.25	0.02	0.51
	65%	4.13	3.98	7.71	0.10	0.78
	SEM	0.004 5	0.380 0	1.370 0	0.110 0	0.190 0
添加处理平均值	无添加	4.5^A	2.40^B	4.56	0.17	0.37
	LAB	4.26^B	3.24^A	4.99	0.11	0.52
水分处理平均值	50%	4.48	2.17^B	2.99	0.25	0.38
	55%	4.43	2.43^{AB}	3.83	0.15	0.39
	60%	4.33	2.48^{AB}	5.92	0.02	0.41
	65%	4.27	3.20^A	6.36	0.13	0.61
方差分析	LAB	0.002 9	0.006 5	0.676 4	0.454 0	0.295 5
	水分	0.147 7	0.056 8	0.071 2	0.236 7	0.610 9
	LAB×水分	0.497 9	0.761 8	0.553 1	0.243 4	0.765 8

注:同列数据肩标字母不同表示差异显著($P<0.05$),相同表示差异不显著($P>0.05$)。

根据表7-56数据及比较分析可得出,与无添加比较,LAB添加显著降低了玉米秸秆黄贮的pH($P<0.05$),并显著提高了乳酸的含量($P<0.05$)。不同水分处理间,乳酸含量差异显著($P<0.05$),并随着水分的增高逐渐增加,pH、乙酸、丙酸和丁酸含量虽无显著差异($P>0.05$),但随着水分的增加,各处理组的pH逐渐降低,乙酸和丁酸的含量逐渐升高,丙酸含量从低到高的顺序为60%＜65%＜55%＜50%。

3. 讨论

发酵处理过程中,乳酸菌利用可溶性糖转化为乳酸,使玉米秸秆口感芳香,改善了秸秆黄贮的风味;软化了天然秸秆粗糙的质地,这与陈莲等的研究结果相同。

不同水分处理间,乳酸的含量差异显著($P<0.05$),并随着水分的增加而逐渐增高;pH、乙酸、丙酸和丁酸无显著差异。徐灵敏等在对籽用南瓜和玉米秸秆混贮效果的研究中提出适当水分含量有利于乳酸菌发酵,可以提高发酵品质,这与本试验的结果一致。

4. 结论

玉米秸秆经过黄贮处理使其茎叶柔软,气味醇香;添加乳酸菌抑制了有害微生物的活性,显著减少秸秆黄贮过程中养分损失。试验结果表明,水分调整为60%,添加乳酸菌的情况下,玉米秸秆黄贮的发酵品质最好。

二、不同水分对玉米秸秆黄贮体外干物质消化率的影响

1. 材料与方法

（1）玉米秸秆及研究方法。

玉米秸秆及研究方法与上述研究相同。

（2）体外消化。

使用2头安装永久性瘤胃瘘管的绵羊(黑龙江八一农垦大学动物饲养实验室),于晨饲后2 h抽取瘤胃液,四层纱布过滤后等体积混合,通入CO_2保持厌氧环境,并以瘤胃液:人工唾液为1:4比例均匀混合。人工唾液按照McDougll'sbuffer方法(每1 000 mL含有KCl 0.57 g,NaHCO 39.80 g,CaCO 30.04 g,$Na_2HPO_4 \cdot 12H_2O$ 9.30 g,$MgSO_4 \cdot 7H_2O$ 0.12 g,NaCl 0.47 g,L-CysteineHydrocholoride 0.25 g,Resazurinsodiumsalt 0.01 g,以上药品均为市购)配制。用天平(OHAUS®,购自日本)准确称取开封后粉碎的黄贮0.5 g(DM基础),提前装入容量为125 mL的血清瓶,注入50 mL混合培养液,迅速封好瓶口,置于39 ℃,100 r/min的空气浴振荡器(HZQ-C型,购于哈尔滨市东联电子技术开发有限公司)培养48 h。分别对培养后样品培养液的干物质消化率、产气量进行测定。试验过程中所用仪器及设备均由黑龙江八一农垦大学动物科技学院粗饲料高效利用研究室提供。

（3）统计学分析。

使用Excel 2010软件对试验所得的数据进行计算和整理,采用SAS 9.0统计软件进行2因素方差分析,对差异显著项目进行多重比较,并采用Tukey法鉴定比较平均数之间的差异显著性($P<0.05$)。

2. 结果

不同水分及LAB的添加对玉米秸秆黄贮体外干物质消化率的影响见表7-57。秸秆黄贮添加LAB显著提高了产气量($P<0.05$),干物质消化率提高了9%;水分处理间,各项指

标无显著差异（$P>0.05$）。

表7-57 不同水分及LAB的添加对玉米秸秆黄贮体外干物质消化率的影响

项目		干物质消化率/%	产气量/mL
无添加	50%	28.25	26.87
	55%	28.54	24.50
	60%	35.63	15.48
	65%	24.01	11.40
LAB	50%	30.69	16.90
	55%	35.41	27.84
	60%	26.50	26.07
	65%	34.30	26.73
	SEM	0.000 6	7.255 1
添加处理平均值	无添加	29.11	19.56^B
	LAB	31.72	24.38^A
水分处理平均值	50%	29.47	21.88
	55%	31.97	26.17
	60%	31.07	20.78
	65%	29.15	19.07
方差分析	LAB	0.226 0	0.015 1
	水分	0.749 6	0.070 1
	LAB×水分	0.603 5	0.014 8

注：同列数据肩标字母不同表示差异显著（$P<0.05$），相同表示差异不显著（$P>0.05$）。

3. 讨论

添加LAB显著提高了体外消化的产气量（$P<0.5$），并使干物质消化率提高了9%，这与王彤佳等的研究结果相同。在本试验中，水分为55%时，干物质消化率和产气量均最高。田雨佳的研究结果提出，在低水分时，干物质消化率和产气量均较高。但综合发酵品质，60%的水分比较利于秸秆黄贮发酵。

4. 结论

玉米秸秆经过黄贮处理使其茎叶柔软，气味醇香；添加乳酸菌抑制了有害微生物的活性，显著减少秸秆黄贮过程中的养分损失。试验结果表明，水分调整为60%，添加乳酸菌的情况下，玉米秸秆黄贮的发酵品质最好。

第七节　酸处理对玉米秸秆黄贮发酵品质及甲烷生成的影响

一、酸处理对玉米秸秆黄贮化学成分的影响

1. 材料与方法

(1) 试验材料及处理。

收获籽粒后的玉米秸秆,取自黑龙江八一农垦大学农学院试验田。将玉米秸秆粉碎,长度为 1~2 cm,备用。

采用完全随机 5（添加处理）×2（发酵天数）试验设计。将粉碎后的玉米秸秆分别进行无添加、乳酸菌、4% 混合酸、6% 混合酸、8% 混合酸添加处理,水分调整为 60%。硫酸和盐酸,以体积比为 4∶1 混合。5 种处理均装入 16 cm×25 cm 的包装袋（每个处理 6 袋）,真空密封后,置于室温下发酵 30 d 及 60 d 后,每种处理各开封 3 袋,供分析检测。

(2) 化学成分分析。

将剩余的样品称重后,在 65 ℃的温度下烘干 48 h,然后将所有饲料样品放置于室温下,使其自然回潮 24 h 得到风干样品。再分别将各个处理样品粉碎（筛子口径为 1 mm）,待分析一般营养成分。干物质、粗蛋白、粗脂肪分析根据 AOAC 中的方法 934.01,976.05,920.39 进行。酸性洗涤纤维和中性洗涤纤维根据 Vansoest 的方法进行。饲料中的粗蛋白根据凯氏定氮法进行测定。

(3) 统计分析。

使用 SAS 9.0 统计软件对玉米秸秆发酵后的化学成分、发酵品质及微生物组成的数据进行统计分析。采用 2 因素方差分析,并对差异显著项目进行多重比较,采用 Tukey 法鉴定比较平均数之间的差异显著性（$P<0.05$）。

2. 结果

(1) 原料化学成分。

表 7-58 为玉米秸秆原料的化学成分。

表 7-58　玉米秸秆原料的化学成分　　%

化学成分	组成
DM	72.24
OM	93.99
CP	3.38
EE	0.11
NFC	15.33

表 7-58 玉米秸秆原料的化学成分   %

化学成分	组成
ADF	42.82
NDF	64.46

(2) 发酵后化学成分。

表 7-59 为发酵 30 d、60 d 的玉米秸秆黄贮的化学成分。从表中可看出：所有处理发酵 30 d DM 含量无显著差异($P>0.05$)；OM 含量 LAB、4%酸、6%酸和 8%酸>对照；CP 含量 LAB、8%酸>对照、4%酸和 6%酸；EE、NFC 及 ADF 含量无显著差异($P>0.05$)；NDF 含量对照、LAB、4%酸>6%酸和 8%酸。所有处理发酵 60d 中，DM、EE、NFC 及 ADF 含量无显著差异($P>0.05$)；OM 含量 LAB、4%酸、6%酸和 8%酸>对照；CP 含量 LAB>对照、6%酸和 8%酸>4%酸；NDF 含量 6%酸>对照、LAB 和 4%酸>8%酸。通过比较不同发酵 d 数的化学成分发现，在对照组及各处理组中发酵 30 d 的 DM 含量显著高于发酵 60 d($P<0.05$)；除了对照组以外，其他 4 个处理组 30 d 的 CP 含量均显著高于发酵 60 d($P<0.05$)；对照、LAB 及 4%酸的处理组中发酵 60 d 的 NFC 含量显著高于发酵 30 d($P<0.05$)；在对照、LAB 及 4%酸的处理组中发酵 30 d 的 ADF 含量显著高于发酵 60 d($P<0.05$)；在对照、LAB、4%酸及 8%酸的处理组中发酵 60 d 的 NDF 含量显著低于发酵 30 d($P<0.05$)；OM 及 EE 含量上在不同发酵天数之间无显著差异($P>0.05$)。

表 7-59 发酵 30 d、60 d 玉米秸秆黄贮的化学成分   %

项目		干物质	有机物	粗蛋白	粗脂肪	非纤维碳水化合物	酸性洗涤纤维	中性洗涤纤维
添加处理								
对照	30 d	40.60*	91.93^B	3.40^B	0.12	21.33	46.59*	69.10^{AB*}
	60 d	38.30	89.93^b	3.38^{ab}	0.10	27.99*	43.05	63.40^{ab}
LAB	30 d	41.67*	93.64^A	4.18^{A*}	0.14	20.65	45.37*	68.67^{AB*}
	60 d	38.70	92.47^a	3.78^a	0.11	28.71*	39.92	61.87^{ab}
4%酸	30 d	40.67*	94.50^A	3.60^{B*}	0.09	20.26	47.46*	70.55^{A*}
	60 d	38.17	93.01^a	3.23^b	0.10	29.84*	43.32	61.82^{ab}
6%酸	30 d	38.15*	94.34^A	3.78^{B*}	0.10	24.24	43.42	66.22^B
	60 d	37.73	93.00^a	3.65^{ab}	0.09	27.39	46.92	64.16^a
8%酸	30 d	41.69*	94.15^A	4.29^{A*}	0.10	22.76	47.44	67.00^{B*}
	60 d	36.49	93.20^a	3.60^{ab}	0.10	30.32*	42.68	60.19^b
	SEM	1.724	0.099	0.091	0.003	0.789	1.153	0.719
主要影响因素的显著性及交互作用								
处理		0.500 4	<.000 1	<.000 1	1.000 1	0.115 7	0.151 4	0.009 8

续表 7-59   %

项目	干物质	有机物	粗蛋白	粗脂肪	非纤维碳水化合物	酸性洗涤纤维	中性洗涤纤维
添加处理							
天数 D	0.048 5	0.100 1	<.000 1	0.610 7	<.000 1	0.000 8	<.000 1
处理×D	0.373 2	0.216 1	0.123 2	1.000 1	0.108 1	0.066 1	0.102 6

注:$n=3$,$P<0.05$ 表示差异显著。同列内大写字母不同表示 30 d 不同处理间差异显著;小写字母表示 60 d 不同处理间差异显著;*表示相同处理不同天数间差异显著。

3. 讨论

本研究发酵 30 d 时,对照组及添加处理组的 DM 含量均高于发酵 60 d,即随着发酵天数的增加干物质含量均下降。发酵 30 d、60 d 所有添加处理组的 OM 含量均高于对照组,即随着发酵时间的延长,抑制了有害微生物对有机物的降解,添加酸处理,可以有效地降低半纤维素的含量,使其降解成可溶性糖,半纤维素的降解大大促进了纤维素水解成葡萄糖的产率,从而提高了饲料微生物对有机物的利用率。

在饲料营养成分中,粗蛋白含量是衡量粗饲料饲用价值的重要指标。本研究中,发酵 30 d 添加 LAB 及 8% 酸的两组处理相比较于对照组,粗蛋白含量较高;此外,发酵 30 d 及 60 d 的所有添加处理组的粗蛋白含量均高于对照组,主要是由于乳酸菌制剂能够利用饲料中的可溶性糖,转化成为乳酸,使 pH 降低,从而抑制了蛋白酶的活性及有害菌(如梭菌)的繁殖,使蛋白质的降解受到抑制,此外,乳酸菌制剂还能够软化纤维,将纤维部分转化成菌体蛋白。

4. 结论

玉米秸秆黄贮的发酵品质 60 d 好于 30 d,添加 LAB 和 4%、6%、8% 混合酸均能够有效降低 pH,对饲料有害菌的生长起到一定的抑制作用,可不同程度降解秸秆中的粗纤维为水溶性碳水化合物。

二、酸处理对玉米秸秆黄贮微生物组成的影响

1. 材料与方法

试验材料及处理与上述讲究相同。

2. 培养基

预先配制足够的 MRS、BLU、NA、DRCA、PDA(需加入 20% 酒石酸)固体培养基备用,分别用于培养乳酸菌、大肠杆菌、好氧及耐热菌、酪酸菌、霉菌和酵母菌。以上培养基均购自青岛海博生物有限公司。

3. 玉米秸秆生物发酵品质的分析

(1)开封及滤液的制备。

开封后立即从不同处理的真空包装袋中分别取 20 g,放入聚乙烯袋内,再加入 180 mL

蒸馏水，随后，用均质器拍打 90 s，再用定性滤纸进行过滤，收集完滤液后，立即测定过滤液的 pH。

（2）微生物培养与细菌形态及计数。

对原样、开封 30 d 及 60 d 的样本原菌液中所含有的乳酸菌（MRS）、大肠杆菌（BLU）、耐热细菌（NA）、好氧菌（NA）、酪酸菌（CLO）、霉菌（PDA）分别进行微生物培养与计数。将原样、30 d 和 60 d 样品的过滤原液依依进行梯度稀释，分别稀释为 10 倍液、20 倍液（使用前需要 75 ℃ 加热 15 min，冷却后使用）、30 倍液及 50 倍液。再分别移取 20 μm 的稀释菌液，并将菌液涂布于已编号并做好分区的固体培养基平板上的相应位置。再将涂好的 BLU、NA、PDA 平板置于 37 ℃ 恒温培养箱中，恒温培养 48 h；将涂好的 MRS、CLO 置于厌氧培养箱中，37 ℃ 培养 48 h。最后，观察平板上长出的菌落，一一进行区分并计数。而平板上相应区域的总菌数量，可用该区域上所出现的菌落数乘以该区域所涂布菌液的稀释倍数，即可算出原菌液中活菌的含菌数。

4. 统计分析

使用 SAS 9.0 统计软件对玉米秸秆发酵后的化学成分、发酵品质及微生物组成的数据进行统计分析。采用 2 因素方差分析，并对差异显著项目进行多重比较，采用 Tukey 法鉴定比较平均数之间的差异显著性（$P<0.05$）。

5. 结果

（1）原料化学成分及附着微生物。

表 7-60 为玉米秸秆原料的微生物组成。从表中 7-60 可看出，在玉米秸秆原料中发现乳酸菌、酵母菌、一般性细菌、大肠杆菌及耐热菌的数量，并未检测到霉菌及酪酸菌。

表 7-60 玉米秸秆原料的微生物组成　　　　　log(cfu/g)

微生物组成	数量
乳酸菌	7.82
耐热菌	4.43
微生物组成	数量
一般细菌	5.36
大肠杆菌	2.54
霉菌	ND
酵母菌	5.36
酪酸菌	ND

注：ND 表示未检出。

（2）微生物组成及数量。

表 7-61 为发酵 30 d 及 60 d 的玉米秸秆黄贮的微生物组成及数量。从表中可看出：相比较于发酵 30 d 的 5 个处理组的黄贮，在发酵 60 d 后，乳酸菌、耐热菌、一般细菌及酵母菌的数量均有所下降，尤其是乳酸菌的数量下降明显。发酵 30 d 后，乳酸菌数量 6% 酸 > 8% 酸 > LAB > 4% 酸 > 对照；耐热菌数量 LAB > 对照 > 6% 酸 > 8% 酸 > 4% 酸；一般细菌数量

4%酸>8%酸>6%酸>对照>LAB;酵母菌数量4%酸>6%酸>LAB>对照>8%酸。而黄贮发酵60 d后,乳酸菌的数量LAB>8%酸>4%酸>6%酸>对照;耐热菌数量对照>8%酸>4%酸>6%酸>LAB;一般细菌数量4%酸>6%酸>对照>8%酸>LAB;酵母菌数量对照>LAB>4%酸>8%酸>6%酸。此外,在5个处理的两个发酵d数中均未检测到大肠杆菌、霉菌及酪酸菌。

表7-61 发酵30 d及60 d的玉米秸秆黄贮的微生物组成及数量

添加处理	发酵天数	微生物组成/log(cfu·g^{-1})						
		乳酸菌	耐热菌	一般细菌	大肠杆菌	霉菌	酵母菌	酪酸菌
对照	30	7.03	4.80	6.71	ND	ND	7.31	ND
	60	5.12	3.66	6.45	ND	ND	6.46	ND
LAB	30	7.99	4.38	6.13	ND	ND	6.67	ND
	60	6.45	3.15	5.05	ND	ND	6.35	ND
4%酸	30	7.64	3.58	6.12	ND	ND	6.87	ND
	60	5.58	3.42	6.03	ND	ND	6.11	ND
6%酸	30	7.39	4.47	6.18	ND	ND	6.71	ND
	60	5.43	3.36	5.18	ND	ND	5.86	ND
8%酸	30	6.85	3.74	6.04	ND	ND	6.03	ND
	60	5.08	3.26	5.08	ND	ND	5.43	ND
SEM		0.324	0.253	0.522	—	—	0.117	—
主要影响因素的显著性及交互作用								
添加处理		0.012 1	0.000 3	<0.000 1	—	—	0.033 4	—
天数 D		0.008 4	0.002 5	0.022 6	—	—	0.039 7	—
添加处理×D		0.372 5	0.228 4	0.230 8	—	—	0.312 1	—

6. 讨论

试验中通过对发酵30 d及60 d的玉米秸秆黄贮的感官分析,发现其无霉味、无霉斑无腐臭味,初步判断无酪酸菌及霉菌生成,在后续的微生物试验中该结果得到进一步的验证。Cao等研究发现,蔬菜渣青贮在发酵3 d之后,LAB的数量迅速提高,并且在4种类型的蔬菜渣中乳酸菌数量达到了10^{8}cfu/g。在发酵了5 d和7 d之后,乳酸菌数量依然保持着这一水平,并且发酵30 d后,发现乳酸菌数量为10^{6}到10^{7}cfu/g。在本研究中发酵60 d添加LAB处理组乳酸菌含量高于对照及其他处理组,该试验结果与Cao研究的结果一致。另外,通过观察发现乳酸菌添加处理组的乳酸菌数量高于对照组,并且乳酸菌添加处理组的pH下降趋势较对照组明显,说明乳酸菌的添加有效地提高了饲料中乳酸菌的数量,而乳酸菌利用玉米秸秆中的可溶性糖,使得饲料pH迅速下降,有效地提高了饲料的发酵品质,该结果与马迪等研究结果一致。本试验所有添加处理组发酵60 d的饲料与发酵30 d的饲料相比较,一般细菌、酵母菌、耐热菌的数量均呈下降趋势,且pH维持在3.75~4.18,这是由于乳酸菌利用饲料中的营养成分进行生长,产生乳酸使 pH 下降,饲料有害菌的数量得到抑制。这与蔡义民等研究的结果相似,蔡义民等在玉米秸秆青贮饲料中添加乳酸菌对其进行研究,发现添加乳酸菌之后的青贮饲料,有害微生物的繁殖得到了抑制,发酵品质明显得到改善。另外,乳酸菌自身在代谢的过程中能够产生多种抑菌物质,这些物质在细菌体内的核糖体中合成具有抑菌活性的多肽类物质,能够对多种细菌产生抑制作用。通过观察发酵 30 d、60 d 的玉米秸秆黄贮的发酵品质发现,总水分含量随发酵时间的增加呈上升趋势,而干物质含量却呈下降趋势,这对饲料的瘤胃干物质消化率会产生一定的影响,导致饲料干物质消化率下降。

7. 结论

黄贮玉米秸秆的发酵品质 60 d 好于 30 d,添加 LAB 和 4%、6%、8% 混合酸均能够对饲料有害菌的生长起到一定的抑制作用,可不同程度降解秸秆中的粗纤维为水溶性碳水化合物,提高干物质消化率。

三、酸处理对玉米秸秆黄贮体外干物质消化率及甲烷生成的影响

1. 材料与方法

试验材料及处理同上述研究。

(1)人工唾液。

采用 McDougll's 缓冲液的配制方法进行配制,1 L 人工唾液的组成分别为 $NaHCO_3$ 9.8 g,KCl 0.57 g,CaCl 0.04 g,$NaHPO_4 \cdot 12H_2O$ 9.3 g,NaCl 0.47 g,$MgSO_4 \cdot 7H_2O$ 0.12 g,Cysteinehydrochloride 0.25 g,Resazurin 0.001 g。

(2)瘤胃液的收集。

由 2 头安装永久性瘤胃瘘管的绵羊提供瘤胃液,绵羊饲养于黑龙江八一农垦大学动物科技学院动物室。上午采食 2 h 后,通过 4 头绵羊的瘤胃瘘管进行采集瘤胃液,采集的瘤胃液 4 层纱布过滤后,等体积混合,并通入 CO_2 保持厌氧环境。

(3)培养液的制备。

人工唾液和瘤胃液以体积比 4∶1 的比例混合后,通入 CO_2,并置于 39 ℃ 水浴锅中备用。

(4)生物饲料培养。

称取粉碎(2 mm)的风干样品 1 g,分别置于体积为 128 mL 的培养瓶中,称取 50 mL 的培养液注入培养瓶内,通入氮气保持厌氧环境,立即盖上胶盖,并用专用封口钳子压紧铝盖,将培养瓶置于恒温震荡水浴锅内,39 ℃ 震荡培养 48 h。

(5)干物质消化率、pH 及甲烷测定。

分别对培养后样品的干物质消化率、培养液的 pH 及甲烷进行测定。

(6)统计分析。

使用 SAS 9.0 统计软件对数据进行统计分析。采用 2 因素方差分析,并对差异显著项目进行多重比较,采用 Tukey 法鉴定比较平均数之间的差异显著性($P < 0.05$)。

2. 结果

表 7-62 为发酵 30 d 及 60 d 玉米秸秆黄贮体外培养的干物质消化率及气体生成量。从表中可看出:5 个处理发酵 30 d、60 d 的玉米秸秆黄贮中,干物质消化率 LAB、4% 酸、6%

酸、8%酸＞对照。CH_4 对照＞4%酸、8%酸＞LAB、6%酸；pH 维持在 6.58～6.66，且不同处理相同发酵 d 数及相同处理不同发酵天数之间均无显著差异（$P>0.05$）。CO_2 含量在 345.88～356.33 L/kgDDM，且不同处理相同发酵天数及相同处理不同发酵天数之间均无显著差异（$P>0.05$）。H_2S 含量在 0.34～0.48L/kgDDM。通过比较每个处理组，不同发酵天数的瘤胃发酵参数，均不受到添加处理及发酵天数交互作用的影响，无显著差异（$P>0.05$）。

表 7-62　发酵 30 d 及 60 d 玉米秸秆黄贮体外培养的干物质消化率及气体生成量

添加处理	发酵天数	干物质消化率/%	pH	CH_4/(L·kg^{-1})	CO_2/(L·kg^{-1})	H_2S/(L·kg^{-1})
对照	30	34.10^B	6.65	27.92^A	353.00	0.47
	60	36.74^b	6.66	26.06^a	350.12	0.44
LAB	30	39.62^A	6.60	25.16^B	356.33	0.40
	60	40.08^a	6.58	24.74^b	346.82	0.42
4%酸	30	40.33^A	6.65	26.21^{AB}	347.50	0.42
	60	41.09^a	6.64	25.22^{ab}	351.40	0.44
6%酸	30	41.81^A	6.61	23.50^B	345.88	0.34
	60	42.97^a	6.64	23.17^b	349.00	0.41
8%酸	30	39.89^A	6.61	26.13^{AB}	355.21	0.41
	60	40.90^a	6.61	26.62^{ab}	353.76	0.48
	SEM	1.888	0.022	3.192	26.598	0.046
主要影响因素的显著性及交互作用						
添加处理		0.018 9	0.06 26	0.043 7	0.768 9	0.130 3
天数 D		0.276 8	1.000 0	0.303 9	0.289 8	0.009 0
添加处理×D		0.150 6	0.803 2	0.213 1	0.689 9	0.114 8

注：$n=3$，$P<0.05$ 表示差异显著。同列内大写字母不同表示 30 d 不同处理间差异显著；小写字母不同表示 60 d 不同处理间差异显著。

3. 讨论

除 CO_2 外，CH_4 也是温室气体的重要成分之一。在瘤胃微生物发酵中，产甲烷菌利用瘤胃细菌、真菌、原虫降解底物产生甲烷，而瘤胃中的甲烷主要来自于瘤胃中 H_2 与 CO_2 的反应。本试验结果显示，添加处理组在发酵 30 d 及 60 d 后，甲烷产气量均低于对照组，这表明乳酸菌及酸添加均能够降低瘤胃甲烷产气量。

4. 结论

玉米秸秆黄贮的发酵品质 60 d 好于 30 d，添加 LAB 和 4%、6%、8%混合酸均能够有效降低 pH，对饲料有害菌的生长起到一定的抑制作用，可不同程度降解秸秆中的粗纤维为水溶性碳水化合物，提高干物质消化率。另外，添加 LAB 及 6%混和酸两种处理方式，可以有效地降低瘤胃甲烷产气量。

第八章 利用玉米秸秆调制发酵全混合日粮及其饲喂效果

第一节 全混合日粮的概念

一、全混合日粮的概念及类型

全混合日粮(Total Mixed Ration,TMR)是根据动物在不同生长阶段对营养及能量的需要,将粗饲料、能量、蛋白质、矿物质及维生素饲料等按照一定比例配合、粉碎、调整水分混合均匀的营养平衡的配合日粮。随着反刍动物营养研究的不断深入和发展,以及畜牧业现代化、集约化、规模化程度的迅速提高,TMR饲喂技术将成为肉牛集约化、规模化养殖的必然趋势。

二、全混合日粮的特点

(1)营养全价性。
TMR是根据动物的营养需要配制的全价饲料,能保证动物摄入营养的均衡,生产条件可控,可满足现代化、集约化生产的需要。
(2)保持瘤胃内环境的稳定。
TMR可以使瘤胃pH维持在正常的范围内,维持内环境的稳定,有助于提高瘤胃内微生物的活性和促进发酵,使瘤胃可以同步利用碳水化合物和蛋白质,提高饲料的利用价值。
(3)利于非常规饲料资源的开发利用。
TMR不仅将精、粗料混合在一起,而且按动物营养需要调整各营养成分的比例,从而扩大了粗饲料的选择范围,即利用廉价的非常规饲料资源(例如,玉米秸秆、稻草和甘蔗梢叶等农业副产物)代替优质粗饲料。
(4)提高粗饲料利用率。
Fang等用玉米秸秆、稻草秸秆和苹果渣等农副产品调制肉牛TMR进行消化试验发现,秸秆型TMR能降低瘤胃氨态氮的含量,提高饲料的适口性和营养消化率。
(5)降低动物发病率。
TMR的营养具有平衡性和全价性,能减少由于营养不全面而引起的营养素缺乏,同时,TMR饲喂技术能够维持瘤胃pH的稳定,可有效预防营养代谢紊乱,减少反刍动物瘤胃酸中毒、食欲不良、瘤胃发酵异常等营养代谢病的发生。
(6)具有良好的经济效益。
TMR可选用当地廉价的非常规饲料资源做原料,可降低成本,同时饲喂方便,人工管理费用减少,经济效益有所提高。所以,TMR饲喂技术的日益完善和研究对畜牧业有着重要意义。

三、影响全混合日粮品质的因素

TMR调制方法简单,将玉米面、浓缩料、预混料、粗盐、小苏打、青贮或黄贮、营养补充剂、干草及秸秆饲料等TMR原料分别称量后,按照一定的先后顺序放入TMR搅拌机搅拌,当全部原料都放进机器后,搅拌7~10 min即可充分搅拌均匀。但TMR的质量主要受原料的水分含量、原料的粗细度、搅拌时间及向搅拌机内投入原料的顺序等因素的影响。原料的水分含量直接影响TMR的质量,TMR的水分过少或过多都会影响反刍动物的采食量。可以采用手握法直接判断日粮水分含量是否适宜,即用手握紧日粮不滴水,松开后快速恢复原状且蓬松,手上湿润、无水珠代表水分含量合适。一般认为TMR水分在35%~45%适宜。通过TMR搅拌机的饲料原料的细度也要适当控制,所以在调制TMR时先需对精饲料原料进行粉碎,对秸秆粗饲料进行铡短或粉碎。TMR对原料粗细度的要求可用宾州筛测定,顶层筛上的质量应占总质量的6%~10%,生产中可根据动物的不同生长时期做适当调整。TMR搅拌的时间过短会使原料不能充分混匀,从而影响采食量及导致摄取营养不均衡,而TMR搅拌时间主要受粗饲料影响,应根据粗饲料类型及其切断长度进行相应调整,例如粗饲料长度大于15 cm,要适当延长搅拌时间,使其充分混匀。如果搅拌时间过短原料较硬或过长,大量粗饲料在瘤胃内填充,容易造成瘤胃积食、营养代谢不良等疾病。一般原料的投入与TMR机器的搅拌同时进行,全部原料都投入后,再继续搅拌7~10 min即可。在实际调制TMR中,要按时定期检查全混合日粮的质量,及时根据动物生产需要进行相应的调整。从感观上,精料均匀地附着在粗饲料原料的表面、质地松散柔软、湿润不结块、色泽均匀且无异味被视为优质的TMR。

四、全混合日粮在反刍动物生产中的应用

传统的饲喂方式,即将各种精料、全株玉米青贮或秸秆黄贮、糟渣及秸秆类饲料等分别饲喂给反刍动物,很容易导致因动物摄取营养不均衡及精料摄入过多、粗饲料采食不足而造成瘤胃功能障碍,从而使粗蛋白、粗脂肪及粗纤维等营养物质在瘤胃内得不到瘤胃微生物的充分消化降解,影响反刍动物的生长,使养殖周期延长,最终导致成本的增加和饲料资源的浪费,这种饲喂生产模式的经济效益低下,很难达到现代畜牧业的集约化生产的要求。而TMR是结合动物营养学原理的饲料调制技术,在反刍动物生产中能达到较好的生产性能和经济效益。

1. 全混合日粮对反刍动物采食量和消化代谢的影响

采食量是动物对各营养物质利用能力的决定性因素。在反刍动物生产中,应用TMR饲喂技术可避免动物挑食的现象,提高采食量,从而提高饲料利用率,均衡动物的营养摄入,在相同饲料配方条件下可获得较高的日增重。饲喂TMR可以显著提高肉牛的采食量及营养物质消化率,使瘤胃发酵强度增强,对营养物质消化吸收较充分,营养均衡且减少了肉牛的发病率,经济效益显著。欧阳晓芳等研究表明,TMR技术能改善饲料的适口性,提高干物质采食量,稳定反刍动物瘤胃内pH,提高饲料的利用率,达到了较好的增重效果。于忠升等研究不同饲喂模式对绵羊营养物质表观消化率及血液生化指标的影响,发现TMR饲喂技术

能够促进绵羊对蛋白质及纤维的消化与吸收,降低尿素氮含量,提高饲料转化率和氮的利用率。

2. 全混合日粮对反刍动物生长及产肉性能的影响

TMR 的设计考虑了反刍动物营养需要、特殊的生理结构和消化特点等多种因素。若采用传统的精粗分饲方式,容易使精料摄入过多,导致瘤胃内环境失衡、pH 波动幅度大,饲粮中碳水化合物和蛋白质不同步发酵,降低瘤胃微生物蛋白合成效率,使机体机能紊乱并容易引起各种营养代谢病的发生。金辉东采用 TMR 饲喂延边黄牛表明,TMR 组的平均日增重较对照组提高了 26.76%。罗晓瑜等采用 TMR 饲喂西门塔尔杂交肉牛表明,TMR 组平均日增重为 1 078.50 g,比对照组(968.20 g)提高了 11.4%。马彦彪等研究中药材秸秆 TMR 对育肥肉牛生长性能的影响表明,采用 TMR 饲喂的试验组平均日增重(1 106.25 g)比对照组(985.63 g)增加了 120.62 g,提高了 12.24%。王世银等通过探明 TMR 饲喂技术在西门塔尔牛与新疆褐牛杂交一代牛育肥期的使用效果,发现饲喂 TMR 的西杂牛日增重为 1 010.20 g,显著高于对照组;饲喂 TMR 的西杂牛胴体重为 329.6 kg,显著高于对照组。达富兰等也研究表明,采用 TMR 饲喂肉牛,不论是皮尔蒙特肉牛还是西门塔尔肉牛,在增重方面均优于传统的精、粗分开饲喂模式。

3. 全混合日粮对反刍动物瘤胃内环境的影响

TMR 为瘤胃微生物提供氮源、能量、糖类等营养物质,有助于提高瘤胃微生物的活性和菌体蛋白的合成效率。高爱琴等研究表明,TMR 饲喂方式能显著改善肉牛瘤胃的发酵,降低甲烷的排放。同时,将各种饲料混匀后投喂,提高日粮摄取均匀度,可以维持瘤胃 pH 和内环境的稳定,使瘤胃可以同步利用碳水化合物和蛋白质,减少瘤胃发酵的昼夜波动,有利于牛的健康和代谢的稳定,提高饲料的利用价值。

4. 全混合日粮对反刍动物肉品质的影响

肉品质包括肉品性状(如肉色、pH、系水力、嫩度等)及肉的化学营养成分(包括 DM、CP、EE、Ash 等),肉中水分的存在状态和含量影响肉的贮藏性和加工质量,水分含量低,肉品容易干缩和失重,肉的风味和颜色直接受到影响,且会引起脂肪氧化。何光中等研究酒糟型 TMR 与传统精粗分饲技术对肉牛饲喂的结果表明,饲喂 TMR 组肉牛的屠宰率、净肉率、眼肌面积、肉骨比、背膘厚均高于对照组。刘镜等通过研究不同比例酒糟 TMR 对肉牛屠宰性能的影响,发现采用 TMR 技术可提高肉牛的屠宰性能、肉的品质、特优级及高档肉块重。

第二节 切断长度对秸秆型发酵 TMR 营养成分及发酵品质的影响

一、切断长度对秸秆型发酵 TMR 营养成分的影响

1. 材料与方法

从当地农场获取干玉米秸秆,于 2010 年 9 月下旬收割,在田间风干 7 d 并露天储存 7

个月（2010年10月8日至2011年1月31日）。利用尺寸为10 mm、30 mm和50 mm的筛子对玉米秸秆进行切断。2010年8月下旬从吉林省草地上采集羊草，风干后露天保存，利用尺寸为30 mm的筛子将其切断，为当地饲喂反刍动物的粗饲料的一般长度。采用商品浓缩饲料、玉米面和豆粕制备TMR，其组成及成分见表8-1。TMR调制处理包括以羊草（30 mm）为主的TMR和以玉米秸秆（10 mm、30 mm、50 mm）为主的TMR，分别又制成发酵TMR和新鲜TMR。含水量均调整为55.0%，本试验使用的乳酸菌制剂为植物乳杆菌Chikuso-1，有益菌数为1.0×10^5 cfu/g，由日本某株式会社提供，添加量为5.0 mg/kg。

在972.0 L容量的羊皮袋（900 mm×900 mm×900 mm）中包埋500.0 kg，在6个袋中包埋相同的TMR。真空密封，在2~15 ℃的室外温度下发酵30 d。发酵TMR样品取自羊皮袋的顶部、中部和底部，收集于无菌袋中，保存在冰箱中，运到实验室分析营养成分。新鲜TMR是在饲喂前分离所有原料无水混合而制成。

表8-1 TMR的化学组成及成分

项目	玉米谷物	豆粕	精料[①]	羊草	玉米秸秆
DM/%	88.8	88.3	92.7	92.8	91.9
OM	97.9	93.1	80.0	93.1	93.8
CP/%	9.1	51.2	39.4	5.3	5.3
EE/%	3.0	2.3	1.8	2.6	2.0
NFC/%	38.9	29.8	2.6	8.3	20.2
aNDFom/%	46.9	19.8	36.2	76.9	66.2
ADFom/%	28.1	16.1	22.5	47.4	42.8
GE/(MJ·kg^{-1})	20.0	4.9	18.9	19.7	19.5
成分/%					
羊草	20.0	8.0	12.0	60.0	—
10 mm	20.0	8.0	12.0	—	60.0
30 mm	20.0	8.0	12.0	—	60.0
50 mm	20.0	8.0	12.0	—	60.0

注：①商业产品主要包含棉粕、豆粕、$CaHPO_4$、$CaPO_4$、NaCl、$CuSO_4$、$FeSO_4$、$ZnSO_4$、$MnSO_4$、维生素A、维生素D_3，CP≥385 g/kg，Ash≤210 g/kg，总P 10~20 g/kg，赖氨酸赖氨酸14 g/kg，Ca 18~42 g/kg，NaCl 10~25 g/kg，维生素A≥24 000 IU/kg，维生素D_3 4 800 IU/kg，Fe 120 mg/kg和Cu 24 mg/kg，均为干物质基础。ADFom，酸性洗涤纤维；aNDFom，中性洗涤纤维；非纤维性碳水化合物=OM-CP-EE-aNDFom。

根据AOAC（1990）的方法934.01、976.05、920.39和942.05，测定DM、CP、乙醚提取物（EE）和灰分。OM按灰化失重计算。采用Robertson和Van Soest（1981）、Van Soest等（1991）方法测定酸性洗涤纤维和淀粉酶中性洗涤纤维。在测定aNDFom过程中使用了热稳定淀粉酶和亚硫酸钠，无残留灰分。非纤维碳水化合物（NFC）计算：NFC=100-CP-NDF-EE-Ash（NRC 2001）。总能量使用自动弹式热量计（OSK 150；日本东京）测定。采用AOAC（1990）所述的凯氏定氮法测定尿素氮。

2. 结果

玉米秸秆的 OM、CP、EE 和 GE 含量与羊草相似(表 8-1),但 aNDFom 和 ADFom 含量较低,NFC 含量较高。

发酵 TMR 的 OM、NFC、aNDFom 含量显著低于新鲜 TMR($P < 0.05$)(表 8-2),EE 含量显著高于新鲜 TMR($P < 0.05$)。对 8 种粗饲料 TMR 进行比较,OM、CP、EE、aNDFom、ADFom、GE 含量无显著差异。除 50 mm 玉米秸秆发酵 TMR 外,其余玉米秸秆型发酵 TMR 的 NFC 含量均显著高于羊草型发酵 TMR($P < 0.05$)。发酵与粗饲料在 NFC 含量方面表现出显著的交互作用($P < 0.05$)。

表 8-2 切断长度对秸秆型发酵 TMR 营养成分的影响

项目	DM/%	OM/% DM	CP/% DM	EE/% DM	NFC/% DM	aNDFom/% DM	ADFom/% DM	GE/(MJ·kg^{-1} DM)
新鲜 TMR(FrT)	91.6^a	93.5^a	14.0	2.5^b	18.7^a	58.2^a	37.9	18.6
发酵 TMR(FeT)	42.4^b	92.4^b	14.1	3.2^a	17.6^b	55.5^b	36.6	18.9
FrT 30 mm 羊草	92.1^a	93.2	14.2	2.7^b	14.6^b	61.7	39.0	19.3
FrT 10 mm 玉米秸秆	91.3^a	94.7	13.9	2.4^b	22.1^a	56.3	37.7	18.2
FrT 30 mm 玉米秸秆	91.7^a	93.6	14.4	2.4^b	20.1^a	56.6	37.6	18.4
FrT 50 mm 玉米秸秆	91.3^a	92.4	13.6	2.6^b	18.1^a	58.2	37.2	18.6
FeT 30 mmm 羊草	43.5^b	92.1	14.6	3.5^a	14.3^b	59.7	37.7	19.6
FeT 10 mm 玉米秸秆	42.3^b	93.6	14.9	3.1^a	19.6^a	55.9	36.5	18.5
FeT 30 mm 玉米秸秆	42.0^b	92.5	13.6	3.2^a	19.7^a	56.1	36.4	18.6
FeT 50 mm 玉米秸秆	41.8^b	91.4	13.5	3.1^a	16.9^{ab}	57.9	36.0	18.9
SEM	2.9	3.7	4.2	1.4	3.1	8.7	3.8	0.2
P 值								
发酵	***	**	NS	***	*	***	NS	NS
粗饲料	***	NS	NS	**	**	NS	NS	NS
发酵 × 粗饲料	NS	NS	NS	NS	*	NS	NS	NS

注:$n = 6$;NS 表示不显著;*表示 $P < 0.05$;**表示 $P < 0.01$;***表示 $P < 0.001$。

3. 讨论

玉米秸秆和羊草 DM 和 OM 含量均接近 Yang 等的报道。尽管玉米秸秆的 NDF 和 ADF 含量与前人的研究结果相似,但羊草的 NDF 和 ADF 含量高于 Yang 等的研究结果。这些差异很可能是由于种植区域、气候和成熟期不同而造成的。玉米秸秆的 OM、CP、EE 和 GE 含量与羊草相似,说明玉米秸秆可以成为反刍动物的饲料组分。

发酵 TMR 中 EE 含量的增加可能来自于有机酸。在发酵 TMR 青贮过程中，附生植物的乳酸菌将水溶性碳水化合物(WSC)转化为有机酸，乳酸增加，WSC 减少，这与以前的报道一致。影响青贮饲料发酵品质的因素不仅包括青贮饲料中附生菌的生理特性，还有青贮原料的颗粒大小。颗粒较小的青贮饲料可以产生更厌氧的乳酸发酵环境，从而产生更多的乳酸，同时降低 pH，从而抑制霉菌、酵母菌和梭菌的生长。这些有害生物也利用 WSC，导致 WSC 减少。而由于 WSC 包含在 NFC 中，低 WSC 导致 NFC 的降低。这就解释了为什么在本项研究中，10 mm 发酵的 TMR 比 50 mm 发酵的 TMR 具有更高的 NFC。

4. 结论

该发酵工艺能抑制 TMR 中霉菌的生长，提高秸秆型 TMR 的消化率。用 10 mm 玉米秸秆 TMR 提高了发酵品质。玉米秸秆型 TMR 与羊草型 TMR 具有相似的养分消化率，玉米秸秆可以替代羊草用于反刍动物 TMR。

二、 切断长度对秸秆型发酵 TMR 发酵品质的影响

1. 材料与方法

材料及 TMR 样品制备同上。

将 TMR 样品(10.0 g)与 90.0 mL 灭菌水混匀，并在灭菌水中从 10^{-1} 到 10^{-5} 连续稀释。乳酸菌采用琼脂(MRS)在厌氧条件下(厌氧箱；TE – HER Hard Anaerobox, ANX – 1; Hirosawa 有限公司，日本东京)30 ℃下培养 48 h，采用平板计数法计数。大肠杆菌采用蓝光肉汤琼脂(Nisui 有限公司，日本东京)，30 ℃孵育 48 h 后计数，霉菌和酵母菌采用马铃薯葡萄糖琼脂(Nisui 有限公司)30 ℃孵育 24 h 后计数，通过菌落外观和细胞形态将酵母菌与霉菌或细菌区分开。芽孢杆菌和需氧菌采用营养琼脂(Nisui 有限公司)，在 30 ℃需氧条件下培养 24 h 后，以菌落形态区分并计数。菌落数指活菌数(cfu/g FM)。

采用冷水浸提法测定 TMR 中的有机酸(包括乳酸和 VFA)含量。TMR(50.0 g)用 200.0 mL 灭菌蒸馏水均质，并在 4 ℃下过夜。使用玻璃电极 pH 计(Horiba D – 21; Horiba, 日本京都)测量 pH，并通过滤液的蒸汽蒸馏测定氨态氮含量。根据 Cai 等方法，利用高效液相色谱法 HPLC(Jasco 公司，日本东京)测定有机酸含量。

2. 结果

发酵 TMR 和新鲜 TMR 的 pH 分别为 4.60～4.70 和 6.02～6.75(表 8 – 3)。新鲜 TMR 中未检测到乳酸、乙酸和氨态氮。发酵 30 d 后，10 mm 发酵 TMR 的乳酸含量明显高于羊草 TMR 和秸秆长度为 50 mm 发酵 TMR。羊草 TMR 的乙酸含量低于 30 mm 和 50 mm 发酵 TMR($P<0.01$)。羊草 TMR 的氨态氮含量低于 50 mm 发酵 TMR($P<0.05$)。

青贮前，在 4 种粗饲料 TMR 中检测到乳酸菌数量为 10^3 cfu/g FM，大肠杆菌数量为 10^4～10^8 cfu/g FM，需氧菌数量为 10^5 cfu/g FM，霉菌数量为 10^3 cfu/g FM，酵母菌数量为 10^4～10^6 cfu/g FM。发酵 30d 后，4 种粗饲料 TMR 的乳酸菌数量增加，达到 10^7～10^8 cfu/g FM。大肠杆菌数量下降到较低水平($<10^4$ cfu/g FM)，需氧菌数量下降到 10^3～10^4 cfu/g FM。霉菌的数量太少，无法计数。4 种粗饲料 TMR 中检测到酵母数量为 10^3～10^6 cfu/g FM，与青贮前相比，没有变化。

表 8-3 切断长度对秸秆型发酵 TMR 发酵品质的影响

项目	新鲜 TMR				发酵 TMR				SEM	P 值
	30 mm 羊草	10 mm 玉米秸秆	30 mm 玉米秸秆	50 mm 玉米秸秆	30 mm 羊草	10 mm 玉米秸秆	30 mm 玉米秸秆	50 mm 玉米秸秆		
pH	6.75	6.04	6.02	6.05	4.68	4.60	4.67	4.70	0.86	NS
乳酸/(g·kg^{-1})	ND	ND	ND	ND	14.5^b	18.5^a	16.3^{ab}	15.1^b	0.84	**
乙酸/(g kg^{-1})	ND	ND	ND	ND	0.60^b	1.18^{ab}	1.32^a	1.61^a	0.13	**
氨态氮/(g·kg^{-1})	ND	ND	ND	ND	1.18^b	1.28^{ab}	1.35^{ab}	1.47^a	0.06	*
乳酸菌	5.5×10^3	6.5×10^3	5.5×10^3	7.5×10^3	1.5×10^8	2.4×10^7	1.6×10^7	2.5×10^7	—	—
大肠杆菌	8.0×10^4	1.2×10^8	1.6×10^8	1.4×10^8	1.6×10^3	4.4×10^3	2.2×10^4	3.9×10^4	—	—
好氧菌	2.3×10^5	3.6×10^5	3.3×10^5	2.9×10^5	5.3×10^3	3.7×10^4	4.1×10^4	5.5×10^3	—	—
霉菌	5.6×10^3	7.3×10^3	6.8×10^3	7.1×10^3	ND	ND	ND	ND	—	—
酵母菌	7.1×10^4	8.9×10^6	7.8×10^6	8.1×10^6	5.8×10^3	4.3×10^5	6.4×10^6	6.3×10^6	—	—

注：NS 表示差异不显著；ND 表示未检出；FM 表示鲜物质。* 表示 $P<0.05$，** 表示 $P<0.01$。

3. 讨论

饲料作物作为青贮饲料保存依赖于在厌氧条件下产生足够的酸来抑制有害微生物的活性。然而，获得高质量的青贮饲料需要厌氧环境、足够的发酵底物、足够数量的乳酸菌、缓冲能力及适当的含水量。根据先前的研究考虑到发酵和消化特性，将 TMR 含水量调整到 55.0% 有助于获得高质量的 TMR 青贮饲料。

然而，本研究中的 DM < 45.0%（表 8-2），可能是因为青贮发酵过程中干物质损失。乳酸菌数量是预测青贮发酵充分性和确定青贮材料中是否应添加细菌菌剂的重要因素。通常，当乳酸菌数量达到 10^5 cfu/g 时，青贮饲料保存良好。然而，如表 8-3 所示，乳酸菌数量低于 5.5×10^3 cfu/g，羊草和玉米秸秆中大肠菌群数量分别大于 10^4 cfu/g 和 10^8 cfu/g，羊草和玉米秸秆中需氧菌数量大于 10^5 cfu/g，说明获得优质青贮发酵饲料可能需要使用合适的添加剂。在本研究中，发酵与粗饲料在 NFC 含量方面表现出显著的交互作用，表明小颗粒可以提高发酵品质。然而，青贮饲料的发酵受青贮饲料中 WSC 的影响，WSC 包括在 NFC 中。Yang 等报道，在象草青贮中添加 NFC 有利于提高青贮发酵品质。

在发酵的 TMR 中发现了酵母菌，可能是因为 TMR 是用干玉米秸秆制备的，玉米秸秆中含有多种酵母菌。酵母菌具有耐酸性，在青贮饲料中可以与乳酸菌共存。在 TMR 发酵过程中，大肠杆菌和需氧菌含量降低，发酵 TMR 中未发现霉菌。虽然发酵后的 TMR 比新鲜 TMR 的 pH 低，但在本研究中，发酵后 TMR 的 pH 仍然很高，在 4.6～4.7。这可能是因为饲料具有较高的酸缓冲能力,乳酸被中和,从而防止了青贮饲料储存期间 pH 的下降,并可能导致高 pH(>4.2)。此外,Zhuang 等报道,随着温度从 20 ℃增加到 40 ℃,青贮饲料的发酵品质也随之改善。TMR 青贮饲料在温暖季节的乳酸发酵比在寒冷季节更剧烈。因此,在本研究中,发酵 TMR 的高 pH 和高有害菌水平也可能是由于东北地区的低温(2～15 ℃)所致。因此,在我国东北地区寒冷季节开发促进 TMR 发酵中乳酸发酵的制备技术是非常有必要的。

4. 结论

该发酵工艺能抑制 TMR 中霉菌的生长,提高秸秆型 TMR 的消化率。用 10 mm 玉米秸秆 TMR 提高了发酵品质。玉米秸秆型 TMR 与羊草型 TMR 具有相似的养分消化率,玉米秸秆可以替代羊草用于反刍动物 TMR。

第三节 不同长度秸秆型发酵 TMR 对绵羊表观消化率及氮代谢的影响

1. 材料与方法

材料及 TMR 样品制备同第二节。

48 只乌珠穆沁羊(当地品种),平均年龄(210 ± 8)d,初始体重(54.0 ± 1.1)kg,遗传背景相似,根据 8 种试验日粮完全随机分组。试验前,绵羊用伊维菌素(Sigma Aldrich,圣路易斯,密苏里州,美国)驱虫。将绵羊单独饲养在代谢笼中,每天 09:00 和 15:00 各饲喂一次。在 12 d 的饲养期内,自由饮水,根据 *The Nutrient Requirements of Sheep*(NRC 2001)设定 ME 维持水平,进行消化试验。7 d 的适应期之后,进行为期 5 d 的试验,在此期间收集所有粪便和尿液,以分析表观消化率和氮代谢。

2. 结果

(1)不同长度秸秆型发酵 TMR 对绵羊表观消化率的影响。发酵和粗饲料均影响 EE、可消化粗蛋白质(DCP)、aNDFom 和 CP 的表观消化率($P < 0.05$),见表 8-4。发酵 TMR 的 EE 和 aNDFom 表观消化率高于新鲜 TMR($P < 0.05$)。发酵 TMR 中的 DCP 高于新鲜 TMR($P < 0.01$)。8 种粗饲料 TMR 间,10 mm 玉米秸秆型发酵 TMR 和羊草发酵 TMR 的 CP 表观消化率均高于两组 50 mm 玉米秸秆型 TMR;两组 10 mm TMR 和 50 mm 玉米秸秆型发酵 TMR 的 EE 表观消化率均高于新鲜羊草型 TMR($P<0.01$);两组 10 mm TMR 和羊草型发酵 TMR 的 DCP 均高于 50 mm TMR($P < 0.001$)。

表 8-4 不同长度秸秆型发酵 TMR 对绵羊表观消化率的影响

项目	表观消化率/%							营养成分	
	DM	OM	CP	EE	aNDFom	ADFom	GE	DCP/($g \cdot kg^{-1}$)	DE/($MJ \cdot kg^{-1}$)
Fresh TMR (FrT)	71.9	73.9	66.1	72.4[b]	73.2[b]	69.5	73.7	92.8[b]	13.7
Fermented TMR (FeT)	75.7	78.2	67.1	83.3[a]	78.5[a]	75.7	74.8	95.6[a]	14.1

续表 8-4

项目	表观消化率/%							营养成分	
	DM	OM	CP	EE	aNDFom	ADFom	GE	DCP/ (g·kg^{-1})	DE/ (MJ·kg^{-1})
FrT 30 mm 羊草	68.7	70.2	66.2^{ab}	57.2^{b}	75.7	63.7	70.3	93.3^{ab}	13.6
FrT 10 mm 玉米	74.1	76.2	70.9^{a}	87.3^{a}	77.8	71.4	76.5	98.5^{a}	13.9
FrT 30 mm 玉米	71.0	73.4	65.1^{ab}	79.6^{ab}	68.2	71.2	72.8	94.3^{ab}	13.4
FrT 50 mm 玉米	73.8	75.7	63.0^{b}	65.6^{ab}	71.4	71.8	75.3	85.3^{b}	14.0
FeT 30 mm 羊草	70.8	73.0	70.1^{a}	70.9^{ab}	74.0	72.1	72.3	101.9^{a}	14.2
FeT 10 mm 玉米	81.4	83.6	70.0^{a}	91.9^{a}	82.3	81.8	77.0	104.4^{a}	14.2
FeT 30 mm 玉米	78.0	80.3	66.8^{ab}	83.3^{ab}	81.4	76.1	75.7	91.1^{ab}	14.1
FeT 50 mm 玉米	72.5	76.1	62.8^{b}	87.0^{a}	76.3	72.9	74.1	85.0^{b}	14.0
SEM	3.48	3.37	4.54	5.61	3.56	4.13	3.46	4.12	0.67
P 值									
发酵	NS	NS	NS	*	*	NS	NS	**	NS
粗饲料	NS	NS	*	**	NS	NS	NS	**	NS
发酵 × 粗饲料	NS	NS	NS	NS	NS	NS	NS	NS	NS

注:列内不同字母表示差异显著($P < 0.05$),$n = 6$;NS 表示差异不显著;* 表示 $P < 0.05$;** 表示 $P < 0.01$。

(2)不同长度秸秆型发酵 TMR 对绵羊氮代谢的影响。发酵、粗饲料及其相互作用均不影响摄入氮、粪氮和尿氮含量(表8-5),发酵 TMR 和新鲜 TMR 的结果相似,8 种 TMR 间的摄入氮、粪氮、尿氮、氮沉积含量均无显著差异,范围分别为 21.7~24.0 g/d、7.2~8.0 g/d、9.0~11.6 g/d 和 4.5~5.7 g/d。

表 8-5 不同长度秸秆型发酵 TMR 对绵羊氮代谢的影响

项目	摄入氮 /(g·d^{-1})	粪氮	尿氮	氮沉积
新鲜 TMR(FrT)	22.4	7.6	9.9	4.9
发酵 TMR(FeT)	22.8	7.5	10.2	5.1
FrT 30 mm 羊草	21.9	7.4	8.9	5.6
FrT 10 mm 玉米	23.7	6.9	11.7	5.1
FrT 30 mm 玉米	22.9	8.0	10.5	4.4

续表 8-5

项目	摄入氮/(g·d^{-1})	粪氮	尿氮	氮沉积
FrT 50 mm 玉米	21.1	7.8	8.7	4.6
FeT 30 mm 羊草	23.4	7.0	10.6	5.8
FeT 10 mm 玉米	24.3	7.3	11.7	5.3
FeT 30 mm 玉米	21.1	7.0	9.5	4.6
FeT 50 mm 玉米	22.3	8.3	9.3	4.7
SEM	1.20	0.67	0.56	0.20 P 值
发酵	0.985	0.274	0.282	0.235
粗饲料	0.449	0.329	0.341	0.966
发酵×粗饲料	0.717	0.455	0.467	0.987

3. 讨论

在本试验中,饲喂发酵 TMR 的绵羊对 aNDFom 的消化率高于饲喂新鲜 TMR 的绵羊,此结果与以前的研究结果一致(Cao,2010)。发酵的 TMR 与新鲜的 TMR 相比,DM 消化率提高了 5.3%,这支持了用干玉米秸秆青贮 TMR 可以提高 TMR 消化率的假设。与羊草相比,玉米秸秆切碎的 TMR 具有相似的 DM 消化率和 DE,说明玉米秸秆切碎可以替代 TMR 中的羊草。Sun 和 Zhou(2009)报道,未切碎的玉米秸秆在田间被绵羊采食时,具有较低的干物质摄入量和消化率,这也是当地农民通常的饲喂方法。切碎加工有助于有效利用干玉米秸秆,而且切短的玉米作物可以提高玉米青贮品质(Bal 等,2000;Cooke 和 Bernard,2005)。然而,Johnson 等(2003)研究表明,由此产生的粒径较小的玉米青贮饲料并不能提供足够的有效纤维来维持瘤胃健康,进一步减小粗饲料的粒径可能会导致纤维消化率降低,因此,理论上建议将切割长度增加到 19 mm。然而,增加切割颗粒切割长度会降低燃料需求,同时增加机械功率需求(Cooke 和 Bernard 2005)。在本研究中,10~50 mm 三种长度玉米秸秆型 TMR 间的 aNDFom 和 ADFom 消化率无显著性差异。因此,考虑到发酵品质,建议玉米秸秆切碎长度为 10 mm。

Cao 等研究表明,含全株水稻的发酵 TMR 具有更多的 DCP,粪氮含量较少,尿氮含量较多,但氮沉积无显著性差异。在本研究中,饲喂发酵 TMR 和饲喂新鲜 TMR 的绵羊间的 CP 消化率、粪氮和尿氮含量无显著性差异,饲喂两种 TMR 的绵羊的氮沉积也无显著性差异。尽管玉米秸秆的长短影响了 TMR 中 CP 的消化率,但并不影响粪便或尿液中氮的排出或沉积。

4. 结论

该发酵工艺能抑制 TMR 中霉菌的生长,提高秸秆型 TMR 的消化率。用 10 mm 玉米秸秆 TMR 提高了发酵品质。玉米秸秆型 TMR 与羊草型 TMR 具有相似的养分消化率,玉米秸秆可以替代羊草用于反刍动物 TMR。

该发酵工艺能抑制 TMR 中霉菌的生长,提高秸秆型 TMR 的消化率。用 10 mm 玉米秸秆 TMR 提高了发酵品质。玉米秸秆型 TMR 与羊草型 TMR 具有相似的养分消化率,玉米秸秆可以替代羊草用于反刍动物 TMR。

第四节 不同长度秸秆型发酵 TMR 对绵羊瘤胃发酵参数的影响

1. 材料与方法

用本章第二节中与 TMR 滤液相同的方法测定瘤胃液样品中的 pH、VFA 和氨态氮含量。

2. 结果

发酵和粗饲料显著影响饲喂后 2 h 的瘤胃总 VFA、丙酸和异戊酸含量($P<0.05$),但不影响饲喂后 0 h 或 4 h 的含量(表 8-6),也影响饲喂后 2 h 和 4 h 的戊酸和氨态氮含量($P<0.05$)。无测定指标受粗饲料或发酵与粗饲料相互作用影响。与新鲜 TMR 相比,发酵 TMR 在饲喂后 2 h 和 4 h 的总 VFA、戊酸和氨态氮含量较高,饲喂后 2 h 的丙酸和异戊酸含量较高。而在 8 种 TMR 中,无论粗饲料类型,发酵后的 TMR 在饲喂后 2 h 和 4 h 的总 VFA 和氨态氮含量均较高,饲喂后 2 h 的异戊酸含量较高。新鲜的 30 mm 和 50 mm 玉米秸秆 TMR 在饲喂后 2 h 的丙酸含量均低于其他 TMR。尽管饲喂后 2 h 所有新鲜 TMR 的戊酸含量低于发酵 TMR,但饲喂后 4 h 新鲜 30 mm TMR 的戊酸含量最低。

表 8-6 不同长度秸秆型发酵 TMR 对绵羊瘤胃发酵参数的影响

项目	饲喂后时间/h	TMR FrT	TMR FeT	FrT 30 mm 羊草	FrT 10 mm 玉米	FrT 30 mm 玉米	FrT 50 mm 玉米	FeT 30 mm 羊草	FeT 10 mm 玉米	FeT 30 mm 玉米	FeT 50 mm 玉米	SEM	P值 F	P值 R	P值 F×R
pH	0	7.04	6.91	7.63	6.34	7.40	6.80	6.71	6.87	7.01	7.04	0.32	NS	NS	NS
	2	6.57	6.55	6.60	6.54	6.62	6.53	6.44	6.55	6.57	6.62	0.08			
	4	6.54	6.60	6.75	6.46	6.50	6.43	6.53	6.55	6.63	6.68	0.06			
总 VFA/ (mmol·L^{-1})	0	54.6	56.5	52.9	56.1	50.1	59.2	56.9	56.0	57.4	55.6	2.65	NS	NS	NS
	2	84.7^b	110.4^a	85.8^b	86.0^b	81.0^b	86.1^b	110.8^a	109.9^a	111.3^a	109.5^a	2.57	***	***	NS
	4	82.1^b	97.5^a	80.9^b	85.1^b	77.1^b	85.2^b	97.9^a	97.0^a	98.4^a	96.6^a	5.42	**	**	NS
乙酸/ (mmol·L^{-1})	0	34.7	32.9	33.8	36.3	32.5	36.2	36.6	33.5	31.1	30.2	1.48	NS	NS	NS
	2	55.1	60.2	54.2	56.9	52.7	56.5	64.2	60.2	58.4	57.9	1.23			
	4	53.2	57.1	52.5	54.1	51.1	54.9	60.1	58.2	55.7	54.9	2.94			
丙酸/ (mmol·L^{-1})	0	17.3	16.8	17.5	17.1	18.1	16.5	18.9	17.0	16.4	14.9	0.81	NS	NS	NS
	2	33.2^b	38.7^a	39.0^a	36.7^a	29.5^b	27.7^b	41.4^a	32.8^{ab}	41.1^a	39.3^a	1.02	**	*	NS
	4	32.0	34.0	36.8	27.5	37.3	26.5	39.3	37.6	31.7	27.2	1.36	NS	NS	NS

续表 8-6

项目	饲喂后时间/h	TMR FrT	TMR FeT	处理 FrT 30 mm 羊草	处理 FrT 10 mm 玉米	处理 FrT 30 mm 玉米	处理 FrT 50 mm 玉米	处理 FeT 30 mm 羊草	处理 FeT 10 mm 玉米	处理 FeT 30 mm 玉米	处理 FeT 50 mm 玉米	SEM	P 值 F	P 值 R	P 值 $F \times R$
异丁酸/(mmol·L^{-1})	0	0.55	0.56	0.59	0.59	0.42	0.60	0.53	0.53	0.62	0.58	0.04	NS	NS	NS
	2	1.05	1.01	1.09	1.19	0.82	1.10	0.93	1.03	1.12	0.98	0.05	NS	NS	NS
	4	1.00	1.01	0.99	1.09	0.82	1.10	0.93	1.03	1.02	1.08	0.06	NS	NS	NS
丁酸/(mmol·L^{-1})	0	4.59	4.49	4.45	4.66	3.82	5.43	4.39	4.41	4.69	4.45	0.36	NS	NS	NS
	2	8.84	8.86	8.75	9.06	8.02	9.53	8.79	8.71	9.19	8.75	0.31	NS	NS	NS
	4	13.8	11.7	13.8	14.1	13.0	14.5	11.5	11.5	12.1	11.7	2.00	NS	NS	NS
异丁酸/(mmol·L^{-1})	0	0.31	0.34	0.39	0.40	0.13	0.33	0.31	0.28	0.40	0.37	0.07	NS	NS	NS
	2	0.23^b	0.56^a	0.29^b	0.30^b	0.10^b	0.23^b	0.51^a	0.49^a	0.62^a	0.61^a	0.12	**	***	NS
	4	0.23	0.24	0.31	0.32	0.05	0.25	0.21	0.18	0.30	0.27	0.16	NS	NS	NS
戊酸/(mmol·L^{-1})	0	0.11	0.14	0.13	0.12	0.05	0.13	0.14	0.14	0.16	0.10	0.03	NS	NS	NS
	2	0.41^b	1.34^a	0.33^b	0.32^b	0.35^b	0.63^b	1.34^a	1.34^a	1.36^a	1.30^a	0.04	***	**	NS
	4	0.20^b	0.79^a	0.26^{ab}	0.21^b	0.14^b	0.21^{ab}	0.34^a	0.40^a	0.41^a	0.25^{ab}	0.05	**	*	NS
a/p	0	2.01	1.95	1.93	2.12	1.79	2.20	1.93	1.97	1.89	2.03	0.12	NS	NS	NS
	2	1.69	1.57	1.39	1.55	1.78	2.04	1.55	1.83	1.42	1.47	0.15	NS	NS	NS
	4	1.71	1.71	1.42	1.98	1.37	2.07	1.53	1.55	1.75	2.02	0.21	NS	NS	NS
氨态氮/(mg·L^{-1})	0	58.7	53.5	57.2	54.1	50.5	73.2	55.1	53.0	50.7	55.2	8.99	NS	NS	NS
	2	90.4^b	184.0^a	88.7^b	86.5^b	82.7^b	103.8^b	185.6^a	183.5^a	181.2^a	185.7^a	16.62	***	***	NS
	4	63.8^b	165.9^a	61.7^b	59.6^b	55.8^b	78.3^b	165.6^a	167.6^a	164.0^a	166.4^a	16.77	***	***	NS

注:列内不同字母表示差异显著($P < 0.05$),$n = 6$;NS 表示差异不显著;* 表示 $P < 0.05$;** 表示 $P < 0.01$;*** 表示 $P < 0.001$。

3. 讨论

本试验中饲喂发酵 TMR 的绵羊瘤胃 pH 始终在正常范围内,饲喂发酵 TMR 与新鲜 TMR 的瘤胃 pH 无明显差异。饲喂发酵 TMR 的瘤胃总 VFA 在饲喂后 2 h 显著升高($P < 0.001$),说明可发酵碳水化合物的摄入可使饲喂后瘤胃 VFA 显著升高,这与 Chaucheyras-Durand 等和 Cao 等的报道一致。与总 VFA 相似,从饲喂前到饲喂后 2 h 和 4 h,饲喂发酵和新鲜 TMR 的瘤胃中的乙酸和丙酸的摩尔含量也随之增加。这是由于饲料中的碳水化合物瘤胃发酵产生乙酸和丙酸,从而降低了瘤胃 pH 和 a/p。同时,发酵 TMR 或瘤胃细菌发酵产生的乳酸可能利用发酵反应产生的氢进一步增加丙酸的含量。Cao 等报道,用发酵 TMR 代替全株水稻为主的新鲜 TMR 增加了瘤胃中丙酸和氨态氮含量,但在饲喂后 2 h 和 4 h 降低了丁酸含量。研究表明,用发酵 TMR 代替羊草或切碎的玉米秸秆为主的新鲜 TMR,饲喂后 2 h,瘤胃中丙酸、异戊酸和戊酸的含量增加。饲喂后 2 h 和 4 h,发酵 TMR 的氨态氮含量高

于新鲜 TMR,这可能是由于发酵过程中 DCP 或氨态氮的产量较多。此外,正如 Cooke 和 Bernard 所报道,玉米秸秆的切碎加工改善了发酵 TMR 的发酵品质和其中大多数营养成分的表观消化率。

4. 结论

该发酵工艺能抑制 TMR 中霉菌的生长,提高秸秆型 TMR 的消化率。用 10 mm 玉米秸秆 TMR 提高了发酵品质。玉米秸秆型 TMR 与羊草型 TMR 具有相似的养分消化率,玉米秸秆可以替代羊草用于反刍动物 TMR。

第五节　不同长度秸秆型发酵 TMR 对绵羊采食嗜好性的影响

1. 材料与方法

材料及 TMR 样品制备同第二节。

12 只乌珠穆沁绵羊平均体重(56.1±1.6) kg,测定 TMR 采食嗜好性。为了方便选择,将两种 TMR 分别放在不同的容器中,同时在每天 09:00 和 15:00 时提供,每次 15 min。TMR 数量足够,以便在 15 min 后有剩余称重,并计算摄入量。对两个 TMR 的每个组合重复此过程。饲料的相对摄取率按以下公式计算:饲料 A(或 B)的相对摄取率 = 饲料 A(或 B) 的 DM 摄取量/(饲料 A 的 DM 摄取量 + 饲料 B 的 DM 摄取量)。

2. 结果

将发酵后的 10 mm TMR 与新鲜羊草 TMR、10 mm TMR、30 mm TMR 和 50 mm TMR 以及发酵后的羊草 TMR、30 mm TMR 和 50 mm TMR 一起饲喂绵羊,其相对采食量分别为 38.5%、60.4%、66.7%、63.9%、64.2%、77.6% 和 85.5%(表 8-7)。新鲜羊草 TMR,10 mm、30 mm、50 mm 玉米秸秆新鲜 TMR 和发酵羊草 TMR,10 mm、30 mm、50 mm 玉米秸秆发酵 TMR 平均相对摄入量分别为 61.4%、56.5%、50.3%、44.0%、28.2%、65.3%、53.2% 和 36.9%。以 10 mm 玉米秸秆发酵 TMR 为佳,其次为新鲜羊草 TMR。

表 8-7　不同长度秸秆型发酵 TMR 对绵羊采食嗜好性的影响

TMR	相对干物质采食量/%								平均值	嗜好性	
	A	B	C	D	A 青贮	B 青贮	C 青贮	D 青贮		分数	等级
30 mm 羊草 (A)		39.0	51.6	50.2	88.8	61.5	69.8	68.8	61.4	94.0	2
10 mm 玉米秸秆 (B)	61.0		31.3	72.8	94.2	39.6	41.2	55.3	56.5	87.0	3
30 mm 玉米秸秆 (C)	48.4	68.7		50.1	46.2	33.3	54.4	50.7	50.3	77.0	5
50 mm 玉米秸秆 (D)	49.8	27.2	49.9		50.0	36.1	44.9	50.0 / 56.8	44.0	67.0	6
A 青贮	11.2	5.8	23.9	50.0		35.8	13.9	28.2		43.0	8
B 青贮	38.5	60.4	66.7	63.9	64.2		77.6	85.5	65.3	100.0	1
C 青贮	30.2	58.8	45.6	55.1	86.1	22.4		74.5	53.2	81.0	4
D 青贮	31.2	44.7	49.3	50.0	43.2	14.5	25.5		36.9	57.0	7

3. 讨论

反刍动物的采食嗜好性受许多因素影响,包括甜味、香气、嗅觉和味觉及饱腹感和不适感之间的相互作用。Baumont 等报道,牧草的营养价值与采食量之间的关系已经确立。Hadjigeorgiou 等发现山羊更喜欢消化率较高,aNDFom、ADFom 和木质素含量较低的牧草。在本研究中,绵羊最喜食 10 mm 玉米秸秆发酵 TMR,因为它有着良好的发酵品质且具有芳香味。

4. 结论

该发酵工艺能抑制 TMR 中霉菌的生长,提高秸秆型 TMR 的消化率。用 10 mm 玉米秸秆 TMR 提高了发酵品质。玉米秸秆型 TMR 与羊草型 TMR 具有相似的养分消化率,玉米秸秆可以替代羊草用于反刍动物 TMR。

第九章 秸秆型 TMR 对肉牛生产性能的影响

第一节 不同秸秆比例 TMR 添加 LCI 对肉牛表观消化率、氮代谢的影响

1. 材料与方法

(1) 试验时间与地点。

饲养试验在吉林省大安市吉林省雨田农牧有限公司完成。试验时间为 2018 年 3 月 25 日—7 月 5 日共 100 d，其中包括 10 d 的适应期和 90 d 的正式试验期。

(2) 原料处理。

玉米秸秆和稻秸，购于吉林省大安市周边农户，将玉米秸秆铡至 2~4 cm，水分调整至 55% 左右后，装入微贮发酵袋后于室温下密封发酵 30 d，稻秸用铡草机将切短至 3~5 cm。为降低养殖成本，本试验结合试验牧场实际生产中使用 40% 秸秆（低秸秆）的情况进行 TMR 调制，用秸秆替代日粮中的玉米，将秸秆在日粮中的比例提高至 45%（高秸秆）。

(3) 试验设计。

采用两因素（秸秆比例 2×复合乳酸菌制剂 2）完全随机设计，选取 80 头体况相近的健康西门塔尔×鲁西黄牛 F1 代杂交牛（18 月龄左右、平均体重（420±10）kg）作为试验动物，随机分为 A、B 两个牛舍，每个舍 40 头，每舍随机分为 4 组，每组 10 头，分别饲喂 4 种不同的 TMR。两因素 2×2 随机试验设计见表 9-1。

表 9-1 两因素 2×2 随机试验设计

A 舍				B 舍			
高秸秆		低秸秆		高秸秆		低秸秆	
对照	添加	对照	添加	对照	添加	对照	添加
TMR1	TMR2	TMR3	TMR4	TMR1	TMR2	TMR3	TMR4

(4) 试验日粮。

参照《中国肉牛饲养标准（2004）》并结合试验牧场实际生产情况调制 4 种不同的秸秆型 TMR，分别为高秸秆无添加复合乳酸菌制剂（LCI）、高秸秆添加 LCI、低秸秆无添加 LCI 及低秸秆添加 LCI 的饲粮。本试验使用的 LCI 由内蒙古和美科盛生物技术有限公司提供，主要由干酪乳杆菌（*Lactobacillus casei* HM-09）、植物乳杆菌（*Lactobacillus plantarum* PS-8）、地衣芽孢杆菌（*Bacillus licheniformis* BL-09）、酿酒酵母菌（*Saccharomycescerevisiae* HM-9）及其代谢产物组成，有益菌总数≥10^9 cfu/g。LCI 在饲喂时每头添加，饲喂量为每头每天 80 g。试验 TMR 组成及营养水平见表 9-2。

表9-2 试验日粮组成及营养水平(DM基础)

项目		高秸秆		低秸秆	
		对照	LCI组	对照	LCI组
日粮组成	玉米面/%	44.02	43.02	48.46	47.11
	浓缩料①/%	7.94	7.59	8.35	8.00
	粗盐/%	0.76	0.76	0.80	0.80
	小苏打/%	2.28	2.28	2.39	2.39
	玉米秸秆黄贮/%	23.43	23.43	22.56	22.56
	稻秸/%	21.57	21.57	17.44	17.44
	LCI②/%		1.35		1.35
	合计/%	100	100	100	100
营养水平	干物质 DM/%	40.57	40.64	42.70	42.81
	粗蛋白 CP/%	10.06	10.12	12.10	12.65
	粗灰分 Ash/%	7.79	7.65	7.89	7.70
	中性洗涤纤维 NDF/%	31.55	30.77	26.50	25.04
	酸性洗涤纤维 ADF/%	16.48	16.97	13.71	14.34
	钙 Ca/%	0.63	0.63	0.64	0.64
	磷 P/%	0.15	0.15	0.18	0.18
	总能 GE③/(MJ·kg^{-1})	19.63	20.27	20.66	20.74

注:①公主岭市阳光牧业有限公司生产,产品成分分析保证粗蛋白≥38.0%、粗纤维≤20.0%、粗灰分≤20.0%、钙0.60~3.30%、总磷≥0.50%、氯化钠0.50%~6.50%、赖氨酸≥1.20%、水分≤14.0%;主要原料组成:膨化豆粕、玉米胚芽粕、玉米DDGS、大豆油、磷酸氢钙、石灰粉、氯化钠、维生素饲料添加剂、微量元素添加剂等,每千克预混料中主要微量元素和维生素含量:铁33~2 500 mg、锌100~500 mg、锰66~500 mg、铜33~116 mg、维生素A 6 600~33 330 IU、维生素 D_3 910~13 330 IU、维生素E 50~200 IU;②LCI:复合乳酸菌制剂;③总能为计算值,其他营养成分含量均为实测值。

(5)试验动物饲养管理。

所有试验牛单栏拴系饲养,每天饲喂2次(05:00和15:00),自由饮水、采食。在试验开始前,完成杀菌消毒、驱虫和免疫工作。每天清粪,定期对牛舍进行喷雾消毒。

(6)测定指标及方法。

①样品的收集。饲养试验结束前5天连续采集各组TMR样品,将5天的样品混合均匀后测定饲粮中的DM、有机物(OM)、CP、EE、NDF、ADF、盐酸不溶灰分(AIA)和钙磷含量;同时,每组随机挑选6头牛,分别于08:00和17:00进行粪样及尿样采集,各分别收集粪及尿100 g,并分别加10 mL质量分数为10%的HCl进行固氮,试验期最后一天将每只牛5 d的粪样及尿样分别混合。将粪样和尿样于-20 ℃保存,用于测定相关指标。

②样品成分的测定。DM、OM和EE的测定分别根据AOAC中的方法934.01,920.39和942.05进行;CP含量采用凯氏定氮法测定;ADF和NDF的分析根据Van Soest等方法进行,AIA用4N-HCl进行测定。

③表观消化率的计算。饲料某养分消化率 = 100% − (饲料中指示剂 AIA 含量/粪中 AIA 含量) × (粪中养分含量/饲料中养分含量) × 100%。

④氮平衡的计算。通过养分消化率推算总排粪量,根据试验动物尿中肌酐与体重的关系推算总排尿量。日粮、粪样及尿样中的氮的含量,采用凯氏定氮法测定,计算摄入氮、尿氮、粪氮、吸收氮、沉积氮和沉积氮/吸收氮。

氮代谢计算公式为

$$吸收氮 = 摄入氮 - 粪氮$$
$$沉积氮 = 摄入氮 - (粪氮 + 尿氮)$$
$$氮的生物学价值(BV) = 消化氮 / 摄入氮 \times 100\%$$

(7) 数据的整理与分析方法。

试验数据经 Excel 2007 整理后,用 SAS 9.2 统计软件进行方差分析,并用 Tukey 法进行多重比较检验,结果均以"平均值 ± 标准差"表示,显著水平为 $P < 0.05$。

2. 结果

(1) 不同秸秆比例 TMR 添加 LCI 对肉牛表观消化率的影响。

不同秸秆比例 TMR 添加 LCI 对肉牛表观消化率的影响见表 9 − 3。由表可知:在高秸秆日粮下,LCI 组的 CP、EE、NDF 及 ADF 的表观消化率均与对照组间差异显著($P < 0.05$),即在高秸秆日粮中添加 LCI 可提高 CP 表观消化率($P < 0.05$),EE 表观消化率达 48.04%($P < 0.05$),NDF 表观消化率达 30.30%($P < 0.05$),ADF 表观消化率达 49.71%($P < 0.05$);而在低秸秆日粮下,LCI 组 DM、CP、EE、OM、NDF 及 ADF 的表观消化率与对照组均无显著差异($P > 0.05$)。

表 9 − 3　不同秸秆比例 TMR 添加 LCI 对肉牛表观消化率的影响　　　　　　　%

项目	秸秆比例	对照组	LCI 组
DM	高	62.82 ± 0.58	64.57 ± 2.01
	低	62.84 ± 1.24	63.18 ± 1.32
CP	高	58.74^{bB} ± 2.02	76.06^{a} ± 6.91
	低	66.65^{A} ± 2.42	68.70 ± 0.43
EE	高	48.94^{bB} ± 3.06	72.45^{a} ± 7.61
	低	63.69^{A} ± 7.32	67.18 ± 7.51
OM	高	70.22 ± 1.52	78.64 ± 7.44
	低	74.62 ± 3.49	77.68 ± 0.10
NDF	高	45.94^{b} ± 2.80	59.86^{a} ± 9.34
	低	44.78 ± 7.19	49.21 ± 0.47
ADF	高	42.99^{b} ± 3.84	64.36^{a} ± 10.79
	低	39.90 ± 8.02	46.64 ± 0.61

注:同行中标注不同小写字母表示同一秸秆比例下不同 LCI 处理间差异显著($P < 0.05$),同列中标注不同大写字母表示同一 LCI 处理下不同秸秆比例间差异显著($P < 0.05$)。

(2)不同秸秆比例 TMR 添加 LCI 对肉牛氮代谢的影响。

不同秸秆比例 TMR 添加 LCI 对肉牛氮代谢的影响见表 9-4。由表可知:在高秸秆日粮下,LCI 组的摄入氮、沉积氮与对照组间差异显著($P<0.05$),即在该日粮中添加 LCI 可提高氮的摄入量($P<0.05$),沉积氮达 18.64%($P<0.05$);在低秸秆日粮下,LCI 组和对照组的沉积氮差异显著($P<0.05$),即在该日粮中添加 LCI 可分别提高沉积氮,达 26.66%;在无添加 LCI 的情况下,低秸秆日粮的摄入氮和粪氮含量显著提高($P<0.05$),而沉积氮/摄入氮显著降低($P<0.05$);在添加 LCI 的情况下,低秸秆日粮的摄入氮和粪氮含量显著提高($P<0.05$)。

表 9-4 不同秸秆比例 TMR 添加 LCI 对肉牛氮代谢的影响

项目	秸秆比例	对照	LCI 组
摄入氮/(g·d^{-1})	高	151.6^{Bb}±0.89	163.2^{Ba}±3.97
	低	169.6^A±0.01	172.5^A±0.92
尿氮/(g·d^{-1})	高	55.07±6.17	52.11±5.33
	低	60.25±3.19	56.19±8.51
粪氮/(g·d^{-1})	高	70.71^B±6.30	80.41^B±0.54
	低	86.42^A±4.95	87.28^A±0.88
吸收氮/(g·d^{-1})	高	80.94±7.17	82.79±3.44
	低	83.17±4.96	85.22±1.65
沉积氮/(g·d^{-1})	高	25.86^b±2.48	30.68^a±0.11
	低	22.92^b±2.50	29.03^a±.67
氮消化率/%	高	53.36±4.43	50.71±0.87
	低	49.04±2.92	49.40±0.72
沉积氮/摄入氮/%	高	17.05^A±1.60	18.74±4.52
	低	13.51^B±1.47	16.81±5.48
沉积氮/吸收氮/%	高	32.02±2.68	36.87±8.50
	低	27.52±1.95	33.97±1.07

注:同行中标注不同小写字母表示同一秸秆比例下不同 LCI 处理间差异显著($P<0.05$),同列中标注不同大写字母表示同一 LCI 处理下不同秸秆比例间差异显著($P<0.05$)。

3. 讨论

(1)不同秸秆比例 TMR 添加 LCI 对肉牛表观消化率的影响。

饲料养分消化率受多种因素影响,例如日粮品质、动物采食量、饲料在瘤胃内停留时间、食糜流通速率及瘤胃微生物活性等。Angel 等研究表明,不同精粗比的 TMR 可影响肉牛采食量、瘤胃发酵程度及食糜流通速度,对饲料养分消化率产生影响。本试验中,结合试验牧场生产需要的情况,设计两种秸秆比例的 TMR,在高秸秆下添加 LCI 可提高 CP、EE、NDF 和 ADF 的表观消化率,分别提高了 29.49%、48.04%、30.30% 和 49.71%,这可能是由于 LCI 可抑制胃肠道病原菌的生长和繁殖,阻碍其代谢,调节机体胃肠道内有益菌群的微生态平衡,同时改善机体的生长状况和健康水平,减少肠道内的氧化应激,促进机体消化。LCI 通过产酸降低胃肠道的 pH,促进蛋白酶等消化酶的分泌,把结构复杂、分子质量较大的蛋白质降解为小肽和氨基酸,促进粗蛋白的吸收;同时,乳酸菌可以为优势菌群生长创造有利条件,刺激的纤维素分解微生物的生长和提高纤维降解活性,从而导致纤维消化率增加。

(2)不同秸秆比例 TMR 添加 LCI 对肉牛氮代谢的影响。

瘤胃微生物的降解是蛋白质消化利用的主要影响因素。在肉牛瘤胃内,蛋白质首先被蛋白质分解菌降解成氨基酸、小肽和氨,再通过瘤胃内的能量转化生成微生物蛋白被机体利用。因此,日粮中蛋白质被反刍动物充分消化利用,主要取决于降解蛋白合成微生物蛋白的效率。本试验中,低秸秆的摄入氮和粪氮含量显著提高。这是由于高精料日粮中含氮量高,肉牛采食后摄入氮随之增高。日粮蛋白质摄入量的增加,对肉牛尿氮、粪氮、吸收氮的含量有影响,即随日粮精料的增加而增加,这与 Kirkpatrick 等、Reynolds 等、黄洁等研究结果一致。本试验中,无论秸秆比例高低,LCI 组的沉积氮显著高于对照组。可能的原因是 LCI 在提高动物采食量时使氮含量的摄入也随之显著增加,乳酸菌在反刍动物胃肠道为其他有益微生物生长创造有利条件的同时,瘤胃菌群结构得到了调整,并提高了微生物降解利用蛋白能力,瘤胃菌体蛋白增多,有利于蛋白质的利用,从而使机体沉积氮提高,在一定程度上改善氮在肉牛体内的代谢状况。

4. 结论

营养物质的表观消化率受日粮中秸秆比例和 LCI 影响,高秸秆添加 LCI 可以显著提高营养成分的表观消化率。

不同秸秆比例的 TMR 添加 LCI 均可使沉积氮显著增多,能在一定程度上改善氮代谢的状况。

第二节　不同秸秆比例 TMR 添加 LCI 对肉牛瘤胃内环境的影响

1. 材料与方法

(1)瘤胃液采集及处理。

饲养试验最后一天,每组随机挑选 6 头试验牛,用采样管从口腔抽取约 200 mL 瘤胃液。经 4 层纱布过滤,取 20 mL 用 pH 计立即测定瘤胃液 pH。剩余的按瘤胃液体积的 1/100 加入饱和 $HgCl_2$ 溶液,存于 -20 ℃冰箱,待测定 TVFA、NH_3-N 指标。

(2)测定指标及方法。

①pH。经 4 层纱布过滤后的瘤胃液,用便携式 pH 计(圣科仪器有限公司,PHB-4,上海)迅速测定。

②NH_3-N 含量。试验肉牛瘤胃液中 NH_3-N 采用与 CP 分析相同的方法,但不需要硫酸分解过程。

③挥发性脂肪酸。将待测挥发性脂肪酸的瘤胃液,经 2 000 r/min 离心 5 min,用 0.45 μm 滤膜过滤后,用高效液相色谱仪测定总挥发性脂肪酸(TVFA)、乙酸、丙酸、丁酸含量。

(3)数据的处理与分析方法。

试验数据经 Excel 2007 整理后,用 SAS 9.2 统计软件进行方差分析,并用 Tukey 法进行多重比较检验,结果均以"平均值 ± 标准差"表示,显著水平为 $P<0.05$。

2. 结果

不同秸秆比例 TMR 添加 LCI 对肉牛瘤胃发酵参数的影响见表 9-5。由表可知:在高秸秆日粮下,LCI 组的乙酸含量较对照组显著降低($P<0.05$),而丙酸和 NH_3-N 含量显著提高($P<0.05$);在低秸秆日粮下,对照组与 LCI 组的 pH 差异显著($P<0.05$);在 LCI 添加的情况下,低秸秆的 pH 显著降低($P<0.05$)。

表 9-5 不同秸秆比例 TMR 添加 LCI 对肉牛瘤胃发酵参数的影响

项目	秸秆比例	对照组	LCI 组
pH	高	7.16 ± 0.01	7.09^B ± 0.05
	低	7.11^b ± 0.04	6.93^{aA} ± 0.08
TVFA/(mmol·L^{-1})	高	79.54 ± 0.08	80.13 ± 0.0
	低	80.37 ± 1.13	81.69 ± 4.52
乙酸/%	高	61.76^a ± 0.01	59.44^b ± 0.70
	低	61.31 ± 1.87	62.34 ± 1.49
丙酸/%	高	23.74^b ± 0.68	25.94^a ± 0.21
	低	25.92 ± 1.19	25.70 ± 1.65
丁酸/%	高	15.13 ± 1.57	14.63 ± 0.92
	低	12.77 ± 0.97	11.96 ± 1.27
乙酸/丙酸	高	2.60 ± 0.07	2.29 ± 0.01
	低	2.37 ± 0.17	2.43 ± 0.20
NH_3-N/(mg·L^{-1})	高	58.82^b ± 5.71	76.48^a ± 3.47
	低	59.67 ± 4.54	69.02 ± 7.56

注:同行中标注不同小写字母表示同一秸秆比例下不同 LCI 处理间差异显著($P<0.05$),同列中标注不同大写字母表示同一 LCI 处理下不同秸秆比例间差异显著($P<0.05$)。

3. 讨论

pH 对瘤胃发酵过程各个参数变化起着决定性的作用,是评价瘤胃发酵状况重要的指标之一。造成 pH 波动的因素包括 TVFA 和乳酸在机体内的生成与转化、唾液的分泌等,但根本因素是日粮的结构,如日粮精粗比等。动物摄取的日粮能在瘤胃内得以降解利用的前提就是要 pH 保持在正常范围(5.5~7.5)内。本试验中,饲喂两种秸秆比例及 LCI 添加的 TMR 的肉牛瘤胃内 pH 的变化均维持在正常范围内,说明瘤胃发酵水平良好,日粮合理的秸秆比例和 LCI 的添加对瘤胃内环境具有稳定作用。

日粮中的碳水化合物是经瘤胃微生物降解发酵,形成挥发性脂肪酸、二氧化碳、甲烷等产物。瘤胃中形成的挥发性脂肪酸不仅为动物提供能源物质,而且参与各种代谢活动,其含量受饲料质量、组成和饲喂方法等因素的影响,且正常值在 70~150 mmol/L。本试验中,各组间 TVFA 虽然无显著差异,但都在正常的水平内,说明日粮中合理的秸秆比例对瘤胃发酵有潜在的益处,同时,乳酸菌通过促进瘤胃有益微生物和刺激瘤胃乳酸利用菌的生长,改善瘤胃内环境,能降低肉牛的瘤胃酸中毒的危险,这与 Pereira 等、Walsh 等研究的结果一致。一般来说,饲料中精饲料比例越高,瘤胃液丙酸比例越高,丙酸发酵时可利用氢,所以饲料能量利用率也随之提高。崔安等研究表明,提高舍饲秦川肉牛日粮的精粗比,可显著提高瘤胃液丙酸的含量,这与本试验结果一致。乙酸与丙酸的比例反映了瘤胃发酵。当瘤胃发酵条件良好时,乙酸与丙酸比应大于 2.2。本试验中各组的乙酸与丙酸的比例在 2.29~2.60,有利于瘤胃微生物饲料对营养物质的降解利用。

NH_3-N 是日粮中非蛋白氮、蛋白氮降解的主要中间产物,受到微生物降解速度和蛋白质降解的影响,所以在一定程度上,NH_3-N 是反映瘤胃微生物从日粮中摄取和利用氨的情况,同时也反映对含氮的物质分解产氨的速度,即在特定的日粮下,蛋白质合成与分解所达到的平衡。LCI 作为微生物饲料添加剂应用于反刍动物中可以改善瘤胃内环境参数,例如 pH、TVFA 及 NH_3-N 等指标。本试验中,在高秸秆 TMR 中添加 LCI 可使 NH_3-N 含量显著提高 22.81%,这可能是由于 LCI 在瘤胃内的代谢活动提升了蛋白降解菌的活性,促进了日粮非蛋白氮或蛋白氮的降解,从而使得 NH_3-N 含量增加,这与 Steyn 等、Asizua 等研究的结果一致。

4. 结论

LCI 可改善瘤胃内微生态环境,在不同秸秆比例中添加 LCI 均可使瘤胃 pH 降低,在高秸秆比例 TMR 中添加 LCI 可显著降低乙酸含量,提高丙酸和 NH_3-N 含量。

第三节 不同秸秆比例 TMR 添加 LCI 对肉牛适口性的影响

1. 材料与方法

采用二者选一的方法。将 4 种试验 TMR 两两组合,放在不同的左右饲料槽内,同一只试验肉牛同时饲喂两种日粮,重复 6 只试验动物。具体日粮组合见表 9-6。

表 9-6 饲料适口性的两种日粮组合

	A	B	C	D
A		A*B	A*C	A*D
B			B*C	B*D
C				C*D
D				

注:* 表示两种饲料组合;A 表示高秸秆添加 LCI 日粮;B 表示高秸秆无添加 LCI 日粮;C 表示低秸秆添加 LCI 日粮;D 表示低秸秆无添加 LCI 日粮。

(1)试验动物及饲养管理。

试验动物同饲养试验,每天饲喂两次(05:00 和 15:00),每种 TMR 的供给量要求采食 15 min 后仍有剩余,且每只试验动物采食时间均为 15 min。

(2)测定指标及方法。

记录 15 min 内的 TMR 采食量及剩余量。两种 TMR 的相对干物质采食率计算如下:A 相对干物质采食率 = A 干物质采食量/(A 干物质采食量 + B 干物质采食量)。

2. 结果

不同秸秆比例及 LCI 处理秸秆型 TMR 对肉牛适口性的影响见表 9-7。由表可知:高秸秆添加 LCI 的 TMR 与高秸秆无添加 LCI 的 TMR、低秸秆添加 LCI 的 TMR、低秸秆无添加 LCI 的 TMR 的相对干物质采食率分别为 63.29%、32.89%、33.13%。高秸秆添加 LCI 的 TMR、高秸秆无添加 LCI 的 TMR、低秸秆添加 LCI 的 TMR 和低秸秆无添加 LCI 的 TMR 的平均相对干物质采食率分别为 43.10%、27.82%、67.59%、61.49%,其中最高到低的顺序依次为低秸秆添加 LCI 的 TMR > 低秸秆无添加 LCI 的 TMR > 高秸秆添加 LCI 的 TMR > 高秸秆无添加 LCI 的 TMR。

表 9-7 不同秸秆比例及 LCI 处理秸秆型 TMR 对肉牛适口性的影响　　%

日粮	干物质采食率						
	A	B	C	D	平均	顺位	割合
A		63.29	32.89	33.13	43.10	3	63.78
B	36.71		21.62	25.12	27.82	4	41.16
C	67.11	78.38		57.27	67.59	1	100.00
D	66.87	74.88	42.73		61.49	2	90.98

注:A 表示高秸秆添加 LCI 日粮;B 表示高秸秆无添加 LCI 日粮;C 表示低秸秆添加 LCI 日粮;D 表示低秸秆无添加 LCI 日粮。

3. 讨论

饲料的适口性影响动物的采食量,是日粮香味、咀嚼滋味、品质特性等综合特性的体现。反刍动物对饲料的选择可能涉及嗅觉、味觉、饱食感和触觉等感官的相互作用,从而建立了饲料营养价值与自愿采食之间的关系。可以通过对饲料原料及日粮进行加工调制、添加调味剂、香味剂等方法改善日粮适口性。刘晶晶等研究高温分解与乳酸菌分步发酵提高饲料消化率及适口性发现,发酵秸秆经乳酸菌发酵液吸收后,粗蛋白含量增加了 36.17%,营养价值显著提高;适口性得到改善,肉牛对秸秆干物质采食量提高了 21.71%。Chavez 等研究不同水平蔗糖或柠檬酸的地柳枝稷和苜蓿干草混合物对牛的适口性发现,可补充营养的调味剂能调节牛的采食量,牛更喜欢采食蔗糖调味的混合日粮。杜崇岷研究在奶牛日粮配方中添加酵母糖蜜对奶牛适口性、采食量、乳产量、乳成分、氮代谢、营养物质表观降解率和体况的影响发现,添加酵母糖蜜的 TMR 日粮适口性好和提高了采食量。

4. 结论

本试验中,秸秆比例和 LCI 影响了动物的适口性,但对动物的采食量无显著影响。

第四节 不同秸秆比例 TMR 添加 LCI 对肉牛血液生化指标的影响

1. 材料与方法

（1）血液采集及处理。

育肥试验最后一天晨饲前空腹颈部采血 20 mL，3 500 r/min 离心 10 min，分离血清后，存于 -20 ℃冰箱中待测相关血液生化指标。

（2）测定指标及方法。

使用南京建成生物生产的试剂盒测血清中总蛋白（TP）、白蛋白（ALB）、葡萄糖（GLU）、尿素氮（BUN）、总胆固醇（TC）、三酰甘油（TG）质量浓度及丙氨酸氨基转移酶（ALT）、天门冬氨酸氨基转移酶（AST）活性。

（3）数据的整理与分析方法。

试验数据经 Excel 2007 整理后，用 SAS 9.2 统计软件进行方差分析，并用 Tukey 法进行多重比较检验，结果均以"平均值 ± 标准差"表示，显著水平为 $P<0.05$。

2. 结果

不同秸秆比例 TMR 添加 LCI 对肉牛血液生化指标的影响见表 9-8。由表可知，各组间血清中 TP、ALB、GLU、BUN、TC、TG 浓度（或质量浓度）及 ALT、AST 活性均在正常范围内，且均无显著差异（$P>0.05$）。

表 9-8 不同秸秆比例 TMR 添加 LCI 对肉牛血液生化指标的影响

项目	秸秆比例	对照组	LCI 组
TP/(g·L^{-1})	高	66.89 ± 4.08	71.31 ± 6.44
	低	69.78 ± 6.18	77.97 ± 2.77
ALB/(g·L^{-1})	高	26.38 ± 2.40	32.42 ± 4.27
	低	31.03 ± 4.75	32.78 ± 1.26
GLU/(mmol·L^{-1})	高	4.33 ± 1.01	4.72 ± 0.91
	低	4.48 ± 0.52	4.55 ± 0.59
BUN/(mmol·L^{-1})	高	2.66 ± 0.85	4.46 ± 0.87
	低	3.71 ± 1.41	4.32 ± 0.07
TC/(mmol·L^{-1})	高	3.41 ± 0.73	3.82 ± 0.44
	低	3.47 ± 0.74	3.37 ± 1.04
TG/(mmol·L^{-1})	高	0.13 ± 0.02	0.09 ± 0.05
	低	0.15 ± 0.01	0.12 ± 0.02
ALT/(U·L^{-1})	高	38.15 ± 5.86	34.99 ± 4.31
	低	38.98 ± 6.43	33.42 ± 2.64
AST/(U·L^{-1})	高	66.97 ± 5.15	68.79 ± 3.57
	低	67.61 ± 5.05	70.68 ± 1.95

3. 讨论

血液生化指标是反映营养物质消化代谢和动物体内环境平衡与健康状况的综合指标,可以反映机体免疫机能、肝脏对糖类、脂类及蛋白质代谢能力及肾脏对蛋白质与日粮氨基酸代谢平衡状态。闫碧川等研究不同酵母培养物对泌乳中后期奶牛生产性能、养分表观消化率以及血清指标的影响,发现饲粮中添加酵母培养物能够提高泌乳中后期奶牛生产性能,提高养分表观消化率,对血清生化指标没有负面影响,同时增强血清抗氧化能力,提高经济效益,以每头每天添加 500 g 的酵母培养物效果较好。本试验中,提高日粮中秸秆水平及添加 LCI 的 TMR 对肉牛血清中 TP、ALB、GLU、BUN、TC、TG 浓度(或质量浓度)及 ALT、AST 活性均无显著显影,且均在正常范围内,说明 LCI 对肉牛的健康无不良影响,是一种安全、无毒副作用的微生物饲料添加剂。

4. 结论

饲喂不同秸秆比例 LCI 有无添加的 TMR 的肉牛血液生化指标均在正常范围内,不同秸秆比例和 LCI 均对肉牛的血液生化指标无显著影响。

第五节 秸秆型 TMR 添加 LCI 对肉牛生长性能的影响

1. 材料与方法

试验时间及地点、试验设计、试验日粮、试验动物饲养管理同本章第一节。

(1)测定指标及方法。

①初体重。正式试验期初始连续两天早上空腹称重,取其平均值作为初始重。

②末体重。试验期结束前连续两天早上空腹称重,取其平均值作为末体重。

③干物质采食量。每天记录投料量及剩余量,同时收集鲜料和剩料样品 300 g 放 -20 ℃ 冰箱保存,用于测定干物质含量。干物质采食量根据每天供给料量及剩余料量进行计算。

④平均日增重。平均日增重 =(试验末体重 - 试验初始重)/育肥天数。

⑤料重比。料重比 = 干物质采食量/平均日增重。

⑥体尺指数。体尺指标分别在正饲期第一天及饲养试验的最后一天进行测量,比较其增长量。

体高:鬐甲最高点到地面的垂直距离。

体直长:肩端到坐骨端后缘垂直线的水平距离。

体斜长:肩端到坐骨端后缘的距离。

胸围:肩胛骨后角处体驱的垂直周径。

管围:前肢管骨上 1/3 处的水平周径。

⑦增重效益分析。增重效益 = 肉牛增重收入 - 饲料成本。

(2)数据的处理与分析。

试验数据经 Excel 2007 整理后,用 SAS 9.2 统计软件进行方差分析,并用 Tukey 法进行多重比较检验,结果均以"平均值 ± 标准差"表示,显著水平($P<0.05$)。

2. 结果

(1)不同秸秆比例 TMR 添加 LCI 对肉牛生长性能的影响。

不同秸秆比例 TMR 添加 LCI 对肉牛生长性能的影响见表 9-11。由表 9-11 可知:试验肉牛育肥过程中,在高秸秆日粮下,添加 LCI 肉牛平均日增重显著提高($P<0.05$);在低秸秆日粮下,添加 LCI 肉牛平均日增重提高,但差异不显著($P>0.05$);在不同秸秆比例的日粮中添加 LCI 均可不同程度提高肉牛平均日采食量;在高秸秆日粮下,添加 LCI 可降低肉牛料重比($P>0.05$);在低秸秆日粮下,添加 LCI 可降低肉牛料重比($P>0.05$)。

表 9-11　不同秸秆比例 TMR 添加 LCI 对肉牛生长性能的影响

项目	秸秆比例	对照组	LCI 组
初体重/kg	高	422.3±7.51	410.0±2.45
	低	428.2±19.39	422.8±12.58
末体重/kg	高	542.5±4.99	550.3±2.02
	低	552.0±4.58	556.3±4.93
平均日采食量/kg	高	8.03±1.62	8.25±1.71
	低	8.23±1.39	8.36±1.59
平均日增重/kg	高	1.24^b±0.03	1.56^a±0.01
	低	1.37±0.19	1.48±0.09
料重比	高	6.48±1.38	5.29±1.10
	低	6.00±1.64	5.65±1.38

注:同行中标注不同小写字母表示差异显著($P<0.05$)。

(2)不同秸秆比例 TMR 添加 LCI 对肉牛生体尺指标的影响。

不同秸秆比例 TMR 添加 LCI 对肉牛体尺增长的比较见表 9-12。从表 9-12 可知:在高秸秆日粮下,LCI 组的体高、体直长、体斜长、胸围及管围的增长量分别较对照组高出 47.01%($P<0.05$)、75.18%($P<0.05$)、16.51%($P<0.05$)、43.00%($P<0.05$)、23.85%($P<0.05$);在低秸秆日粮下,LCI 组的体高、体直长、体斜长、胸围及管围的增长量分别较对照组高出 6.80%($P<0.05$)、35.21%($P<0.05$)、21.77%($P<0.05$)、21.59%($P<0.05$)、10.83%($P<0.05$);在无添加 LCI 的情况下,低秸秆的体直长、体斜长及胸围增长量均显著提高($P<0.05$);在添加 LCI 的情况下,低秸秆的体直长、体斜长增长量均显著提高($P<0.05$)。

表 9-12　不同秸秆比例 TMR 添加 LCI 对肉牛体尺增长的比较　　　　　cm

项目	秸秆比例	对照组	LCI 组
体高增长	高	8.19^a±1.54	12.04^a±0.91
	低	10.15±2.67	10.84±2.04
体直长增长	高	11.12^{aB}±0.25	19.48^{aB}±0.11
	低	16.73^{aA}±0.22	22.62^{aA}±1.06
体斜长增长	高	10.60^{aB}±0.83	12.35^{aB}±1.25
	低	15.11^{aA}±1.27	18.40^{aA}±1.00

续表 9-12　　　　　　　　　　　　　　　　　　　　　　　　　　　　　　　　　cm

项目	秸秆比例	对照组	LCI 组
胸围增长	高	12.21^{aB} ± 0.63	17.46^{a} ± 0.42
	低	15.05^{aA} ± 1.07	18.25^{a} ± 1.79
管围增长	高	1.09^{a} ± 0.07	1.35^{a} ± 0.05
	低	1.20^{a} ± 0.03	1.33^{a} ± 0.06

注：同行中标注不同小写字母表示同一秸秆比例下不同 LCI 处理间差异显著（$P<0.05$），同列中标注不同大写字母表示同一 LCI 处理下不同秸秆比例间差异显著（$P<0.05$）。

(3) 不同秸秆比例 TMR 添加 LCI 对肉牛增重效益的影响。

不同秸秆比例及有无 LCI 添加的 TMR 对肉牛增重效益的影响见表 9-13。由表 9-13 可知：用秸秆替代了日粮中部分玉米降低了饲料成本，同时，在高秸秆日粮中添加 LCI 的饲料成本较低秸秆日粮添加 LCI 降低了 46.26 元；在高秸秆 TMR 下，添加 LCI 提高每头育肥牛的增重效益达 201.03 元；而在低秸秆 TMR 下，由于精料及 LCI 的成本较高，其对照组的增重效益高于 LCI 组。

表 9-13　不同秸秆比例及有无 LCI 添加的 TMR 对肉牛增重效益的影响　　　　元/头

项目	秸秆比例	对照组	LCI 组
饲料成本	高	983.06	1 263.89
	低	1 040.01	1 309.35
增重收入	高	2 885.33	3 367.20
	低	2 970.67	3 202.67
增重效益	高	1 902.28	2 103.31
	低	1 930.66	1 893.31

3. 讨论

(1) 不同秸秆比例 TMR 添加 LCI 对肉牛生长性能的影响。

日粮中精饲料与粗饲料之间的比例，关系到肉牛的育肥方式和育肥速度，并且对肉牛健康十分必要。适宜的日粮精粗比，不仅可以避免饲料浪费和牛病的发生，而且还可提高养殖经济效益，对指导实际生产具有重要意义。汪利等研究不同精粗比日粮对肉牛生产性能的影响发现，提高日粮精粗比对西门塔尔肉牛生产性能有一定影响，并且高精粗比育增重效果优于低精粗比日粮。袁清珠等研究表明，在黑毛和牛育肥后期投饲 LCI 可以获得维生素 E 含量较高的附加价值牛肉，并能提高其生长性能。李新林试验发现，LCI 添加到育肥牛日粮中能够显著提高肉牛的日增重，试验组和对照组之间相差（0.27 ± 0.21）kg，差异显著，出栏后，试验组比对照组增重（36.7 ± 7.5）kg，增重效果差异显著。本试验发现，在高秸秆日粮下，添加 LCI 可显著提高平均日增重达 25.81%，可能是由于 LCI 在胃肠道内繁殖产生促生长因子，促进消化酶的分泌，从而较好地提高饲料的养分利用效率，促进机体生长，提高平均日增重。说明 LCI 不仅可提高肉牛对营养物质的消化吸收,而且能够很好地调整育肥肉牛胃肠道的有益菌群,保证动物健康,提高育肥质量和效果。

(2)不同秸秆比例 TMR 添加 LCI 对肉牛体尺指标的影响。

动物体尺变化可以反映其生长的速度,也常作为衡量家畜生长性能的指标,体重与各项体尺指标有着密切关系,同时营养水平会影响其增长。本试验中,低秸秆日粮及添加均在不同程度上提高体高、体直长、体斜长、胸围和管围指数,这可能是由于精料提升了日粮的营养价值,为动物生长需要的营养物质作基础,从而提高了对养分的吸收消化,促进生长发育,增加体尺指数;肠道的健康对生长发育至关重要,LCI 能维护肠道菌群结构,为养分在肠道内的消化提供保障,从而能促进生长,提高动物的体况体尺指标。

(3)不同秸秆比例 TMR 添加 LCI 对肉牛增重效益的影响。

微生物饲料添加剂在 TMR 中添加比例较小,但在反刍动物中,这些有益微生物参与了饲料的消化与发酵,同时也负责 B 族维生素的合成,降解毒素,刺激免疫系统,控制肠道微生物生态系统,从而改善动物健康,提高动物生产性能。所以,正确合理地使用微生物饲料添加剂会明显增加养牛增重效益。本试验中,饲喂高秸秆添加 LCI 的 TMR 的增重效益最好,说明选择资源充足、价格低廉的原料调制肉牛日粮,特别是农作物秸秆等农业副产物,可降低饲养成本,提高养殖效益。

4. 结论

在高秸秆 TMR 中添加 LCI 可显著提高平均日增重,无论秸秆比例高低,添加 LCI 都会不同程度地提高干物质采食量及降低料重比。综合本试验的各个结果,高秸秆 TMR 添加 LCI 育肥效果较好,并且可获得较好的增重效益。

第六节 不同秸秆比例 TMR 添加 LCI 对肉牛产肉性能的影响

1. 材料与方法

(1)试验动物。

在本章第五节育肥试验结束后,每组随机选取 4 头肉牛进行屠宰试验。

(2)测定指标及方法。

①宰前活重。试验肉牛屠宰前禁食禁水,称重,即为宰前活重。

②胴体重。放血屠宰法,去毛皮、头蹄及内脏,称重,即为胴体重。

③净肉重。将胴体在室温下迅速分割,把骨头完全剔除后,称重,即为净肉重。

④骨重。将胴体在室温下迅速分割,把肉完全刨除后,称重,即为骨重。

⑤眼肌面积。眼肌面积(cm^2)是指第 12 和 13 肋骨间脊柱上背最长肌的横切面积,本研究采用积分法求眼肌面积。

⑥屠宰率。屠宰率(%) = 胴体重/宰前活重 × 100%。

⑦产肉率。产肉率 = 净肉重/宰前重 × 100%。

⑧肉骨比。肉骨比 = 净肉重/骨重。

(3)数据整理与分析。

试验数据经 Excel 2007 整理后,用 SAS 9.2 统计软件进行方差分析,并用 Tukey 法进行多重比较检验,结果均以"平均值±标准差"表示,显著水平为$P<0.05$。

2. 结果

不同秸秆比例 TMR 添加 LCI 对肉牛屠宰性能的影响见表 9-14。

表 9-14 不同秸秆比例 TMR 添加 LCI 对肉牛屠宰性能的影响

项目	秸秆比例	对照组	LCI 组
宰前活重/kg	高	$515.5^b \pm 1.35$	$528.7^a \pm 0.99$
	低	$519.2^b \pm 3.94$	$526.2^a \pm 1.75$
胴体重/kg	高	$270.8^b \pm 3.04$	$288.2^a \pm 5.91$
	低	275.6 ± 4.30	282.9 ± 2.95
净肉重/kg	高	$224.1^{bB} \pm 0.77$	$244.2^a \pm 2.72$
	低	$241.0^A \pm 6.23$	242.6 ± 0.73
骨重/kg	高	45.16 ± 1.54	44.15 ± 3.31
	低	46.30 ± 3.89	43.62 ± 2.81
眼肌面积/cm²	高	$137.8^b \pm 2.90$	$149.6^a \pm 0.53$
	低	143.0 ± 7.91	146.6 ± 5.93
屠宰率/%	高	52.76 ± 0.22	54.51 ± 1.08
	低	53.09 ± 0.65	53.76 ± 0.40
产肉率/%	高	$43.12^{bB} \pm 0.66$	$46.19^a \pm 0.47$
	低	$45.62^A \pm 0.52$	46.11 ± 0.17
肉骨比/%	高	$4.74^b \pm 0.24$	$5.55^a \pm 0.36$
	低	5.24 ± 0.56	5.59 ± 0.50

注:同行中标注不同小写字母表示同一秸秆比例下不同 LCI 处理间差异显著($P<0.05$),同列中标注不同大写字母表示同一 LCI 处理下不同秸秆比例间差异显著($P<0.05$)。

由表 9-14 可知,在高秸秆日粮下,LCI 组的宰前活重、胴体重、净肉重、眼肌面积、产肉率及肉骨比与对照组间差异显著($P<0.05$),即在高秸秆日粮中添加 LCI 可显著提高宰前活重、胴体重、净肉重、眼肌面积、产肉率及肉骨比($P<0.05$);在低秸秆日粮下,LCI 组的宰前活重显著高于对照组($P<0.05$),而胴体重、净肉重、眼肌面积、产肉率及肉骨比均无显著差异($P>0.05$);在无添加 LCI 的情况下,低秸秆日粮的净肉率和产肉率均显著提高($P<0.05$)。

3. 讨论

影响动物产肉性能的因素主要有遗传和环境因素。遗传因素主要是不同性别和品种,环境因素主要包括动物饲养的水平及日粮的类型,使得产肉性能如宰前体重、胴体重、屠宰率、净肉率等指标都存在差异。本试验结果显示,在高秸秆日粮下,LCI 组的宰前活重、胴体重、净肉重、眼肌面积、产肉率及肉骨比较对照组显著提高,这可能是 LCI 在改善动物健康的情况下,加快了肉牛的生长发育速度,利于从日粮中摄取的营养物质用于脂肪组织及肌肉的生长和促进脂肪沉积,从而提高屠宰率和净肉率,显著提高宰前活重、胴体重、净肉重、眼肌面积、屠宰率、产肉率和肉骨比等屠宰指标,这与 Kelsey 和 Colpoys 研究的结果一致。在无添加 LCI 的情况下,低秸秆日粮的净肉率和产肉率均显著提高。可能是降低秸秆比例提高了精料水平,日粮营养价值和粗蛋白质含量随之提高,改善料重比,从而提高动物的净肉重和净肉率,这与 Scott 等研究结果相一致。

4. 结论

不同秸秆比例及有无 LCI 添加均对肉牛的屠宰性能有一定的影响,在高秸秆日粮中添加 LCI 可显著提高肉牛的屠宰性能。

第七节 不同秸秆比例 TMR 添加 LCI 对肉牛肉质性状的影响

1. 材料与方法

(1)试验材料。

试验所测肉样均为本章第六节屠宰的肉牛牛肉。

(2)测定指标及方法。

①肉色。使用色差仪(Minolta,CR400/410,日本)测定,屠宰后切取肉样新鲜切面,测定肉样的亮度(L^*)、红度(a^*)、黄度(b^*),每个牛肉样品测定 3 次,取平均值。

②pH。用便携式 pH 计(圣科仪器有限公司,PHB - 4,上海)直接插入肉样测定,每个肉样分别在屠宰后 30 min 和 24 h 重复测定 3 次,取平均值,分别记为 $pH_{30\,min}$、$pH_{24\,h}$。

③滴水损失率。取每头牛肉样切成 15 mm × 15 mm × 30 mm 小块,称重,即 m_1;将肉块密封,保证有容纳肉浸出水的空间,悬挂于 0 ~ 4 ℃冷藏室中 24 h,称重,即 m_2。计算公式:滴水损失率(%) = $(m_1 - m_2)/m_1 \times 100\%$。

④熟肉率。试验牛屠宰后 60 min 内,将肉样切成 6 cm × 6 cm × 4 cm 的肉块,称重,即 m_1,将生肉置于蒸屉上用沸水蒸 50 min,取出后置于通风阴凉处冷却 30 min,称重,即 m_2。计算公式:熟肉率(%) = $(m_1 - m_2)/m_1 \times 100\%$。

⑤剪切力。采用 Warner – Bratzler 法测定。具体操作:屠宰后取试验牛背最长肌作为试验样本,将肉样密封置于水浴锅中加热至肉样中心温度达 65 ℃,取出肉块置于 0 ~ 4 ℃冷藏室 8 h,利用直径 1 cm 的取样器沿肌纤维方向取样(避开筋腱),用食品物性分析仪测定每个肉柱(垂直肌纤维方向)的最大剪切力值,仪器参数:测试速度 1 mm/s,剪切距离 25 mm。

⑥牛肉常规营养化学组成。DM 的测定采用冷冻干燥法;Ash、CP、EE 含量的测定与本章第一节中的材料与方法相同;Ca、P 含量分别参照 GB/T 6436—92、GB/T 6437—2002 进行测。

(3)数据整理与分析。

试验数据经 Excel 2007 整理后,用 SAS 9.2 统计软件进行方差分析,并用 Tukey 法进行多重比较检验,结果均以"平均值 ± 标准差"表示,显著水平为 $P < 0.05$。

2. 结果

(1)不同秸秆比例 TMR 添加 LCI 对肉牛肉品性状的影响。

不同秸秆比例 TMR 添加 LCI 对肉牛肉品性状的影响见表 9 – 15。由表 9 – 15 可知:在高秸秆日粮下,LCI 组和对照的 $pH_{30\,min}$ 分别为 6.06 和 6.13,组间差异显著($P < 0.05$);在低

秸秆日粮下,LCI 和对照组的 a^* 值分别为 24.43 和 24.06,组间差异显著($P<0.05$);在无添加 LCI 的情况下,低秸秆日粮的 a^* 值较高秸秆日粮显著提高($P<0.05$);在添加 LCI 的情况下,低秸秆日粮的 a^* 和 $pH_{30\ min}$ 较高秸秆日粮显著提高($P<0.05$)。

表 9-15 不同秸秆比例 TMR 添加 LCI 对肉牛肉品性状的影响

项目	秸秆比例	对照组	LCI 组
L^*	高	31.26±1.01	31.57±0.68
	低	31.86±0.92	31.07±0.65
a^*	高	23.77^B±0.04	23.85^B±0.31
	低	24.06^{bA}±0.17	24.43^{aA}±0.12
b^*	高	8.94±0.08	8.71±038
	低	9.00±0.43	8.77±0.55
$pH_{30\ min}$	高	6.13^a±0.03	6.06^{bB}±0.02
	低	6.11±0.02	6.17^A±0.05
$pH_{24\ h}$	高	5.70±0.06	5.56±0.07
	低	5.70±0.09	5.66±0.02
滴水损失/%	高	27.08±3.01	25.92±1.74
	低	27.00±1.76	27.03±1.26
熟肉率/%	高	55.86±1.92	58.54±1.21
	低	55.60±2.79	57.70±1.16
剪切力/N	高	86.89±0.73	69.63±2.43
	低	73.06±1.98	45.40±1.29

注:同行中标注不同小写字母表示同一秸秆比例下不同 LCI 处理间差异显著($P<0.05$),同列中标注不同大写字母表示同一 LCI 处理下不同秸秆比例间差异显著($P<0.05$)。

(2) 不同秸秆比例 TMR 添加 LCI 对肉牛牛肉常规营养化学组成的影响。

不同秸秆比例 TMR 添加 LCI 对肉牛牛肉常规营养化学组成的影响见 9-16。由表 9-16 可知,不同秸秆比例及 LCI 对牛肉中的 DM、CP、EE、Ash、Ca 和 P 含量均无显著影响($P>0.05$),但在 CP 含量上,高秸秆日粮添加 LCI 组的含量最高,为 86.02%。

表 9-16 不同秸秆比例 TMR 添加 LCI 对肉牛牛肉常规营养化学组成的影响

项目	秸秆比例	对照组	LCI 组
DM/%	高	27.34±0.90	28.01±0.47
	低	27.99±0.75	28.54±0.42
CP/%	高	85.39±0.45	86.02±1.46
	低	84.07±1.28	84.41±0.71
EE/%	高	7.06±0.24	7.66±0.82
	低	8.15±1.21	8.82±0.43

续表 9-16

项目	秸秆比例	对照组	LCI 组
Ash/%	高	1.78 ± 0.63	1.91 ± 0.21
	低	1.93 ± 0.50	1.89 ± 0.76
Ca/%	高	0.40 ± 0.15	0.28 ± 0.05
	低	0.26 ± 0.13	0.40 ± 0.12
P/%	高	0.12 ± 0.01	0.14 ± 0.01
	低	0.13 ± 0.01	0.11 ± 0.02

3. 讨论

(1) 不同秸秆比例 TMR 添加 LCI 对肉牛牛肉品性状的影响。

肉品质可以通过肉色、肉的 pH、滴水损失率、熟肉率及剪切力等多项指标来进行衡量。李冬光等研究不同营养水平对牛肉品质的影响结果表明,在一定范围内,提高日粮精料水平对杂交肉牛胴体的肉色、pH、保水力及大理石纹 4 项指标影响均不显著,但对熟肉率和剪切力的影响显著。这与本试验中在不添加 LCI 的情况下,低秸秆日粮的 a^* 值较高秸秆比例日粮显著提高,在添加 LCI 的情况下,低秸秆日粮的 a^* 和 $pH_{30\,min}$ 较高秸秆日粮显著提高的结果不一致,可能是由于低秸秆提高了精料水平,影响了肌肉中肌红素含量,提高肌肉的氧化能力,所以是肉色更鲜红。肌肉 pH 的下降速度受遗传因素影响,如肌纤维类型,而下降的幅度则取决于屠宰前肌肉内所含的糖原数量。本试验中,在高秸秆日粮下,LCI 组的 $pH_{30\,min}$ 较对照组显著降低,说明 LCI 可提高肌肉中的含糖量,从而促进肌肉的糖原酵解程度,在一定程度上影响肉质。

(2) 不同秸秆比例 TMR 添加 LCI 对肉牛牛肉常规营养化学组成的影响。

牛肉中常规的营养成分包括水分、蛋白质、脂肪、有机物、钙和磷等,其含量变化受日粮营养水平的影响很大。牛肉中含有较高的蛋白质,这正是消费者对肉类高蛋白质的期望,同时较高的脂肪含量提高了牛肉的营养与口感,所以,牛肉中各种营养成分的含量是评定其营养价值的重要指标。本试验中,低秸秆组的粗蛋白含量低于高秸秆组,可能是因为低秸秆使得精料水平提高,在瘤胃内产生的 VFA 更多,并且这些 VFA 使得动物在机体肌肉内沉积脂肪速度大于蛋白的速度,而导致肌肉蛋白含量稍低。这与 Fiedelis 等、He 等、Magalhaes 等研究的结果不一致。闫祥林研究表明,提高日粮营养水平对促进脂肪沉积、改善胴体质量、提高优质切块肉牛产量有显著效果;牛肉品质与日粮营养水平有一定关系,总趋势是营养水平越高,牛肉质量越好。Dowarah 研究表明,乳酸菌可以通过影响脂肪酸代谢来改善肌肉内脂肪的沉积和分布,减少猪肉中脂肪的氧化,增加肌肉内脂肪的含量。当肉中脂肪含量高时,会降低结缔组织中纤维成分的物理强度,使结缔肌肉柔软嫩滑,提高肉质。本试验中,LCI 添加组的牛肉中蛋白质、脂肪等均大于对照组,表明 LCI 能提高牛肉的食用价值和营养价值。

4. 结论

饲喂不同秸秆比例及有无 LCI 添加的日粮对肉牛肉质有一定影响,在高秸秆日粮中添加 LCI 可显著降低 $pH_{30\,min}$,无论是否添加 LCI,低秸秆日粮可显著提高 a^* 值。

第十章　玉米秸秆全混合颗粒日粮的研究

第一节　全混合颗粒日粮在反刍动物生产中的应用

精粗分饲、精饲料限制采食、粗饲料自由采食等传统的饲喂方式,很容易引起反刍动物的挑食行为,日粮组成不稳定造成反刍动物所摄取的营养不均衡,瘤胃内pH上下浮动大,破坏了瘤胃消化的动态平衡,粗纤维得不到充分的消化分解,粗饲料利用率下降导致其严重浪费,直接造成了不同程度上反刍动物生长缓慢或停滞、饲养周期延长,导致成本高且畜牧产品质量达不到预期的标准,经济效益低下,不适应现代畜牧业的集约化生产。而全混合日粮是结合营养学原理,避免反刍动物挑食,保证营养均衡的现代化技术。

1. 全混合颗粒日粮对反刍动物采食量及消化代谢的影响

结合我国节粮型畜牧业的需要,利用现代化技术和营养原理按照反刍动物的营养需要配制合理的日粮。2006年,门小明等研究饲喂三种不同精粗比例日粮对空怀小尾寒羊母羊消化代谢的影响,结果表明采食量与精料比例成正比,增加日粮中精料的比例可提高粗蛋白、有机物、能量、钙磷的表观消化率。与邓先德等研究结果一致,即随着日粮中精料比例的增加,干物质和有机物表观消化率随之增加。孟庆翔等研究表明,日粮中精料比例为20%~60%时,对干物质表观消化率影响不显著,但比例达到80%时,干物质消化率降低。2014年,高天爽研究高粱替代日粮中玉米对羔羊消化代谢的影响,结果表明高粱替代玉米,提高了羔羊采食量;高粱替代1/3玉米组的干物质表观消化率显著高于完全替代组;无替代组和高粱替代2/3玉米组的粗蛋白表观消化率显著高于高粱替代1/3组和完全替代组;高粱替代玉米对ADF和NDF的表观消化率无显著性影响。周封文利用秸秆颗粒日粮饲喂小尾寒羊,研究发现粗饲料制粒后可减少小尾寒羊反刍,增加食糜在消化道及后肠道的流动速度,使胃肠道紧张度降低,提高反刍动物的采食量。

反应氮代谢情况的重要指标是氮平衡。刘清清等研究饲喂日粮精粗比为3:7、5:5、7:3对绵羊氮代谢的影响,研究结果表明,消化氮和沉积氮随着食入氮的变化而变化,张海容等也得到相同的研究结果。库尔班等研究表明,随着日粮中淀粉量的增加,氮保留量呈抛物线状。魏时来等利用不同精粗比(37:63、53:47、78:22)全混合颗粒日粮饲喂羔羊发现,三组之间氮利用率无显著差异。

2. 全混合颗粒日粮对反刍动物生产性能及产肉性能的影响

全混合颗粒日粮是根据反刍动物特殊的生理结构和消化特点设计的。反刍动物采食时速度快,未咀嚼充分就吞咽到瘤胃内,经瘤胃液的软化、浸泡后逆呕回到口腔重新咀嚼,与唾液一起再次进入瘤胃内消化吸收,此过程经历的时间较长。若采用传统的精粗分饲方式,反刍动物采食后,精粗饲料未被充分混匀,容易导致瘤胃内环境失去平衡、pH波动幅度大,饲粮中碳水化合物和蛋白质不同步发酵,降低瘤胃微生物蛋白合成效率,机体机能紊乱并容易引起各种营养代谢病的发生。日粮中营养水平对育肥羊生长具有很大的影响。张红岗等研究饲喂全混合颗粒饲料对羔羊生长性能的影响,发现羔羊平均日增重提高31.22%,饲料转化率提高17.25%。Wahyuni等研究不同酶水平全混合日粮对山羊生产性能的影响,结果显示饲喂酶水平为2 g/kg全混合日粮组的饲料转化率(以干物质基础)最好,瘤胃氨氮浓度降低,表明此酶水平能提高山羊的消化率和生产性能。王婕姝等利用秸秆型颗粒日粮饲喂育肥羔羊,结果显著提高了羔羊的净增重、日增重和料重比。李亚奎等研究利用全混合颗粒日粮饲喂羔羊对其生长性能的影响,结果表明与对照组相比,饲喂颗粒化全混合日粮组羔羊日增重显著提高,经济效益明显,有良好的饲喂效果。家畜的生产性能与体尺外貌也有一定的关系。温学飞等在建立杂交绵羊体尺与体质量关系的数学直线回归模型中发现,绵羊胸围对其体质量有较大的影响,综合体尺指标比较得出结论,对于促进育肥羔羊胸围发育的作用:秸秆苜蓿全混合颗粒日粮优于秸秆颗粒和秸秆苜蓿混合颗粒,秸秆粉碎组作用不明显。路永强研究发现,日粮蛋白质水平在23%以下时,羔羊日增重随着日粮中蛋白水平的增加而增加。

何光中等利用酒糟型全混合日粮与传统精粗分饲做对比饲喂肉牛,研究发现饲喂全混合日粮组肉牛的屠宰率、净肉率、眼肌面积、肉骨比、背膘厚均高于对照组,主要由于与传统日粮相比,饲喂全混合日粮可以显著提高肉牛的采食量及营养物质消化率,瘤胃发酵强度增强,对营养物质消化吸收较充分,营养均衡且减少了肉牛的发病率。

3. 全混合颗粒日粮对瘤胃内环境的影响

瘤胃内的pH变化与很多因素有关,例如瘤胃内挥发性脂肪酸浓度、唾液的分泌及日粮营养性状的影响,但主要影响因素是日粮营养组成成分和水平。李勇研究不同组合日粮对绵羊瘤胃内环境的影响时发现,pH随采食时间呈规律性变化,且三种不同日粮对绵羊瘤胃的pH、氨态氮均无显著影响。赵芳芳研究淀粉对羔羊瘤胃发育及发酵参数的影响发现,高精料直支链淀粉比日粮对瘤胃上皮发育有促进作用。

4. 全混合颗粒日粮对肉品质的影响

肉的化学营养成分主要包括水分、粗蛋白、粗脂肪、粗灰分等,与肉品质息息相关。其中,肉中水分的存在状态和含量影响肉的贮藏性和加工质量,水分含量低,肉品容易干缩和失重,肉的风味和颜色直接受到影响,且会引起脂肪氧化。研究显示,羊肉中的粗蛋白含量高于其他肉类但低于牛肉,一般(质量分数)为20%以上。羔羊肉中精氨酸、蛋氨酸、赖氨酸、组氨酸含量均是理想的蛋白质含量,且氨基酸组成较其他肉类好,因此羊肉中的蛋白质利用率较高。羔羊肉中粗脂肪含量为2%~5%,成年羊肉中粗脂肪含量为16%~22%,低于猪肉的脂肪含量。动物脂肪由蓄积和组织脂肪组成,其中组织脂肪含量及组成影响羊肉品质,研究表明,肌肉中含有一定量的组织脂肪才能维持良好的适口性,即良好的嫩度和多汁性,还能改善肌肉的紧实性和保水性。冯涛研究不同蛋白质水平全混合日粮对育肥羔羊的羊肉品质的影响,研究表明蛋白质水平越高,羊肉品质越好。

刘彩凤、Qwele等研究表明,羊肉中脂肪酸受饲粮配方不同的影响。王丽慧向日粮中添加不同营养水平的半胱氨酸饲喂滩寒杂交羊发现,在各试验组和对照组羊肉中,脂肪酸含量最高的是油酸,其次是硬脂酸和棕榈酸,且羊肉中含有多种人体所必需的脂肪酸,例如花生四烯酸、亚麻酸、亚油酸等,向日粮中添加不同营养水平的半胱氨酸,可以提高羊肉的营养价值。

5. 全混合颗粒日粮对反刍动物经济效益的影响

俞联平等将传统饲喂方式(精粗分饲)与饲喂全混合颗粒日粮的经济效益进行对比,研究表明饲喂全混合日粮组产羔母羊的经济效益,平均每只较精粗分饲组高出56元。柴君秀等对比发现150 d的肉羊平均每只较精粗分饲组高出77.58元。何光中等研究表明,全混合日粮能显著提高肉牛的日增重,料重比显著低于传统精粗分饲处理组,增加肉牛养殖的经济效益。杨文博等将全混合日粮应用到新疆紫泥泉种羊场结果提高了培育的种羊质量,且平均每只价格提高0.2万元,因为将羊场储备的棉壳、青贮料等添加到日粮中,节约饲料成本2.88万元,除去当年全混合日粮技术的成本,新增年产值22.336万元,利用全混合日粮使得种羊发病率下降,提高羔羊成活率创造产值11.25万元。钱勇等用三种不同精粗比为(6∶4、5∶5、4∶6)全混合日粮饲喂波尔山羊与徐淮山羊杂交羔羊,研究发现精粗比为6∶4试验组的羊育肥效果最佳,可显著提高羔羊的日增重和采食量,育肥30 d日增重达到180.92 g,平均每只收入提高37.10元。

第二节　玉米秸秆黄贮与苜蓿、羊草青贮饲料品质及营养特性的比较

1. 材料与方法

(1)原料处理。

盛花期苜蓿,取自黑龙江蓬勃牧草有限公司安达市肇源乡汉河村草场;玉米秸秆,取自八一农垦大学农学院试验基地。采用小规模发酵法,将刈割收获后的青贮原料苜蓿、羊草和黄贮原料玉米秸秆铡成2~3 cm的草段,装入16 cm×25 cm食品级聚乙烯袋内(每袋装原料300 g),用真空包装机(AT-620,北京吉奥德,北京)真空密封,每个处理组20袋,分别于室温发酵30 d、60 d后开封取样制样,待测pH及发酵30 d、60 d发酵样品的化学成分、发酵品质。

(2)测定指标及方法。

①化学成分。开封后称取样品200 g,置于干燥箱(DGG-92408B型电热恒温鼓风干燥箱)65 ℃干燥48 h至恒重,测定样品干物质,粗蛋白采用凯氏定氮法测定,中性洗涤纤维、酸性洗涤纤维采用范氏方法测定。

②体外干物质消化率。4头安装永久性瘤胃瘘管的绵羊,早上采食2 h后采集瘤胃液,用4层纱布过滤,将4头羊的瘤胃液等体积混合,过程中通入CO_2维持厌氧环境。采用McDougll's方法配制缓冲液,将缓冲液与瘤胃液按照体积比4∶1混合均匀制成培养液。向128 mL的培养瓶中加入粉碎0.5 mm的冻干样品0.5 g(干物质为基础)后,称取50 mL的培养液注入培养瓶内,震荡水浴锅内39 ℃恒温培养48 h。对培养后样品培养液的pH、干物质消化率进行测定。

③数据处理及统计分析。试验数据经Excel 2003整理后,用SAS 9.2统计软件进行方差分析,并用Tukey法进行多重比较检验。统计分析结果$P<0.05$为差异显著,结果均以平均值表示,且标有不同小写字母为差异显著,标有相同大小写字母为差异不显著。

2. 结果

营养成分、体外干物质消化率见表10-1。可以看出,苜蓿对照组和添加乳酸菌处理组

的干物质、有机物、粗蛋白、粗脂肪含量均高于玉米秸秆原料和乳酸菌处理组;其中性洗涤纤维、酸性洗涤纤维、pH;各试验组的干物质消化率均是玉米秸秆与羊草差异不显著($P>0.05$),显著低于苜蓿($P<0.05$);羊草与玉米秸秆干物质和有机物含量存在显著差异($P<0.05$)。

表 10-1 营养成分、体外干物质消化率

	项目	DM/%	OM/%	CP/%	EE/%	NDF/%	ADF/%	pH	DMD/%
对照组 30 d	玉米秸秆	40.33^a	80.56^b	3.50^b	0.13^b	69.22^a	46.95^a	6.83	20.05^b
	羊草	23.62^b	87.66^{ab}	8.69^b	2.62^b	49.40^b	39.68^a	6.70	24.48^b
	苜蓿	24.06^b	90.36^a	12.74^a	7.02^b	37.49^b	26.39^b	6.62	29.62^a
	SEM	0.012	0.036	0.101	0.142	0.217	0.156	0.002	0.004
	P 值	0.035 7	0.014 9	0.011 2	0.054 1	0.023 7	0.051	0.241 7	0.034 6
添加组 30 d	玉米秸秆	40.55^a	89.94	4.28^b	0.15^b	68.65^a	45.38^a	6.56	24.39^b
	羊草	24.31^b	90.02	10.30^a	9.22^b	45.21^b	38.97^b	6.39	29.09^b
	苜蓿	28.40^b	90.15	14.64^a	12.71^a	34.74^c	25.57^b	6.14	38.73^a
	SEM	0.142	0.960	0.030	0.108	0.101	0.496	0.121	0.516
	P 值	0.002 9	0.004 1	0.001 9	0.000 4	0.003 3	0.004 5	1.632	0.001 9
对照组 60 d	玉米秸秆	40.19^a	88.93	3.37^b	0.11^c	64.15^a	44.05^a	6.74	26.17^b
	羊草	21.67^b	89.60	11.30^a	10.59^b	42.66^b	36.45^b	6.69	30.50^b
	苜蓿	24.79^b	92.83	13.04^a	16.68^a	36.49^b	29.27^c	6.51	39.01^a
	SEM	1.451	0.009	0.984	0.452	0.241	0.001	0.495	0.242
	P 值	4.821	2.427	0.001 5	<0.000 1	0.003 1	0.001 7	2.769	0.001 1
添加组 60 d	玉米秸秆	40.21^a	88.84	3.89^b	0.13^c	61.78^a	39.82^a	6.43	27.45^b
	羊草	27.40^b	88.95	12.12^a	12.07^b	40.19^{ab}	34.6^a	6.25	33.06^b
	苜蓿	28.00^b	90.20	14.37^a	18.19^a	36.69^b	26.65^b	6.10	44.97^a
	SEM	0.152	1.429	7.120	1.410	1.592	0.050	0.318	0.001
	P 值	0.003 3	0.024 1	0.029 9	0.04	0.000 1	0.001 5	2.612	0.004 6

3. 讨论

周亚强等研究添加乳酸菌和糖蜜对饲料发酵品质及体外干物质消化率的影响,结果乳酸菌、糖蜜及混合添加组与对照组相比,均提高了干物质消化率,降低了甲烷产气量。本研究结果显示,玉米秸秆与优质粗饲料苜蓿相比,纤维含量高于苜蓿,可能是玉米秸秆中纤维素、半纤维素和木质素含量高的原因。玉米秸秆与羊草的营养成分含量存在很小差异,说明玉米秸秆可以通过加工处理改善适口性,且提高干物质消化率,可以代替优质粗饲料添加到全混合日粮中。而玉米秸秆体外干物质消化率低可能的原因是收割时期偏晚,随着生长期的延长,粗纤维含量增加且蛋白质含量降低,导致玉米秸秆的体外干物质消化率

偏低。

4. 结论

虽然玉米秸秆营养成分含量低于苜蓿及羊草,但通过发酵及添加乳酸菌等处理,能提高营养价值,与羊草的干物质消化率相当,说明玉米秸秆可以代替羊草等作为粗饲料,结合动物的营养需要,配制营养均衡的全混合颗粒日粮,降低饲养成本,提高经济效益并解决优质牧草短缺的资源现状。

第三节 不同秸秆比例全混合颗粒日粮对肉羊消化代谢的影响

1. 材料与方法

(1) 试验设计。

采用 4×4 拉丁方设计,选用 4 只 5 月龄、体重均为 (30±4) kg 的育肥羊,品种为美利奴(♂)×小尾寒羊(♀)杂交羊。分为 4 组(Ⅰ、Ⅱ、Ⅲ、Ⅳ),对应饲喂 4 种不同比例秸秆全混合颗粒日粮。拉丁方试验设计见表 10-2。

表 10-2 拉丁方试验设计

项目	Ⅰ	Ⅱ	Ⅲ	Ⅳ
第 1 期	A	B	C	D
第 2 期	C	D	B	A
第 3 期	B	A	D	C
第 4 期	D	C	A	B

(2) 试验日粮。

4 种不同秸秆比例的全混合颗粒日粮,试验Ⅰ组饲喂玉米秸秆比例为 52%(占干物质)的全混合颗粒日粮,试验Ⅱ组饲喂玉米秸秆比例为 42%(占干物质)的全混合颗粒日粮,试验Ⅲ组饲喂玉米秸秆比例为 32%(占干物质)的全混合颗粒日粮,试验Ⅳ组饲喂玉米秸秆比例为 22%(占干物质)的全混合颗粒日粮。

(3) 试验动物及饲养管理。

试验动物按照黑龙江八一农垦大学试验动物饲养管理方法进行。采用代谢笼全收集粪尿法。试验前清扫羊舍、代谢笼、粪盆、尿盆,将试验羊放入代谢笼内。本研究试验期共 48 d,分为 4 期,每期预试期 7 d(使动物适应环境和饲喂条件,慢慢转变饲料的过程,掌握动物采食量),正试期 5 d,分别于 09:00 和 15:00 准时饲喂,自由采食、饮水。试验期的次日于早 08:00 点收集正试期每天每只羊排粪量,分别装入盛有 0.3 mL 0.1% HCl 的带盖塑料桶内,将正试期内每只羊 5 d 的粪混匀,取总质量的 10% 作为粪样;收集正试期每天每只羊排尿量,并记录尿液体积,分别装入盛有 0.3 mL 0.1% HCl 的带盖塑料桶内,将正试期内每只羊 5 d 的尿混匀,取尿液体积 10% 作为尿样。将粪样和尿样于 -20 ℃ 保存,备测。试验期内,正常消毒且观察羔羊健康状况。

(4)测定指标及方法。

①饲粮营养物质表观消化率的测定。饲粮、粪样中干物质、粗灰分、有机物、粗蛋白、粗脂肪、中性洗涤纤维、酸性洗涤纤维含量按照常规方法测定。营养物质表观消化率计算公式为

某养分表观消化率(%) = 100 × (饲粮采食量 × 饲粮中该养分的含量 − 排粪量 × 粪中该养分的含量)/(饲粮采食量 × 饲粮中该养分的含量)

②饲粮氮、钙和磷代谢的测定。饲粮、粪样及尿样中的氮、钙、磷的含量采用常规方法测定,计算消化氮、氮消化率、沉积氮、沉积氮/摄入氮、沉积氮/消化氮。钙、磷代谢公式与氮代谢相同。

氮代谢计算公式为

消化氮 = 摄入氮 − 粪氮

氮消化率(%) = 消化氮 / 摄入氮 × 100%

沉积氮 = 摄入氮 − 粪氮 − 尿氮

(5)数据处理及分析。

试验数据经 Excel 2003 整理后,用 SAS 9.2 统计软件进行方差分析,并用 Tukey 法进行多重比较检验。统计分析结果 $P < 0.0$ 为差异显著,结果均以平均值表示,且标有不同小写字母为差异显著($P < 0.05$),标有相同大小写字母为差异不显著($P > 0.05$)。

2. 结果

(1)肉羊饲料的表观消化率。

不同比例玉米秸秆全混合日粮对肉羊表观消化率的影响见表 10 − 3,从表可以看出,Ⅰ~Ⅳ组的 DM 表观消化率依次为 68.08%、74.2%、76.19%、71.75%,4 个试验组中,Ⅰ组(秸秆比例52%)DM 表观消化率显著低于其他试验组($P < 0.05$),Ⅲ组(秸秆比例32%)DM 表观消化率显著高于Ⅳ组($P < 0.05$),与Ⅱ组(秸秆比例42%)之间无显著差异($P > 0.05$);OM 消化率各组之间差异不显著($P > 0.05$),从高到低顺序依次为Ⅰ组 > Ⅱ组 > Ⅲ组 > Ⅳ组,表明随着日粮中精料比例的增加,OM 表观消化率下降;与Ⅳ组(秸秆比例22%)相比,Ⅰ、Ⅱ、Ⅲ组 CP 表观消化率均显著提高($P < 0.05$),Ⅱ组(秸秆比例42%)CP 表观消化率最高,为 82.67%;与Ⅳ组相比,Ⅰ、Ⅱ、Ⅲ组 ADF、NDF 表观消化率均显著提高($P < 0.05$),数据表明,饲喂不同精粗比日粮对营养物质表观消化率有显著影响,粗饲料比例大,可以提高 OM、ADF、NDF 的表观消化率;各试验组间 EE 的表观消化率差异不显著($P > 0.05$)。

表 10 − 3 不同比例玉米秸秆全混合日粮对肉羊表观消化率的影响

项目		DM	OM	CP	EE	ADF	NDF
Ⅰ组	摄入量/g	1 234.43	1 145.55	170.10	15.16	498.35	752.38
	排出量/g	393.89	276.40	35.24	2.58	203.08	273.66
	消化率/%	68.08^c	75.87	79.28^{ab}	83.02	59.19^a	63.61^a
Ⅱ组	摄入量/g	1 330.61	1 238.8	185.82	14.79	405.48	668.61
	排出量/g	343.38	299.21	32.21	2.03	167.68	230.90
	消化率/%	74.20^{ab}	75.85	82.67^a	86.29	58.67^a	65.48^a

续表 10-3

项目		DM	OM	CP	EE	ADF	NDF
Ⅲ组	摄入量/g	1 383.29	1 294.21	196.40	15.59	348.75	566.97
	排出量/g	328.47	312.61	38.98	2.26	159.92	222.51
	消化率/%	76.19^a	75.79	80.15^a	85.53	54.01^a	60.65^a
Ⅳ组	摄入量/g	1 385.90	1 298.62	197.44	17.18	285.65	456.47
	排出量/g	390.61	330.67	42.13	3.49	182.85	252.19
	消化率/%	71.75^b	74.49	78.60^b	79.32	35.91^b	44.62^b
SEM		0.70	0.52	0.78	1.80	1.57	1.77
P 值		0.000 8	0.216 2	0.019 1	0.114 8	0.000 1	0.000 6

注：同列标注不同小写字母表示差异性显著（$P<0.05$），标注相同小写字母或不标注表示差异不显著（$P>0.05$）。

(2) 肉羊氮、钙和磷代谢。

不同比例玉米秸秆全混合颗粒日粮对肉羊氮代谢的影响见表 10-4，Ⅰ～Ⅳ组随着精料比例的增加，摄入氮显著提高（$P<0.05$），粪氮的排出量随之升高，Ⅰ组粪氮排出量显著低于其他 3 组（$P<0.05$），Ⅱ组和Ⅲ组粪氮排出量差异不显著（$P>0.05$），但均显著低于Ⅳ组（$P<0.05$）；Ⅰ组尿氮排出量显著低于其他 3 组（$P<0.05$）；Ⅰ组的消化氮显著低于Ⅲ、Ⅳ组（$P<0.05$），与Ⅱ组无显著差异（$P>0.05$）；Ⅰ～Ⅳ组中Ⅲ组氮消化率最高，组间均无显著差异（$P>0.05$）；Ⅰ～Ⅳ组的沉积氮、沉积氮/摄入氮、沉积氮/消化氮均随着精料比例的提高，呈先增加后降低的趋势，且均是Ⅲ组最高，但组间均无显著差异（$P>0.05$）。

表 10-4 不同比例玉米秸秆全混合日粮对肉羊氮代谢的影响

项目	Ⅰ组	Ⅱ组	Ⅲ组	Ⅳ组	SEM	P 值
摄入氮/(g·d^{-1})	21.53^c	23.03^b	23.96^{ab}	24.54^a	0.063	<0.000 1
粪氮/(g·d^{-1})	7.44^c	8.07^b	8.19^b	8.59^a	0.010	<0.000 1
尿氮/(g·d^{-1})	9.08^d	9.60^c	9.92^b	10.15^a	0.013	0.000 3
消化氮/(g·d^{-1})	14.09^b	14.96^{ab}	15.77^a	15.97^a	0.080	0.002 2
氮消化率/%	65.41	64.96	65.80	65.04	0.388	0.771 3
沉积氮/%	5.01	5.36	5.86	5.81	0.083	0.173 8
沉积氮/摄入氮/%	23.19	23.27	24.40	23.67	1.048	0.830 1
沉积氮/消化氮/%	35.38	35.81	37.05	36.37	1.595	0.804 2

注：同行标注不同小写字母表示差异性显著（$P<0.05$），标注相同小写字母或不标注表示差异不显著（$P>0.05$）。

不同比例玉米秸秆全混合颗粒日粮对肉羊钙代谢的影响见表 10-5，Ⅰ～Ⅳ组每天摄入钙含量分别为 21.07 g、21.68 g、23.85 g、26.94 g，Ⅰ组和Ⅱ组粪钙排出量显著低于Ⅲ和

Ⅳ组($P<0.05$),其中Ⅰ组和Ⅱ组粪钙排出量无显著差异($P>0.05$),试验Ⅲ组显著低于Ⅳ组($P<0.05$);Ⅲ组的尿钙排出量显著低于Ⅰ组和Ⅳ组($P<0.05$),Ⅱ组显著低于Ⅳ组($P<0.05$);Ⅳ组的钙消化率显著低于Ⅲ组($P<0.05$),Ⅰ、Ⅱ、Ⅲ组间的钙消化率无显著差异($P>0.05$);Ⅰ组沉积钙最低,Ⅲ组的沉积钙最高,显著高于Ⅰ组,Ⅱ、Ⅲ、Ⅳ组间沉积钙差异不显著($P>0.05$);Ⅳ组的沉积钙/摄入钙最低,显著低于其他试验组($P<0.05$),Ⅰ、Ⅱ、Ⅲ组间差异不显著($P>0.05$);Ⅲ组沉积钙/消化钙显著高于Ⅱ组($P<0.05$),其中Ⅰ、Ⅱ、Ⅳ组沉积钙/消化钙无显著差异($P>0.05$)。

表10-5 不同比例玉米秸秆全混合日粮对肉羊钙代谢的影响

项目	Ⅰ组	Ⅱ组	Ⅲ组	Ⅳ组	SEM	P值
摄入钙/(g·d^{-1})	21.07^c	21.68^c	23.85^b	26.94^a	0.363	<0.0001
粪钙/(g·d^{-1})	17.53^c	18.1^c	20.04^b	23.21^a	0.328	<0.0001
尿钙/(g·d^{-1})	1.72^{ab}	1.64^{bc}	1.54^c	1.81^a	0.035	0.0011
钙消化率/%	16.78^a	16.54^a	15.99^a	13.84^b	0.433	0.0017
沉积钙/%	1.82^b	1.94^{ab}	2.27^a	1.92^{ab}	0.095	0.0308
沉积钙/摄入钙/%	8.64^{ab}	8.96^a	9.51^a	7.23^b	0.368	0.0039

注:同行标注不同小写字母表示差异性显著($P<0.05$),标注相同小写字母或不标注表示差异不显著($P>0.05$)。

不同比例玉米秸秆全混合颗粒日粮对肉羊磷代谢的影响见表10-6,Ⅰ~Ⅳ组摄入磷随之增加,其中Ⅰ组摄入磷显著低于其他试验组($P<0.05$),Ⅰ组平均每天粪磷排出量显著低于其他试验组($P<0.05$),Ⅱ和Ⅲ组的粪磷排出量无显著差异($P>0.05$);试验期平均每天尿磷排出量从低到高依次是Ⅰ组<Ⅱ组<Ⅲ组<Ⅳ组,且组间差异显著($P<0.05$);试验组间磷消化率从低到高依次是Ⅳ组<Ⅲ组<Ⅱ组<Ⅰ组,其中Ⅰ组和Ⅱ组显著高于Ⅳ组($P<0.05$),Ⅰ组、Ⅱ组、Ⅲ组间磷消化率无显著差异($P>0.05$);Ⅱ组沉积磷显著高于其他试验组($P<0.05$);Ⅳ组的沉积磷/摄入磷显著高于其他试验组($P<0.05$),Ⅰ组、Ⅱ组、Ⅲ组间的沉积磷/摄入磷差异不显著($P>0.05$);Ⅳ组的沉积磷/消化磷显著低于其他试验组($P<0.05$),Ⅰ组和Ⅱ组间无显著在差异($P>0.05$),但均显著高于Ⅲ组($P<0.05$)。

表10-6 不同比例玉米秸秆全混合日粮对肉羊磷代谢的影响

项目	Ⅰ组	Ⅱ组	Ⅲ组	Ⅳ组	SEM	P值
摄入磷/(g·d^{-1})	7.07^c	8.27^{ab}	7.90^b	8.53^a	0.086	<0.0001
粪磷/(g·d^{-1})	5.88^c	6.90^b	6.64^b	7.35^a	0.089	0.0001
尿磷/(g·d^{-1})	0.08^d	0.11^c	0.13^b	0.21^a	0.004	<0.0001
磷消化率/%	16.78^a	16.54^a	15.99^a	13.84^b	0.111	0.007
沉积磷/%	1.11^b	1.26^a	1.13^b	0.97^c	0.026	0.0014
沉积磷/摄入磷/%	15.65^a	15.21^a	14.32^a	11.38^b	0.387	0.0064

注:同行标注不同小写字母表示差异性显著($P<0.05$),标注相同小写字母或不标注表示差异不显著($P>0.05$)。

3. 讨论

(1)不同比例玉米秸秆全混合日粮对肉羊表观消化率的影响。

Michael 研究发现添加了农作物秸秆的颗粒饲料，农作物秸秆原来的理化性质被改变，促进瘤胃内 CP、DM 及纤维物质的降解，从而提高了营养成分的表观消化率，且具有良好的适口性。Grant 等研究发现，日粮中精料比例高，反刍动物采食后，部分碳水化合物在瘤胃内发酵，pH 降低，导致纤维素分解菌活性被抑制，动物 NDF 消化率降低。然而，合适的精料比例会增加营养物质如粗脂肪、过瘤胃蛋白等含量，为饲料在盲肠等后肠道的发酵提供更适宜的环境，促进后肠道微生物的生长，使 NDF 在后肠道充分消化并得以补偿，从而影响整个消化道的 NDF 消化率。

大多数研究认为，影响纤维表观消化率最主要的因素是日粮中的精粗比，而存在一个最合适的精粗比例，即结构性碳水化合物/非结构性碳水化合物比例使纤维消化率最高。本试验结果显示，OM、ADF、NDF 表观消化率从高到低依次是秸秆比例 52% > 42% > 32% > 22% 组，即日粮中秸秆比例的增加，对营养物质 OM、ADF、NDF 表观消化率有促进作用。徐志军利用不同精粗比柠条饲料饲喂羔羊得出结论，当日粮精粗比为 70:30 时，有机物、粗蛋白消化率降低，这与本试验结果相一致，Abdalatif 等人也得到了相同的试验结果；Ⅱ 组的 EE、CP 表观消化率(秸秆比例 42%)最高，且与Ⅳ组(秸秆比例 22%)相比，Ⅰ、Ⅱ、Ⅲ 组 CP 表观消化率显著提高($P<0.05$)，可能是Ⅱ组中粗饲料所占比例的纤维水平比较适宜，有助于提高 EE、CP 表观消化率；DM 表观消化率并没有随粗料比例的增加而提高，反而Ⅰ组(秸秆比例 52%)的 DM 消化率最低，原因可能是日粮的纤维水平过高，结构性碳水化合物增加，导致饲料在瘤胃及肠道内停留时间过短，且流通速率加快，反而使动物不能完全消化和利用饲粮中的营养物质，对营养物质的消化造成不利的影响，从而降低了 DM 消化率。Valdes 等利用精粗比为 80:20、60:40、40:60、20:80 的日粮饲喂绵羊发现，随着粗料比例的增加，OM、DM 消化率下降。张立涛、刘洁等也得到相同结果，与本试验研究结果一致。

(2)不同玉米秸秆比例全混合日粮对肉羊的氮、钙和磷代谢的影响。

日粮中的蛋白质在瘤胃内被瘤胃微生物降解得以消化利用，所以微生物的降解是其消化利用的主要影响因素。在瘤胃内，蛋白质分解菌将可降解蛋白降解成氨基酸、小肽和氨，继而通过降解碳水化合物产生的能量结合生成微生物蛋白，在后消化道内，微生物蛋白与非降解蛋白继续消化，消化进行到小肠后，微生物蛋白占可消化蛋白的比例对蛋白质的消化利用起着关键性影响。因此日粮中蛋白质能否被反刍动物充分消化利用，主要取决于降解蛋白合成微生物蛋白的效率。本试验结果显示，随着秸秆比例的降低，精料比例的增加，摄入氮的含量也显著提高($P<0.05$)，这是由于高精料日粮中含氮量高，反刍动物采食后摄入氮随之增高。日粮蛋白质摄入量的增加，对育肥羊粪氮、尿氮的排出量有显著影响，即随日粮秸秆比例降低而增加，且尿氮的排出量均高于粪氮排出量，消化氮也呈增加趋势，这与黄洁等、Reynolds 等、Devant 等研究结果一致。本研究发现，随着摄入氮的增加，沉积氮、沉积氮/摄入氮、沉积氮/消化氮的含量呈先增加后降低的趋势，这与 Jetana 等、杨膺白等研究结果不相符。一方面可能是由于进入盲肠、结肠、直肠等后肠道的氨气、含氮物质含量及成分再吸收量存在差异，导致后肠道再循环到瘤胃产生微生物蛋白量和再吸收利用合成非必需氨基酸的量不同；另一方面可能由于不同秸秆比例日粮中存在的结构性碳水化合物/非结构性碳水化合物的不同，导致瘤胃内合成微生物蛋白含量不同，日粮可降解蛋白利用率也不同，影响了日粮中氮的利用率。本试验中粪钙、尿磷的排出量随着摄入钙的增加而增

加,但尿钙、粪磷的排出量并未随着摄入量的增加而增加,原因可能是育肥羊对钙、磷的需求量是一定的,当机体采食后吸收足够的钙、磷,从而将钙和磷从粪尿中排出,导致钙、磷消化率下降。沉积钙、沉积磷、沉积钙/摄入钙均随着日粮中精料比例的增加呈先升高后降低的趋势,沉积磷/摄入磷反而呈下降趋势,这可能是因为育肥羊将多余的钙、磷从尿液中排出的结果,有研究报道,泌乳前期及妊娠后期的母羊,提高日粮中钙、磷的摄入量,并不能增加钙、磷的净沉积率、利用率,反而母羊对磷的吸收率降低,且吸收过量时,净增加的可能是内源粪磷和唾液磷的含量。

4. 结论

(1)营养物质表观消化率受日粮中秸秆的影响,随着秸秆比例的降低,OM、ADF、NDF 表观消化率下降,EE、CP 表观消化率先升高后下降。

(2)氮、钙、磷粪尿排出量随着摄入量的增加而增加,且沉积氮、沉积氮/摄入氮、沉积氮/消化氮、沉积钙、沉积磷随着日粮中秸秆比例的降低,均呈先上升后下降的趋势。

第四节 不同秸秆比例全混合颗粒日粮对肉羊适口性的影响

1. 材料与方法

(1)试验日粮及设计。

采用二者选一的方法。将 4 种试验饲料两两组合,放在不同的左、右饲料槽内,同一只羊同时饲喂 2 种饲料,重复 6 只羊。见表 10-7,适口性试验将 4 种饲料分别两两组合饲喂肉羊。

表 10-7 饲料两两组合

	A	B	C	D
A		A×B	A×C	A×D
B			B×C	B×D
C				C×D
D				

注:A,Ⅰ=秸秆比例52%组;B,Ⅱ=秸秆比例42%组;C,Ⅲ=秸秆比例32%组;D,Ⅳ=秸秆比例22%组,下表同。

(2)试验动物及饲养管理。

试验动物同消化试验,每日饲喂 2 次(09:00、15:00),采用二者选一适口性试验方法,每种饲料的饲喂量要求采食 15 min 后,仍有剩余,且每只羊采食时间相同,均为 15 min。

(3)测定指标及方法。

记录 15 min 内的饲料采食量及剩余量。例如,A 对 B 饲料的相对干物质采食率计算如下:

A 相对干物质采食率 = A 干物质采食量/(A 干物质采食量 + B 干物质采食量)

2. 结果

不同比例玉米秸秆全混合颗粒日粮对肉羊适口性的影响见表10-8。

表10-8 不同比例玉米秸秆全混合颗粒日粮对肉羊适口性的影响　　　　　　%

日粮	采食率				平均	顺位	割合
	A	B	C	D			
A		29.9	10.4	4.9	15.0	4	20
B	70.1		18.6	29.8	39.5	3	53
C	89.6	81.4		39.9	70.3	2	94
D	95.1	70.2	60.1		75.1	1	100

3. 讨论

适口性是指饲喂动物日粮的香味、咀嚼滋味、质地特性的综合，是动物在采食和定位过程中动物嗅觉、视觉、味觉和触觉等感觉器官对日粮适口性的综合体现。改善日粮适口性方法包括添加调味剂、香味剂、防霉剂和霉菌吸附剂、抗氧化剂、对日粮进行加工调制等。朱勇研究发现，通过增加淀粉糊化度，即延长原料的调制时间，显著提高了颗粒饲料的适口性。李树成等研究混播比例对草木樨适口性的影响，研究表明混播处理后，会显著改善草木樨的适口性。杜崇岷研究发现，向奶牛日粮中添加酵母糖蜜可以改善提高适口性，增加奶牛采食量。

4. 结论

本试验中，随着玉米秸秆比例的增加，影响了动物的适口性，但对动物的采食量无显著影响。

第五节 不同玉米秸秆比例全混合颗粒日粮对肉羊瘤胃内环境的影响

1. 材料与方法

试验设计、日粮、试验动物及饲养管理同本章第二节。

（1）瘤胃液采集及处理。

正试期的第6天，于早采食前、采食后2 h、4 h用胃管抽取100 mL瘤胃液，用4层纱布过滤后，取20 mL立即测定pH，即为瘤胃液0 h、2 h、4 h pH；取20 mL加入饱和氯化汞溶液，存于-20 ℃，待测挥发性脂肪酸；剩余瘤胃液存于-20 ℃待测NH_3-N含量。

（2）测定指标及方法。

①瘤胃液pH的测定。pH计经过4.0和6.0 pH校准后，迅速测定瘤胃液的pH。

②瘤胃液中NH_3-N质量浓度的测定。试验瘤胃液中NH_3-N含量利用冯宗慈等方法测定，本次试验测得标准曲线如图10-1所示，图中曲线公式的x为分光光度计读数；y为每100 mL中含氮量（mg）。

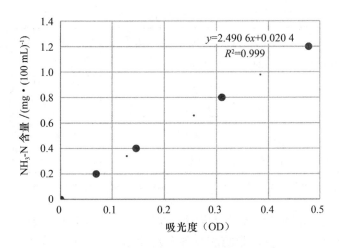

图 10-1 曲线公式

③瘤胃液 VFA 含量的测定。将待测有机酸的瘤胃液,经 2 000 r/min 离心 5 min,用 0.45 μm 滤膜过滤后,用高效液相色谱仪(色谱柱 KC-811,检测器 SPD-M10AVP,柱温为 50 ℃,流速为 1 mL/min,检测波长为 210 nm,进样量为 5 μL),分析总酸、乳酸、乙酸、丙酸、丁酸含量。

(3)数据处理及统计分析。

试验数据经 Excel 2003 整理后,用 SAS 9.2 统计软件进行方差分析,并用 Tukey 法进行多重比较检验。统计分析结果 $P<0.05$ 为差异显著,结果均以平均值表示,且标有不同小写字母为差异显著($P<0.05$),标有相同大小写字母为差异不显著($P>0.05$)。

2. 结果

(1)不同比例玉米秸秆全混合颗粒日粮对肉羊瘤胃 pH 及氨态氮的影响。

各试验组肉羊的瘤胃 pH、氨态氮含量见表 10-9。从表中可以看出,各试验组瘤胃液 pH 在 0~4 h 呈迅速下降趋势,在 4~6 h 下降缓慢,且Ⅳ组有回升的趋势,但各组 pH 平均值均在 6.00 左右波动,无显著差异($P>0.05$),说明饲不同比例玉米秸秆日粮对瘤胃内 pH 影响不显著;NH_3-N 含量各组均呈先上升后下降的趋势,不同的是Ⅰ组、Ⅱ组在 0~2 h 内呈迅速上升趋势,而Ⅲ、Ⅳ组在 0~4 h 内均在上升。在 4 h 时,Ⅳ组显著高于Ⅰ组($P<0.05$),在 6 h 时,Ⅳ组显著高于Ⅰ、Ⅱ组($P<0.05$),Ⅳ组的 NH_3-N 含量显著高于Ⅰ组($P<0.05$)。

表 10-9 各试验组肉羊的瘤胃 pH 及氨态氮含量

项目		Ⅰ组	Ⅱ组	Ⅲ组	Ⅳ组	SEM	P 值
pH	0 h	6.39	6.39	6.94	6.39	0.16	0.143 6
	2 h	6.17	6.13	6.18	6.13	0.14	0.139 8
	4 h	5.98	5.97	5.97	5.93	0.16	0.206 1
	6 h	5.95	5.93	5.93	5.94	0.19	0.125 6
	平均值	6.12	6.11	6.26	6.10	0.13	0.106 3

续表 10-9

项目		Ⅰ组	Ⅱ组	Ⅲ组	Ⅳ组	SEM	P值
NH₃-N/(mg·dL⁻¹)	0 h	18.24	19.96	19.68	20.87	0.54	0.552 1
	2 h	19.78	23.55	22.16	26.84	0.45	0.269 3
	4 h	16.49^b	22.16^{ab}	25.64^{ab}	27.74^a	0.50	0.004 0
	6 h	11.65^b	11.84^b	21.57^{ab}	25.91^a	0.45	0.001 2
	平均值	16.54^b	19.38^{ab}	22.26^{ab}	25.34^a	0.32	0.044 1

注：同行标注不同小写字母表示差异性显著（$P<0.05$），标注相同小写字母或不标注表示差异不显著（$P>0.05$）。

(2) 不同比例玉米秸秆全混合颗粒日粮对肉羊瘤胃挥发性脂肪酸的影响。

各试验组肉羊瘤胃总挥发性脂肪酸及各挥发性脂肪酸含量见表 10-10，各试验组总挥发性脂肪酸含量无显著差异（$P>0.05$）；乳酸含量Ⅱ组最高，Ⅲ组最低，但Ⅰ、Ⅱ、Ⅲ、Ⅳ组间差异不显著（$P>0.05$）。在 2 h 时，Ⅱ组乳酸含量显著高于Ⅲ组，在 0~4 h 乳酸逐渐升高，随后下降；乙酸含量Ⅰ组最高，Ⅳ组最低，但Ⅰ、Ⅱ、Ⅲ、Ⅳ组间差异不显著（$P>0.05$），其中在 4 h 时，Ⅰ组乙酸含量显著高于其他 3 组（$P<0.05$），Ⅰ、Ⅱ、Ⅲ组的乙酸含量在 4 h 达到高峰，Ⅳ组在 6 h 达到高峰，随后下降；丙酸含量Ⅳ组最高，Ⅱ组最低，但Ⅰ、Ⅱ、Ⅲ、Ⅳ组间差异不显著（$P>0.05$），且在相同时间，不同日粮组的丙酸含量也不存在显著性差异（$P>0.05$），在 4 h 时，4 组丙酸含量均达到峰值，随后下降；丁酸含量Ⅱ组最高，Ⅳ组最低，但Ⅰ、Ⅱ、Ⅲ、Ⅳ组间差异不显著（$P>0.05$），在 4 h 时，Ⅱ组的丁酸含量显著高于其他 3 组（$P<0.05$），在 4 h 时Ⅰ、Ⅱ、Ⅲ组丁酸含量达到峰值，在 6 h 时，Ⅳ组达到峰值，随后下降。

表 10-10 各试验组肉羊瘤胃总挥发性脂肪酸浓度及各挥发性脂肪酸含量

指标	项目	Ⅰ组	Ⅱ组	Ⅲ组	Ⅳ组	SEM	P值
总挥发性脂肪酸/(mmol·L⁻¹)	0 h	34.88	36.67	35.48	35.92	1.32	0.089 1
	2 h	49.61	50.89	51.13	49.22	2.41	0.642 9
	4 h	46.35	43.71	47.62	42.90	1.50	0.141 4
	6 h	39.70	40.62	39.46	37.27	0.93	1.497 2
	平均值	42.64	42.97	43.42	41.33	1.50	1.312 8
乳酸/%	0 h	0.93	1.22	0.98	1.30	0.70	0.079 6
	2 h	1.97^{ab}	3.23^a	1.67^b	3.12^{ab}	0.89	0.004 2
	4 h	3.81	4.47	3.52	4.16	0.35	0.060 8
	6 h	2.94	3.19	1.91	1.96	0.46	0.005 1
	平均值	2.41	3.03	2.02	2.64	0.74	0.052 5
乙酸/%	0 h	1.48	3.15	1.35	1.02	1.09	0.206 8
	2 h	3.12	3.49	2.45	2.55	0.82	0.760 5
	4 h	6.31^a	3.95^b	4.00^b	3.36^b	0.29	0.001 5
	6 h	4.81	3.55	3.24	3.78	0.32	0.002 1
	平均值	3.91	3.54	2.76	2.68	0.84	0.003 4

续表10-10

指标	项目	Ⅰ组	Ⅱ组	Ⅲ组	Ⅳ组	SEM	P值
丙酸/%	0 h	1.88	2.84	5.25	3.74	1.00	0.156 7
	2 h	2.49	3.53	5.36	6.55	1.24	0.137 0
	4 h	6.26	4.04	5.44	7.12	0.55	0.076 1
	6 h	4.32	3.68	5.99	6.51	0.81	0.061 8
	平均值	3.74	3.52	5.51	5.98	0.66	0.051 2
丁酸/%	0 h	1.58	3.48	2.04	1.03	1.41	0.676 7
	2 h	2.45	4.60	2.12	1.47	0.99	0.286 4
	4 h	3.51^b	8.07^a	3.26^b	1.55^b	0.74	0.001 9
	6 h	2.77	4.31	2.35	1.57	0.62	0.021 0
	平均值	2.58	5.12	2.44	1.41	0.55	0.071 1

注：同行标注不同小写字母表示差异性显著（$P<0.05$），标注相同小写字母或不标注表示差异不显著（$P>0.05$）。

3. 讨论

（1）不同比例玉米秸秆全混合颗粒日粮对瘤胃pH及氨态氮质量浓度的影响。

pH对维持瘤胃内环境的稳定起关键性作用，是体现瘤胃发酵过程的综合反应，也是评价瘤胃发酵水平重要的指标之一。影响pH的主要因素包括挥发性脂肪酸和有机酸的生成、消化吸收及排出、唾液的分泌等，根本因素是饲料的结构。瘤胃正常发酵的前提是使pH保持在正常范围（5.3~7.5）。本试验中，饲喂不同精粗比日粮的羔羊瘤胃内pH的变化均维持在正常范围内，各组间差异不显著（$P>0.05$），且4组pH平均值分别为6.12、6.26、6.11、6.10。饲喂不同精粗比日粮试验组间在进食后2~4 h，pH均下降，原因可能是在采食后2 h内，日粮中的碳水化合物在瘤胃内发酵分解成有机酸，有机酸增多后，pH下降。在4~6 h，下降速度减慢，且有回升的趋势，可能是部分有机酸被瘤胃微生物利用，合成微生物蛋白转入真胃，另一部分被瘤胃壁吸收，使得瘤胃内有机酸含量降低，瘤胃具有缓冲功能，使pH恢复到稳定状态。低质与优质粗饲料搭配合理互补，对维持瘤胃pH的稳定有促进作用。

NH_3-N是微生物蛋白合成和日粮中非蛋白氮、蛋白质降解的中间产物，其受到微生物降解速度和蛋白质降解的影响，所以在一定程度上，NH_3-N是反映瘤胃微生物从日粮中摄取和利用氨的情况，同时也反映对含氮的物质分解产氨的速度，即在特定的日粮下，蛋白质合成与分解所达到的平衡。本试验结果显示，Ⅳ组在0~6 h的NH_3-N质量浓度均显著高于其他试验组（$P<0.05$），可能是由于饲喂日粮中精料及蛋白质水平高的原因。微生物生存对氨所接受的范围，即NH_3-N质量浓度在6~30 mg/dL，所以各组NH_3-N质量浓度在16.54~25.34 mg/dL，虽然偏高，但属正常范围内，本试验中，采食后NH_3-N质量浓度的总体趋势是先上升后下降。可能由于动物采食后，精饲料在瘤胃迅速发酵，NH_3-N质量浓度随之增加，此后瘤胃内微生物对其利用和蛋白质饲料量的减少，一部分通过嗳气排出体外，所以采食后NH_3-N质量浓度先上升后下降。张倩等利用不同比例压块秸秆与羊草组合饲喂奶牛发现，各组瘤胃NH_3-N质量浓度均呈现先上升后下降的趋势，与本试验一致。

李树聪和Reddy等也得到了相同的试验结果,即饲喂含粗料60%的全混合日粮给羔羊,采食后2 h内,瘤胃NH_3-N质量浓度均呈现先上升后缓慢下降的趋势,这可能受日粮中蛋白质含量及降解特性的影响。郝正里等研究表明,饲喂以精料为主的全混合日粮,羔羊采食后瘤胃NH_3-N质量浓度呈先下降后上升的趋势,与本试验结果不同,可能的原因是日粮中的粗蛋白含量高,采食迅速,很快稀释瘤胃内容物,微生物从先发酵分解的碳水化合物中获取能量与氨合成蛋白质,所以导致NH_3-N质量浓度下降。

(2)不同比例玉米秸秆全混合颗粒日粮对肉羊瘤胃挥发性脂肪酸含量的影响。

动物采食饲料后,碳水化合物在瘤胃内发酵产生有机酸,为瘤胃内微生物生长繁殖提供能量,是反刍动物的能源物质。本试验结果显示,秸秆比例为42%组的乳酸含量均值高于其他3组,且在0~4 h呈上升趋势,随后下降,且在2 h时,秸秆比例为42%组的乳酸含量显著高于秸秆比例为32%组($P<0.05$),可能是饲料中精料比例高,精饲料中的淀粉、可溶性糖在采食后快速发酵(0.2~5 h)成挥发性脂肪酸,导致瘤胃pH降低到6.00以下,抑制了纤维素分解菌的生长,而产生乳酸的菌大量繁殖生长,随之乳酸含量升高;Ⅰ组乙酸均值最高,Ⅱ组丁酸均值最高,而Ⅳ组乙酸、丁酸均值最低,可能原因是瘤胃内挥发性脂肪酸的组成主要受饲粮精粗比的影响,饲料中精饲料比例高,非结构性碳水化合物含量高,发酵时产生大量丙酸和少量乙酸、丁酸,而Ⅰ、Ⅱ组粗饲料比例高,所以非结构性碳水化合物少。这与吴天佑、韩继福等研究结果一致。

4. 结论

(1)不同比例玉米秸秆全混合颗粒日粮对瘤胃pH无显著影响。随着日粮秸秆比例的降低,瘤胃NH_3-N含量呈先上升后下降的趋势。

(2)不同比例玉米秸秆全混合颗粒日粮对瘤胃挥发性脂肪酸有一定影响,秸秆比例降低,丙酸含量增加,乙酸、丁酸含量降低。秸秆比例为42%组的乳酸均值最高。

第六节 不同玉米秸秆比例全混合颗粒日粮对肉羊生长性能的影响

1. 材料与方法

(1)试验设计。

本研究采用随机分组设计,选取日龄相近且健康、体重均在(40 ± 5) kg的28只育肥羊,随机分为4组(Ⅰ、Ⅱ、Ⅲ、Ⅳ),每组7只,分别对应饲喂4种不同的试验日粮,即添加玉米秸秆比例分别为52%、42%、32%、22%(占干物质)的全混合颗粒日粮。

(2)试验日粮。

4种不同秸秆比例的全混合颗粒日粮,Ⅰ组饲喂玉米秸秆比例为52%(占干物质)的全混合颗粒日粮,Ⅱ组饲喂玉米秸秆比例为42%(占干物质)的全混合颗粒日粮,Ⅲ组饲喂玉米秸秆比例为32%(占干物质)的全混合颗粒日粮,Ⅳ组饲喂玉米秸秆比例为22%(占干物质)的全混合颗粒日粮。

(3)试验动物及饲养管理。

试验前对羊舍进行清扫、消毒。预试期5 d,试验期45 d。饲喂时间为09:00和15:00,自由采食及饮水。随时关注试验羊的健康状况。

(4)测定指标及方法。

①采食量。每天记录试验羊的采食量,且正试期开始每 7 d 计算一次平均采食量并记录。日采食量的计算公式:采食量 = 当日饲喂量 – 次日晨饲前剩余的料量。

②日增重。于正试期前一天和正试期第一天晨饲前依次称量试验羊的体重并记录,即为初重;正试期开始每半个月称量试验羊体重并记录,即为末重。平均日增重 = 末重 – 初重/天数。

③饲料转化率。饲料转化率 = 采食量/日增重。

(5)数据处理及统计分析。

试验数据经 Excel 2003 整理后,用 SAS 9.2 统计软件进行方差分析,并用 Tukey 法进行多重比较检验。统计分析结果 $P<0.05$ 为差异性显著,结果均以平均值表示,且标有不同小写字母为差异性显著($P<0.05$),标有相同小写字母为差异不显著($P>0.05$)。

2. 结果

肉羊的生长性能见表 10 – 11。在试验羊初始体重均无显著差异($P>0.05$)的情况下,分别饲喂不同比例玉米秸秆颗粒日粮。从表中数据可知,日粮中秸秆比例低,可以显著提高肉羊采食量,与秸秆比例为 52% 的 I 组相比,秸秆比例为 42%、32%、22% 的 II、III、IV 组的采食量分别高 15.19%($P<0.05$)、33.97%($P<0.05$)、39.12%($P<0.05$),可见玉米秸秆全混合颗粒日粮的采食量与日粮的秸秆比例及颗粒化有关,秸秆比例低,即精料比例高,营养价值高,且适口性好,颗粒状饲料更是缩短了日粮在瘤胃停留的时间,增加了在消化道的流动速度,从而促进动物采食;与 I 组相比,II、III、IV 组的日增重分别提高 16.02%、38.23%($P<0.05$)、33.06%($P<0.05$)。III 组(秸秆比例 32%)日增重显著高于 I、II 组($P<0.05$)。表明饲喂效果最好的是秸秆比例为 32% 的日粮,并不是精料越高,饲喂效果越好,找到合适的精粗比例,才能达到最好的饲喂效果;I~IV 组饲料转化率各组间无显著差异($P>0.05$)。

表 10 – 11 各试验组肉羊的生长性能

项目	I组	II组	III组	IV组	SEM	P值
初始体重/kg	33.14	33.00	33.07	33.10	0.236 6	0.427 2
平均采食量/g	1 188.00^c	1 368.50^b	1 591.67^a	1 652.75^a	0.636 7	0.034 7
平均日增重/g	219.11^b	254.22^b	302.89^a	291.55^a	6.749 8	0.003 9
饲料转化率/kg	5.42	5.38	5.25	5.66	7.828 7	0.058 1

注:同行标注不同小写字母表示差异性显著($P<0.05$),标注相同小写字母或不标注表示差异不显著($P>0.05$);试验组重复数为 4($n=4$)。

3. 讨论

反刍动物生长性状的主要影响因素是日粮的营养水平和饲养水平,提高日粮的营养水平,降低了食物在瘤胃内停留的时间,增加了过瘤胃营养物质,从而降低了营养物质在瘤胃内发酵所产生的营养损失;动物的采食量一方面受到自身胃肠道的容积所限制,另一方面受自身对营养物质需求量的限制。如果除去日粮加工过程中理化性质的变化和营养素对干物质自由采食量的影响作用,反刍动物会结合自身各方面需求对采食量进行调节,即反刍动物干物质采食量与可消化干物质量相当。本试验研究表明,随着日粮中精料比例的增加,动物采食量也随着增加,与Ⅰ组相比,Ⅳ组采食量提高 39.12%（$P<0.05$）,与上述试验结果相一致,说明动物饲料的采食量与日粮的精粗比和颗粒化有关,即精料比例越高,饲料的适口性越好。而Ⅰ组粗料比例高,当动物采食后,瘤胃被粗饲料填充膨胀且 pH 升高,导致瘤胃内干物质流通速率缓慢,采食量下降。而秸秆日粮在制粒的过程中,在保证秸秆的营养未被破坏的同时,改善了秸秆的理化性质和秸秆的适口性,羔羊的嗅觉很灵敏,熟化后的秸秆日粮具有熟秸秆的香味,颗粒饲粮中的精饲料的增加,即Ⅳ组日粮可以提高动物的采食量。

本试验中,与Ⅰ组相比,Ⅱ、Ⅲ、Ⅳ组平均日增重虽有所提高,但饲喂秸秆比例占 22% 日粮的平均日增重分别低于饲喂秸秆比例 32%、42% 日粮组 8.56 g、45.77 g,说明适宜地提高精料比例,可以提高动物的日增重,但精料比例过高并不能达到最好的饲喂效果。饲喂秸秆比例为 52%、42% 组的饲料转化率较高,表明并不是提高精料比例就会提高饲料转化率,而是日粮中要保证一定水平的粗饲料、非降解纤维素含量,才有利于反刍动物消化道的生长发育。消化道内纤维充溢、通过时,有助于肠道增重及肌肉层增厚,肠黏膜乳头的形态受到影响,肠黏膜表面积增大,从而促进肠道对日粮中营养物质的消化吸收。

4. 结论

饲喂不同比例玉米秸秆全混合颗粒日粮可有效提高肉羊的采食量及日增重,其中饲喂效果最好的秸秆比例 32%。

第七节　不同秸秆比例全混合颗粒日粮对肉羊产肉性能的影响

1. 材料与方法

（1）试验动物。

按本章第六节育肥试验结束后,每组随机选取 4 只肉羊进行屠宰试验。

（2）测定指标及方法。

①屠宰率。试验肉羊屠宰前禁食禁水,称重,即为宰前重。采用大抹脖屠宰法,去毛皮、头蹄及内脏（肾脏及周围脂肪保留）,称重,即为胴体重。屠宰率（%）= 胴体重/宰前重 ×100%。

②净肉率、瘦肉率、肥肉率。净肉率是指将胴体在室温下迅速分割,把骨头完全剔除后,剩下的净肉重除以宰前重,计算出净肉率。要求剔除过程中损耗的肉屑和残留在骨头上的肉量不得超过 300 g。净肉率（%）= 净肉重/宰前重 ×100%。

瘦肉率是指将净肉中的所有脂肪全部剔除后,剩下的瘦肉重占净肉重的比例。瘦肉率（%）= 瘦肉重/净肉重 ×100%。

肥肉率是指瘦肉上所覆盖的脂肪和皮下脂肪占净肉重的比例。肥肉率（%）= 肥肉重/净肉重 ×100%。

③肉骨比。净肉重除以骨重计算出肉骨比。

④GR 值。GR 值（mm）用游标卡尺测量,是指第 12 与 13 肋骨之间,距离背脊中线

11 cm处的组织厚度,代表了胴体中脂肪的含量。

⑤眼肌面积。眼肌面积(cm^2)是指第 12 和 13 肋骨间脊柱上背最长肌的横切面积,与产肉性能有强的相关关系,本研究采用积分法求眼肌面积,即快速切开(横向)第 12 和 13 肋骨间的背最长肌,用硫酸纸描出眼肌的横切面积,在米格纸上剪出横切面,计算出眼肌面积。

2. 结果

(1)饲喂不同秸秆比例全混合颗粒日粮肉羊的产肉性能。

各试验组肉羊的产肉性能见表 10-12。从表中数据可以看出,各组屠宰体重、胴体重、净肉重、GR 值从低到高顺序依次是Ⅰ组<Ⅱ组<Ⅲ组<Ⅳ组,与Ⅰ组相比,其他组屠宰体重依次高出 2.05%($P>0.05$)、4.65%($P<0.05$)、6.28%($P<0.05$),胴体重依次高 4.01%($P>0.05$)、9.31%($P<0.05$)、11.95%($P<0.05$),净肉重依次高 1.71%($P<0.05$)、14.05%($P<0.05$)、14.69%($P<0.05$),GR 值依次高 18.31%($P<0.05$)、20.24%($P<0.05$)、3.3%($P>0.05$);瘦肉重从低到高顺序依次是Ⅱ组<Ⅰ组<Ⅲ组<Ⅳ组,瘦肉重Ⅳ组显著高于其他 3 组($P<0.05$),但 3 组间差异不显著($P>0.05$)。表明饲料中精料的比例与屠宰体重、胴体重、净肉重、GR 值呈正相关,且可以提高肉羊的产肉性能。眼肌面积各处理组间无显著差异($P>0.05$)。

表 10-12 各试验组肉羊的产肉性能

项目	Ⅰ组	Ⅱ组	Ⅲ组	Ⅳ组	SEM	P 值
屠宰体重/kg	46.31^c	47.26^c	49.46^b	52.57^a	0.827	0.000 5
胴体重/kg	18.69^c	19.44^c	21.25^b	23.79^a	0.237	<0.000 1
净肉重/kg	13.43^d	13.66^c	15.58^b	17.87^a	0.044	<0.000 1
瘦肉重/kg	9.97^{bc}	9.65^c	10.39^b	12.23^a	0.147	0.001 1
肥肉重/kg	3.4^b	3.86^b	4.75^a	5.16^a	0.167	0.000 3
眼肌面积/cm^2	13.92	13.85	14.60	14.64	0.849	
GR 值/mm	2.13^c	2.52^b	3.03^a	3.13^a	0.034	<0.000 1

注:同行标注不同小写字母表示差异性显著($P<0.05$),标注相同小写字母或不标注表示差异不显著($P>0.05$);试验组重复数为 4($n=4$)。

(2)饲喂不同秸秆比例全混合颗粒日粮肉羊的产肉指标。

各试验组肉羊的产肉指标见表 10-13。屠宰率从低到高依次是Ⅰ组<Ⅱ组<Ⅲ组<Ⅳ组,与Ⅰ组相比,其他组依次高 0.78%($P>0.05$)、2.61%($P<0.05$)、4.91%($P<0.05$),净肉率、肉骨比从低到高依次是Ⅱ组<Ⅰ组<Ⅲ组<Ⅳ组,其中净肉率Ⅰ、Ⅱ组显著低于Ⅲ、Ⅳ组($P<0.05$),但Ⅰ组与Ⅱ组间差异不显著($P>0.05$)。肉骨比各处理组间均差异显著($P<0.05$),Ⅳ组肉骨比最高,为 3.05;瘦肉率Ⅰ组显著高于Ⅲ、Ⅳ组($P<0.05$);肥肉率Ⅲ组显著高出Ⅰ组($P<0.05$)。表明秸秆比例 22%组的肉骨比高,但肥肉率高,瘦肉率低。

表 10-13 各试验组肉羊的产肉指标

项目	Ⅰ组	Ⅱ组	Ⅲ组	Ⅳ组	SEM	P 值
屠宰率/%	40.35^c	41.13^c	42.96^b	45.26^a	0.132	0.000 6
净肉率/%	28.99^c	28.91^c	31.50^b	33.99^a	0.152	<0.000 1
瘦肉率/%	74.27^a	70.67^{ab}	66.69^b	68.43^b	1.027	0.001 3
肥肉率/%	25.32^b	28.30^{ab}	30.48^a	28.87^{ab}	1.183	0.056 7
肉骨比	2.86^c	2.78^d	2.94^b	3.05^a	0.009	<0.000 1

注：同行标注不同小写字母表示差异性显著($P<0.05$)，标注相同小写字母或不标注表示差异不显著($P>0.05$)；试验组重复数为 4($n=4$)。

3. 讨论

影响动物产肉性能的因素主要包括遗传因素和环境因素。遗传因素主要是不同性别和品种的产肉性能，例如宰前体重、胴体重、屠宰率、净肉率等指标都存在差异。月龄相同的公羔羊与母羔羊相比，公羔的宰前体重和胴体重均高于母羔，公羔有较明显的生长优势。刘华研究发现，寒杂羊与德美、萨德福羊的杂交后代在产肉性能和生长速度方面占优势；环境因素主要包括动物饲养的水平及饲喂日粮的类型。

Santossilva 等提出胴体重与肉骨比、眼肌面积呈正相关，其中眼肌面积在育种上是很重要的指标，反刍动物的产肉性能与眼肌面积相关关系很强。杨宏波等用不同精粗比颗粒饲料饲喂 3~6 月龄犊牛，研究发现眼肌面积各组间无显著差异，说明不同精粗比颗粒饲料对犊牛产肉性能无显著影响。这与马琴琴等用羊草替代苜蓿饲喂滩羊，屠宰重、净肉重、眼肌面积、GR 值等均无显著影响的结果相一致。本试验结果显示，除了眼肌面积各组间差异不显著($P>0.05$)，肉羊的屠宰重、胴体重、净肉重、肥肉重、GR 值Ⅰ组<Ⅱ组<Ⅲ组<Ⅳ组，Ⅲ、Ⅳ组与其他组间均差异显著($P<0.05$)，表明日粮中高精料比例和营养水平具有高的屠宰重和胴体重，这与 Johnson 研究结果相一致。Dhanda 等试验表明，随着屠宰重的增加，屠宰率呈上升趋势。本试验中屠宰重大的肉羊屠宰率高反映了这一趋势。

屠宰率和净肉率是衡量育肥羊产肉性能的两个重要指标。本试验结果显示，饲喂秸秆比例为 22% 的全混合颗粒日粮的育肥肉羊屠宰率、净肉率均显著高于饲喂秸秆比例为 52%、42%、32% 的肉羊。杨开伦研究用精粗比为 68∶32、35∶65 的颗粒饲料饲喂陶×寒 F1 羔羊，结果饲喂精粗比为 68∶32 处理组羊的屠宰率、净肉率显著高于饲喂精粗比为 35∶65 的处理组，与本试验结果相一致。刘镜等研究表明，在提高日粮中酒糟比例的同时，肉牛的屠宰率和净肉率也随之下降，降低了肉牛的产肉性能。可能是日粮的精粗比不同，不同试验组羔羊所采食的整体营养量存在差异，精料比例高的日粮，营养价值和粗蛋白含量高，能够提高动物的屠宰率和净肉率，与许贵善等研究结果一致，屠宰率、净肉率略低，可能是由于本试验育肥羔羊并未处于体成熟状态，而是处于快速生长发育阶段，所以从日粮中摄取的营养物质并未全部用于脂肪组织及肌肉的生长，而是部分被用于骨骼生长及器官的发育，当羔羊生长到一定阶段，骨骼及器官发育基本定形，所摄取的营养物质全部用于脂肪沉积，屠宰率和净肉率会显著提高。本试验中，饲喂精料比例越高的肉羊肥肉率越高，瘦肉率越低。

4. 结论

饲喂不同比例玉米秸秆全混合颗粒日粮对眼肌面积无显著影响，育肥肉羊的屠宰重、胴体重、净肉重、肥肉重、GR 值Ⅰ组＜Ⅱ组＜Ⅲ组＜Ⅳ组。

第八节　不同秸秆比例全混合颗粒日粮对肉羊肉质性状的影响

1. 材料与方法

（1）试验所测样品均采自本章第二节屠宰的肉羊。

（2）试剂。

戊二醛、氯化钠、氯化钾、丙酮、盐酸、六水氯化钙、碳酸氢钠、氢氧化钠、三水柠檬酸钠、一水柠檬酸、对二氨基苯甲醛、高氯酸等。

（3）仪器与设备。

pH 计；电子天平 AR233CN/CAV214C（OHAUS）；恒温水浴锅；漩涡混合器（VORTEX-5，海门市其林贝尔仪器）；质构仪（TA-XT2i）；722 型可见分光光度计（上海元析仪器有限公司）；离心机（日本 HITACHI）。

（4）测定指标及方法。

①pH。测定前利用 pH 为 4.00、6.86 的缓冲溶液校正 pH 计。具体操作：在试验羊屠宰 45 min～1 h 时，室温下切开眼肌中段，在切面处刺一个小孔，将 pH 计探头插入，30 min 后读数，记为 pH_1；将试验羊在 0～4 ℃冷藏室中冷藏 24 h 后，重复以上操作，记为 pH_{24}。

②滴水损失率。取试验羊背长肌，去除外膜，将肌肉切成小块，称重，记为 m_1；将肉块密封，保证有容纳肉浸出水的空间，悬挂于 0～4 ℃冷藏室中 24 h，称重，记为 m_2。滴水损失率计算公式为滴水损失率(%) = $(m_1 - m_2)/m_1 \times 100\%$。

③熟肉率。试验羊屠宰后 60 min 内取出腰大肌，剥离所有附着的脂肪后，称重，即为 m_1，将生肉置于蒸屉上用沸水蒸 50 min，取出后置于通风阴凉处冷却 30 min，称重，即为 m_2。熟肉率计算公式为熟肉率(%) = $(m_1 - m_2)/m_1 \times 100\%$。

④剪切力值。采用 Warner-Bratzler 法测定试验羊肉的剪切力值。具体操作：屠宰后取试验羊背最长肌作为试验样本，将肉样密封置于水浴锅中加热至肉样中心温度达 65 ℃，取出肉块置于 0～4 ℃冷藏室 8 h，利用直径 1 cm 的取样器沿肌纤维方向取样（避开筋腱），利用质构仪测定每个肉柱（垂直肌纤维方向）的最大剪切力值。仪器参数：测试速度为 1 mm/s，剪切距离为 25 mm。

⑤肌节长度。试验羊肌节长度的测定方法采用 Voyle 等的方法使用氦氖激光衍射器测定。具体操作：取 3～4 g 肉样，沿肌原纤维方向切成 4 cm×3 cm×2 cm 后，放入 2%的戊二醛溶液中 30 min，在激光衍射器下观测并记录肌节长度值。

⑥胶原蛋白。采用郑海波等的测定方法，采用 722 型可见分光光度计测定试验羊肌肉中羟脯氨酸的含量，根据 Crouse 的系数换算法，将测定的羟脯氨酸含量换算成胶原蛋白量。

⑦肌红蛋白量。原理为先提取、比色测定出肉样的总色度，再通过换算公式换算肌红蛋白量。具体操作：取 50 g 背最长肌，切成肉末，称取 10 g 置于萃取试管内，加入 2 mL 蒸馏水、40 mL 丙酮，置于漩涡混匀器中 30 s 使其混匀，加入 1 mL 12 mol/L 的盐酸，将试管密封，黑暗处放置 24 h 后，迅速过滤，将滤液移入 1 cm 的比色杯中，用波长 640 nm 进行比色（80%丙酮作为对照），读取吸光度值。注意操作过程要迅速，否则丙酮易挥发，造成测定值偏高。肌红蛋白量计算公式为肉总色素含量(μg/g) = 吸光度值×680；肌红蛋白含量 = 肉总色素

含量×0.67。

⑧感官评价。采用杨远剑的方法,略有改进。具体操作:将试验肉样放入烤箱,160 ℃烤制 25 min,修成长、宽、高均为 2 cm 的肉块,由 9 位感官评价员进行感官评定,采用 1~10 分制(1 分为感受到食品特性强度最低,10 分为感受到食品特性强度最高),感官评价指标包括:肉膻味(1 = 极弱或无肉膻味、10 = 极强烈的肉膻味),结缔组织含量(1 = 极少或无结缔组织、10 = 极多结缔组织),多汁性(1 = 极少或无汁液、10 = 极多汁液),嫩度(1 = 极韧、10 = 极嫩),肉香味(1 = 极弱或无肉香、10 = 极强烈的肉香),总体风味强度(1 = 极弱或无风味、10 = 极具风味)。主要食用品质评价指标的定义见表 10 – 14。

表 10 – 14 主要食用品质评价指标的定义

指标	定义
结缔组织含量	咀嚼时,感受到结缔组织的量
多汁性	咀嚼时,羊肉水分释放的速度及释放量
嫩度	咀嚼至可被吞咽的时间
肉香味	嗅觉器官所感受到的香气特性

⑨化学成分。水分的测定采用干燥法;灰分的测定采用高温灼烧法;粗蛋白含量的测定采用凯氏定氮法;粗脂肪含量的测定采用索氏提取法。

⑩经济效益分析。利用玉米秸秆代替玉米等能量饲料,降低了饲料成本,经济效益计算公式:经济效益 = 羊肉收益 – 饲料费用。

(5)数据处理及统计分析。

试验数据经 Excel 2003 整理后,用 SAS 9.2 统计软件进行方差分析,并用 Tukey 法进行多重比较检验。统计分析结果 $P < 0.05$ 为差异性显著,结果均以平均值表示,且标有不同小写字母为差异性显著($P < 0.05$),标有相同大小写字母为差异不显著($P > 0.05$)。

2. 结果

(1)饲喂不同秸秆比例全混合颗粒日粮羊肉的食用品质。

各试验组羊肉的食用品质见表 10 – 15,4 种不同比例玉米秸秆全混合颗粒日粮饲喂肉羊后,各试验组间的 pH_1、pH_{24}、滴水损失率、熟肉率、剪切力值均无显著差异($P > 0.05$)。各组间滴水损失率Ⅰ组 > Ⅱ组 > Ⅲ组 > Ⅳ组;熟肉率Ⅰ组最低,Ⅳ组最高;剪切力值Ⅳ组最低;肌节长度、胶原蛋白、肌红蛋白量各组间无显著影响($P > 0.05$)。

表 10 – 15 各试验组羊肉的食用品质

指标	Ⅰ组	Ⅱ组	Ⅲ组	Ⅳ组	SEM	P 值
pH_1	6.46	6.44	6.32	6.53	0.034	0.268
pH_{24}	5.86	5.93	5.87	6.01	0.165	0.849
滴水损失率/%	3.44	3.41	3.40	3.34	1.576	0.341
熟肉率/%	63.10	63.33	63.16	64.01	0.077	0.747

续表 10-15

指标	Ⅰ组	Ⅱ组	Ⅲ组	Ⅳ组	SEM	P值
剪切力值/kg	44.70	45.88	43.22	39.07	0.289	0.229
肌节长度/μm	1.79	1.72	1.74	1.77	0.003	0.463
胶原蛋白(鲜重基础)/%	0.39	0.45	0.44	0.48	0.815	0.351
肌红蛋白(鲜重基础)/(mg·g^{-1})	0.09	0.10	0.08	0.08	0.257	0.424

注：同行标注不同小写字母表示差异性显著（$P<0.05$），标注相同小写字母或不标注表示差异不显著（$P>0.05$）；试验组重复数为 4（$n=4$）。

(2) 饲喂不同秸秆比例全混合颗粒日粮羊肉的感官评价。

各试验组育肥羊肉的感官评价见表 10-16，各组羊肉膻味的评分均在 4.00 以上；Ⅰ～Ⅳ组结缔组织含量分别为 3.45、3.60、3.50、3.65 分；Ⅳ组的羔羊肉多汁性评分最高，为 5.35 分；Ⅰ～Ⅳ组嫩度评分为 5.15、5.10、5.00、5.35 分；肉香味较好，平均分为 5.41 分；饲喂不同精粗比的羔羊肉总体风味强度评分均较高，分别为 6.15、6.10、6.05、6.10 分。结果显示，用不同比例玉米秸秆全混合颗粒日粮饲喂育肥羊，对各组羊肉的感官评价指标（膻味、结缔组织含量、多汁性、嫩度、肉香味、总体风味强度）均差异不显著（$P>0.05$）。

表 10-16　各试验组羊肉的感官评价　　　　分

感官评定	Ⅰ组	Ⅱ组	Ⅲ组	Ⅳ组	SEM	P值
膻味	4.50	4.15	4.50	4.35	0.142	0.311
结缔组织含量	3.45	3.60	3.50	3.65	0.546	0.262
多汁性	5.00	5.00	5.05	5.35	0.501	0.737
嫩度	5.15	5.10	5.00	5.35	0.329	0.225
肉香味	5.50	5.45	5.60	5.10	0.018	0.140
总体风味强度	6.10	6.10	6.05	6.15	0.477	0.236

注：同行标注不同小写字母表示差异性显著（$P<0.05$），标注相同小写字母或不标注表示差异不显著（$P>0.05$）；试验组重复数为 10（$n=10$）。

(3) 饲喂不同秸秆比例全混合颗粒日粮羊肉的化学组成。

各试验组羊肉的化学组成见表 10-17。从表中可知，饲喂不同秸秆比例全混合颗粒日粮育肥肉羊背最长肌中干物质、粗灰分、粗蛋白质、钙和磷的含量均无显著差异（$P>0.05$），其中Ⅳ组粗脂肪含量为 2.28%，显著高于Ⅰ、Ⅱ组（$P<0.05$），与Ⅲ组差异不显著（$P>0.05$）。

表 10-17 各试验组羊肉的化学组成 %

指标	Ⅰ组	Ⅱ组	Ⅲ组	Ⅳ组	SEM	P 值
干物质	25.72	26.53	25.74	25.49	0.075	0.088 2
粗灰分	1.33	1.35	1.31	1.30	0.006	0.837 4
粗蛋白	20.80	21.76	21.16	21.07	0.352	0.709 6
粗脂肪	4.34^b	4.40^b	4.87^{ab}	5.28^a	0.023	0.002 7
钙	0.016	0.016	0.015	0.013	0.041	0.051 7
磷	0.20	0.18	0.19	0.17	0.005	0.008 1

注:同行标注不同小写字母表示差异性显著($P<0.05$),标注相同小写字母或不标注表示差异不显著($P>0.05$);试验组重复数为 4(鲜重基础 $n=4$)。

(4)经济效益分析。

试验组肉羊与羊场原始对照组羊经济效益分析见表 10-18,饲喂不同秸秆比例全混合颗粒日粮羔羊的经济效益分析,与试验所在羊场相比,由于粗饲料中以玉米秸秆代替玉米,因此饲料价格降低,其中Ⅰ组的饲料价格最低,低于对照组 0.40 元。与对照组比较,Ⅰ、Ⅱ、Ⅲ、Ⅳ组的经济效益分别提高 32.13 元、34.28 元、41.19 元、7.16 元。

表 10-18 试验组肉羊与羊场原始对照组羊经济效益分析

组别	总增重/kg	活羊价格/(元·kg^{-1})	活羊收益/元	耗料量/kg	饲料价格/(元·kg^{-1})	饲料费用/元	纯收入/元	效益比/元
Ⅰ组	9.86	20.00	197.20	53.46	2.04	109.06	88.14	+32.13 元
Ⅱ组	11.44	20.00	228.80	61.56	2.25	138.51	90.29	+34.28
Ⅲ组	13.63	20.00	272.60	71.59	2.45	175.40	97.20	+41.19
Ⅳ组	13.12	20.00	262.40	74.34	2.68	199.23	63.17	+7.16
对照组	9.05	20.00	181.00	64.58	2.40	124.99	56.01	

3. 讨论

(1)饲喂不同秸秆比例全混合颗粒日粮羊肉的食用品质、感官评价及化学组成。

研究表明,肉品质很大程度上受肉中脂肪含量的影响,而且脂肪与肉的多汁性、嫩度有关。羔羊肉的物理性状,例如滴水损失率、肌纤维的细度、剪切力值是决定肉的多汁性及嫩度的主要因素。本试验结果显示:Ⅰ~Ⅳ组羊肉的滴水损失率由高到低,即饲喂秸秆比例为 22% 的育肥羊羊肉滴水损失率最低,且肉的多汁性评分为 5.35,高于其他 3 组($P>0.05$),肉的滴水损失率小,说明系水力(肌肉受到外力作用如切碎、加压、加热、冷冻时保持水分的能力)高,蒸煮时营养损失少且具有多汁性;饲喂秸秆比例为 22% 的育肥羊羊肉剪切力值最小且嫩度评分最高,肌纤维细且剪切力值小,则肉质嫩度越高,蒸熟后口感嫩滑细腻。

肉的营养价值和化学成分组成关系密切。羊肉品质的好坏主要体现在肉中粗脂肪、粗蛋白、胆固醇含量的多少。本试验结果显示,各组间粗蛋白含量差异不显著,但Ⅱ组最高,

Ⅰ组最低,各组粗蛋白含量平均值为21.2%。与刘庭玉的试验结果一致,与王志琴得出巴里坤羊肉中粗蛋白含量为18.96%,靖远羔羊肉中粗蛋白含量为20.10%的结果不相符。

肉品质也受肉中粗脂肪含量的影响。高品质肉要求肌束与肌纤维之间有一定的脂肪沉积,肉横切面呈大理石花纹,口感多汁鲜嫩。有研究报道,随着脂肪含量的增加(4%~6%),肉的口感嫩度、适口性更好,还能提供人体所需脂肪,此外,适当的脂肪含量对肌肉的大理石花纹、肉色、紧实性、保水性也有改善作用。本试验中羔羊肉的平均粗脂肪含量为4.7%,在4%~6%的标准范围内。吴伟等研究发现,肉中脂肪含量与肉风味品质多汁性是正相关关系,即18月龄与12月龄小尾寒羊相比,肉风味品质优于12月龄。本试验符合此相关关系,即试验Ⅳ组粗脂肪含量显著高于试验Ⅰ、Ⅱ组,相对应肉的总体风味强度评分最高,为6.15分。试验表明饲喂不同秸秆比例全混合颗粒日粮对育肥羊的肉品质有一定影响,秸秆比例低,则肉的嫩度和多汁性好,但差异不显著($P > 0.05$)。

(2)经济效益分析。

从本试验的经济效益分析结果来看,与羊场传统的饲料相比,饲喂秸秆比例为32%的玉米秸秆全混合日粮每只育肥羊可多获取利润41.19元,反而精料比例大的试验组(秸秆比例为22%)经济效益并未大幅度提高,一方面是因为精料比例多,饲料单价高;另一方面日粮的适口性好,在增加育肥羊采食量和日增重的同时,耗料量也增加,而日增重并未显著高于其他试验组,所以精料比例增加,经济效益并未显著提高,反而利用玉米秸秆比例大的全混合颗粒日粮,与对照组相比,一方面提高育肥羊的采食量和日增重,另一方面玉米秸秆代替玉米等能量饲料,降低了饲料和饲养成本,显著增加了养殖的经济效益。江喜春等研究添加青贮苹果渣和青贮玉米秸秆的全混合日粮饲喂湖羊羔羊,也得到了相同的结论,在降低饲养成本的同时,得到了良好的育肥效果,显著提高了经济效益。

4. 结论

(1)饲喂不同秸秆比例全混合颗粒日粮可有效提高育肥羊的采食量和日增重,其中饲喂效果最好的秸秆比例为32%组。

(2)与羊场传统日粮相比,玉米秸秆全混合颗粒日粮不仅能提高育肥羊的日增重,降低饲养成本,还能提高经济效益。

第十一章 秸秆的真菌处理及利用

第一节 混合真菌发酵对玉米秸秆纤维素与木质素降解效果的研究

制约秸秆饲料化最重要的因素是木质素,相较于放线菌与细菌类的木质纤维素分解菌,真菌在木质素的降解速率与降解效果方面具有极大的优势。

降解木质纤维素的真菌按其对底物的腐朽类型可分为软腐菌、褐腐菌和白腐菌三种,其中以子囊菌属和半知菌属为代表的软腐菌,适应能力较强,可以在极端条件下正常生长并降解木质纤维素,但软腐菌在正常条件下一般无法成为优势菌株,只有在褐腐菌和白腐菌不适宜生长时才能占主导地位。主要以担子菌属为典型代表的褐腐菌对纤维素及半纤维素具有很好的降解效果,但因其很难破坏底物中的芳香环结构,因此对木质素的降解能力较弱。而白腐菌则是自然界中降解木质素最主要的微生物,主要包括革盖菌属、卧孔菌属、多孔菌属、原毛平革菌属、层孔菌属、侧耳属、烟管菌属及栓菌属等。白腐菌可以在氮、碳、硫等元素不足时产生分解木质素相关的酶并优先降解木质素,在降解过程中也不产生色素,因此被人们广泛地研究与关注。本试验选择了具有较强木质素降解能力的白腐菌——黄孢原毛平革菌及具有较强纤维素降解能力的木霉属真菌拟康宁木霉两种真菌对秸秆进行混合发酵,在使用黄孢原毛平革菌对秸秆进行木质素降解的同时,用拟康宁木霉来弥补黄孢原毛平革菌对秸秆纤维素降解能力的不足。

黄孢原毛平革菌是一种可分泌胞外氧化酶的丝状真菌,其菌丝会分泌超纤维氧化酶使秸秆表面的蜡质溶解,使菌丝进入秸秆内部并释放降解木质素的酶系,主要包括锰过氧化物酶、漆酶、木质素过氧化物酶等,在这些酶的作用下秸秆中的木质素可被有效地降解。

锰过氧化物酶与木质素过氧化物酶的化学本质都是含有血红素的糖蛋白,并且在催化反应过程中都需要 H_2O_2 作为电子受体。不同的是,在分解木质素的过程中木质素过氧化物酶可以直接与芳香族底物反应产生一个电子,形成阳离子自由基,使芳环结构开裂,木质素单体烷基侧链氧化。而锰过氧化物酶在分解木质素过程中可将木质组织中的 Mn^{2+} 氧化成 Mn^{3+},Mn^{3+} 再作为氧化剂氧化分解木质素。木质素过氧化物酶和锰过氧化物酶都具有氧化分解木质素的能力,但两种酶能分解不同的木质素结构。锰过氧化物酶主要分解木质素中的酚型结构,而木质素过氧化物酶主要分解木质素中的非酚型结构。

漆酶是一种含铜多酚氧化酶,化学本质也是一种糖蛋白,与其他两种酶不同的是,漆酶分子结构中不存在血红素,催化过程也不需要 H_2O_2 参与。在有氧条件下,漆酶可将单电子传递给氧分子,同时从底物分子中获得一个电子,使之形成自由基。该自由基具有不稳定性,可进一步发生聚合或解聚反应,因此漆酶同时具有催化解聚和聚合木质素的能力。所以,当漆酶单独存在时不能有效地降解木质素,只有同时存在木质素过氧化物酶或锰过氧化物酶时,才能避免聚合反应的发生,使木质素得到有效降解。

木质素过氧化物酶、锰过氧化物酶及漆酶可协同作用于木质素之间的酯键或醚键,将木质素彻底氧化分解为 CO_2 和 H_2O。将黄孢原毛平革菌应用于发酵饲料的生产不会对环境造成污染,对动物也无毒副作用,且成本低廉,发酵效果卓越,因此黄孢原毛平革菌被认为是较为理想的一种秸秆饲料发酵真菌。

拟康宁木霉是一种高产纤维素酶的木霉属白色丝状真菌,该真菌在液体培养基中可分泌纤维素酶、淀粉酶、木聚糖酶、果胶酶、几丁质酶、蛋白酶、漆酶、植酸酶等,其纤维素酶的酶活最高可达到 290.32 U/mL,并且在生长过程中拟康宁木霉可将无机氮转化为菌体蛋白,其菌丝中的蛋白质含量约为 46.3%,因此该菌在固态发酵应用中具有极大的纤维素降解潜力。

运用这两种真菌对秸秆进行混合发酵,可避免因单一微生物分泌的降解酶种类较少而使秸秆发酵效果不佳,通过混合真菌发酵,使发酵菌种之间形成互利共生作用,降解酶系得到了相互补充,从而大大提高发酵过程中微生物对秸秆木质纤维素的降解效果。

本试验利用拟康宁木霉和黄孢原毛平革菌对玉米秸秆进行混合发酵,使发酵后的玉米秸秆饲料的木质素含量降低,粗蛋白含量升高,改善其适口性,以期提高玉米秸秆的营养价值与利用率,并通过探究该发酵饲料对绵羊血液生化指标、营养物质利用率和瘤胃发酵等的影响,来论证饲喂混合真菌发酵秸秆可以满足反刍动物对日常营养物质的需求。为新型可再生资源饲料的开发与利用提供理论依据,解决了畜禽用粮不足,以及农作物秸秆处理等问题。

一、拟康宁木霉与黄孢原毛平革菌单菌发酵玉米秸秆

1. 材料与方法

(1)试验材料。

①菌种。所需菌种为黄孢原毛平革菌(CICC 40299)和拟康宁木霉(B17)。黄孢原毛平革菌购自中国工业微生物菌种保藏管理中心,拟康宁木霉由黑龙江八一农垦大学动物营养实验室提供。

②玉米秸秆。玉米秸秆收购自大庆市周边农户,在自然风干后,用粉碎机粉碎过 60 目筛备用。

③培养基。马铃薯葡萄糖琼脂(PDA)培养基:马铃薯浸粉 3 g,葡萄糖 20 g,琼脂 14 g。

黄孢原毛平革菌液体种子培养基:马铃薯提取液 1 L,葡萄糖 20 g,KH_2PO_4 3 g,$MgSO_4 \cdot 7H_2O$ 1.5 g,维生素 B_1 微量。121 ℃灭菌 15 min。

拟康宁木霉液体种子培养基:马铃薯提取液 1 L,葡萄糖 10 g,蔗糖 10 g,$MgSO_4 \cdot 7H_2O$ 2 g,KH_2PO_4 1 g,蛋白胨 1.5 g,酵母浸出物 1.5 g,维生素 B_1 微量。121 ℃灭菌 15 min。

Mandels 营养液:$(NH_4)_2SO_4$ 3 g,KH_2PO_4 3 g,$MgSO_4 \cdot 7H_2O$ 2 g,$NaNO_3$ 0.3 g,$FeCl_3$ 0.5 g,加入 1 000 mL 水。

固态发酵培养基:玉米秸秆粉 8 g,麦麸 2 g,按要求加入 Mandels 营养液,并将水分调节至 50% ~60%,装于 250 mL 锥形瓶中。121 ℃灭菌 15 min。

(2)试验方法。

①菌种培养。菌种活化:将保存的拟康宁木霉和黄孢原毛平革菌接种到 PDA 培养基上,在 28 ℃条件下培养 5 d,并转接活化 2 次,放于 4 ℃保存备用。

液体菌种培养:将 PDA 培养基上的 2 菌种分别接种到与菌种相对应的液体种子培养基

中,黄孢原毛平革菌于 28 ℃、150 r/min 条件下振荡培养 7 d,拟康宁木霉于 25 ℃、150 r/min 条件下振荡培养 7 d。采用血球计数板计数,将 2 菌种的孢子浓度控制在 1×10^8 个/mL。

②固态发酵培养。将培养好的液体菌种按要求接种到固态发酵培养基中,混匀后于 28 ℃下发酵。

③拟康宁木霉与黄孢原毛平革菌单菌发酵玉米秸秆。将两单菌分别接种到固态发酵培养基中,接种量 20%,营养液添加量 80%,发酵 8 d,发酵结束后测定木质素和纤维素的降解率。

④木质素与纤维素降解率的测定。纤维素、木质素含量的测定参考范氏洗涤纤维分析法。

⑤数据处理。试验数据使用 Excel 2007 软件整理,然后采用 SPSS 16.0 软件的 One-Way ANOVA、Duncan's 多重比较法进行分析,以 $P < 0.05$ 为差异显著,$P < 0.01$ 为差异极显著。

2. 结果

拟康宁木霉与黄孢原毛平革菌单菌发酵玉米秸秆对木质素、纤维素的降解率如图 11-1 所示。由图 11-1 可知,拟康宁木霉对纤维素和木质素降解率分别为 22.64% 和 9.23%,黄孢原毛平革菌对纤维素和木质素降解率分别为 7.81% 和 24.83%。两者均能在一定程度上降解木质素与纤维素,但侧重点不同。

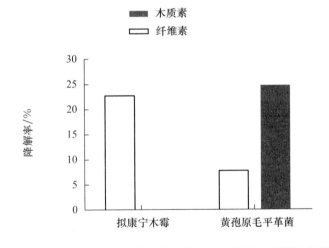

图 11-1 拟康宁木霉与黄孢原毛平革菌单菌发酵玉米秸秆对木质素、纤维素的降解率

二、单因素接种拟康宁木霉与黄孢原毛平革菌对玉米秸秆纤维素和木质素降解率的影响

1. 材料与方法

(1)试验材料。

试验材料同上。

(2)试验方法。

①菌种培养和固态发酵培养。方法同上。

②单因素接种拟康宁木霉与黄孢原毛平革菌。以菌种比例(拟康宁木霉:黄孢原毛平革菌)、接种量、营养液添加量和发酵天数作为单因素,考察其对玉米秸秆木质素和纤维素降解率的影响,每组试验设3个重复。

a. 分别在固态发酵培养基中接入菌种比例为1:1、1:2、1:3、1:4和1:5的菌液,接种量为20%,营养液添加量为80%,发酵8 d。

b. 分别在固态发酵培养基中按玉米秸秆粉与麦麸质量接入10%、15%、20%、25%、30%的菌液,菌种比例为1:3,营养液添加量为80%,发酵8 d。

c. 分别在固态发酵培养基中按玉米秸秆粉与麦麸质量加入60%、70%、80%、90%和100%的营养液,菌种比例为1:3,接种量为20%,发酵8 d。

d. 在固态发酵培养基中加入菌种比例为1:3的菌液,接种量为20%,营养液添加量为80%,分别发酵4 d、6 d、8 d、10 d、12 d。

③数据处理。木质素与纤维素降解率的测定和数据处理方法同上。

2. 结果

(1) 菌种比例的影响。

菌种比例对纤维素和木质素降解率的影响见表11-1。由表11-1可知,随着菌种比例的改变拟康宁木霉的相对含量逐渐减少,黄孢原毛平革菌的相对含量逐渐增加,纤维素降解率在菌种比例1:3时达到29.19%,木质素降解率在菌种比例1:4时达到23.56%,两者都呈先升高而后略微降低的趋势。主要原因是黄孢原毛平革菌对分解木质素起主要作用,在黄孢原毛平革菌相对含量增加的同时,更多的木质素将被其降解,当菌种比例超过1:3后,木质素降解率差异不显著($P>0.05$)。同时,黄孢原毛平革菌具备协同降解纤维素的能力,这是随着菌种比例的改变使拟康宁木霉相对含量减少,但纤维素降解率仍有上升趋势的主要原因。当菌种比例超过1:3时,拟康宁木霉相对含量过低,导致纤维素降解率开始下降。

表11-1 菌种比例对纤维素和木质素降解率的影响　　　　　　　　　　%

项目	菌种比例				
	1:1	1:2	1:3	1:4	1:5
纤维素	26.15 ± 1.36^c	28.18 ± 1.06^{ab}	29.19 ± 0.44^a	28.26 ± 0.36^{ab}	27.32 ± 0.49^b
木质素	15.77 ± 1.41^c	19.36 ± 0.61^b	23.12 ± 0.35^a	23.56 ± 0.43^a	22.78 ± 0.36^a

注:同行数据肩标无字母或相同字母表示差异不显著($P>0.05$),不同小写字母表示差异显著($P<0.05$)。表11-2、表11-3、表11-4同。

(2) 接种量的影响。

接种量对纤维素和木质素降解率的影响见表11-2。由表11-2可知,随着接种量的增加,纤维素和木质素降解率也随之升高,当接种量为25%时,两者的降解率均达到最大值,分别为31.10%和25.59%,显著高于其他接种量组的降解率($P<0.05$)。固态发酵过程中适宜的接种量可以缩短菌种菌丝生长的延迟期,使拟康宁木霉和黄孢原毛平革菌可以尽快地合成用于分解纤维素和木质素的漆酶、锰过氧化物酶、木质素过氧化物酶及纤维素酶等。但是,接种量过高会使固态发酵培养基中的营养物质的消耗过快,影响菌种后期的

各种正常生命活动。同时,菌种产生的代谢产物也会在短期内增多,使合成各种分解酶的速率降低。因此,当接种量为25%时较为适宜。

表 11-2 接种量对纤维素和木质素降解率的影响 %

项目	接种量				
	10%	15%	20%	25%	30%
纤维素	20.01±0.64^d	24.7±0.86^c	27.27±0.55^b	31.10±0.69^a	28.92±1.14^b
木质素	12.36±0.71^d	17.29±0.58^c	24.01±0.64^b	25.59±0.54^a	23.98±0.72^b

(3)营养液添加量的影响。

营养液添加量对纤维素和木质素降解率的影响见表 11-3。由表 11-3 可知,当营养液添加量为70%时,木质素降解率最高为22.88%,显著高于营养液添加量为60%时的木质素降解率($P<0.05$),之后随营养液添加量增多而略微降低。纤维素降解率在营养液添加量为60%时显著低于其他组($P<0.05$),且其他4组间差异不显著($P>0.05$)。为了能够批量发酵节约成本,营养液添加量为70%最佳。

表 11-3 营养液添加量对纤维素和木质素降解率的影响 %

项目	营养液添加量				
	60%	70%	80%	90%	100%
纤维素	25.64±0.67^b	27.85±0.4^a	27.98±0.65^a	27.22±0.35^a	27.17±0.32^a
木质素	20.37±0.74^c	22.88±0.59^a	22.73±0.62^{ab}	22.53±0.5^{ab}	21.63±0.87^b

(4)发酵天数的影响。

发酵天数对纤维素和木质素降解率的影响见表 11-4。由表 11-4 可知,拟康宁木霉和黄孢原毛平革菌在前4 d主要生长菌丝,而后纤维素和木质素降解率随发酵时间的增加快速升高,发酵8 d后,两者的降解速度渐缓,当发酵进行到12 d时,纤维素和木质素降解率分别达到29.03%和26.11%。随着发酵天数的增加,固态发酵培养基中剩余的营养物质逐渐减少,菌种的生长和代谢速度减慢,用于降解的相关酶分泌减少,因此纤维素和木质素降解速率会逐渐降低。综合考虑,发酵天数为10 d最佳。

表 11-4 发酵天数对纤维素和木质素降解率的影响

项目	发酵天数/d				
	4	6	8	10	12
纤维素	18.38±0.74^d	25.63±0.7^c	28.13±0.43^b	29.46±0.79^a	29.03±0.51^{ab}
木质素	9.4±0.84^d	17.15±0.78^c	23.91±0.8^b	25.42±1.37^a	26.11±0.83^a

三、响应面法优化拟康宁木霉和黄孢原毛平革菌发酵条件

1. 材料与方法

(1)试验材料。

试验材料同上。

(2)试验方法。

①菌种培养和固态发酵培养。方法同上。

②拟康宁木霉与黄孢原毛平革菌混合发酵最优条件。在单因素试验的基础上,采用 Design Expert 8.0.6 软件,根据 Box – Benhnken 试验设计原理,选取菌种比例、接种量、营养液添加量和发酵天数 4 个因素,以纤维素和木质素降解率为响应值,每个因素取 3 个水平,进行响应面分析和试验,并建立木质素和纤维素降解率与各因素之间的数学模型,通过计算来优化最佳的发酵条件,从而确定拟康宁木霉与黄孢原毛平革菌混合发酵降解木质素和纤维素的最佳条件。

③数据处理。木质素与纤维素降解率的测定和数据处理方法同上。

2. 结果

(1)响应面试验设计及结果分析。

结合单因素试验结果,采用 Design Expert 8.0.6 软件进一步优化各因素的参数。响应面试验设计因素水平及编码见表 11 – 5,Box – Behnken 响应面试验设计及结果见表 11 – 6。

表 11 – 5 响应面试验设计因素水平及编码

水平	因素			
	菌种比例(A)	接种量(B)	营养液添加量(C)	发酵天数(D)
-1	1:3	20	60	8
0	1:4	25	70	10
1	1:5	30	80	12

表 11 – 6 Box – Behnken 响应面试验设计及结果

试验号	因素				纤维素降解率/%	木质素降解率/%
	A	B	C	D		
1	1	0	0	-1	25.77	18.08
2	0	-1	-1	0	31.04	17.07
3	0	1	1	0	27.58	24.87
4	1	0	-1	0	23.89	21.72
5	0	0	-1	1	23.04	19.90
6	-1	0	1	0	27.21	23.22

续表 11-6

试验号	因素				纤维素降解率/%	木质素降解率/%
	A	B	C	D		
7	0	1	0	-1	22.69	19.30
8	-1	0	0	1	25.78	21.67
9	-1	0	0	-1	36.94	28.08
10	-1	-1	0	0	23.68	18.26
11	1	0	0	1	27.74	27.81
12	1	0	1	0	33.21	20.45
13	-1	0	0	-1	23.41	19.50
14	0	-1	1	0	30.21	15.03
15	0	0	-1	-1	27.46	18.14
16	0	0	1	1	33.62	23.58
17	1	1	0	0	23.51	25.90
18	0	0	1	-1	24.64	16.91
19	0	0	0	0	37.55	30.05
20	0	1	0	1	24.59	26.86
21	0	-1	0	1	32.17	20.41
22	0	-1	0	-1	25.98	15.03
23	-1	0	-1	0	26.85	18.22
24	0	0	0	0	34.94	26.27
25	1	-1	0	0	33.29	19.67
26	-1	1	0	0	28.64	21.90
27	0	0	0	0	36.56	29.97
28	0	1	-1	0	25.14	19.02
29	0	0	0	0	37.18	28.56

根据表 11-6 试验结果，采用 Design Expert 8.0.6 软件对结果进行分析。纤维素降解率响应面结果方差分析见表 11-7，木质素降解率响应面结果方差分析见表 11-8。由表 11-7 可知，B、C、D、AB、AC、CD、A^2、B^2、C^2、D^2 对纤维素降解率有极显著影响（$P<0.01$），A 对纤维素降解率有显著影响（$P<0.05$），说明这些是固态发酵过程中的重要因素。失拟项代表试验数据与模型不相符的情况，失拟项差异不显著（$P>0.05$），说明试验数据中无异常点，模型合适。由表 11-8 可知，B、D、AD、BC、A^2、B^2、C^2、D^2 对木质素降解率有极显著影响（$P<0.01$），A、C、AC、CD 对木质素降解率有显著影响（$P<0.05$），说明这些是固态发酵过程中的重要因素。失拟项差异不显著（$P>0.05$），说明试验数据中无异常点，模型合适。

表 11-7 纤维素降解率响应面结果方差分析

来源	平方和	自由度	均方	F 值	P 值
模型	635.22	14	45.37	31.33	<0.000 1
A	11.70	1	11.70	8.08	0.013 0
B	48.89	1	48.89	33.76	<0.000 1
C	30.26	1	30.26	20.89	0.000 4
D	24.06	1	24.06	16.61	0.001 1
AB	54.42	1	54.42	37.58	<0.000 1
AC	20.08	1	20.08	13.87	0.002 3
AD	0.039	1	0.039	0.027	0.871 9
BC	2.69	1	2.69	1.85	0.194 8
BD	4.61	1	4.61	3.18	0.096 0
CD	44.88	1	44.88	30.99	<0.000 1
A^2	167.12	1	167.12	115.40	<0.000 1
B^2	124.55	1	124.55	86.00	<0.000 1
C^2	89.27	1	89.27	61.64	<0.000 1
D^2	220.91	1	220.91	152.54	<0.000 1
残差	20.27	14	1.45		
失拟项	16.16	10	1.62	1.57	0.352 4
纯误差	4.12	4	1.03		

表 11-8 木质素降解率响应面结果方差分析

来源	平方和	自由度	均方	F 值	P 值
模型	537.81	14	38.41	32.20	<0.000 1
A	9.86	1	9.86	8.27	0.012 2
B	87.34	1	87.34	73.20	<0.000 1
C	8.33	1	8.33	6.98	0.019 3
D	92.13	1	92.13	77.22	<0.000 1
AB	1.67	1	1.67	1.40	0.255 9
AC	9.82	1	9.82	8.23	0.012 4
AD	14.29	1	14.29	11.97	0.003 8
BC	15.59	1	15.59	13.07	0.002 8
BD	1.19	1	1.19	1.00	0.335 3
CD	6.04	1	6.04	5.06	0.041 0

续表 11-8

来源	平方和	自由度	均方	F 值	P 值
A^2	49.62	1	49.62	41.59	<0.000 1
B^2	125.58	1	125.58	105.25	<0.000 1
C^2	165.40	1	165.40	138.62	<0.000 1
D^2	99.54	1	99.54	83.42	<0.000 1
残差	16.70	14	1.19		
失拟项	7.03	10	0.70	0.29	0.948 5
纯误差	9.67	4	2.42		

根据纤维素降解率响应面系数的回归分析,得到模型的拟合方程为 $Y = 36.64 + 0.99A - 2.02B + 1.59C + 1.42D - 3.69AB + 2.23AC - 0.099AD + 0.82BC - 1.07BD + 3.35CD - 5.08A^2 - 4.38B^2 - 3.71C^2 - 5.84D^2$。从表11-7可知,回归模型差异极显著($P < 0.01$),失拟项差异不显著($P = 0.3524$),表明回归方程拟合度良好。回归方程的复相关系数为0.9691,表明96.91%的纤维素降解率变化可由此模型解释,与实际情况拟合良好。校正相关系数为0.9381,纤维素降解率变异系数为4.18%,信噪比为16.38,说明模型可信度较高。

根据木质素降解率响应面系数的回归分析,得到模型的拟合方程为 $Y = 28.59 + 0.91A + 2.70B + 0.83C + 2.77D + 0.65AB - 1.57AC + 1.89AD + 1.97BC + 0.54BD + 1.23CD - 2.77A^2 - 4.40B^2 - 5.05C^2 - 3.92D^2$。从表11-8可知,回归模型差异极显著($P < 0.01$),失拟项差异不显著($P = 0.9485$),表明回归方程拟合度良好。回归方程的复相关系数为0.9699,表明96.99%的木质素降解率变化可由此模型解释,与实际情况拟合良好。校正相关系数为0.9398,木质素降解率变异系数为4.98%,信噪比为16.915,说明模型可信度较高。

两个方程为纤维素和木质素的降解提供了一个合适的模型,因此可用上述两个模型代替真实试验点对拟康宁木霉与黄孢原毛平革菌降解纤维素和木质素进行预测与分析。

(2)纤维素降解率响应面结果分析。

根据回归方程所作的响应面图可直观地反映各因素及两两因素的交互作用对响应值的影响。交互图中的曲面坡度越大,等高线越接近椭圆形,则代表该因素对响应值的影响越大。固定其中2个因素,分析另外2个因素间的交互作用。

菌种比例和接种量对纤维素降解率影响的响应面图和等高线图如图11-2所示,随着菌种比例的改变和接种量的增加,纤维素降解率均呈先上升后下降的趋势,交互图曲面坡度较高,说明这2个因素对纤维素降解率的影响显著。菌种比例和营养液添加量对纤维素降解率影响的响应面图和等高线图如图11-3所示,随着菌种比例的改变和营养液添加量的增加,纤维素降解率均呈先上升后下降的趋势,但营养液添加量对纤维素降解率变化趋势的影响不大。营养液添加量和发酵天数对纤维素降解率影响的响应面图和等高线图如图11-4所示。随着发酵天数的增加,纤维素降解率迅速增高,发酵10 d时,纤维素降解率的增长速度变缓,两者的交互图曲面坡度较高,说明两者对纤维素降解率的影响极显著。以上各交互作用图的等高线均呈椭圆形,证明其交互作用显著,与方差分析结果一致。

第十一章 秸秆的真菌处理及利用

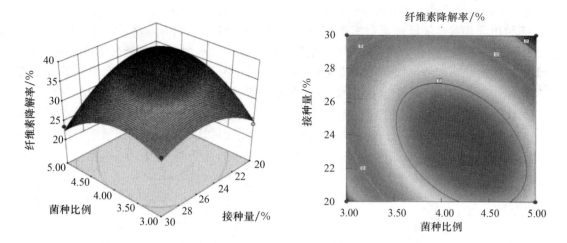

图 11-2 菌种比例和接种量对纤维素降解率影响的响应面图和等高线图

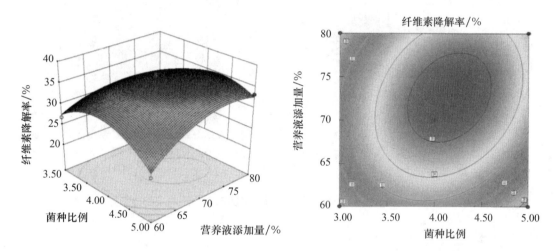

图 11-3 菌种比例和营养液添加量对纤维素降解率影响的响应面图和等高线图

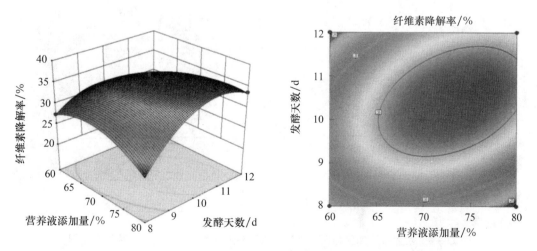

图 11-4 营养液添加量和发酵天数对纤维素降解率影响的响应面图和等高线图

(3)木质素降解率响应面结果分析。

菌种比例和营养液添加量对木质素降解率影响的响应面图和等高线图如图 11-5 所,随着菌种比例的改变和营养液添加量的增加,木质素降解率均呈先上升后下降趋势,说明二者对木质素降解率有显著影响。营养液添加量和接种量对木质素降解率影响的响应面图和等高线图如图 11-6 所示,木质素降解率随着营养液添加量和接种量的增加均呈先上升后下降的趋势,曲面图坡度陡峭,证明两者对木质素降解率有较大影响。营养液添加量和发酵天数对木质素降解率影响的响应面图和等高线图如图 11-7 所示,木质素降解率随发酵天数增加而迅速增高,随营养液添加量增加而先上升后下降。以上各交互作用图的等高线均呈椭圆形,证明其交互作用显著,与方差分析结果一致。

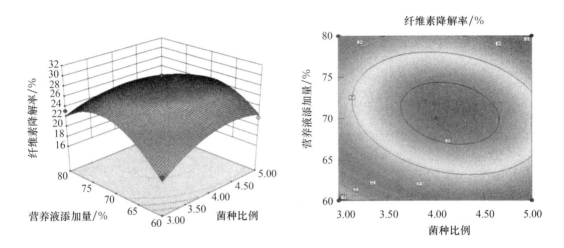

图 11-5 菌种比例和营养液添加量对木质素降解率影响的响应面图和等高线图

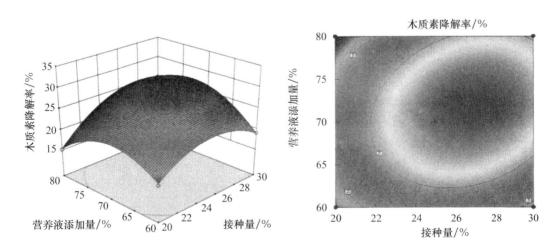

图 11-6 营养液添加量和接种量对木质素降解率影响的响应面图和等高线图

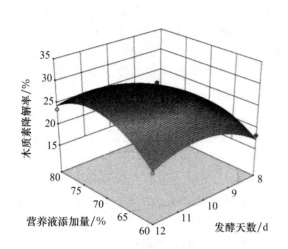 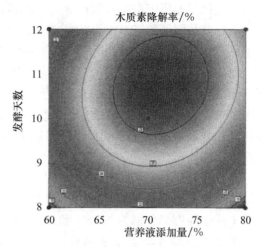

图 11 -7　营养液添加量和发酵天数对木质素降解率影响的响应面图和等高线图

（4）响应面优化结果与模型验证。

运用 Design Expert 8.0.6 软件优化所得到的同时降解纤维素和木质素的最优条件为菌种比例 1∶4.16,接种量 25.2%,营养液添加量 72.25%,发酵 10.56 d。在此条件下,纤维素降解率和木质素降解率的预测值为 36.94% 和 29.30%。为了验证模型的有效性,对模型优化的最优条件进行验证。考虑到试验的可行性与便捷性,选择条件为菌种比例 1∶4.1,接种量 25.2%,营养液添加量 72.2%,发酵 11 d。进行固态发酵试验,验证试验设 3 个重复(表 11 -9),平均值为纤维素降解率 36.80%,木质素降解率为 28.87%。可见该模型能较好地预测纤维素和木质素的降解情况。

表 11 -9　响应面试验验证　　　　　　　　　　　　　　　　　　　　　　%

试验号	纤维素降解率	木质素降解率
1	34.96	28.54
2	37.49	27.97
3	37.95	30.09
平均值	36.80	28.87

四、混合真菌发酵对玉米秸秆纤维素与木质素降解效果分析

混合真菌发酵玉米秸秆的优势在于不同的菌种可以发挥自身的产酶特性,通过酶系互补,起到相辅相成,相互促进的作用。陈耀宁等通过在纤维素筛选培养基中加黄孢原毛平革菌的固态发酵浸提液,筛选出与黄孢原毛平革菌相容的菌株,这些菌株在与其混合发酵时对纤维素酶能产生较好的协同效果,混合发酵后纤维素和木质素的降解效果均有所提高。王志等用拟康氏木霉和白腐菌混合发酵秸秆,发现秸秆的纤维素降解率和木质素降解率分别为 40.38% 和 31.52%,比单独使用拟康氏木霉或白腐菌处理秸秆的效果显著提高。

本试验优化了拟康宁木霉和黄孢原毛平革菌混合发酵玉米秸秆生产优质粗饲料的条件,优化后复合菌共同发酵玉米秸秆的纤维素降解率均高于两菌单独发酵玉米秸秆的纤维素降解率,但复合菌共同发酵后的木质素降解率与黄孢原毛平革菌单独发酵的木质素降解率差异不大,说明这两种菌之间存在着协同作用,与陈耀宁等的研究结果相符。混合真菌发酵更具有优势,主要与菌种产生的酶系有关。Baldrian 用变色栓菌和平菇混合培养时,通过添加土壤中的真菌等其他微生物,使体系中的漆酶活性显著提高,说明混合培养可以通过加强和完善胞外木质纤维素降解酶及其他活性因子的种类来实现纤维素和木质素降解率的提高。

混合菌种发酵玉米秸秆时选择的菌种不同对木质纤维素的降解效果有较大影响。张立霞使用黄孢原毛平革菌、黑曲霉、青霉、木霉等菌株混合发酵玉米秸秆,发酵结束后纤维素和木质素降解率分别为29.6%和29.1%。赵玲利用产酶互补原则将黄孢原毛平革菌、云芝等菌株混合培养降解玉米秸秆,处理 11 d 后纤维素、木质素降解率分别为 17.74% 和 28.74%。焦有宙等用含有密黏褶菌、环状芽孢杆菌、铜绿假单胞菌、栗褐链霉菌、黄孢原毛平革菌、杂色云芝、绿色木霉、黑曲霉等菌株的复合菌处理玉米秸秆,纤维素和木质素降解率分别为36.38%和40.11%。由此可以看出,在相互没有拮抗作用的混合菌发酵秸秆的过程中,随着参与降解的菌种的增加,降解酶系趋于完善,木质纤维素降解率也随之升高。本试验用拟康宁木霉与黄孢原毛平革菌混合发酵玉米秸秆,其中以纤维素的降解效果最明显。

第二节 混合真菌发酵秸秆的批量制备及对体外瘤胃发酵参数的影响

一、批量发酵对秸秆纤维素、木质素的降解效果及发酵秸秆成分分析

1. 材料与方法

(1)混合真菌发酵秸秆的批量制备与样品采集。

将玉米秸秆自然风干后,用粉碎机将其切短到 2~4 cm,按比例加入 20%的麦麸和70%的无机盐营养液,将水分调节至50%~60%后,接入25%的混合真菌扩培液(拟康宁木霉与黄孢原毛平革菌比例为4∶1),装入微贮发酵袋后于室温下进行密封发酵30 d,并分别测定发酵后 5 d、10 d、15 d、20 d、25 d、30 d 玉米秸秆纤维素和木质素的降解率。发酵结束后,取适量发酵秸秆与未处理秸秆,放置于65 ℃烘箱烘干 24 h,粉碎后过 20 目筛保存用于试验。

(2)数据处理。

本试验数据采用 Excel 进行整理和初步计算,然后运用 SPSS 19.0 统计软件进行单因素方差分析,采用 Duncan's 法进行多重比较,试验结果以"平均值 ± 标准差"表示。

2. 结果

批量发酵秸秆纤维素和木质素降解率如图 11-8 所示。由图 11-8 可见,玉米秸秆经混合真菌发酵后纤维素与木质素降解率随时间的延长呈逐渐上升趋势,当发酵30 d 结束

后,秸秆纤维素与木质素降解率分别为17.97%和15.33%。

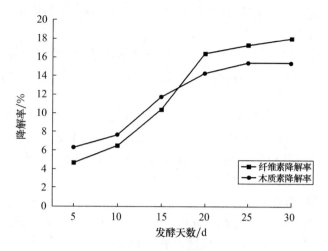

图11-8 批量发酵秸秆纤维素和木质素降解率

玉米秸秆发酵前后成分对照见表11-10。由表11-10可知,混合真菌发酵秸秆CP含量为6.14%,显著高于未发酵秸秆的CP含量($P<0.05$),并且混合真菌发酵秸秆的NDF、ADF含量分别为63.58%和44.78%,显著低于未发酵秸秆($P<0.05$),EE含量混合真菌发酵秸秆略高于未发酵秸秆,但差异不显著($P>0.05$)。

表11-10 玉米秸秆发酵前后成分对照

项目	处理		P值
	未发酵秸秆	混合真菌发酵秸秆	
粗蛋白 CP/%	4.81 ± 0.18^b	6.14 ± 0.21^a	0.001
中性洗涤纤维 NDF/%	77.37 ± 1.17^a	63.58 ± 0.85^b	0.008
酸性洗涤纤维 ADF/%	51.16 ± 0.35^a	44.78 ± 0.57^b	0.003
粗脂肪 EE/%	1.15 ± 0.07	1.36 ± 0.16	0.110

注:数据右上角标注不同字母表示相同时间内不同处理组间差异显著($P<0.05$)。

二、不同比例混合真菌发酵秸秆对产气量、体外发酵参数及菌体蛋白含量的影响

1. 材料与方法

(1)试验动物及饲养。

于晨饲2 h后,采取健康绵羊的瘤胃液用于体外发酵试验,将通过绵羊瘤胃瘘管采集的瘤胃液,灌入预热到达39 ℃并通有CO_2的保温瓶中保存。

(2)试验设计。

试验采用单因子完全随机分组设计,变量为不同的混合真菌发酵秸秆比例,试验共分

为 5 组,未发酵秸秆为对照组,试验组分别为含有 25%、50%、75% 和 100% 经过混合真菌发酵后的秸秆(其余部分为未发酵秸秆),每组试验设 3 个重复,体外培养时间为 48 h。

①体外培养。

体外培养装置:发酵装置为可调节振荡速率和水浴温度的恒温水浴摇床,培养瓶的瓶口连接带有三通阀的橡胶管,三通阀的另一端与有刻度的玻璃注射器相连,装置在使用之前要检测是否漏气。

培养液的配制:人工培养液参照 Menke 等的方法配制。

瘤胃液预处理和体外培养:瘤胃液经 4 层纱布过滤后按 1∶2 的比例与人工培养液混合,取 30 mL 混合液加入通有 CO_2 并装有 0.200 0 g 秸秆样品的培养瓶内,盖紧瓶塞,打开三通阀,将其放入 39 ℃ 的水浴摇床,开始培养。

②样品采集及测定方法。

样品采集及处理:分别记录试验开始后 3 h、6 h、12 h、24 h、48 h 的产气量,在体外培养 48 h 后用 pH 计测定培养液的 pH,并将培养液过滤后置于 -20 ℃ 条件下存放,用于各指标的测定。

相关指标的测定方法如下。

菌体蛋白(BCP)质量浓度的测定:参照 Cotta 等(1982)和 Broderick 等(1989)使用的差速离心法分离菌体蛋白,再按照凯氏定氮法进行含氮量的测定。

NH_3-N 质量浓度测定:参照冯宗慈的方法测定 NH_3-N 质量浓度,NH_3-N 标准曲线如图 11-9 所示。

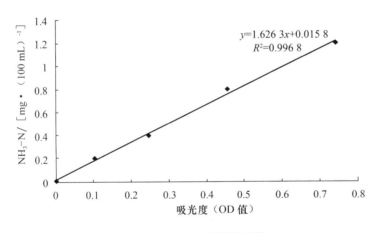

图 11-9 NH_3-N 标准曲线

VFA 浓度的测定:采用高效液相色谱法(HPLC)测定。将瘤胃液初步低速离心加入 25% 的偏磷酸后再 12 000 r/min 离心 20 min,用 0.45 μm 的滤膜过滤其上清液后待测。高效液相色谱仪为 Waters 515 型,色谱柱为氢型有机酸专用柱,柱温为 55.5 ℃,流速为 0.55 mL/min,压力为 220 PSI,进样量为 20 μL,流动相为 2.0 mmol/L 硫酸溶液。

(3)数据处理。

本试验数据采用 Excel 进行整理和初步计算,然后运用 SPSS 19.0 统计软件进行单因素方差分析,采用 Duncan's 法进行多重比较,试验结果以"平均值 ± 标准差"表示。

2. 结果

不同比例混合真菌发酵秸秆对产气量及体外发酵参数的影响见表 11-1。由表 11-11 可知,随着混合真菌发酵秸秆含量的提高,各组产气量呈上升趋势,其中混合真菌发酵秸秆比例为 50%、75% 和 100% 时产气量分别为 64.03 mL、65.23 mL 和 64.83 mL,三者间差异不显著($P>0.05$)。随着混合真菌发酵秸秆比例的提高,培养液中 NH_3-N 质量浓度和丙酸的浓度也呈上升趋势,当混合真菌发酵秸秆比例为 50%、75%、100% 时两指标均差异不显著($P>0.05$),但均显著高于混合真菌发酵秸秆添加量为 25% 组和未发酵秸秆组($P<0.05$)。乙酸浓度最高组为 75% 添加量组,显著高于未发酵秸秆组和 25%、100% 添加量组,与 50% 添加量组差异不显著($P>0.05$)。总挥发性脂肪酸(TVFA)浓度在混合真菌发酵秸秆比例为 50% 和 75% 时最高,且显著高于未发酵秸秆组和 25% 添加量组($P<0.05$),但与 100% 添加量组差异不显著($P>0.05$),混合真菌发酵秸秆比例为 100% 时 TVFA 浓度显著高于未发酵秸秆组($P<0.05$),与 25% 添加量差异不显著($P>0.05$)。各组培养液的 pH、丁酸浓度、乙酸/丙酸及 BCP 之间无显著差异($P>0.05$)。

表 11-11 不同比例混合真菌发酵秸秆对产气量及体外发酵参数的影响

项目	处理					P 值
	未发酵秸秆	25%	50%	75%	100%	
产气量/mL	54.06 ± 0.75^b	56.46 ± 1.81^b	64.03 ± 1.96^a	65.23 ± 0.85^a	64.83 ± 3.16^a	0.001
pH	6.93 ± 0.03	6.93 ± 0.05	6.89 ± 0.03	6.92 ± 0.01	6.88 ± 0.01	0.253
NH_3-N/(mg·dL^{-1})	11.32 ± 0.24^b	11.8 ± 0.09^b	12.62 ± 0.61^a	12.67 ± 0.42^a	13.05 ± 0.33^a	0.002
乙酸/(mmol·L^{-1})	26.41 ± 0.34^d	28.25 ± 0.23^b	28.66 ± 0.08^{ab}	28.76 ± 0.16^a	27.82 ± 0.25^c	0.001
丙酸/(mmol·L^{-1})	11.32 ± 0.22^b	11.55 ± 0.3^b	12.52 ± 0.5^a	13.04 ± 0.97^a	13.17 ± 0.78^a	0.014
丁酸/(mmol·L^{-1})	6.52 ± 0.97	7.08 ± 0.86	7.21 ± 0.86	6.82 ± 0.62	7.09 ± 0.85	0.844
乙酸/丙酸	2.18 ± 0.15	2.05 ± 0.38	2.29 ± 0.1	2.21 ± 0.17	2.12 ± 0.14	0.678
TVFA/(mmol·L^{-1})	44.27 ± 0.5^c	46.90 ± 0.73^b	48.40 ± 0.36^a	48.63 ± 0.39^a	48.10 ± 1.42^{ab}	0.001
BCP/(mg·dL^{-1})	47.62 ± 4.16	48.16 ± 5.63	44.22 ± 3.64	46.82 ± 4.96	46.7 ± 3.45	0.653

注:数据右上角标注不同字母表示相同时间内不同处理组间差异显著($P<0.05$)。

三、混合真菌发酵秸秆的批量制备及对体外瘤胃发酵参数的影响因素分析

玉米秸秆在经过混合真菌发酵后营养成分得到了改善,尤其是风干秸秆中含量较低的粗蛋白成分显著提高,这主要是发酵菌在自身繁殖生长的过程中利用秸秆中的碳源物质合成了菌体蛋白及在发酵前氮源的加入所致。玉米秸秆在发酵过程中木质纤维素被不断降解,其 NDF 和 ADF 含量也逐渐降低,但是在批量发酵过程中由于发酵条件不够稳定,室温发酵温度存在波动性,并且秸秆的粉碎粒度对发酵的影响也十分显著,因此批量发酵后的秸秆纤维素与木质素降解率暂时无法达到实验室优化阶段的水平。

体外发酵产气量的高低往往与营养物质的消化率有关。本试验通过使用混合真菌发酵的方法,显著提高了玉米秸秆体外发酵的产气量,且随着混合真菌发酵秸秆比例的增加,产气量呈上升趋势。表明通过混合真菌发酵的方式可以改善秸秆的营养价值,提高反刍动物对玉米秸秆的消化率,这与文江南等的研究结果一致。秸秆经过混合真菌发酵后,细胞壁中的纤维素和半纤维素可转变成水溶性碳水化合物,并且黄孢原毛平革菌对木质素成分的降解也改善了瘤胃菌群对秸秆的利用情况,从而提高秸秆体外发酵的产气量。此外,秸秆在发酵过程中还可以产生一定量的有机酸,从而缩短了秸秆发酵产气的延滞期并提高体外发酵的产气量。

瘤胃液 pH 可反映反刍动物的瘤胃内环境及瘤胃的发酵水平,其数值的高低受底物营养成分及微生物代谢产物等多种因素的影响。在反刍动物瘤胃发酵过程中,碳水化合物可以分解生成挥发性脂肪酸使瘤胃液的 pH 降低,同时饲料中蛋白质的分解又可以提高氨的浓度使瘤胃液的 pH 升高。在反刍动物瘤胃中异常的 pH 会对瘤胃微生物的生长繁殖造成不利的影响,本试验中瘤胃液的 pH 为 6.89~6.93,均在瘤胃正常的 pH 范围内,有利于瘤胃微生物的生长与发酵。

NH_3-N 是反刍动物瘤胃内所有含氮物质降解的产物,其浓度可反映蛋白质在瘤胃中合成与降解的平衡状态,瘤胃微生物合成菌体蛋白需要大量的 NH_3-N,因此瘤胃中 NH_3-N 质量浓度过低不利于瘤胃微生物的正常生长以及对纤维类物质的降解,但 NH_3-N 质量浓度过高瘤胃微生物来不及吸收利用,也会降低饲料的利用率。本试验中 NH_3-N 质量浓度为 11.32~13.05 mg/dL,均在正常值范围内,且 NH_3-N 质量浓度随混合真菌发酵秸秆比例的增加呈上升趋势。这主要是因为秸秆在通过混合真菌发酵后,其在瘤胃中的发酵能力得到提高,蛋白质的降解速率更快,同时秸秆在发酵后粗蛋白含量显著高于未发酵秸秆,这为瘤胃发酵产生 NH_3-N 提供了更充足的氮源。

挥发性脂肪酸主要为饲料中碳水化合物的发酵产物,是反刍动物利用能量的主要形式及瘤胃微生物生长所需碳架的主要来源。在本试验中乙酸、丙酸及 TVFA 的浓度随混合真菌发酵秸秆的比例增加而升高,这主要是因为经过发酵后的秸秆其细胞壁的结构更加疏松,同时木质素成分的降低更加有利于瘤胃微生物对秸秆的降解,从而产生更多的 VFA。有研究表明,在体外发酵试验中,VFA 的浓度与产气量具有高度的相关性,本试验的研究与该结果一致,产气量与 TVFA 浓度均随混合真菌发酵秸秆比例的增加而升高。

第三节 混合真菌发酵玉米秸秆对绵羊营养物质表观消化率及血液生化指标的影响

一、混合真菌发酵玉米秸秆对绵羊营养物质表观消化率的影响

1. 材料与方法

(1)试验材料。

①混合真菌发酵玉米秸秆。将玉米秸秆自然风干后,用粉碎机将其切短至 2~4 cm,按比例加入 20% 的麦麸和 70% 的无机盐营养液,将水分调节至 50%~60% 后,接入 25% 的混合真菌扩培液(拟康宁木霉与黄孢原毛平革菌比例为 4∶1),装入微贮发酵袋后于室温下密封发酵 30 d。

②混合细菌发酵玉米秸秆。将玉米秸秆在自然风干后,用铡草机切短至 2~4 cm,加入 3% 的硫酸铵和 10% 的发酵菌粉(发酵菌剂由河北农业大学研制,有效菌为以细菌类为主的枯草芽孢杆菌和解淀粉芽孢杆菌),将水分调节至 50%~60%,混匀后装入发酵袋于室温下进行密封发酵 30 d。

(2)试验方法。

①试验设计。饲养试验采用 3×3 拉丁方试验设计,将 6 只安装有永久性瘤胃瘘管的绵羊随机分为 3 个处理组,每组设 2 个重复,分别为未发酵秸秆组(对照组 A)粗饲料为 100% 未发酵玉米秸秆、混合真菌发酵秸秆组(试验组 B)粗饲料为 50% 的混合真菌发酵秸秆和未发酵玉米秸秆)、混合细菌发酵秸秆组(试验组 C)粗饲料为 50% 的混合细菌发酵玉米秸秆和未发酵玉米秸秆)。本试验分为 3 期,期与期之间不同组别的羊轮换饲喂,保证 3 个试验期内每只羊都采食到每一种试验粗饲料。每期试验 15 d,其中包括预试期 10 d,正试期 5 d,全期共 45 d。试验设计见表 11-12。

表 11-12 试验设计

试验期	1 号、2 号	3 号、4 号	5 号、6 号
第 1 期	对照组 A	试验组 B	试验组 C
第 2 期	试验组 B	试验组 C	对照组 A
第 3 期	试验组 C	对照组 A	试验组 B

②试验日粮及营养水平。基础日粮配制参照中国《肉羊饲养标准》(NY/T 816—2004),由粗饲料和精料两部分组成,精粗比为 4∶6,基础日粮组成及营养水平(风干基础)见表 11-13。

表 11-13 基础日粮组成及营养水平(风干基础)

原料	对照组 A	试验组 B	试验组 C
玉米秸秆/%	60	30	30
混合真菌发酵秸秆/%	0	30	0
混合细菌发酵秸秆/%	0	0	30
玉米/%	18.51	19.25	19.43
豆粕/%	9.29	9.5	9.58
玉米蛋白粉/%	9.2	8.25	7.99
食盐/%	0.76	0.76	0.76
磷酸氢钙/%	1.24	1.24	1.24
1% 预混料/%	1	1	1
合计/%	100	100	100
营养成分			
代谢能/(MJ·kg^{-1})	9.34	9.31	9.30
粗蛋白/%	14.62	14.63	14.64
钙/%	0.62	0.62	0.62
总磷/%	0.39	0.39	0.39
中性洗涤纤维/%	51.62	48.34	49.25
酸性洗涤纤维/%	33.11	31.32	31.63

注：预混料为每千克日粮提供维生素 A 11 000.00 IU、维生素 E 80.00 mg、维生素 B_{12} 0.05 mg、硫酸锌 60.00 mg、硫酸亚铁 75.00 mg、硫酸铜 10.00 mg、硫酸锰 20.00 mg、碘化钾 0.5 mg、钴 0.30 mg。代谢能根据原料组成计算所得，其余为实测值。

③试验动物及饲养管理。将 6 只试验羊进行单笼饲养，对羊舍每天进行清理消毒，保证清洁。于每天 05:00 和 17:00 饲喂 2 次，自由饮水。

④营养物质表观消化率的测定。在正式试验期内，每天计算每只试验羊只的采食量排粪量。每次收集粪便时按试验羊所排粪便的 10% 取样，加入盐酸固氮后与采集的饲料样品一同放入 -20 ℃保存。将饲料样品与试验羊粪便于 65 ℃下烘干，粉碎过筛后分别装入标明期号与试验羊号的自封袋中，用于测定干物质(DM)、粗脂肪(EE)、中性洗涤纤维(NDF)、酸性洗涤纤维(ADF)、粗蛋白(CP)含量，测定方法参照张丽英主编的《饲料分析及饲料质量检测技术》。养分表观消化率的公式为某养分的表观消化率(%) = (采食量×饲料中该种养分的含量 - 鲜粪重×粪中该种养分的含量)×100/(采食量×饲料中该种养分的含量)。

(3)数据处理。
同本章第一节。

2. 结果

不同发酵饲料对绵羊营养物质表观消化率的影响见表 11-14。由表 11-14 可知，饲喂发酵秸秆饲料的绵羊 DM、CP、NDF、ADF 的表观消化率均显著高于对照组 A($P < 0.05$)，

其中试验组 B 与试验组 C 之间 DM、CP 及 NDF 的表观消化率差异不显著($P>0.05$),但试验组 B 的 ADF 表观消化率显著高于试验组 C($P<0.05$)。3 个处理组之间 EE 的表观消化率差异不显著($P>0.05$)。

表 11-14 不同发酵饲料对绵羊营养物质表观消化率的影响 %

项目	对照组 A	试验组 B	试验组 C	P 值
DM	69.88 ± 3.39^b	76.10 ± 1.47^a	75.79 ± 1.28^a	0.001
CP	54.88 ± 5.59^b	64.27 ± 5.51^a	61.36 ± 4.05^a	0.018
NDF	32.14 ± 6.07^b	45.78 ± 3.45^a	40.92 ± 2.23^a	0.001
ADF	32.67 ± 3.87^c	44.83 ± 1.86^a	41.24 ± 1.37^b	0.001
EE	53.09 ± 2.59	52.10 ± 3.34	53.65 ± 3.86	0.718

注:数据右上角标注不同字母表示相同时间内不同处理组间差异显著($P<0.05$)。

二、混合真菌发酵玉米秸秆对绵羊血液生化指标的影响

1. 材料与方法

(1)试验材料。

试验所需材料同上。

(2)试验方法。

①试验设计、试验日粮及营养水平及试验动物及饲养管理。方法同上。

②血液生化指标的测定。在正式试验期的最后一天,于晨饲前颈静脉无菌采血 15 mL,常温下静置 2 h 后,待血清析出分装于离心管 4 000 r/min 离心 15 min,吸取上清液置于 -20 ℃保存。使用酶标仪和检测试剂盒对血清样品进行相应指标的检测,测定指标包括:总蛋白(TP)、白蛋白(ALB)、葡萄糖(GLU)、尿素氮(BUN)、总胆固醇(TC)、三酰甘油(TG)、天门冬氨酸氨基转移酶(AST)、丙氨酸氨基转移酶(ALT)含量。按照试剂盒说明书的操作步骤进行测定,所用试剂盒均购自南京建成生物工程研究所。

(3)数据处理。

同"第十一章第一节"。

2. 结果

不同发酵秸秆饲料对绵羊血液生化指标的影响见表 11-15,由表 11-15 可知,饲喂不同发酵秸秆饲料对绵羊血清中天门冬氨酸氨基转移酶活性、丙氨酸氨基转移酶活性、总蛋白质量浓度、白蛋白质量浓度、三酰甘油及总胆固醇浓度无显著影响($P>0.05$),但对尿素氮与葡萄糖的浓度具有显著影响($P<0.05$),其中试验组 B 的尿素氮浓度最低,与试验组 C 尿素氮浓度差异不显著($P>0.05$),对照组 A 尿素氮浓度最高,且显著高于试验组 B 和试验组 C($P<0.05$)。葡萄糖浓度最高的组别为试验组 B,其与试验组 C 的差异不显著($P>0.05$),并且两发酵秸秆组葡萄糖浓度均显著高于对照组 A($P<0.05$)。

表 11-15 不同发酵饲料对绵羊血液生化指标的影响

项目	对照组 A	试验组 B	试验组 C	P 值
天门冬氨酸氨基转移酶 AST/(U·L^{-1})	89.78 ± 16.56	91.75 ± 14.67	95.57 ± 13.23	0.794
丙氨酸氨基转移酶 ALT/(U·L^{-1})	23.67 ± 1.82	25.73 ± 1.83	25.28 ± 1.67	0.141
总蛋白 TP/(g·L^{-1})	63.51 ± 3.05	65.35 ± 2.17	64.06 ± 2.03	0.435
白蛋白 ALB/(g·L^{-1})	30.13 ± 0.72	30.18 ± 0.75	29.51 ± 0.8	0.263
尿素氮 BUN/(mmol·L^{-1})	2.57 ± 0.29^a	1.97 ± 0.28^b	2.21 ± 0.17^b	0.004
三酰甘油 TG/(mmol·L^{-1})	0.58 ± 0.1	0.75 ± 0.14	0.63 ± 0.18	0.171
总胆固醇 TC/(mmol·L^{-1})	2.6 ± 0.28	2.73 ± 0.2	2.56 ± 0.26	0.502
葡萄糖 GLU/(mmol·L^{-1})	3.42 ± 0.31^b	3.89 ± 0.32^a	3.77 ± 0.22^a	0.033

注：数据右上角标注不同字母表示相同时间内不同处理组间差异显著（$P<0.05$）。

三、混合真菌发酵玉米秸秆对绵羊营养物质表观消化率及血液生化指标的影响因素分析

1. 混合真菌发酵玉米秸秆对绵羊营养物质表观消化率的影响

粗饲料营养价值的高低主要体现在饲料本身的营养成分含量与动物对该种饲料养分的消化率两方面，动物机体胃肠道对某一养分的消化吸收程度越好，则表现为该种养分的表观消化率越高。干物质的表观消化率是动物对饲料消化特性的综合反映，它在一定程度上能够反映动物对某种饲料的消化程度和利用效率，而不同的粗饲料其在反刍动物瘤胃中的降解程度也不同。本试验中，饲喂发酵秸秆饲料后绵羊的干物质表观消化率显著高于未发酵秸秆组，这主要是因为秸秆在经过发酵处理后更易于被瘤胃微生物降解，提高了粗饲料的利用率，进而影响绵羊对该种饲料干物质的表观消化率。魏炳栋等用复合菌剂发酵玉米秸秆饲喂绵羊，结果显示，饲喂发酵饲料组干物质表观消化率显著高于饲喂未发酵秸秆组，此结果与本试验结果一致。Singh 等饲喂山羊微生物发酵秸秆饲料后可在不同程度上提高各营养物质的表观消化率。同时也有研究表明，给肉羊饲喂发酵秸秆饲料对纤维类物质的表观消化率有所改善，对干物质表观消化率的提高不显著，这可能是因为发酵菌种的不同所造成的差异。

饲喂发酵饲料可显著提高反刍动物对 CP 的表观消化率，试验组 B 与试验组 C 的 CP 表

观消化率显著高于对照组 A,这主要与瘤胃微生物的生长繁殖有关,发酵饲料的使用可以促进反刍动物瘤胃微生物的生长,在加快瘤胃中菌体蛋白合成速度的同时,也提高了瘤胃微生物蛋白降解酶的产量与活性,使蛋白类物质的消化降解更为彻底,避免了蛋白类饲料的浪费。同时,秸秆饲料在发酵菌的作用下细胞壁遭到破坏,秸秆结构变得松散,更有利于各种酶作用于底物,进一步提高了动物对 CP 的降解与吸收。

纤维物质是反刍动物及瘤胃微生物的主要能量来源,并且其在维持瘤胃系统内壁健康和唾液分泌功能等方面起重要作用,而反刍动物对纤维物质的利用能力则体现在对粗饲料 NDF 与 ADF 表观消化率的高低上。本试验用发酵秸秆作为粗饲料饲喂绵羊,以饲喂未发酵秸秆的绵羊作为对照,试验结果显示,试验组 B 和试验组 C 绵羊的 NDF 与 ADF 表观消化率均显著高于对照组 A,且试验组 B 的 ADF 表观消化率显著高于试验组 C。造成这一结果的主要原因是在秸秆发酵过程中,纤维素降解菌破坏了秸秆壁的蜡状结构,使各类纤维素、木质素降解酶能够深入秸秆内部,破坏秸秆的细胞壁及木质素聚合物的酯键致密网,秸秆在发酵后质地变得松软膨胀,增大了瘤胃内各种消化酶与秸秆间的接触面积。木质纤维素降解菌产生的各种生物活性物质可与瘤胃内的消化酶起到协同作用,从而进一步提高纤维酶、解脂酶、蛋白水解酶等酶的活性。纤维素降解菌还可以降低纤维素的聚合度与结晶度,将其从排列整齐的结晶型转变为易于降解的不定型,在这些反应的共同作用下反刍动物瘤胃对纤维物质的利用效率得到改善,从而提高了饲料 NDF 和 ADF 的表观消化率。就 ADF 而言,本试验中饲喂混合真菌发酵秸秆的试验组 B 的表观消化率显著高于以细菌为主要发酵菌种的试验组 C,主要原因是真菌类木质纤维素降解菌相对于细菌类木质纤维素降解菌具有更加强大的木质素降解能力,使用混合真菌发酵秸秆其分泌的木质素降解酶系可有效地将木质素降解,从而使被木质素缠绕的营养物质暴露出来,因此混合真菌发酵秸秆更有利于反刍动物对纤维物质的利用。韩颖洁的研究结果显示,给肉羊饲喂不同比例的发酵秸秆饲料可对多种养分的表观消化率产生影响,并且随着发酵秸秆饲料比例的增加,NDF 与 ADF 的表观消化率也逐渐升高。魏炳栋等的研究结果也显示,饲喂微生物发酵饲料可显著提高反刍动物对饲料中 NDF 与 ADF 的表观消化率。

2. 混合真菌发酵玉米秸秆对绵羊血液生化指标的影响

血液生化指标是评价动物健康状态的重要指标,从血清中各指标含量的变化可以看出机体内营养物质的代谢状况。本试验结果显示,饲喂不同的发酵秸秆饲料及未发酵秸秆饲料对绵羊血清中天门冬氨酸氨基转移酶、丙氨酸氨基转移酶活性和总蛋白、白蛋白、三酰甘油及总胆固醇含量无显著影响。血清中尿素的水平可以准确地反映机体内蛋白质的代谢状况和饲粮氨基酸的平衡情况,较低的尿素氮浓度可以表明动物体内蛋白质代谢状况良好且蛋白质的沉积率较高,但若血清中尿素氮浓度过高则表明动物体对氮的利用率较低。同时 Brown 的研究也证明了血清尿素氮浓度与饲料氮利用率呈反比。本试验中对照组 A 的尿素氮浓度显著高于两饲喂发酵秸秆饲料组($P<0.05$),证明了饲喂发酵秸秆饲料可以促进反刍动物对氮元素的吸收与利用,在同等营养水平下提高了动物体蛋白质的沉积率,秸秆经过发酵后其营养价值与饲用价值得到了极大改善。

血清中的葡萄糖浓度是体现动物机体能量代谢的重要参数,可以反映动物机体内糖的生成和消耗之间的平衡情况。有研究表明血液中葡萄糖浓度较高的动物其产出要多于血液中葡萄糖浓度较低的动物。本试验结果表明对照组 A 的葡萄糖浓度显著低于两饲喂发酵秸秆饲料组($P<0.05$),说明发酵秸秆饲料可以为反刍动物提供更多的能量摄入,并提高

动物的生产性能,这一结果主要与发酵秸秆饲料的可消化利用率较高有关。

AST 和 ALT 是反映动物肝脏功能是否正常的指标,当肝脏细胞受损时,血清中的 AST 活性会增加。血清中的三酰甘油及总胆固醇浓度可反映动物体脂质代谢的情况,血清中的三酰甘油浓度越低,则代表动物对脂质的利用效率越高,而总胆固醇的浓度也会随着肝脏细胞的损坏而升高。本试验 3 个处理组之间 AST、ALT 活性和三酰甘油及总胆固醇的浓度均在正常范围内,且无显著差异($P>0.05$),证明饲喂发酵秸秆饲料对绵羊肝脏功能无负面影响。

第四节 混合真菌发酵秸秆对绵羊瘤胃发酵参数的影响

一、混合真菌发酵玉米秸秆对绵羊瘤胃 pH 的影响

1. 材料与方法

(1)试验材料。

同本章第三节。

(2)试验方法。

①试验设计、试验日粮及营养水平、试验动物及饲养管理。同本章第三节。

②pH 的测定方法。在正式试验期的最后 3 d,分别于饲喂 0 h、3 h、6 h、9 h 和 12 h 后通过瘤胃瘘管采集瘤胃液,用 pH 计直接测定 pH。

(3)数据处理。

同本章第一节。

2. 结果

混合真菌发酵玉米秸秆对绵羊瘤胃 pH 的影响见表 11 - 16,由表 11 - 16 可知,各处理组瘤胃 pH 的变化范围分别为 6.77 ~ 7.05、6.61 ~ 6.96、6.6 ~ 6.88。各处理组在不同的时间点瘤胃 pH 差异均不显著($P>0.05$),但在饲喂 6 ~ 12 h 后,试验组 B 与试验组 C 的瘤胃 pH 略低于对照组 A。

表 11 - 16 混合真菌发酵玉米秸秆对绵羊瘤胃 pH 的影响

饲喂时间	对照组 A	试验组 B	试验组 C	P 值
0 h	6.77 ± 0.21	6.82 ± 0.42	6.88 ± 0.34	0.844
3 h	6.78 ± 0.3	6.62 ± 0.25	6.81 ± 0.3	0.467
6 h	6.86 ± 0.44	6.61 ± 0.41	6.6 ± 0.36	0.495
9 h	7.05 ± 0.28	6.96 ± 0.29	6.78 ± 0.33	0.329
12 h	6.9 ± 0.23	6.79 ± 0.2	6.87 ± 0.29	0.322

注:处理间比较差异不显著($P>0.05$)。

二、混合真菌发酵玉米秸秆对绵羊瘤胃 NH_3-N 质量浓度的影响

1. 材料与方法

(1)试验材料。

同本章第三节。

(2)试验方法。

①试验设计、试验日粮及营养水平、试验动物及饲养管理。同本章第三节。

②NH_3-N 质量浓度的测定方法。瘤胃液经 4 层纱布过滤后 4 000 r/min 离心 15 min。取 1 mL 瘤胃液用于测定 NH_3-N 质量浓度,参照冯宗慈的方法测定 NH_3-N 质量浓度,NH_3-N 标准曲线如图 11 -9 所示。

(3)数据处理。

同本章第一节。

2. 结果

混合真菌发酵玉米秸秆对绵羊瘤胃 NH_3-N 质量浓度的影响见表 11 -17,由表 11 -17 可知,各处理组瘤胃 NH_3-N 质量浓度的变化范围分别是 9.5 ~14.03 mg/100 mL、8.11 ~16.03 mg/100 mL、7.98 ~15.19 mg/100 mL。在 3 h 试验组 B 的瘤胃 NH_3-N 质量浓度显著高于对照组 A($P<0.05$),试验组 C 与其他两组之间差异不显著($P>0.05$),0 h、6 h、9 h、12 h 各组间 NH_3-N 质量浓度差异不显著($P>0.05$),但试验组 B 的 NH_3-N 质量浓度在各时间点均略高于试验组 C。3 个处理组的 NH_3-N 质量浓度在采食后 12 h 的变化趋势相似,均呈先升高后降低趋势。

表 11 -17 混合真菌发酵玉米秸秆对绵羊瘤胃 NH_3-N 质量浓度的影响

饲喂时间	对照组 A/ [(mg·(100 mL^{-1})]	试验组 B/ [(mg·(100 mL^{-1})]	试验组 C/ [(mg·(100 mL^{-1})]	P 值
0 h	10.04 ± 0.67	10.72 ± 2.14	10.71 ± 0.99	0.747
3 h	14.03 ± 0.29[b]	16.03 ± 1.46[a]	15.19 ± 1.5[ab]	0.121
6 h	12.43 ± 2.85	13.71 ± 4.93	13.5 ± 2.32	0.863
9 h	9.95 ± 4.37	8.87 ± 2.39	8.78 ± 2.48	0.701
12 h	9.5 ± 3.09	8.11 ± 3.46	7.98 ± 2.86	0.919

注:数据右上角标注不同字母表示相同时间内不同处理组间差异显著($P<0.05$)。

三、混合真菌发酵玉米秸秆对绵羊瘤胃 VFA 浓度的影响

1. 材料与方法

(1)试验材料。

同本章第三节。

(2)试验方法。

①试验设计、试验日粮及营养水平、试验动物及饲养管理。同第三节。

②VFA 浓度的测定方法。

采用高效液相色谱法(HPLC)测定。将瘤胃液初步低速离心加入质量分数为 25% 的偏磷酸后再 12 000 r/min 离心 20 min,用 0.45 μm 的滤膜过滤其上清液后待测。高效液相色谱仪为 Waters 515 型,色谱柱为氢型有机酸专用柱,柱温为 55.5 ℃,流速为 0.55 mL/min,压力为 220 PSI,进样量为 20 μL,流动相为 2.0 mmol/L 硫酸溶液。

(3)数据处理。

同本章第一节。

2. 结果

混合真菌发酵玉米秸秆对绵羊瘤胃 VFA 浓度的影响见表 11-18,由表 11-18 可知,各处理组乙酸浓度的变化范围分别为 30.54~35.16 mmol/L、31.23~34.73 mmol/L、30.54~35.76 mmol/L。各处理组的每个时间点之间乙酸浓度差异均不显著($P>0.05$),但试验组 B 除 0 h 外其他时间的乙酸浓度均略高于对照组 A。

各处理组丙酸浓度的变化范围分别为 12.72~14.48 mmol/L、12.44~15.3 mmol/L、12.7~15.83 mmol/L。饲喂 6 h 试验组 B 与试验组 C 的丙酸浓度显著高于对照组 A($P<0.05$),试验组 B 与试验组 C 间差异不显著($P>0.05$)。其他时间点各组间丙酸浓度差异不显著($P>0.05$)。

表 11-18 混合真菌发酵玉米秸秆对绵羊瘤胃 VFA 浓度的影响

指标	饲喂时间	对照组 A	试验组 B	试验组 C	P
乙酸/ (mmol·L^{-1})	0 h	35.16 ± 5.26	33.42 ± 3.14	33.44 ± 4.68	0.745
	3 h	33.73 ± 1.08	34.12 ± 1.87	35.76 ± 2.99	0.249
	6 h	34.71 ± 5.64	34.73 ± 2.79	30.54 ± 4.17	0.193
	9 h	30.54 ± 3.71	31.23 ± 3.24	32.36 ± 3.19	0.652
	12 h	30.74 ± 4.18	33.64 ± 4.57	33.05 ± 3.05	0.470
丙酸/ (mmol·L^{-1})	0 h	14.55 ± 4.05	13.43 ± 3.26	13.7 ± 3.25	0.852
	3 h	14.42 ± 2.31	13.41 ± 2.38	14.44 ± 1.54	0.635
	6 h	13.64 ± 0.99[b]	15.3 ± 0.69[a]	15.83 ± 1.65[a]	0.015
	9 h	12.72 ± 1.64	12.44 ± 1.44	12.7 ± 1.89	0.948
	12 h	14.48 ± 3.53	15.28 ± 2.43	14.46 ± 4.04	0.894
丁酸/ (mmol·L^{-1})	0 h	7.93 ± 0.24	8.83 ± 0.77	7.38 ± 1.03	0.168
	3 h	7.43 ± 1.04	7.09 ± 1.05	7.48 ± 0.53	0.811
	6 h	7.12 ± 0.55	7.35 ± 1.08	7.18 ± 0.48	0.904
	9 h	6.98 ± 0.65	6.84 ± 1.24	7.04 ± 0.21	0.941
	12 h	7.01 ± 0.95	6.99 ± 0.58	7.01 ± 0.82	0.999

续表 11-18

指标	饲喂时间	对照组 A	试验组 B	试验组 C	P
TVFA/ (mmol·L^{-1})	0 h	61.48 ± 8.55	59.48 ± 3.36	57.44 ± 8.84	0.746
	3 h	56.61 ± 4.15	55.25 ± 5.28	59.82 ± 2.54	0.324
	6 h	52.92 ± 4.83[b]	61.19 ± 5.99[a]	53.04 ± 4.07[b]	0.042
	9 h	48.17 ± 3.94	48.63 ± 4.24	52.99 ± 4.20	0.244
	12 h	58.66 ± 1.91	56.12 ± 4.17	57.00 ± 4.07	0.605
乙酸/丙酸	0 h	2.5 ± 0.38	2.58 ± 0.46	2.5 ± 0.34	0.923
	3 h	2.39 ± 0.37	2.61 ± 0.45	2.49 ± 0.21	0.582
	6 h	2.54 ± 0.21[a]	2.32 ± 0.28[a]	2.04 ± 0.48[b]	0.072
	9 h	2.42 ± 0.37	2.54 ± 0.37	2.58 ± 0.39	0.758
	12 h	2.41 ± 0.53	2.14 ± 0.33	2.22 ± 0.44	0.555

注:数据右上角标注不同字母表示相同时间内不同处理组间差异显著($P<0.05$)。

各处理组丁酸浓度的变化范围分别为 6.98~7.93 mmol/L、6.84~8.83 mmol/L、7.01~7.48 mmol/L。各处理组不同时间的丁酸浓度差异均不显著($P>0.05$)。

各处理组 TVFA 浓度的变化范围分别为 48.17~61.48 mmol/L、48.63~61.19 mmol/L、52.99~59.82 mmol/L。饲喂 6 h 后试验组 B 的 TVFA 浓度显著高于其他两组($P<0.05$),试验组 C 与对照组 A 之间差异不显著($P>0.05$)。其他时间各处理组间的 TVFA 浓度差异均不显著($P>0.05$)。

各处理组乙酸/丙酸变化范围分别为 2.39~2.54、2.14~2.61、2.04~2.58。饲喂 6 h 后试验组 C 的乙酸/丙酸显著低于其他两组($P<0.05$),试验组 B 与对照组 A 之间差异不显著($P>0.05$)。其他时间各处理组间的乙酸/丙酸差异均不显著($P>0.05$)。

四、混合真菌发酵玉米秸秆对绵羊瘤胃 BCP 质量浓度的影响

1. 材料与方法

(1)试验材料。

同本章第三节。

(2)试验方法。

①试验设计、试验日粮及营养水平、试验动物及饲养管理。同本章第三节。

②BCP 质量浓度的测定方法。参照 Cotta 等(1982)和 Broderick 等(1989)使用的差速离心法分离菌体蛋白,再按照凯氏定氮法进行含氮量的测定。

(3)数据处理。

同本章第一节。

2. 结果

混合真菌发酵玉米秸秆对绵羊瘤胃 BCP 质量浓度的影响见表 11-19,由表 11-19 可

知,各处理组 BCP 质量浓度的变化范围分别为 43.03~57.03 mg/100 mL、45.24~58.78 mg/100 mL、43.62~58.94 mg/100 mL。各处理组在不同的时间点瘤胃 BCP 质量浓度差异均不显著（$P>0.05$），饲喂 0 h、3 h、9 h、12 h 试验组 B 的 BCP 质量浓度均略高于对照组 A。

表 11-19 混合真菌发酵秸秆对绵羊瘤胃 BCP 质量浓度的影响

饲喂时间	对照组 A/[(mg·(100 mL^{-1})]	试验组 B/[(mg·(100 mL^{-1})]	试验组 C/[(mg·(100 mL^{-1})]	P 值
0 h	43.03±2.69	45.24±3.63	43.62±2.12	0.412
3 h	54.45±1.7	57.45±1.96	54.2±4.01	0.109
6 h	48.17±1.41	45.76±4.03	45.35±3.62	0.147
9 h	48.45±4.98	52.41±3.89	48.77±2.17	0.177
12 h	57.03±2.36	58.78±0.86	58.94±1.08	0.101

注：处理组间差异不显著（$P>0.05$）。

五、混合真菌发酵玉米秸秆对绵羊瘤胃营养物质降解率的影响

1. 材料与方法

（1）试验材料。

同本章第三节。

（2）试验方法。

①试验设计、试验日粮及营养水平、试验动物及饲养管理。同本章第三节。

②营养物质降解率的测定方法。将两种发酵秸秆和未发酵秸秆烘干粉碎后准确称取 2.5 g 装入面积为 5 cm×9 cm、孔径为 45 μm 的尼龙袋中,并将其拴系于瘘管口并加以固定,于晨饲前将尼龙袋放入绵羊瘤胃腹囊中。分别于投放 0 h、6 h、12 h、24 h、48 h、72 h 后取出尼龙袋,投入 0 h 的样品用 39 ℃ 温水反复冲洗后,在恒温箱中烘干作为空白对照,每个样品在每个投放时间设置 2 个平行。样品中 DM、NDF 及 ADF 含量的测定参照《饲料分析及饲料质量检测技术》并进行降解率的计算。

不同投放时间的降解率：$A=[(B-C)/B]\times 100$。

式中,A 为待测饲料的某种营养成分在瘤胃某一时间的降解率（%）;B 为待测样品中某种营养成分质量（g）;C 为待测样品尼龙袋残渣中某种营养成分质量（g）。

瘤胃降解参数公式：$P=a+b(1-e^{-ct})$。

式中,P 为某营养物质 t 时刻的降解率（%）;a 为快速降解部分（%）;b 为慢速降解部分（%）;c 为慢速降解部分的降解速率（%/h）;t 为瘤胃内培养时间（h）。

瘤胃内的有效降解率公式：$ED=a+bc/(k+c)$。

式中,ED 为待测饲料的有效降解率（%）;k 为瘤胃外流速率（%/h）,本试验中 k 值为

0.031。

(3)数据处理。

同本章第一节。

2. 结果

混合真菌发酵玉米秸秆在绵羊瘤胃中的 DM 降解率及参数见表 11-20,由表 11-20 可知,试验组 B 和试验组 C 不同时间的 DM 降解率显著高于对照组 A($P<0.05$),投放 24 h,试验组 B 的 DM 降解率显著高于试验组 C($P<0.05$)。在 DM 降解参数方面,试验组 C 的快速降解部分显著高于对照组 A($P<0.05$),试验组 B 与其他处理组间差异不显著($P>0.05$)。慢速降解部分对照组 A 显著高于两发酵秸秆组($P<0.05$),且两发酵秸秆组间差异不显著($P>0.05$)。慢速降解部分的降解速率试验组 B 显著高于其他两组($P<0.05$)。有效降解率试验组 B 和试验组 C 显著高于对照组 A($P<0.05$),且试验组 B 和试验组 C 之间差异不显著($P>0.05$)。

表 11-20　混合真菌发酵玉米秸秆在绵羊瘤胃中的 DM 降解率及参数

项目		对照组 A	试验组 B	试验组 C	P 值
DM 降解率/%	6 h	22.91±1.76[b]	29.64±1.19[a]	32.38±1.66[a]	0.001
	12 h	30.94±1.32[b]	42.68±1.24[a]	40.90±0.84[a]	0.001
	24 h	39.85±0.29[c]	51.47±0.53[a]	49.51±0.73[b]	0.001
	48 h	57.77±2.5[b]	64.62±1.08[a]	63.03±2[a]	0.012
	72 h	65.08±1.26[b]	68.5±0.98[a]	68.00±0.83[a]	0.014
DM 瘤胃降解参数	a	15.10±4.02[b]	18.14±2.44[ab]	24.37±3.4[a]	0.037
	b	64.4±3.94[a]	52.14±1.03[b]	49.1±1.95[b]	0.003
	c	0.02±0.01[b]	0.05±0.01[a]	0.03±0.01[b]	0.006
	ED	41.24±0.59[b]	49.32±0.29[a]	49.11±0.72[a]	0.001

注:a 为快速降解部分;b 为慢速降解部分;c 为 b 的降解速率;ED 为有效降解率,下表同。数据右上角标注不同字母表示相同时间内不同处理组间差异显著($P<0.05$)。

混合真菌发酵玉米秸秆在绵羊瘤胃中的 NDF 降解率及参数见表 11-21,由表 11-21 可知,投放 6 h、12 h、24 h 各组间 NDF 降解率差异不显著($P>0.05$)。投放 48 h 和 72 h 试验组 B 和试验组 C 的 NDF 降解率显著高于对照组 A($P<0.05$),试验组 B 和试验组 C 之间差异不显著($P>0.05$)。在 NDF 降解参数方面,各组间的快速降解部分、慢速降解部分及慢速降解部分的降解速率均差异不显著($P>0.05$)。试验组 B 的有效降解率显著高于其他两组($P<0.05$),且试验组 C 与对照组 A 差异不显著($P>0.05$)。

表 11-21 混合真菌发酵玉米秸秆在绵羊瘤胃中的 NDF 降解率及参数

项目		对照组 A	试验组 B	试验组 C	P 值
NDF 瘤胃降解率/%	6 h	11.59 ± 0.97	12.33 ± 0.45	11.53 ± 1.8	0.684
	12 h	16.77 ± 0.96	17.04 ± 0.97	17.07 ± 0.65	0.904
	24 h	26.5 ± 2.84	27.58 ± 1.13	25.26 ± 1.97	0.448
	48 h	41.6 ± 0.95^b	50.79 ± 0.63^a	49.04 ± 1.1^a	0.001
	72 h	54.22 ± 0.56^b	59.56 ± 2.09^a	57.2 ± 0.95^a	0.021
NDF 瘤胃降解参数	a	5.05 ± 0.81	3.82 ± 0.84	4.78 ± 2.15	0.569
	b	61.96 ± 12.72	61.83 ± 2.38	58.35 ± 7.18	0.846
	c	0.02 ± 0.01	0.03 ± 0.01	0.02 ± 0.01	0.271
	ED	28.51 ± 0.12^b	31.58 ± 0.68^a	29.46 ± 0.99^b	0.004

注：数据右上角标注不同字母表示相同时间内不同处理组间差异显著（$P < 0.05$）。

混合真菌发酵玉米秸秆在绵羊瘤胃中的 ADF 降解率及参数见表 11-22，由表 11-22 可知，投 12 h 试验组 B 和试验组 C 的 ADF 降解率显著高于对照组 A（$P < 0.05$），试验组 B 和试验组 C 间差异不显著（$P > 0.05$）。投放 24 h，试验组 B 的 ADF 降解率显著高于其他两组（$P < 0.05$），试验组 C 与对照组 A 之间差异不显著（$P > 0.05$）。投放 48 h 和 72 h，试验组 B 的 ADF 降解率显著高于其他两组（$P < 0.05$），且试验组 C 显著高于对照组 A（$P < 0.05$）。在 ADF 瘤胃降解参数方面，试验组 B 的慢速降解部分显著高于对照组 A（$P < 0.05$），试验组 C 与其他两组间差异不显（$P > 0.05$）。试验组 B 的有效降解率显著高于其他两组（$P < 0.05$），试验组 C 的有效降解率显著高于对照组 A（$P < 0.05$）。

表 11-22 混合真菌发酵玉米秸秆在绵羊瘤胃中的 ADF 降解率及参数

项目		对照组 A	试验组 B	试验组 C	P 值
ADF 瘤胃降解率/%	6 h	8.78 ± 0.41	8.75 ± 1.56	8.01 ± 0.79	0.614
	12 h	14.99 ± 1.38^b	23.7 ± 0.55^a	20.55 ± 3.12^a	0.005
	24 h	22.39 ± 0.54^b	28.49 ± 2.12^a	24.97 ± 1.19^b	0.006
	48 h	37.38 ± 1.14^c	47.04 ± 1.01^a	41.24 ± 0.95^b	0.001
	72 h	44.93 ± 1.9^c	52.08 ± 1.32^a	47.99 ± 0.74^b	0.002
ADF 瘤胃降解参数	a	2.73 ± 0.66	3.04 ± 3.06	3.22 ± 3.3	0.982
	b	49.6 ± 4.63^b	59.42 ± 0.98^a	53.32 ± 0.64^{ab}	0.082
	c	0.02 ± 0.01	0.03 ± 0.01	0.03 ± 0.01	0.872
	ED	24.31 ± 0.13^c	30.21 ± 0.06^a	26.96 ± 0.78^b	0.002

注：数据右上角标注不同字母表示相同时间内不同处理组间差异显著（$P < 0.05$）。

六、混合真菌发酵玉米秸秆对绵羊瘤胃发酵参数的影响因素分析

瘤胃 pH 可反映瘤胃内环境的情况及瘤胃的发酵水平,其数值的高低变化受瘤胃中碳水化合物、日粮中有机物发酵程度及瘤胃内 VFA 浓度等因素的影响,而瘤胃内 pH 的变化会直接影响瘤胃微生物的生长繁殖状况,从而对反刍动物纤维物质和蛋白质的消化率造成影响。反刍动物瘤胃液 pH 的正常范围为 5.5~7.5,最适宜范围为 6.6~7.0,本试验中各组瘤胃液 pH 均在正常值范围内。反刍动物在采食粗饲料后,可在瘤胃纤维素分解菌的作用下将其降解发酵最终生成 VFA,从而降低瘤胃液 pH,在饲喂 6~12 h 后试验组 B 与试验组 C 的瘤胃 pH 略低于对照组 A,这可能是因为发酵饲料更易于被瘤胃微生物降解产生更多的 VFA,从而降低了 6~12 h 后的 pH。吴丹等用黄孢原毛平革菌发酵白酒糟,发现其与未发酵白酒糟相比对瘤胃液 pH 的影响不显著,与本试验的研究结果相似。

瘤胃中的 NH_3-N 质量浓度会直接影响瘤胃内菌体蛋白的含量,其在一定程度上反映了饲料蛋白质降解与菌体蛋白合成的动态平衡。在正常情况下,反刍动物瘤胃液的 NH_3-N 质量浓度在 6.3~27.5 mg/dL,当 NH_3-N 质量浓度高于 30 mg/dL 时,说明饲粮中的氮源没有被充分利用,甚至会产生瘤胃氨中毒。当 NH_3-N 质量浓度低于 5 mg/dL 时会使瘤胃中菌体蛋白的合成效率降低,并影响瘤胃微生物的活性。瘤胃中 NH_3-N 的补充与消耗都有多种途径:一方面,瘤胃中的 NH_3-N 可通过饲料中氨基酸的脱氨基作用和非蛋白氮的转化及血液中尿素进入瘤胃后形成氨等方式进行补充;另一方面,NH_3-N 也会因合成菌体蛋白、随食糜后排或进入血液等方式被消耗。本试验中饲喂 3 h 试验组 B 和试验组 C 的瘤胃 NH_3-N 质量浓度显著高于对照组 A($P<0.05$),这可能是因为发酵饲料的含氮物质更易于被降解,从而在采食 3 h 后 NH_3-N 在瘤胃内累积。张贵花等用纤维分解酶处理秸秆,发现随着纤维分解酶含量的增加,瘤胃液中 NH_3-N 质量浓度显著升高,与本试验的原理相似。各处理组在不同的时间点瘤胃菌体蛋白质量浓度差异均不显著($P>0.05$),这主要与 3 个处理组瘤胃中 NH_3-N 质量浓度大致相近有关。

VFA 是瘤胃微生物发酵碳水化合物的主要产物,它既是反刍动物重要的能源物质及合成乳脂肪和体脂肪的原料,同时也可为瘤胃微生物的生长提供能量。研究表明,反刍动物的瘤胃发酵参数会随饲料中结构性碳水化合物(SC)和非结构性碳水化合物(NSC)的比例不同而发生改变。杨红建等研究发现,瘤胃中 TVFA 浓度与饲料中可发酵纤维素的含量呈负相关。在本试验中,饲喂 6 h 后试验组 B 与试验组 C 的丙酸浓度显著高于对照组 A($P<0.05$),并且试验组 B 的 TVFA 浓度显著高于其他两组($P<0.05$)。这可能是因为秸秆在发酵过程中 NSC 与 SC 的比值发生了改变,尤其是混合真菌发酵可以将秸秆中的木质素成分有效地降解,从而使秸秆细胞中易发酵的碳水化合物被释放,NSC 与 SC 的比值升高,从而影响了瘤胃中丙酸和 TVFA 的浓度。胡红莲等的研究表明,瘤胃中丙酸和 TVFA 浓度会随饲料中非纤维性碳水化合物与 NDF 比值的升高呈上升趋势。本试验中,发酵秸秆的 NDF 浓度与未发酵秸秆相比显著降低,因此非纤维性碳水化合物与 NDF 的比值增高,这也是试验组 B 与试验组 C 丙酸、TVFA 浓度较高的原因。谭支良等的研究表明,NSC 与 SC 的比值对乙酸比例的影响较小,与本试验结果相似。有研究表明乙酸/丙酸的最适比例为 2.0~3.6,过高或过低都会影响瘤胃液的 pH 和饲粮的消化率,进而影响动物的生产性能。在正常比值范围内,较低的乙酸/丙酸可刺激育肥,因为丙酸产生后会被肝脏转变为体组织成

分,另外丙酸产量与甲烷的产生量之间呈负相关,因此,丙酸浓度上升可以减少生成甲烷的能量损失。而饲喂发酵饲料可降低绵羊瘤胃液的乙酸/丙酸,这可能是因为发酵饲料中 NDF 的相对比例较低造成的。

微生物发酵秸秆在瘤胃的 DM 降解率和降解速度的高低与多种因素有关,包括秸秆的种类及用于发酵的菌种不同等。粗饲料在瘤胃 DM 中降解率的高低可以反映该种饲料在反刍动物瘤胃中被消化的难易程度。秸秆在经过微生物发酵后更易于被动物消化分解,尤其是真菌类木质纤维素降解菌,其生成的菌丝可附着在秸秆表面不断进行渗透生长,从而突破位于秸秆外层的蜡质结构等。同时,木质纤维素降解菌还可以产生多种纤维素酶及木质素降解酶,在各种降解酶的作用下,秸秆细胞壁的结构瓦解,质地变得松散,表面积增大,从而更利于瘤胃微生物的附着,提高秸秆的降解速率。黄孢原毛平革菌产生的木质素降解酶系可破坏木质素结构中的苯环,并氧化其侧链基团,使纤维素失去木质素对其的保护作用。纤维素酶可打开纤维素分子间的氢键,使原本难以降解的结晶型纤维素变为易于降解的无规则非结晶型,最终水解为糊精和葡萄糖。因为秸秆在木质纤维素降解菌发酵的过程中产生了以上变化,所以在本试验中出现了发酵秸秆的 DM 降解率及有效降解率均高于未发酵秸秆的结果,本试验中混合真菌发酵秸秆 72 h 后 DM 的降解率最高达到 68.5%,有效降解率为 49.32%。陈艳等的研究结果显示,玉米秸秆青贮在 72 h 后的瘤胃最高 DM 降解率为 68.46%,有效降解率为 43.3%。陶莲等用复合酶 - 菌制剂处理玉米秸秆后发现 72 h 后 DM 在瘤胃的降解率得到了显著的提高,证明微生物发酵可提高秸秆的 DM 降解率。

饲料中的纤维物质对维持反刍动物瘤胃的正常发酵功能是不可或缺的,粗饲料在反刍动物瘤胃中 NDF 和 ADF 的降解率是其营养价值评定的重要组成部分之一。研究表明,通过增加粗饲料相对表面积的方法(如切短、磨碎、微生物发酵等)可以增强瘤胃微生物对粗饲料的附着能力,从而提高其在瘤胃中的 NDF 和 ADF 的降解率。在本试验中,各组的 NDF 和 ADF 的降解率均在 12 h 后进入快速降解期,这是因为饲料的纤维物质在被反刍动物消化时存在延滞期,所以粗饲料的 NDF 和 ADF 的降解率在消化初期变化较小。而在 12 h 后,两发酵饲料组的 NDF 和 ADF 的降解率高于未发酵组,这可能与发酵饲料更易于被瘤胃微生物附着从而缩短了降解的延滞期有关。在瘤胃降解时间点的后期,混合真菌发酵秸秆的 NDF 和 ADF 降解率及有效降解率均高于其他两组,这与秸秆的结构特点有关,ADF 主要包括木质素、纤维素和二氧化硅等成分,尤其是木质素的存在使其成为粗饲料中最难以被反刍动物所利用的部分。真菌相对于其他类菌种具有更强的木质素降解能力,虽然粗饲料 ADF 的降解率普遍较低,但混合真菌发酵可显著提高反刍动物对纤维物质的降解率。

第十二章　菌酶制剂发酵秸秆及其对绵羊瘤胃降解率的影响

玉米秸秆细胞壁中的木质素和半纤维素相互交联并将纤维素镶嵌于内,以牢固的醚键或酯键连接,使微生物和酶对半纤维素和纤维素的降解受到限制,由于动物体内缺乏分解木质素的酶,极大地限制了秸秆资源的利用率。

利用微生物的发酵作用,在适宜的环境下有益菌在发酵过程中可以降解饲料中难以被动物所消化吸收的纤维类物质,将玉米秸秆中的细胞壁降解为游离的单糖,同时产生酸香味,吸引动物采食,进而提高秸秆的利用价值。

微生物发酵饲料是指在人为因素控制下,将饲料原料中难以消化吸收的营养物质,在微生物或者一系列降解酶的作用下分解或转化而成的饲料。其作用机理是微生物在生长繁殖过程中分泌大量的酸和酶类,作用于玉米秸秆,进而酶解高分子酯链,使秸秆粗糙面增大,更好地被微生物所降解。在发酵过程中,有效降解菌将秸秆中的纤维素、半纤维素不同程度地降解,并转化为糖类和脂肪类,提高秸秆的碳水化合物和脂肪酸的含量。发酵结束后,使玉米秸秆营养价值得到提高。

目前应用微生物菌种作用于玉米秸秆,打破木质纤维素的复杂结构,提高反刍动物消化率取得了一定效果,被广泛应用于生产实践中。康怀艳使用益生菌发酵奶山羊精补料并进行饲养试验,发酵结束后与未发酵饲料相比,其粗蛋白含量增加19.95%,钙、磷含量分别增加1.35%和0.39%,粗纤维含量降低7.17%,显著改善了精补料的营养品质,并且产奶量和乳品质也得到提高。Zhi等通过试验对小麦秸秆在30 ℃条件下固态发酵12 d,其木质素降解率达28.5%,使木质纤维素结构明显破坏。

酶制剂具有安全性高且无药物残留、环保等优点而被人们所关注。许多研究表明添加菌酶混合制剂发酵可以改善饲料的营养价值,提高其利用率。冯文晓用布氏乳杆菌、纤维素酶、漆酶等复合菌酶制剂发酵稻草,结果显示,试验组 DM、NDF 和 ADF 较对照组显著降低,在小尾寒羊饲养中试验组效果显著,表明通过菌酶发酵不仅改善了秸秆的营养价值,还提高了营养物质消化率。Li 等用纤维素酶和乳酸菌等对玉米秸秆进行混合发酵试验,结果乳酸含量显著提高,木质素得到不同程度的降解。曾辉等用酶制剂和乳酸菌混合发酵玉米秸秆,于聚乙烯袋内抽真空密封发酵30 d,发酵结束后 CF 含量下降12.90%,NDF 含量下降19.45%,ADF 含量下降13.79%,乳酸含量增加18.36%,显著改善了秸秆的发酵品质,并且与对照组相比,菌酶混合发酵组72 h 的瘤胃降解率显著提高。

起初微生物发酵技术尚未普及时多采用单菌种发酵,如乳酸菌用于青贮时可改善秸秆质地,并产乳酸较多,家畜喜采食,而被广泛应用。但是由于特定菌种作用机理不同,且发酵过程中降解木质纤维素有效活菌数较少,降解能力弱,导致发酵受限。混合发酵具有弥补菌种之间的差异,产生不同功能的酶,具有不同降解功能的微生物之间存在互生和共生的关系,将其进行适当比例的组合可能会取得更好的应用效果。不同降解菌系或降解酶系作用于玉米秸秆纤维素或半纤维素化合键的不同链接位点。随着对微生物间协同和拮抗作用机理的不断完善,人们逐渐将单一菌种的发酵转向混合微生物发酵的研制。

本试验利用白腐真菌(黄孢原毛平革菌)和外源酶制剂(纤维素酶、木聚糖酶)等复合菌酶制剂对玉米秸秆进行混合发酵,以期探索菌酶制剂发酵玉米秸秆的最佳比例,进而提高秸秆的营养价值。优化秸秆饲料,提高秸秆饲料化的使用量,并促进反刍动物吸收利用,使饲养成本降低,经济效益得到提高,达到玉米秸秆在反刍动物日粮中高效、安全的使用效果,进而缓解人畜争粮的危机,解决秸秆处理的问题。

第一节 菌酶复合制剂发酵玉米秸秆的筛选

一、发酵条件的筛选

(一)材料与方法

1. 试验材料

(1)菌种和酶制剂。

黄孢原毛平革菌(40299),购自中国工业微生物菌种保藏管理中心,活菌数为 1×10^8 cfu/mL;酶制剂,购自宁夏夏盛实业集团有限公司,纤维素酶酶活≥10 000 U/g;木聚糖酶酶活≥30 000 U/g。

(2)玉米秸秆。

玉米秸秆,购自大庆市,经自然风干后,用粉碎机切至 1~2 cm,备用。

(3)培养基。

马铃薯葡萄糖琼脂培养基(PDA):马铃薯浸粉 3 g,葡萄糖 20 g,琼脂 14 g。

黄孢原毛平革菌液体培养基:马铃薯提取液 1 L,葡萄糖 20 g,KH_2PO_4 3 g,$MgSO_4 \cdot 7H_2O$ 1.5 g,维生素 B_1 微量。121 ℃灭菌 15 min。

2. 试验方法

(1)菌种培养。

菌种活化:将黄孢原毛平革菌冻干菌粉接种于 PDA 培养基,在 28 ℃条件下培养 5 d,在培养过程中注意转接活化,培养结束后于 4 ℃备用。

液体菌种培养:于 4 ℃取出培养的黄孢原毛平革菌,接种于液体种子培养基中,于 28 ℃、150 r/min 条件下振荡培养 7 d。

(2)均匀设计。

在固态发酵条件下,采用均匀设计试验,对纤维素酶、木聚糖酶添加量、黄孢原毛平革菌接种量及发酵天数进行筛选试验,水分调节至 60%~65%。均匀设计因素水平见表 12-1。

表 12-1 均匀设计因素水平

水平/因素	纤维素酶/(g·kg⁻¹)	木聚糖酶/(g·kg⁻¹)	黄孢原毛平革菌/%	发酵天数/d
1	0.2	0.1	10	5
2	0.4	0.2	15	10

续表 12-1

水平/因素	纤维素酶/(g·kg^{-1})	木聚糖酶/(g·kg^{-1})	黄孢原毛平革菌/%	发酵天数/d
3	0.6	0.3	20	15
4	0.8	0.4	25	20
5	1.0	0.5	30	30

(3)指标的测定。

NDF、ADF 的测定方法参考范氏洗涤纤维分析法。常规营养物质测定参照《饲料分析及饲料质量检测技术》。

(4)数据处理。

试验数据使用 Excel 2016 软件整理,统计方法采用 DPS V7.05 软件对数据进行多元二次逐步回归分析,最佳发酵条件验证试验运用 SPSS 19.0 统计软件的独立样本 T 检验方法,试验数据用"平均值±标准差"表示。

(二)结果

以 X_1(纤维素酶)、X_2(木聚糖酶)、X_3(黄孢原毛平革菌)、X_4(发酵天数)作为自变量,Y_1(NDF)、Y_2(ADF)作为因变量,建立回归方程。中性洗涤纤维和酸性洗涤纤维降解情况见表 12-2。

表 12-2 中性洗涤纤维和酸性洗涤纤维降解情况

组别	纤维素酶 (X_1)	木聚糖酶 (X_2)	黄孢原毛平革菌 (X_3)	发酵天数 (X_4)	NDF 降解率 (Y_1)	ADF 降解率 (Y_2)
1	1(0.2)	2(0.2)	3(20)	4(20)	23.07	21.27
2	2(0.4)	4(0.4)	1(10)	3(15)	16.70	14.97
3	3(0.6)	1(0.1)	4(25)	2(10)	10.75	8.95
4	4(0.8)	3(0.3)	2(15)	1(5)	3.89	2.12
5	5(1.0)	5(0.5)	5(30)	5(30)	22.64	20.65

注:表中 Y_1、Y_2 值为实测值。

中性洗涤纤维降解率的回归方程:
$$Y_1 = 7.2729 - 8.5804X_1 + 0.9266X_4 - 0.2567X_2X_3$$

经优化后的发酵条件分别为 $X_1 = 0.20$ g/kg、$X_2 = 0.12$ g/kg、$X_3 = 20\%$、$X_4 = 19.07$ d,在优化条件下预测中性洗涤纤维降解率为 22.59%。

酸性洗涤纤维降解率的回归方程:
$$Y_2 = 5.7763 - 8.9204X_1 + 0.9126X_4 - 0.2389X_2X_3$$

式中,Y_1、Y_2 分别为 NDF、ADF 降解率(%);X_1 为纤维素酶;X_2 为木聚糖酶;X_3 为黄孢原毛平革菌;X_4 为发酵天数。

经优化后的发酵条件分别为 $X_1 = 0.20$ g/kg、$X_2 = 0.13$ g/kg、$X_3 = 20.01\%$、$X_4 = 19.24$ d,

在优化条件下预测酸性洗涤纤维降解率为 20.80%。

回归方程的显著性检验见表 12-3。由表 12-3 得知：F_1、$F_2 > F_4^2 = 6.94(\alpha = 0.05)$，$P < 0.05$，回归方程显著。理论最佳试验添加比例：纤维素酶 0.2 g/kg，木聚糖酶 0.1 g/kg，黄孢原毛平革菌接种量 20%，发酵天数 19 d。

表 12-3　回归方程的显著性检验

项目	中性洗涤纤维降解率(Y_1)	酸性洗涤纤维降解率(Y_2)
F 值	71 657	66 667
P 值	0.018	0.024
相关系数	0.999 8	0.999 6
自由度	(3,1)	(3,1)

二、最佳发酵条件验证

(一)材料与方法

1. 试验材料

试验材料同上。

2. 试验方法

(1)菌酶复合发酵。

菌酶复合制剂发酵秸秆：将切短至 1~2 cm 的玉米秸秆，按均匀设计筛选结果添加菌酶复合制剂(纤维素酶添加量为 0.2 g/kg，木聚糖酶添加量为 0.1 g/kg，黄孢原毛平革菌接种量为 20%)黄孢原毛平革菌菌悬液浓度为 1×10^8 cfu/mL，并将水分调节至 60%~65%。装入 33 cm×40 cm 聚乙烯袋内，每袋 1 kg，用真空包装机(AT-620)抽真空并封口，室温(25~32 ℃)发酵 19 d。发酵验证试验设置 3 个重复，开封后用于样品测定。

(2)常规营养成分的测定。

NDF、ADF 的测定方法参考范氏洗涤纤维分析法。常规营养物质测定参照《饲料分析及饲料质量检测技术》。

(3)发酵秸秆感官评定。

将发酵好的秸秆发酵饲料，按青贮饲料质量评标准进行感官评定。开封后立即称取黄贮发酵的饲料样品 20 g，加入 180 mL 蒸馏水，用均质器拍打 90 s 使其充分混匀，再进行过滤。滤液用于测定饲料 pH 及有机酸。

(4)有机酸和 NH_3-N 含量的测定。

有机酸浓度采用安捷伦 1200 型高效液相色谱仪测定：有机酸专用色谱柱为 300 mm×7.8 mm，折光检测器，柱温为 55 ℃，压力为 3.2 mPa，流速为 0.55 mL/min；流动相为 0.1% 硫酸水溶液。取经低速离心后的秸秆滤液 5 mL 加 25% 的偏磷酸 1 mL 混匀，取混合液体 1 mL 在 4 ℃ 12 000 r/min 离心 15 min，将上清液用 0.22 μm 水膜缓慢过滤后，即刻用注样器上机测定有机酸浓度,上样量为 5 μL,通过外标法计算。氨态氮浓度参照冯宗慈的方法测定。

(5)数据处理

同上。

(二)结果

1. 营养指标的验证

采用上述最佳发酵条件,实际测得玉米秸秆黄贮前后营养成分见表12-4。

表12-4 玉米秸秆黄贮前后营养成分

项目	未发酵秸秆	菌酶复合制剂发酵秸秆
粗蛋白 CP	5.30 ± 0.07^b	8.48 ± 0.17^a
干物质 DM	92.48 ± 0.11^b	95.95 ± 0.41^a
中性洗涤纤维 NDF	67.44 ± 0.58^a	51.61 ± 0.45^b
酸性洗涤纤维 ADF	39.79 ± 0.27^a	31.77 ± 0.37^b
木质素 ADL	7.19 ± 0.11^a	6.69 ± 0.14^b

注:同行数据肩标不同字母表示差异显著($P<0.05$),下表同。

由表12-4可知,菌酶复合制剂发酵秸秆粗蛋白、干物质含量较未发酵秸秆组显著提高($P<0.05$),木质素含量较未发酵秸秆组显著降低($P<0.05$);菌酶复合制剂发酵秸秆的中性洗涤纤维、酸性洗涤纤维含量较未发酵秸秆组显著降低($P<0.05$),与预测值(22.59%和22.80%)差距不大,试验相对误差分别为3.91%、3.22%,相对误差较小,可以较好地反映发酵效果,为以后大规模发酵提供理论依据。

2. 发酵感官评价

玉米秸秆黄贮的综合评分见表12-5。

表12-5 玉米秸秆黄贮的综合评分

处理	pH	含水量/%	色泽	气味	质地	评定结果
未发酵	5.51 ± 0.07^a	62	黄褐色较深	略带酒酸味	质地较硬、松散不黏手	一般
评分/分	0	20	7	9	7	43
菌酶复合发酵	4.13 ± 0.04^b	64	淡黄色	酸香味舒适感	质地柔软松散	良好
评分	10	20	16	19	9	74

注:分数共100分,pH 25分,含水量20分,色泽20分,气味25分,质地10分。评分情况:优等,75~100分;良好,51~75分;一般,26~50;劣质,25分以下。

由表 12-5 可知,菌酶复合制剂发酵秸秆 pH 显著低于未发酵秸秆组($P<0.05$),表明添加菌酶制剂可有效降低发酵物的 pH;在色泽、气味、质地感官评价方面,发酵秸秆品质明显优于未发酵秸秆,接近优质发酵。

3. 发酵品质

玉米秸秆黄贮有机酸和氨态氮含量比较见表 12-6。由表 12-6 可知,乳酸含量菌酶复合制剂发酵秸秆显著高于未发酵秸秆($P<0.05$),pH 菌酶复合发酵秸秆显著低于未发酵秸秆($P<0.05$),氨态氮含量显著低于未发酵秸秆($P<0.05$),乙酸、丙酸含量差异不显著($P>0.05$),丁酸均未检出。

表 12-6 玉米秸秆黄贮有机酸和氨态氮含量比较

项目	未发酵秸秆	菌酶复合发酵秸秆
pH	5.51 ± 0.07^a	4.13 ± 0.04^b
乳酸 LA /(g·kg^{-1})	1.78 ± 0.06^b	2.14 ± 0.14^a
乙酸 AA /(g·kg^{-1})	0.26 ± 0.03	0.22 ± 0.05
丙酸 PA /(g·kg^{-1})	0.055 ± 0.02	0.055 ± 0.03
丁酸 BA /(g·kg^{-1})	—	—
氨态氮 NH$_3$-N /(g·kg^{-1})	3.67 ± 0.12^a	2.99 ± 0.12^b

注:"—"表示未检出。

三、菌酶复合制剂发酵玉米秸秆的筛选效果分析

发酵饲料成功的关键在于提供适宜的条件,一般将发酵饲料适宜的水分含量调整为 65%~70%。发酵结束后黄贮玉米秸秆的感官评定和营养成分含量的变化表明,添加菌酶复合制剂可以显著提高黄贮饲料的品质。与未发酵相比,发酵后的黄贮玉米秸秆均具有酸香味、松散不黏手且呈淡黄色。同时,CP 和 DM 含量均有所提高,pH、NDF 与 ADF 含量降低。Song 等通过纤维素酶-木聚糖酶共同处理使玉米秸秆转化率达到 48.5%,并且证实了纤维素酶-木聚糖酶的协同作用高于单一酶处理。毛建红通过添加纤维素酶、果胶酶、布什乳酸杆菌发酵玉米秸秆后,NDF、ADF 含量显著降低,改善了秸秆营养品质。张仲卿用混合真菌发酵玉米秸秆,试验表明混合发酵均高于单一菌株发酵,其纤维素和木质素降解率分别达到 36.80% 和 28.87%。本试验结果与上述相关研究结果一致。具有不同降解功能的微生物之间存在互生和共生的关系,将其进行适当比例的组合可能会取得更好的应用效果。一般认为,pH 4.0 以下为优质发酵饲料。薛艳林等在秸秆发酵中添加生物制剂可有效提高发酵饲料品质,迅速降低 pH,抑制有害微生物的增殖,减少饲料营养物质的损失,使发酵饲料留存更多的营养物质。郭萌萌通过添加乳酸菌、酵母菌、芽孢杆菌等复合菌发酵玉米秸秆,结果表明 pH 显著降低抑制了有害菌的增殖。在本研究中,添加黄孢原毛平革菌和纤维素酶后,pH 迅速降低,且未出现增高现象,使得发酵品质得到明显改善。

本试验中乳酸含量发酵组显著高于未发酵组,乳酸的产量与发酵饲料的品质有直接影

响,乳酸的产生可有效抑制其他腐败菌的生长。菌酶复合发酵组较高的乳酸含量可能由于纤维素酶和黄孢原毛平革菌共同分解植物细胞壁,从而增加降解菌可利用的发酵底物,将碳水化合物进行生物降解,转化为有机酸。未发酵组与菌酶混合发酵组相比,在整个发酵过程中菌酶混合发酵处理组的发酵饲料的 pH 较低,这可能导致黄贮发酵组的氨态氮含量降低。本试验结果与在玉米秸秆青贮中添加乳酸菌及纤维素酶混合发酵改善青贮发酵品质的结果一致。杨世帆等研究表明,乙酸含量产生与发酵品质呈负相关,会使发酵饲料产生酸味,降低适口性并产生刺鼻的气味。丁酸是发酵中应尽量避免出现的有机酸,丁酸是源自含氮化合物的分解,使蛋白质分解,并降低其营养价值。本试验中,丙酸和乙酸含量与未发酵秸秆相比均无显著差异,发酵前后均未检测出丁酸,说明添加黄孢原毛平革菌和纤维素酶可提高玉米秸秆的发酵效果,且无有害酸产生。贾晶霞等在研究玉米秸秆发酵过程中粗蛋白含量呈上升趋势,这是因为微生物大量利用原料中的可溶性糖,而利用其蛋白质较少,从而使粗蛋白质相对含量升高。李川东等认为,在发酵过程中微生物的相互竞争死亡所产生出的菌体蛋白,增加了蛋白质含量。岳丽等通过添加黑曲霉和产朊假丝酵母发酵甜高粱秸秆,将粗蛋白含量提高至 18.79%。混合发酵可产生酶系互补的作用,且对合成一系列酶过程具有一定的反馈调节作用,从而增加蛋白酶和纤维素酶的活性。本试验中,发酵秸秆的粗蛋白含量显著高于对照组,可能是黄孢原毛平革菌通过对木质素结构的破坏释放出来的纤维素和半纤维被纤维素酶分解为单糖,促进菌丝的生长,增加菌体蛋白,从而提高了发酵秸秆中粗蛋白的含量。玉米秸秆具有一定的营养价值,但木质素、纤维素含量过高,严重影响其利用价值。本研究中,发酵组的木质素、中性洗涤纤维、酸性洗涤纤维含量显著低于未发酵组,提高了秸秆的利用价值。在色泽、气味、质地感官评价方面,发酵秸秆品质明显优于未发酵秸秆,接近优质发酵。

第二节 菌酶复合发酵对体外瘤胃发酵的影响

一、不同发酵处理对秸秆营养成分的影响

(一)材料与方法

1. 试验材料

(1)菌酶复合发酵玉米秸秆。

方法同本章第一节。

(2)酶制剂发酵玉米秸秆。

将切短至 1~2 cm 的玉米秸秆,接入 2% 的酶制剂(发酵酶制剂由微瑞生物科技有限公司研制,主要成分有纤维素酶、β-葡聚糖酶等)和 10% 的麦麸(麦麸为酶制剂提供营养,提高酶的活性),并将水分调节至 55%~60%。装入 33 cm×40 cm 聚乙烯袋内,每袋 1 kg,用真空包装机(AT-620)抽真空并封口,室温(25~32 ℃)发酵 15 d。

2. 试验方法

待菌酶复合发酵组、商品型酶制剂组发酵结束后,65 ℃烘干 24 h,经粉碎机粉碎,过 40

目筛子,用于常规营养指标的测定。

(1)指标的测定。

NDF、ADF 的测定方法参考范氏洗涤纤维分析法。常规营养物质测定参照《饲料分析及饲料质量检测技术》。

(2)数据处理。

试验数据使用 Excel 2016 软件整理,然后运用 SPSS 19.0 统计软件进行单因素 ANOVA 分析,多重比较用 Duncan's 分析法,试验数据用"平均值 ± 标准差"表示。

(二)结果

不同发酵处理对玉米秸秆营养成分的影响见表 12 - 7。由表 12 - 7 可见,秸秆经过发酵,菌酶复合发酵组和商品型酶制剂组 DM 和 CP 含量显著高于对照组($P < 0.05$);菌酶复合发酵组和商品型酶制剂组 NDF 和 ADF 含量显著低于对照组($P < 0.05$);菌酶复合发酵组和商品型酶制剂组 ADL 含量显著低于对照组($P < 0.05$)。

表 12 - 7 不同发酵处理对玉米秸秆营养成分的影响 %

项目	对照组	商品型酶制剂组	菌酶复合发酵组	P 值
DM	92.48 ± 0.11^b	95.10 ± 0.03^a	95.95 ± 0.41^a	0.046
CP	5.30 ± 0.07^b	8.24 ± 0.05^a	8.48 ± 0.17^a	0.047
NDF	67.44 ± 0.58^a	51.33 ± 0.49^b	51.61 ± 0.45^b	0.001
ADF	39.79 ± 0.58^a	33.00 ± 0.42^b	31.77 ± 0.37^b	0.001
ADL	7.19 ± 0.11^a	6.73 ± 0.12^b	6.69 ± 0.14^b	0.032

二、发酵玉米秸秆对体外瘤胃发酵参数的影响

(一)材料与方法

1. 试验材料

(1)菌酶复合发酵玉米秸秆。

方法同上。

(2)酶制剂发酵玉米秸秆。

方法同上。

2. 试验方法

(1)试验动物及饲养。

将 3 只健康并安装有永久性瘤胃瘘管的绵羊羯羊,单笼饲养,作为瘤胃液供体。于每天 07:00 和 18:00 饲喂,自由饮水。于晨饲前 1 h 通过瘤胃瘘管采集瘤胃液,用 4 层纱布过滤于已预热的并通有 CO_2 的 39 ℃保温瓶内,备用。基础日粮组成与营养水平(风干基础)见表 12 - 8。

表 12-8 基础日粮组成与营养水平(风干基础)

原料	配比	营养成分	含量
羊草/%	70.00	ME/(MJ·kg^{-1})	10.14
玉米/%	8.21	CP/%	15.00
豆粕/%	9.02	Ca/%	0.50
玉米蛋白粉/%	7.43	P/%	0.40
磷酸氢钙/%	0.94	CF/%	20.00
食盐/%	0.40	E/%	3.45
麸皮/%	3.00		
添加剂预混料/%	1.00		
合计/%	100.00		

注:预混料含 $FeSO_4$ 16 000 mg/kg、$CuSO_4$ 5 200 mg/kg、$ZnSO_4$ 12 000 mg/kg、$MnSO_4 \cdot 5H_2O$ 10 000 mg/kg、沸石粉 256 g/kg、Co 120 mg/kg、维生素 A 200 mg/kg、维生素 D_3 100 mg/kg、维生素 E 600 mg/kg、KI 6 g/kg、Mg 74 g/kg、$CaHPO_4$ 300 g/kg。

(2)试验设计。

采用单因素完全随机分组试验设计,共分为 3 组,未发酵秸秆组为对照组,试验组包括菌酶复合发酵组和商品型酶制剂发酵组,试验设 3 个重复,分别在培养 3 h、6 h、12 h、24 h、48 h 测定瘤胃发酵指标:pH、产气量、NH_3-N 质量浓度和 BCP 质量浓度。

(3)体外培养试验。

体外培养装置:体外培养装置为可调节震荡速率的恒温水浴摇床,培养瓶的瓶口连接带有三通阀的橡胶管,三通阀的另一端与有刻度的玻璃注射器(30 mL)相连,注射器使用之前洗净晾干,并涂抹凡士林,尽量减少产气过程中的阻力。

培养液配制及培养:采用 Menke(1988)等方法配制人工培养液。将配制好的人工培养液与瘤胃液按体积比 2∶1 进行混合,作为体外发酵培养液。量取 30 mL 培养液加入通有 CO_2 并装有 200 mg 秸秆样品的培养瓶内,拧紧瓶塞,检查是否漏气,打开三通阀,放置 39 ℃ 恒温振荡培养箱中进行培养并计时。

(4)样品采集及测定方法。

样品采集:分别将培养 3 h、6 h、12 h、24 h、48 h 的培养瓶立即放入冷水浴终止发酵,并记录其产气量。将发酵液转移至离心管中,测定 pH 并记录。并将培养液过滤后置于 -20 ℃ 条件下存放,用于各指标的测定。

相关指标的测定方法:pH 采用 DELTA 320 pH 酸度计测定;氨态氮参照冯宗慈的方法测定;BCP 浓度的测定参考于忠升的试验操作。

(5)数据处理。

同上。

(二)结果

1. 发酵玉米秸秆对体外瘤胃产气量的影响

发酵秸秆对体外发酵累计产气量的影响见表 12-9。由表 12-9 可知,各个处理组 0~

48 h各时间点的产气量均随着发酵时间的延长呈逐渐升高的趋势。其中菌酶复合发酵组在各时间点产气量均最高,商品型酶制剂组次之,48 h 累计产气量从高到低依次为:菌酶复合发酵组>商品型酶制剂组>对照组,产气量分别为75.10 mL、74.64 mL、53.45 mL。各时间点菌酶复合发酵组和商品型酶制剂组的产气量均显著高于对照组($P<0.05$),在发酵12~24 h 菌酶复合发酵组显著高于商品型酶制剂组($P<0.05$),发酵3 h、6 h 和48 h 之间无显著性差异($P>0.05$)。

表12-9　发酵秸秆对体外发酵累计产气量的影响　　　　mL

时间	对照组	商品型酶制剂组	菌酶复合发酵组	P 值
3 h	12.87 ± 0.57^b	22.85 ± 0.47^a	23.76 ± 0.52^a	0.013
6 h	26.26 ± 1.68^b	47.47 ± 1.15^a	48.53 ± 1.29^a	0.038
12 h	36.6 ± 1.22^c	58.83 ± 0.62^b	61.07 ± 1.10^a	0.002
24 h	46.45 ± 0.60^c	66.92 ± 0.56^b	69.13 ± 0.14^a	0.001
48 h	53.45 ± 0.59^b	74.64 ± 1.9^a	75.10 ± 1.12^a	0.001

2. 发酵玉米秸秆对体外瘤胃 pH 的影响

发酵秸秆对体外发酵 pH 的影响见表12-10。由表12-10可知,各时间点各组玉米秸秆体外发酵 pH 均无显著差异($P>0.05$),并且随着发酵时间的延长 pH 呈逐渐下降的趋势,对照组发酵液 pH 范围在6.36~6.74,商品型发酵组发酵液 pH 范围在6.38~6.63,菌酶复合发酵组发酵液 pH 范围在6.36~6.70。

表12-10　发酵秸秆对体外发酵 pH 的影响

项目	对照组	商品型酶制剂组	菌酶复合发酵组	P 值
3 h	6.74 ± 0.03	6.63 ± 0.06	6.70 ± 0.03	0.409
6 h	6.61 ± 0.10	6.60 ± 0.09	6.57 ± 0.09	0.881
12 h	6.49 ± 0.03	6.42 ± 0.05	6.46 ± 0.03	0.313
24 h	6.42 ± 0.08	6.44 ± 0.04	6.45 ± 0.01	0.424
48 h	6.36 ± 0.08	6.38 ± 0.04	6.36 ± 0.08	0.394

3. 发酵玉米秸秆对体外瘤胃发酵 NH_3-N 质量浓度的影响

发酵秸秆对体外发酵 NH_3-N 质量浓度的影响见表12-11。由表12-11可知,三种处理玉米秸秆的 NH_3-N 质量浓度在体外发酵过程中呈先升高再降低再升高的趋势。其中,菌酶复合发酵组和商品型酶制剂组均显著高于对照组($P<0.05$),且二者之间差异不显著($P>0.05$)。体外发酵 NH_3-N 质量浓度由高到低依次是菌酶复合发酵组>商品型酶制剂组>对照组,发酵48 h 时,其 NH_3-N 质量浓度依次为15.22 mg/dL、15.12 mg/dL、13.68 mg/dL。

表 12-11　发酵秸秆对体外发酵 NH_3-N 质量浓度的影响　　　　mg/dL

项目	对照组	商品型酶制剂组	菌酶复合发酵组	P 值
3 h	7.10 ± 0.05[b]	8.06 ± 0.03[a]	8.13 ± 0.02[a]	0.024
6 h	9.11 ± 0.18[b]	10.36 ± 0.20[a]	10.69 ± 0.27[a]	0.023
12 h	7.88 ± 0.63[b]	9.09 ± 0.34[a]	9.23 ± 0.30[a]	0.019
24 h	11.74 ± 0.63[b]	12.62 ± 0.18[a]	13.10 ± 0.24[a]	0.016
48 h	13.68 ± 0.44[b]	15.12 ± 0.22[a]	15.22 ± 0.25[a]	0.002

4. 发酵玉米秸秆对体外瘤胃 BCP 质量浓度的影响

发酵秸秆对体外发酵 BCP 质量浓度的影响见表 12-12。由表 12-12 可知，三组玉米秸秆的 BCP 质量浓度在 3~12 h 无显著差异（$P>0.05$），但商品型酶制剂组和菌酶复合发酵组均略高于对照组。24~48 h 商品型酶制剂组和菌酶复合发酵组显著高于对照组（$P<0.05$），并且在发酵的 24~48 h BCP 质量浓度上升趋于稳定。BCP 质量浓度由高到低依次是菌酶复合发酵组 > 商品型酶制剂组 > 对照组，质量浓度依次为 44.99 mg/dL、44.23 mg/dL、42.14 mg/dL。

表 12-12　发酵秸秆对体外发酵 BCP 质量浓度的影响　　　　mg/dL

项目	对照组	商品型酶制剂组	菌酶复合发酵组	P 值
3 h	33.05 ± 1.13	34.79 ± 0.94	34.91 ± 1.09	0.892
6 h	35.05 ± 0.76	36.67 ± 1.84	37.17 ± 0.75	0.277
12 h	38.19 ± 3.16	39.94 ± 1.49	41.65 ± 0.70	0.991
24 h	40.51 ± 2.46[b]	44.19 ± 2.43[a]	44.29 ± 2.22[a]	0.013
48 h	42.14 ± 1.93[b]	44.23 ± 3.19[a]	44.99 ± 2.27[a]	0.017

三、菌酶复合发酵对体外瘤胃发酵的影响因素分析

通过发酵，玉米秸秆的营养价值均得到改善，在微生物发酵过程中，NDF、ADF 含量显著降低，木质素含量也不同程度下降，这可能是由于纤维素类降解酶，打破玉米秸秆的葡萄糖苷键，使秸秆结构不同程度的破坏，导致其木质纤维素含量的降解，或是真菌作用于木质素结构，使秸秆细胞壁的孔隙增加，为纤维素酶提供更多的接触面积，进而使秸秆结构松软膨胀，提高木质纤维素的降解率。秸秆中含有较低的粗蛋白含量，发酵结束后，粗蛋白含量显著高于对照组，可能是微生物大量利用原料中的可溶性糖，为真菌菌丝提高营养，促进菌丝生长繁殖，增加菌体蛋白的含量，使发酵秸秆的粗蛋白含量提高。其中，以真菌与酶复合发酵的对木质素、中性洗涤纤维、酸性洗涤纤维降解能力较强，这可能与黄孢原毛平革菌固体发酵所产生的 3 种酶系有关，再加上复合酶制剂的高效性对纤维素和半纤维素进行进一步降解，菌酶共同降解较优于单一的复合酶制剂发酵。赵苗苗等通过象草青贮试验表明，菌酶共同降解过程中抑制有害微生物的活动，从而提高了发酵饲料的营养价值。Chen 等通

过菌酶接种干草试验表明,菌酶在一定情况产生相加效应。本试验与以上研究相一致。

在体外发酵试验中,累积产气量可反映瘤胃微生物对发酵底物的降解程度。不同饲料原料作为底物在体外发酵时,其产气量存在差异。易发酵碳水化合物含量高的饲料,其产气量通常较高。本研究商品型酶制剂组、菌酶复合发酵组累计产气量均显著高于对照组,说明发酵饲料相对未发酵饲料含有比较多的易发酵碳水化合物,容易被瘤胃微生物所利用。对照组较低的产气量,可能是由于秸秆在未经处理在自然状态下保存,导致部分营养物质流失,碳水化合物成分减少;而菌酶发酵组产气量增高,这可能是因为黄孢原毛平革菌和复合酶制剂共同破坏了木质素与纤维素、半纤维素间的酯键,使结构性多糖降解为能被反刍动物所消化吸收的单糖或碳水化合物,从而提高体外瘤胃产气量;另外,菌酶复合发酵降低了秸秆的木质纤维素含量,使可发酵纤维的比例增加,并且粗蛋白被释放出来的含量增多,进而促进瘤胃微生物的消化吸收,提高产气量。张薇薇等通过瘤胃发酵试验探究薯渣发酵产物和玉米青贮进行不同比例的组合,结果表明随着孵育时间的延长,产气量呈逐渐增高的趋势。陈亮等用植物乳酸杆菌发酵玉米秸秆和水稻秸秆,在体外发酵试验中发现,添加植物乳酸杆菌较未添加组产气量显著增加。本试验结果,与以上研究结果一致,表明发酵的玉米秸秆较未发酵秸秆更容易为反刍动物提供营养物质,从而提高玉米秸秆饲料消化率。

瘤胃液 pH 是衡量瘤胃发酵状况的重要指标,Mcdonald 研究表明,正常的 pH 范围一般在 5.5~7.5。本试验 pH 范围在 6.36~6.74,均处于正常范围内,表明秸秆通过黄孢原毛平革菌和复合酶的共同发酵,并无对发酵环境产生不利的影响,有利于微生物的生长和发酵。本试验在培养过程中 pH 的降低,可能是由于碳水化合物被瘤胃微生物分解产生挥发性脂肪酸所引起的,体外发酵过程中,挥发性脂肪酸不能被瘤胃壁吸收而在发酵液中积累,引起 pH 的降低。王祚等以玉米秸秆作为底物,用安琪与乐斯福进行发酵试验,结果表明各试验组的 pH 均处于正常范围内,表明添加酵母对维持瘤胃内环境具有积极作用,与本试验研究结果一致。

瘤胃 NH_3-N 质量浓度是反刍动物瘤胃微生物合成菌体蛋白的主要原料,其可在一定程度上反映瘤胃蛋白质降解与合成间的平衡状态。Wanapat 等通过研究得出瘤胃微生物发酵的最适 NH_3-N 质量浓度为 6.3~27.5 mg/dL。本试验各组的 NH_3-N 质量浓度均处于正常范围,且呈现先升高后降低,然后再升高的趋势,可能是由于体外发酵玉米秸秆初期,快速降解的蛋白质释放出 NH_3-N,使其质量浓度升高,随着发酵过程的延长,发酵底物的蛋白质含量减少,在此状态下需要更多的微生物蛋白去维持代谢平衡,促进对 NH_3-N 的利用,导致其质量浓度降低;当微生物发酵释放出较多的可利用的碳水化合物后,微生物合成量增加,进一步降解了底物中的蛋白质,同时瘤胃微生物自溶释放氨导致 NH_3-N 质量浓度的再次升高。由于菌酶复合发酵和商品型酶制剂组对纤维物质降解能力较强,其 NH_3-N 质量浓度均高于对照组。

微生物蛋白为反刍动物提供最主要的氮源,在营养充足供给情况下,瘤胃微生物可分解纤维物质并利用底物蛋白质的降解合成菌体蛋白,以满足机体所需。本试验玉米秸秆经发酵后其 BCP 质量浓度提高,表明利用菌酶复合发酵有助于瘤胃微生物生长繁殖合成菌体蛋白,在 24~48 h 两试验组的 BCP 质量浓度显著高于对照组($P<0.05$),表明菌酶复合发酵促进了纤维物质的降解,使秸秆释放出更多的营养物质,利于微生物蛋白的合成。并且 24 h 后体外瘤胃微生物的量已达到一种动态平衡。马艳艳等通过体外瘤胃发酵试验探究

不同化学处理对稻草瘤胃特性的影响,结果表明各组的 BCP 质量浓度均为发酵 48 h 最高,本试验与该研究结果相似。

第三节　菌酶复合发酵对绵羊瘤胃降解率的影响

一、不同处理的秸秆饲料营养物质的瘤胃降解率

（一）材料与方法

1. 试验材料

（1）菌酶复合发酵玉米秸秆。
方法同本章第一节。
（2）酶制剂发酵玉米秸秆。
方法同本章第一节。

2. 试验方法

（1）试验设计。

采用拉丁方试验设计,通过尼龙袋法,选取 6 只健康、年龄相近并安装永久性瘤胃瘘管的绵羊羯羊分 3 组,饲喂相同的基础日粮。在每个采样时间点取 3 个重复的平行样本。

（2）试验动物及饲养。

同本章第二节。

（3）试验测定方法。

样品经粉碎烘干处理后,准确称取 3 g 不同处理的玉米秸秆粉,装入大小为 10 cm × 6 cm 尼龙袋(孔径 300 目)中,于晨饲前将尼龙袋放入绵羊瘤胃中,并将尼龙袋的另一端线绳固定在瘘管塞上。分别于投放 6、12、24、48、72 h 后取出尼龙袋,每个时间点从瘤胃取出后采用手洗方法,将洗净的尼龙袋经 65 ℃烘干,恒重后称重,将剩余的样品转移至自封袋,用于测定 DM、CP、NDF 及 ADF 的降解率。

（4）计算方法。

不同时间降解率计算:

$$dp = (待测样品中某种营养成分含量 - 待测样品剩余某种营养成分含量)/待测样品中某种营养成分含量 \times 100$$

式中:dp 为待测饲料的某一时间的瘤胃降解率(%)。

瘤胃发酵参数计算:

$$dp = a + b(1 - e^{-ct})$$

式中,a 为快速降解部分(%),b 为慢速降解部分(%),c 为 b 的降解常数(%/h),t 为瘤胃内培养时间(h)。

有效降解率:

$$ED(\%) = a + bc/(k + c)$$

式中,ED 为有效降解率,k 为瘤胃外流速率(%/h),本试验中 k 值取 0.031/h。

(5)数据处理。

试验数据运用 Excel 2016 初步整理后,应用 SAS 9.4 软件进行分析,用最小二乘计算法程序拟合 Ørskov 和 McDonald(1997)模型,方差分析过程中均值的多重比较采用 Duncan's 法进行。

(二)结果

不同时间点玉米秸秆的 DM 降解率及降解参数见表 12-13。由表 12-13 可知,随着孵育时间的延长,DM 降解率呈逐渐上升的趋势;商品型酶制剂组和菌酶复合发酵组在 6~48 h 的降解率显著高于对照组($P<0.05$)。孵育 72 h,菌酶复合发酵组的 DM 降解率显著高于对照组($P<0.05$)。在瘤胃降解参数方面,商品型酶制剂组和菌酶复合发酵组的快速降解部分显著高于对照组($P<0.05$),但两发酵组无显著差异($P>0.05$)。慢速降解部分,商品型酶制剂组和菌酶复合发酵组显著低于对照组($P<0.05$),且两试验组无显著差异($P>0.05$)。慢速降解部分的降解速率,两试验组显著高于对照组($P<0.05$),且商品型酶制剂组和菌酶复合发酵组差异不显著($P>0.05$)。有效降解率,两试验组显著高于对照组($P<0.05$),商品型酶制剂组和菌酶复合发酵组差异不显著($P>0.05$)。

表 12-13 不同时间点玉米秸秆的 DM 降解率及降解参数

项目		对照组	商品型酶制剂组	菌酶复合发酵组	P 值
DM 瘤胃降解率/%	6 h	24.62±1.05^b	33.15±1.36^a	34.06±1.35^a	0.001
	12 h	30.84±2.22^b	39.52±0.61^a	39.51±1.06^a	0.012
	24 h	40.28±1.09^b	48.01±1.28^a	50.60±1.84^a	0.015
	48 h	54.50±0.63^c	62.53±0.91^b	65.46±0.49^a	0.003
	72 h	64.28±1.34^b	66.58±0.83^{ab}	67.87±1.59^a	0.013
DM 瘤胃降解参数	a	18.06±2.25^b	23.27±2.66^a	22.25±1.89^a	0.031
	b	61.82±5.62^a	47.40±1.80^b	51.15±3.25^b	0.016
	c	0.018±0.002^b	0.032±0.003^a	0.033±0.002^a	0.003
	ED	40.67±0.52^b	47.30±0.92^a	48.78±0.93^a	0.045

注:数据右上角同行标注不同字母表示差异显著($P<0.05$),下表同。

不同时间点玉米秸秆的 CP 降解率及降解参数见表 12-14。由表 12-14 可知,随着培养时间的延长 CP 降解率呈逐渐上升的趋势,两试验组在各时间点的降解率显著高于对照组($P<0.05$),在 24~48 h 菌酶复合发酵组显著高于商品型酶制剂组和对照组($P<0.05$)。在瘤胃降解参数方面,两试验组快速降解部分和慢速降解部分均显著高于对照组($P<0.05$),商品型酶制剂组和菌酶复合发酵组差异不显著($P>0.05$)。慢速降解部分的降解速率三组之间均无显著性差异($P>0.05$)。有效降解率两试验组均显著高于对照组($P<0.05$),商品型酶制剂组和菌酶复合发酵组差异不显著($P>0.05$)。

第十二章 菌酶制剂发酵秸秆及其对绵羊瘤胃降解率的影响

表 12-14 不同时间点玉米秸秆的 CP 降解率及降解参数

项目		对照组	商品型酶制剂组	菌酶复合发酵组	P 值
CP 瘤胃降解率/%	6 h	20.27 ± 1.54^b	22.33 ± 1.65^a	23.07 ± 1.51^a	0.037
	12 h	30.71 ± 1.27^b	34.88 ± 0.6^a	35.95 ± 0.81^a	0.016
	24 h	35.79 ± 0.93^c	41.23 ± 0.63^b	42.6 ± 1.73^a	0.006
	48 h	49.98 ± 1.42^c	53.68 ± 1.18^b	55.7 ± 0.89^a	0.034
	72 h	60.19 ± 1.15^b	67.54 ± 0.72^a	68.47 ± 1.04^a	0.001
CP 瘤胃降解参数	a	16.64 ± 2.12^b	17.93 ± 2.46^a	18.16 ± 0.75^a	0.047
	b	62.54 ± 3.15^b	68.98 ± 2.95^a	69.66 ± 1.91^a	0.026
	c	0.018 ± 0.002	0.022 ± 0.001	0.023 ± 0.002	0.537
	ED	39.54 ± 0.89^b	46.68 ± 0.97^a	48.31 ± 0.52^a	0.002

不同时间点玉米秸秆的 NDF 降解率及降解参数见表 12-15。由表 12-15 可知,随着孵育时间的延长,NDF 降解率呈逐渐上升的趋势。在培养 6 h 内,三组秸秆之间无显著差异($P > 0.05$)。在培养 12~72 h 两试验组 NDF 降解率显著高于对照组($P < 0.05$),且商品型酶制剂组和菌酶复合发酵组无显著差异($P > 0.05$)。在瘤胃降解参数方面,两试验组的快速降解部分和慢速降解部分均高于对照组,但无显著差异($P > 0.05$)。慢速降解部分的降解速率,三组玉米秸秆均无显著差异($P > 0.05$)。有效降解,菌酶复合发酵组显著高于其他两组($P < 0.05$),且商品型酶制剂组显著高于对照组($P < 0.05$)。

表 12-15 不同时间点玉米秸秆的 NDF 降解率及降解参数

项目		对照组	商品型酶制剂组	菌酶复合发酵组	P 值
NDF 瘤胃降解率/%	6 h	10.86 ± 2.42	12.03 ± 1.48	12.31 ± 1.61	0.513
	12 h	15.43 ± 1.42^b	18.61 ± 1.92^a	18.90 ± 0.92^a	0.039
	24 h	24.67 ± 1.11^b	26.11 ± 1.71^a	27.53 ± 1.65^a	0.042
	48 h	40.77 ± 0.77^b	48.88 ± 0.49^a	49.67 ± 1.4^a	0.023
	72 h	55.26 ± 1.93^b	59.17 ± 1.16^a	59.55 ± 0.98^a	0.034
NDF 瘤胃降解参数	a	5.01 ± 0.30	5.07 ± 0.37	5.10 ± 0.79	0.127
	b	61.62 ± 7.93	62.64 ± 4.04	62.71 ± 3.01	0.115
	c	0.017 ± 0.003	0.020 ± 0.001	0.021 ± 0.002	0.326
	ED	26.74 ± 0.33^c	29.16 ± 0.45^b	30.65 ± 0.78^a	0.019

不同时间点玉米秸秆的 ADF 降解率及降解参数见表 12-16。由表 12-16 可知,ADF 降解率随着孵育延长呈逐渐上升的趋势,培养 6 h,两试验组的 ADF 降解率高于对照组,但无显著差异($P > 0.05$)。培养 12~48 h,两试验组的 ADF 降解率显著高于对照组($P < 0.05$),培养 72 h,菌酶复合发酵组显著高于其他两组($P < 0.05$)。两试验组的快速降解部分高于对照组,但无显著差异($P > 0.05$)。慢速降解部分,两试验组显著高于对照组($P <

0.05)。慢速降解部分的降解速率,三组间均无显著差异($P>0.05$)。有效降解率,菌酶复合发酵组显著高于其他两组($P<0.05$),且商品型酶制剂组显著高于对照组($P<0.05$)。

表 12-16 不同时间点玉米秸秆的 ADF 降解率及降解参数

项目		对照组	商品型酶制剂组	菌酶复合发酵组	P 值
ADF 瘤胃降解率/%	6 h	7.71 ± 0.15	8.46 ± 0.28	8.48 ± 0.78	0.558
	12 h	13.32 ± 1.41[b]	15.95 ± 1.6[a]	16.72 ± 2.33[a]	0.031
	24 h	20.91 ± 1.63[b]	26.87 ± 0.81[a]	27.07 ± 1.51[a]	0.027
	48 h	35.1 ± 1.92[b]	42.85 ± 1.52[a]	45.21 ± 1.53[a]	0.001
	72 h	44.02 ± 1.23[c]	47.94 ± 0.5[b]	50.33 ± 1.15[a]	0.022
ADF 瘤胃降解参数	a	2.53 ± 1.27	2.90 ± 1.46	2.97 ± 1.69	0.485
	b	51.30 ± 4.98[b]	57.64 ± 1.89[a]	59.63 ± 2.87[a]	0.025
	c	0.021 ± 0.002	0.020 ± 0.001	0.022 ± 0.002	0.581
	ED	23.14 ± 0.65[c]	25.46 ± 0.26[b]	28.69 ± 0.46[a]	0.011

二、影响因素分析

尼龙袋试验可测定某种饲料在瘤胃中的降解速度和降解程度,是评价反刍动物饲料营养价值的一种重要方法,具有成本低、重复性高、提供较准确参数而被广泛应用。Polyorach 等通过尼龙袋试验探究出酵母和乳酸菌发酵乳的最佳发酵时间及精料添加比例。魏晨通过尼龙袋试验评定了 6 种常用粗饲料的营养价值,结果显示花生秧具有较高的利用价值,而甘蔗渣 DM、CP 有效降解率显著低于其他粗饲料,利用效果较差。成锦霞等通过尼龙袋试验证明了醋糟具有粗脂肪含量高、粗纤维含量较低等特点,在瘤胃降解过程中可为反刍动物提供丰富的粗蛋白,在日粮的添加一定的醋糟可替代部分蛋白质饲料。

瘤胃 DM 降解率是评定饲料营养价值的一个重要指标。饲料 DM 在反刍动物瘤胃内的降解率主要取决于该饲料营养结构及组成成分。秸秆等粗饲料由于细胞壁结构较为复杂,其降解率主要取决于粗纤维物质含量和比例。反刍动物具有发达的瘤胃系统,瘤胃微生物可直接降解植物细胞内的脂肪、蛋白质及水溶性碳水化合物等营养物质,但是对结构复杂的细胞壁结构的消化利用受到木质素的影响。王玉荣等在水稻秸秆中添加复合酶制剂,提高了其营养物质降解率,可能是由于酶制剂之间的相加作用,共同裂解了细胞壁结构,从而提高了瘤胃微生物对秸秆的利用能力。Shrivastava 等以 RCK-1(真菌)降解植物细胞壁结构,通过电镜扫描观测到,添加真菌组与对照组相比,植物细胞壁被破坏,表面不平整并出现孔隙,呈碎片状,说明真菌菌丝可以进入秸秆细胞壁结构内部,来破坏其复杂结构,提高瘤胃微生物对秸秆的降解作用。本研究通过尼龙袋试验,对不同处理的玉米秸秆在反刍动物瘤胃内的动态降解率进行测定,发现随着秸秆在瘤胃内发酵时间的延长其降解率呈上升的趋势,且试验组不同时间点营养物质的降解率、有效降解率及快速降解部分均高于对照组。这可能是在发酵过程中,黄孢原毛平革菌菌丝分泌的三种酶系作用于玉米秸秆细胞壁,将木质纤维物质的连接键断裂,降解部分木质素,释放出纤维素和半纤维素,增加反刍动物瘤胃微生物分泌的酶系与玉米秸秆内营养物质的接触面积,进而在瘤胃微生物作用下,分解成小分子及易于反刍动物消化吸收的单糖,加快饲料在瘤胃内的降解速率,从而提高了有效降解率;而慢速降解部分出现低于对照组的原因,可能是由于玉米秸秆经过发酵处理后,秸秆结构发生变化,更易于瘤胃微生物的消化吸收,秸秆营养成分在快速降解阶段被大量吸收利用,剩余较难吸收的部分,进入慢速降解阶段。姚庆等通过试验表明,经过酒精清液发酵的玉米秸秆可显著提高各时间点瘤胃 DM 降解率,且快速降解部分和有效降解率显著高于对照组。

饲料瘤胃粗蛋白降解率是衡量反刍动物营养物质发酵程度是一个重要参数,由于秸秆中的蛋白质存在于细胞内容物中,因而蛋白质的降解率同细胞壁与细胞内容物所占比例有密切关系,利用尼龙袋法将待测秸秆置于羊的瘤胃中,可较准确测得粗蛋白在瘤胃内的降解率。本试验通过运用真菌和复合酶共同降解玉米秸秆,结果显示,以菌酶发酵的秸秆作为底物时,其 CP 瘤胃降解率显著高于未经预发酵的秸秆组,快速降解率、慢速降解率及有效降解率均显著提高,且随着培养时间的增加呈上升趋势,可能是由于经过预发酵作用,真菌菌丝破坏了秸秆细胞壁结构,释放出来的营养物质包括纤维素促进了微生物的不断生长,在此过程中,进一步释放出更多的植物本身蛋白质并继续合成新的更易于动物消化吸收的菌体蛋白,从而提高其消化速率及降解率。另外,在菌酶复合制剂发酵秸秆筛选试验中,发酵结束后其 CP 含量显著高于未发酵秸秆组,改变了秸秆的营养价值,更易于反刍动物瘤胃微生物的吸收利用,提高其降解速率。张颖通过尼龙袋试验得出玉米秸秆和青贮玉米秸秆的 CP 瘤胃有效降解率分别为 41.35% 和 52.36%,较本试验 39.54% 和 48.31% 高,可能与试验动物有关,其降解趋势一致。

粗饲料占反刍动物日粮的 50%~70%,衡量 NDF、ADF 瘤胃降解率是生产中必不可少的指标,其包括纤维素、半纤维素和木质素。其中,NDF 和 ADF 的差值为半纤维素,相对来说比较容易被微生物降解。木质素由于结构复杂,反刍动物体内没有分解木质素的酶系,影响粗饲料在瘤胃中的降解。张立霞等研究结果表明,NDF 和 ADF 的瘤胃降解率与木质素含量密切相关,主要是木质素之间的网状结构由共价键相连,导致微生物无法附着,严重影响其利用率。本试验测得的 NDF、ADF 降解率随着孵育时间的延长,降解率逐渐增加,虽然试验组显著高于对照组,但也存在一个消化延滞期,可能是由于 NDF 和 ADF 都是植物细胞壁成分,由于发酵初期瘤胃微生物没有很好地附着在秸秆表面,导致前期降解较慢。本试验慢速降解部分(b 值)均高于快速降解部分(a 值),这是由于秸秆本身木质素含量高,其可消化部分较低造成的结果。本试验通过菌酶复合制剂发酵秸秆后,其慢速降解部分有所增加,这证明添加菌酶制剂复合发酵玉米秸秆可以提高玉米秸秆的纤维素消化量。在酸性洗涤纤维降解过程中,其菌酶复合发酵组慢速降解部分高于商品型酶制剂组,说明真菌(黄孢原毛平革菌)较酶制剂来说,对木质素降解能力更为突出,进而提高反刍动物对木质纤维素的利用率。本试验发酵秸秆均提高了不同时间的 NDF、ADF 瘤胃降解率和有效降解率,这可能是黄孢原毛平革菌降解破坏木质素结构,从而释放出纤维素和半纤维素,再加之复合酶的降解作用,从而提高 NDF、ADF 的利用率。另外,黄孢原毛平革菌分泌的菌丝生长也需要一定的营养,也就是说黄孢原毛平革菌在生产木质素降解酶的同时,也在吸收释放出来的纤维等营养物质,使 NDF、ADF 降解率得以提高。曾辉等用乳酸菌和酶制剂混合发酵玉米秸秆,结果表明,与对照组相比添加细菌和酶制剂显著提高 72 h 的 NDF、ADF 瘤胃降解率,与本试验研究结果一致。

参 考 文 献

[1] 史占全,蒋树林,刘建新. 添加酶制剂对青贮玉米秸采食量和瘤胃降解的影响[J]. 中国畜牧杂志,2001,37(5):5-7.

[2] 史央,蒋爱芹,戴传超,等. 秸秆降解的微生物学机理研究及应用进展[J]. 微生物学杂志,2002,22(1):47-50.

[3] 宋安东,王磊,王风芹,等. 微生物处理对秸秆结构的影响[J]. 生物加工过程,2009,7(4):72-76.

[4] 孙育峰,刘应宗,丰成学,等. 基于养牛秸秆资源量和秸秆养牛量的计算与应用[J]. 统计与决策,2009(17):105-107.

[5] 佟桂芝,张新慧,张庆祥. 小黑麦籽实配制精料日粮饲奶牛试验效果[J]. 黑龙江畜牧兽医,2000(12):20.

[6] 王安. 纤维素复合酶在饲料中的作用及其应用的研究[J]. 东北农业大学学报,1998,29(3):236-251.

[7] 王加信. 营养强化的秸秆颗粒饲料生产工艺[J]. 饲料工业,1989(8):25.

[8] 王建兵,韩继福,高宏伟,等. 微生物接种剂和酶制剂对玉米发酵品质的影响[J]. 内蒙古畜牧科学,2001,22(2):4-7.

[9] 王凯,谢小来,王长平. 秸秆加工处理技术的研究进展[J]. 中国畜牧兽医,2011,38(10):19-22.

[10] 王旭,卢德勋. 影响反刍动物粗饲料品质的因素[J]. 中国饲料,2005(4):12-14.

[11] 王镇. 秸秆压块饲料饲喂泌乳奶牛的效果[J]. 河北畜牧兽医,2005,21(9):4,15.

[12] 谢光辉,王晓玉,任兰天. 中国作物秸秆资源评估研究现状[J]. 生物工程学报,2010(7):855-863.

[13] 周元军. 秸秆饲料加工与应用技术图说[M]. 郑州:河南科学技术出版社,2009.

[14] 刁其玉. 农作物秸秆养牛手册[M]. 北京:化学工业出版社,2013.

[15] 杨福有,李彩凤,许彩萍,等. 玉米植株营养含量及变化规律研究[J]. 西北农业学报,1997(2):88-90.

[16] 陈庆云. 农作物秸秆综合利用新技术:工业化学生产羧甲基纤维素[D]. 西安:西安交通大学,2002.

[17] 郭庭双,张智山,杨振海. "秸秆畜牧业"十问[J]. 黄牛杂志,1996(2):30-33.

[18] ABDALATIF Y M, ELEMAM M B, ABDELHADI O M A, et al. Effect of varying levels of concentrate to roughage ratio on growth of Sudanese desert kids[J]. Research Opinions in Animal & Veterinary Sciences, 2011, 1(2): 112-117.

[19] ALDERMAN G. Prediction of the energy value of compound feeds[J]. Recent Advances in Anim Nutr, 1985, 3:52.

[20] BATTERHAM E S, LEWIS C E, LOWE R F, et al. Digestible energy content of cereals and wheat by-products for growing pigs[J]. Anim Sci, 1980, 31(3): 259-271.

[21] CAO Y, ZANG Y, JIANG Z, et al. Fermentation quality and nutritive value of fresh and fermented total mixed rations containing Chinese wildrye or corn stover[J]. Grassland Science, 2016, 62(4): 213-223.

[22] CROUSE J D, CALKINS C R, SEIDEMAN S C. The effects of rate change in body weight on tissue development and meat quality of youthful bulls[J]. Journal of Animal Science, 1986, 63(6): 1824.

[23] DANIEL J L, AMARAL R C, GOULART R S, et al. Short-term effects of silage volatile compounds on feed intake and digestion in beef cattle[J]. Journal of Animal Science, 2013, 91(5): 2321.

[24] DEVANT M, FERRET A, GASA J, et al. Effects of protein concentration and degradability on performance, ruminal fermentation, and nitrogen metabolism in rapidly growing heifers fed high-concentrate diets from 100 to 230 kg body weight[J]. Journal of Animal Science, 2000, 78(6): 1667-76.

[25] DEVO D L, MCKEITH F K, BECHTEL P J, et al. Variation in composition and palatability traits and relationships between muscle characteristics and palatability in a random sample of pork carcasses[J]. Journal of Animal Science, 1988, 66(2): 385-395.

[26] DEVOL D L, MCKEITH F K, BECHTEL P J, et al. Variation in composition and palatability traits and relationships between muscle characteristics and palatability in a random sample of pork carcasses[J]. Journal of Animal Science, 1988, 66(2): 385-395.

[27] DHANDA J S. Evaluation of crossbred goat and sheep production in the tyopics[M]. London: Longman Group Ltd., 2001.

[28] EWAN R C. Predicting the energy utilization of diets and feed ingredients by pigs[J]. Energy Metabolism, Eur Assocof Anim Prod Bull, 1989, 43: 271-274.

[29] GRANT R H, MERTENS D R. Influence of bnuffer pH and raw corn starch addition on in vitro fiber digestion kinetics[J]. Journal of Dairy Science, 1992, 75(10): 2762-2768.

[30] IOWERTH D, JONES H, HAYWARD M V. The effect of pepsin pre-treatment of herbage on theprediction of dry matter digestibility from solubility in fungal cellulase solutions[J]. J Sci Food Agric, 1975, 26(5): 711-718.

[31] JETANA T, ABDULLAH N, HALIM R A, et al. Effects of energy and protein supplementation on microbial-N synthesis and allantoin excretion in sheep fed guinea grass[J]. Animal Feed Science & Technology, 2000, 84(3/4): 167-181.

[32] JOHNSON D D, MCGOWAN C H. Diet/management effects on carcass attributes and meat quality of young goats [J]. Small Ruminant Research, 1998, 28(1): 93-98.

[33] JUST A, JØRGENSEN H, FERNÁNDEZ J A. Prediction of metabolizable energy for pigs on the basis ofcrude nutrients in the feeds[J]. Livest Prod Sci, 1984, 11(1): 105-128.

[34] LAWRITE R A. Developments in meat science [M]. New York: Elsevier Applied Science, 1985.

[35] LOURENCO A L G, DIAS-DA-SILVA A A, FONSECA A J M, et al. Effects of live weight, maturity and genotype of sheep fed a hay-based diet, on intake, digestion and live weight gain[J]. Livest Prod Sci, 2000, 63(63): 291-296.

[36] MICHAEL R. A cost-benefit analysis of changing to TMR feed system[J]. Advances in Dairy Tech, 1995, 24: 251-257.

[37] MOORE J E, KUNKLE W E, BJORNDAL K A, et al. Extension forage testing program utilizing nearinfrared reflectance spectroscopy[C]. Houston: Proceedingsofthe Forage and Grassland Conference, 1984.

[38] MOORE J E, UNDERSANDER D. Relative forage quality: An alternative to relative feed valueand quality index[C]. Florida: Proceedings 13th Florida Ruminant Nutrition Symposium, 2002.

[39] MORGAN C, WHITTEMORE C, PHILLIPS P, et al. The prediction of the energy value of compoundedpig foods from chemical analysis[J]. Anim Feed Sci Technol, 1987, 17(2): 81-107.

[40] MORGAN D, COLE D, LEWIS D. Energy values in pig nutrition: II. The prediction of energy valuesfrom dietary chemical analysis[J]. J of Agri Sci, 1975, 84(1): 19-27.

[41] NOBLET J, PEREZ J. Prediction of digestibility of nutrients and energy values of pig diets fromchemical analysis[J]. J Anim Sci, 1993, 71(12): 3389-3398.

[42] NUTRITION C O A, National research council subcommittee on dairy cattle nutrition. nutrient requirements of dairy cattle[M]. Nutrient requirements of dairy cattle. National Academy of Sciences, 2001.

[43] QWELE K, HUGO A, OYEDEMI S O, et al. Chemical composition, fatty acid content and antioxidant potential of meat from goats supplemented with Moringa (Moringa oleifera) leaves, sunflower cake and grass hay[J]. Meat Sci, 2013, 93(3): 455-62.

[44] RAAB L, CAFANTARIS B, JILG T, et al. Rumen protein degradation andbiosynthesis. I. A newmethod for determination of protein degradation in rumen fluid in vitro[J]. Br J Nutr, 1983, 50(3): 569-582.

[45] REDDY K J, REDDY M R. Effect of feeding complete feeds on various nitrogen fractions and total VFA concentrations in the rumen fluid of sheep[J]. Indian Journal of Animal Sciences, 1985, 55(9): 819-823.

[46] REYNOLDS C K, TYRRELL H F, REYNOLDS P J. Effects of diet forage-to-concentrate ratio and intake on energy metabolism in growing beef heifers: Whole body energy and nitrogen balance and visceral heat production[J]. Journal of Nutrition, 1991, 121(7): 994-1003.

[47] SANTOSSILVA J, MENDES I A, RJB B. The effect of genotype, feeding system and slaughter weight on the quality of light lambs. I. Growth, carcass composition and meat quality[J]. Livest Prod Sci, 2002, 76(1-2): 17-25.

[48] SEIDEMAN S C. Methods of expressing collagen characteristics and their relationship to meat tenderness and muscle fiber types.[J]. Journal of Food Science, 1986, 51(51): 273-276.

[49] SUN W, GOETSCH A L, JR F L, et al. Forage and splanchnic tissue mass in growing lambs: effects of dietary forage levels and source on splanchnic tissue mass in growing lambs.[J]. Br J Nutr, 1994, 71(2): 141.

[50] TATUM J D, SMITH G C, BERRY B W, et al. Carcass characteristics, time on feed and cooked beef palatability attributes[J]. J Anim Sci, 1980, 50(5): 833-840.

[51] TILLEY J M A, TERRY R A. A two-stage technique for the in vitro digestion of forage crops[J]. GrassForage Sci, 1963, 18(2): 104-111.

[52] VALDES C, CARRO M D, RANILLA M J, et al. Effect of forage to concentrate ratio in complete diets offered to sheep on voluntary food intake and some digestive parameters[J]. Animal Science, 2000, 70(1): 119-126.

[53] VAN SOEST P J, ROBERTSON J B, LEWIS B A. Methods for dietary fiber, neutral detergent fiber, and non-starch polysaccharides in relation to animal nutrition[J]. J Dairy Sci, 1991, 74(10): 3583-3597.

[54] VAN SOEST P J. Use of detergents in the analysis of fibrous feeds. Ⅳ. Determination of plantcell-wall constituents[J]. J Assoc Off Anal Chem, 1967, 50(1): 50-55.

[55] VAN SOEST P J. Symposium on nutrition and forage and pastures: new chemical procedures forevaluating forages[J]. J Anim Sci, 1964, 23(3): 838-845.

[56] VOYLE C. Sarcomere length and meat quality[C]. Bristol: In Proceedings 17th European meeting of meat research workers, England1971.

[57] WAHYUNI R D, NGAMPONGSAI W, WATTANACHANT C, et al. Effects of enzyme levels in total mixed ration containing oil palm frond silage on intake, rumen fermentation, and growth performance of male goat[J]. Songklanakarin Journal of Science & Technology, 2012, 34(4): 353-360.

[58] 程光民,徐相亭,刘洪波,等. 不同精粗比日粮对黑山羊屠宰性能和肉质品质的影响[J]. 畜牧与兽医, 2016, 48(1): 60-63.

[59] 邓先德,李卫军,朱进忠,等. 不同精料喂量对绵羊育肥效果的影响[J]. 草食家畜, 2000(2): 32-34.

[60] 杜广明,韩景胜. 籽实收获和玉米秸营养成分动态研究[J]. 饲料博览, 1996, 08(2): 14.

[61] 杜嵩岷. 酵母糖蜜在奶牛饲养中的应用研究[D]. 哈尔滨:东北农业大学, 2011.

[62] 冯涛. 日粮蛋白质水平对舍饲羔羊育肥性能及肉品质影响的研究[D]. 杨凌:西北农林科技大学, 2005.

[63] 冯仰廉. 反刍动物营养学[M]. 北京:科学出版社, 2006.

[64] 冯宗慈,高民. 通过比色测定瘤胃液氨氮含量方法的改进[J]. 畜牧与饲料科学, 2010(6): 40-41.

[65] 高天爽. 不同比例的高粱日粮对羔羊生产性能及消化代谢的影响[D]. 哈尔滨:东北农业大学, 2014.

[66] 韩继福,冯仰廉. 阉牛不同日粮的纤维消化,瘤胃内VFA对甲烷产生量的影响[J]. 中国兽医学报, 1997(3): 278-280.

[67] 韩玲. 靖远羊羔肉营养分析与品质鉴定[J]. 食品科学, 2001, 22(6): 59-61.

[68] 郝正里,郭天芬,孙玉国,等. 采食不同组合全饲粮颗粒料羔羊的瘤胃液代谢参数[J]. 甘肃农大学报, 2002, 37(2): 145-152.

[69] 何光中,刘镜,尚以顺,等. 酒糟型全混合日粮对肉牛生产性能的影响[J]. 畜牧与兽

医,2014,46(7):44-47.

[70] 黄洁,申跃宇,姜军,等.日粮蛋白质进食量对杂交育成母牛氮代谢的影响[J].中国畜牧杂志,2012,48(11):52-55.

[71] 霍鲜鲜,侯先志,赵志恭.日粮不同碳水化合物比例对绵羊瘤胃内纤维物质降解率的影响[J].甘肃畜牧兽医,2004,34(1):6-11.

[72] 江喜春,朱德建,苏世广,等.不同粗料全混合日粮短期育肥湖羊羔羊的效果[J].中国草食动物科学,2012,32(4):47-49.

[73] 孔祥浩,贾志海,郭金双.后肠道对反刍动物氮代谢的作用[J].饲料工业,2004,25(5):4-6.

[74] 李春保.牛肉肌内结缔组织变化对其嫩度影响的研究[D].南京:南京农业大学,2006.

[75] 李树成.白花草木樨混贮与混播对其饲用品质和适口性的影响[D].兰州:兰州大学,2014.

[76] 李树聪.不同精粗比日粮泌乳奶牛氮素代谢及限制性氨基酸的研究[D].北京:中国农业科学院,2005.

[77] 李旺.瘤胃挥发性脂肪酸的作用及影响因素[J].中国畜牧杂志,2012,48(7):63-66.

[78] 李亚奎,郝荣超,马旭平,等.颗粒化全混合日粮(TMR)对羔羊育肥效果的研究[J].黑龙江畜牧兽医,2011(3):65-66.

[79] 李勇,郝正里,李发弟,等.不同组合饲粮对绵羊瘤胃代谢参数的影响[J].草业学报,2011,20(3):136-142.

[80] 刘彩凤,康艳梅,李爱华.日粮中添加百里香对滩羊肉中脂肪酸的影响[J].饲料工业,2014,35(19):33-38.

[81] 刘华.不同肉羊品种与小尾寒羊杂交后代产肉性能的对比试验[J].当代畜牧,2016(5):125.

[82] 刘洁,刁其玉,赵一广,等.肉用绵羊饲料养分消化率和有效能预测模型的研究[J].畜牧兽医学报,2012,43(8):1230-1238.

[83] 刘镜,罗治华,何光中,等.不同比例酒糟全混合日粮对肉牛屠宰性能的影响[J].酿酒科技,2014(3):90-92.

[84] 刘清清.日粮精粗比对绵羊消化和瘤胃消化代谢的影响[D].太古:山西农业大学,2014.

[85] 刘庭玉.饲草型全混日粮对肉羊生产性能影响研究[D].呼和浩特:内蒙古农业大学,2012.

[86] 卢德勋.乳牛营养技术精要[C].呼和浩特:内蒙古畜牧科学院,2001.

[87] 路永强,罗桂.乳羔羊育肥试验研究[J].当代畜牧,2003(6):7.

[88] 罗晓瑜,陈志强,李爱华,等.全混合日粮饲喂技术应用于肉牛育肥的研究[J].畜牧与兽医,2011,43(2):27-30.

[89] 马琴琴,李铁军,何流琴,等.不同粗饲料组合对宁夏滩羊生长性能、屠宰性能及肉品质的影响[J].动物营养学报,2015,27(6):1936-1942.

[90] 门小明,雒秋江,唐志高,等.3种不同精粗比日粮条件下空怀小尾寒羊母羊的消化与代谢[J].中国畜牧兽医,2006,33(10):13-17.

[91] 孟庆翔,熊易强. 精料水平与秸秆氨化对绵羊日粮消化、氮存留与进食量的影响[J]. 中国农业大学学报,1991,4(3):109-113.

[92] 莫放,赖景涛,张晓明,等. 玉米秸秆精粗颗粒饲料加工与应用[J]. 粮食与饲料工业,2006(3):28-29.

[93] 潘晓花. 硫胺素对SARA状态下奶牛瘤胃发酵及瘤胃菌群结构的影响[D]. 扬州:扬州大学,2013.

[94] 裴进灵. 秸秆饲料加工技术及应用[J]. 农产品加工,2004(7):26-27.

[95] 彭晓光,杨林娥,张磊. 生物法降解秸秆木质素研究进展[J]. 现代农业科技,2010(1):18-20.

[96] 皮祖坤. 生长肉羊稻草秸秆颗粒化全混合日粮的研究[D]. 杭州:浙江大学,2004.

[97] 钱勇,钟声,张俊,等. 不同精粗比全混合日粮短期育肥波杂羔羊的效果[J]. 江苏农业科学,2011,39(6):335-336.

[98] 饶辉. 国内外秸秆类微生物发酵饲料的研究及应用进展[J]. 安徽农业科学,2009(1):159-161.

[99] 谭支良. 绵羊日粮中不同碳水化合物和氮源比例对纤维物质消化动力学的影响及其组合效应评估模型研究[D]. 呼和浩特:内蒙古农牧学院,1998.

[100] 王洪荣. 反刍动物瘤胃酸中毒机制解析及其营养调控措施[J]. 动物营养学报,2014,26(10):3140-3148.

[101] 王加启,冯仰廉. 瘤胃持续模拟技术的研究[J]. 动物营养学报,1995,7(1):29-35.

[102] 王婕姝,赵芳芳,王毅,等. 秸秆颗粒型日粮对育肥羔羊生长性能和血液生化指标的影响[J]. 甘肃农大学报,2014(5):51-57.

[103] 王晶,王加启,卜登攀,等. 关于推进中国奶牛全混合日粮饲养技术的思考[J]. 中国畜牧兽医,2009,36(2):101-104.

[104] 王丽慧. 日粮不同水平半胱氨酸对滩寒杂交羊日增重、屠宰率与肉品质的影响[D]. 杨凌:西北农林科技大学,2015.

[105] 王梦芝,丁洛阳,曹伟,等. 瘤胃酸中毒的发生机理及其日粮与微生态调控的技术[J]. 中国奶牛,2010(10):15-18.

[106] 王志琴,张晓红,托合耐,等. 巴里坤羊肉营养成分分析[J]. 草食家畜,2002(1):48-49.

[107] 魏时来,李发弟,郝正里,等. 肥育羔羊对不同精粗比全饲粮颗粒饲料养分的消化代谢效果[J]. 中国草食动物科学,2002,22(4):6-9.

[108] 温学飞,左忠,潘占兵,等. 萨福克与小尾寒羊杂交试验研究[J]. 当代畜牧,2003(2):27-28.

[109] 吴天佑,赵睿,罗阳,等. 不同粗饲料来源饲粮对湖羊生长性能、瘤胃发酵及血清生化指标的影响[J]. 动物营养学报,2016(6):1907-1915.

[111] 吴伟,邓波. 百日龄羔羊肉生产研究[J]. 吉林农业大学学报,2000,22(1):13-17.

[111] 夏广军,严昌国,刘成名. 不同水平植物油对肉牛生产性能、胴体和牛肉品质的影响[J]. 安徽农业科学,2011,39(32):19869-19873.

[112] 谢君,任路,李维,等. 白腐菌液体培养产生木质纤维素降解酶的研究[J]. 四川大学学报(自然科学版),2000,37(增刊):161-163.

[113] 邢延铣. 农作物秸秆饲料加工与应用[M]. 北京:金盾出版社,2009.

[114] 徐庆方. 影响苜蓿青贮品质的主要因素及苜蓿青贮在奶牛日粮中应用效果的研究[D]. 北京:中国农业大学,2005:24-26.

[115] 徐志军. 不同精粗比柠条饲料对羔羊生产性能和消化代谢的影响[D]. 山西农业大学,2014.

[116] 许冬梅,周玉香,崔保国. 宁夏黑绵羊肉质品质的研究[J]. 中国畜牧杂志,2003,39(4):32-33.

[117] 许贵善,刁其玉,纪守坤,等. 不同饲喂水平对肉用绵羊生长性能、屠宰性能及器官指数的影响[J]. 动物营养学报,2012,24(5):953-960.

[118] 闫春轩,高新中. 麦秸碾青的作用与饲喂效果[J]. 草与畜杂志,1995(4):37-38.

[119] 阎萍,卢建雄. 反刍动物营养与饲料利用[M]. 北京:中国农业科学技术出版社,2005.

[120] 晏和平. 酶制剂用作青贮饲料添加剂的研究进展[J]. 饲料广角,2004(22):15-17.

[121] 杨宏波. 不同精粗比颗粒饲料对3~6月龄犊牛生长性能和胃肠道发育的影响[D]. 扬州:扬州大学,2015.

[122] 杨宏波. 不同精粗比颗粒饲料对3~6月龄犊牛生长性能和胃肠道发育的影响[D]. 扬州:扬州大学,2015.

[123] 杨开伦. 集约化生产方式下无角陶赛特×小尾寒羊羔羊产肉性能和肉质的研究[D]. 乌鲁木齐:新疆农业大学,2009.

[124] 杨柳,苗树君,王长远. 反刍动物对不同方法加工处理青粗饲料的利用效果[J]. 中国反刍家畜,2004,24(3):45-47.

[125] 杨世关,李继红,孟卓,等. 木质纤维素原料厌氧生物降解研究进展[J]. 农业工程学报,2006,22(增刊):120-124.

[126] 杨淑慧. 植物纤维化学[M]. 3版. 北京:中国轻工业出版社,2001.

[127] 杨文章,岳文斌. 肉牛养殖综合配套技术[M]. 北京:中国农业出版社,2001.

[128] 杨膺白,梁贤威,郭辉,等. 山羊尿中嘌呤衍生物排出规律的研究[J]. 黑龙江畜牧兽医,2011(1):64-66.

[129] 杨远剑,张德权,饶伟丽. 羊肉食用品质评价指标筛选研究[J]. 食品科技,2010(12):140-144.

[130] 余建军. 酶菌共降解玉米秸秆及饲料化工艺研究[D]. 西安:陕西科技大学,2010.

[131] 禹爱兵,范忠军,周永康,等. 不同碳水化合物结构组成日粮在徐淮白山羊消化道内降解利用的研究[J]. 安徽农业科学,2012(12):7157-7160.

[132] 张海容. 不同精料补饲水平对藏绵羊生产性能和消化代谢影响的研究[J]. 畜牧与兽医,2009,41(8):24-28.

[133] 张红岗,史卫平,王富中. 颗粒化全混合日粮对舍饲羔羊生产性能的影响[J]. 山西农业科学,2011,39(5):471-473.

[134] 张吉鹍,黄光明,谢金防,等. 反刍动物精杆饲料的整体利用技术[J]. 牧草与饲料,2009,3(1):58-60.

[135] 张吉鹍. 粗饲料品质评定指数的比较研究[J]. 饲料研究,2003(9):17-20.

[136] 张建军,罗勤慧. 木质素酶及其化学模拟的研究进展[J]. 化学通报,2001,64(8):

470-477.

[137] 张立涛,李艳玲,王金文,等. 不同中性洗涤纤维水平饲粮对肉羊生长性能和营养成分表观消化率的影响[J]. 动物营养学报,2013,25(2):433-440.

[138] 张倩,夏建民,李胜利,等. 不同比例压块秸秆与羊草组成粗饲料对奶牛瘤胃发酵和生产性能的影响[J]. 动物营养学报,2010,22(2):474-480.

[139] 张永根. 饲料组合效应及其对纤维物质消化率的影响[J]. 黑龙江畜牧兽医,2001(11):33-35.

[140] 张沅. 家畜育种学[M]. 北京:中国农业出版社,2001.

[141] 张志登,蒋再慧,韩雅慧,等. 乳酸菌及酸处理对秸秆生物发酵饲料的化学成分及In vitro 甲烷生成的影响[J]. 黑龙江八一农垦大学学报,2016,28(6):8-15.

[142] 张祖立,朱永文,刘晓峰,等. 螺杆挤压膨化机加工农作物秸秆的试验研究[J]. 农业工程学报,2001,17(6):97-101.

[143] 赵芳芳. 不同直链支链淀粉比对羔羊瘤胃发育、发酵参数及细菌菌群的影响[D]. 大庆:黑龙江八一农垦大学,2016.

[144] 赵国琦,贾亚红,陈小连,等. 不同 NDF/NFE 比的日粮对山羊瘤胃发酵参数影响的研究[J]. 中国畜牧杂志,2006,42(13):29-33.

[145] 赵长友. 纤维复合酶半干贮添加剂新技术研究[J]. 辽宁畜牧兽医,1994(4):9-11.

[146] 郑海波,夏文水. 中华绒螯蟹肌肉组织特性及其肉质嫩度的比较[J]. 水产学报,2009,33(1):151-156.

[147] 郑中朝,张耀强,张力,等. 波杂肉羊屠宰性能及肉品质研究[J]. 中国草食动物科学,2007,27(5):21-24.

[148] 中国农机学会农机化学会. 农作物秸秆利用技术与设备[M]. 北京:中国农业出版社,1996.

[149] 钟华平,岳燕珍,樊江文. 中国作物秸秆资源及其利用[J]. 资源科学,2003,25(4):62-67.

[150] 周德宝,蔡义明. 纤维素分解酶对青贮饲料发酵特性的影响[J]. 山东农业大学学报,1999,30(4):367-371.

[151] 周亚强,韩雅惠,蒋再慧,等. 添加乳酸菌和糖蜜对秸秆生物饲料的发酵品质及In vitro 干物质消失率和瘤胃甲烷生成的影响[J]. 黑龙江八一农垦大学学报,2016,28(3):46-50.

[152] 朱勇. 双层单轴桨叶式饲料调质器关键技术研究[D]. 武汉:武汉轻工大学,2014.